Malthus und sein Werk

James Bonar

Writat

Diese Ausgabe erschien im Jahr 2023

ISBN: 9789359257228

Herausgegeben von
Writat
E-Mail: info@writat.com

Inhalt

EINFÜHRUNG.

Von den drei englischen Schriftstellern, deren Werk zu einem Teil der gesamten politischen Ökonomie geworden ist, ist Malthus der zweite in Bezug auf Zeit und Ehre . Seine Verdienste um die allgemeine Theorie sind denen Ricardos mindestens ebenbürtig; und seine vollständige Darstellung eines bestimmten Details wird zu den besten Werken von Adam Smith zählen.

Auf den folgenden Seiten wird das Detail das Hauptthema sein und die allgemeine Theorie die Episode. Die *politische Ökonomie* und kleinere Schriften von Malthus (von denen es nicht wenige gibt) werden nur im Zusammenhang mit dem *Essay on Population beachtet* .

Dementsprechend wird sich das erste dieser fünf Bücher mit der Entstehung, Geschichte und dem Inhalt des Essays befassen, den Leser *in medias res eintauchen* und ihn dort halten, bis ihn die Fakten im zweiten Buch zwingen, mit dem Autor zusammenzuarbeiten Wirtschaftstheorie. Der Dritte wird den Geist von Malthus klarer zeigen, indem er zu seinen Wirtschaftswissenschaften seine Ethik und politische Philosophie hinzufügt; und der Vierte wird, nachdem der Fall nun vollständig geklärt ist, die Kritiker des Essays kritisieren und versuchen herauszufinden, wie viel von seiner Lehre noch wertvoll ist. Das Fünfte Buch mit seiner Biographie kann dem Leser helfen, die lebendige Persönlichkeit des Mannes mit seinen Schriften in Verbindung zu bringen.

London, Juni 1885.

Buch I.
Der Aufsatz.

KAPITEL I.
ERSTE GEDANKEN, 1798.

Die gemeinsame Karikatur — Der Essay und eine Untersuchung über die Armut der Nationen — Godwins *politische Gerechtigkeit* und *der Forscher* — Die beiden Postulate und Schlussfolgerungen daraus — Condorcets *Skizze des Fortschritts des menschlichen Geistes* — Organische Vervollkommnungsfähigkeit des Menschen und seine Hindernisse — Historischer Kontext der Aufsatz — *Die Krise* — Pitts armer Gesetzentwurf — Malthus und seine Lehrer — Erfolg erklärt — Theologie und Metaphysik — Fehler des Aufsatzes — Unmittelbares Ziel gesichert.

Er war der „am meisten misshandelte Mann seiner Zeit". Bonaparte selbst war kein größerer Feind seiner Spezies. Hier war ein Mann, der Pocken, Sklaverei und Kindermord verteidigte; der Suppenküchen, Frühverheiratung und Pfarrzulagen anprangerte; der „die Unverschämtheit hatte zu heiraten, nachdem er gegen die Übel einer Familie gepredigt hatte"; Wer dachte, die Welt sei so schlecht regiert, dass die besten Taten den größten Schaden anrichteten? der, kurz gesagt, alle Romantik aus dem Leben nahm und eine langweilige Predigt über den abgenutzten Text hielt : „ Eitelkeit der Eitelkeiten, alles ist Eitelkeit." Dies war der Charakter von Malthus, wie ihn seine Gegner beschrieben.

Wenn ein wütender Mann wahrscheinlich im Unrecht ist, ist es bei einem missbräuchlichen Mann mit Sicherheit so; und wenn nicht ein oder zwei, sondern ein oder zweitausend an dem Missbrauch beteiligt sind, kommt die Gewissheit einer Demonstration gleich. Wir können die Richtigkeit der Logik des Opfers an der Heftigkeit der persönlichen Angriffe auf es messen. Für die meisten weltlichen Zwecke sind Ignorieren und Widerlegen dasselbe.

Malthus wurde von Anfang an nicht ignoriert. Dreißig Jahre lang regnete es Widerlegungen. Die Frage wurde, wie er es formulierte, gründlich geklärt. Der *Essay on Population* erlebte zu Lebzeiten des Autors sechs Auflagen (1798, 1803, 1806, 1807, 1817 und 1826); selbst zwischen der ersten Auflage im Jahr 1798 und der zweiten im Jahr 1803 gab es mehr als zwanzig „Antworten"; und die Diskussion wurde in privater Korrespondenz sowie in öffentlichen Zeitschriften und Parlamentsreden geführt. Der Fall wurde vollständig argumentiert; und niemand, der den Umfang der Diskussion und die Fähigkeiten der Streitparteien angemessen berücksichtigt, kann umhin zu glauben, dass wir in den Aufzeichnungen dieser Kontroverse über reichlich Material verfügen, um uns ein eigenes Urteil über die gesamte Streitfrage zu bilden.

Von einem solchen Privileg wird selten Gebrauch gemacht. Die Welt hat keine Zeit, Behörden zu konsultieren, obwohl sie es gern hätte, wenn sie in der Nähe der Konsultationen wären. Wenn ein Autor zu einer Autorität wird, hört er allzu oft auf, gelesen zu werden, und seine Lehren werden wie aktuelle Münzen durch den Gebrauch abgenutzt, bis sie das klare Bild und die Überschrift des Herausgebers verlieren. Auf diese Weise deutet der Name eines Autors möglicherweise nicht auf sein eigenes Buch, sondern auf die aktuelle Version seiner Lehren hin. Malthus wird zum Malthusianismus – Darwin, Darwinismus; und wenn Adam Smiths Name flexibler wäre, würde auch er zu einem Beinamen werden. [1] So wie es ist, hat Adam Smith ein Buch hinterlassen, das „ jeder lobt und niemand liest", Malthus ein Buch, das niemand liest und das alle beschimpfen. Der Missbrauch ist glücklicherweise nicht ganz einhellig; aber es ist sicher, dass Malthus lange Zeit eine schlimmere Erfahrung gemacht hat als Cassandra, denn seine Warnungen wurden nicht geglaubt, ohne gehört oder verstanden zu werden. Miss Martineau hörte in ihrer Kindheit, wie er „sehr beredt und eindringlich von Personen angeprangert wurde, die nie nur das Äußere" [2] seines Buches sahen. Das war im Jahr 1816; und als sie sich später selbst nach ihm erkundigte, konnte sie nie jemanden finden , der sein Buch gelesen hatte, sondern Dutzende, die „großartige Argumente darüber und darüber vorbringen" oder sentimentale Broschüren über angeblich malthusianische Themen schreiben konnten. Diese Nachlässigkeit beschränkte sich nicht auf die breite Öffentlichkeit; es infizierte die Gelehrten. Nichts zeigt deutlicher, wie die politische Ökonomie oder zumindest eine Frage davon auf die Straße gelangte und zu einer alltäglichen Freizeitbeschäftigung wurde. Sogar Nassau William Senior, vielleicht der bedeutendste Professor der politischen Ökonomie seiner Zeit, gestand mit Reue, dass er sich bei der Kenntnis der malthusianischen Lehre mehr auf seine Ohren als auf seine Augen verlassen und eine gelehrte Kritik und nicht die Meinung verfasst hatte von Herrn Malthus, sondern von dem, was „die Massen, die gefolgt sind, und die wenigen, die versucht haben , sich zu widersetzen", Herr Malthus, als seine Meinung angenommen haben. [3]

Die von Senior und der Menge so vertretene „Meinung" ist immer noch der aktuelle Malthusianismus. Ein Malthusianer soll jede Ehe verbieten. Herr Malthus sollte glauben, dass „der Wunsch nach einer Ehe, der dazu neigt, die Bevölkerung zu vergrößern, ein stärkeres Prinzip ist als der Wunsch, unsere Lage zu verbessern, der dazu neigt, den Lebensunterhalt zu erhöhen." [4] Dies bedeutete, wie Southey sagte, dass „Gott Männer und Frauen schneller erschafft, als er sie ernähren kann." Das alte Sprichwort war damals falsch: Die Vorsehung schickt kein Fleisch dorthin, wo sie Münder schickt; im Gegenteil, Er schickt Münder, wohin Er Fleisch schickt, damit die Armen nie aufhören können, das Land zu verlassen, denn wie reichlich die Nahrung auch sein mag, die Ehe wird das Volk bald ebenso reich machen. Es handelt sich um eine einfache Teilung. Ein Vermögen, das für einen ein Reichtum ist, wird zehn nicht trösten und zwanzig nicht das Leben entblößen. Die Moral lautet für alle, die heiraten wollen: „Tu es nicht", und für alle Staatsmänner: „Ermutige sie nicht."

Diese Karikatur enthielt genug Wahrheit, um sie vor sofortiger Entdeckung zu bewahren, und ihre Lebendigkeit beruht auf der überlegenen Leichtigkeit des Verstehens und damit der größeren Freude am Zuhören, einer leeren Ablehnung oder einer leeren Bestätigung im Vergleich zu den notwendigen Qualifikationen einer wissenschaftlichen Aussage . Die Wahrheit muss jedoch gesagt werden, dass Malthus und der Rest der gelehrten Welt keineswegs völlig uneinig waren. Er betrachtete einen feindlichen Ökonomen immer als möglichen Verbündeten. Er führte die Arbeit ihres gemeinsamen Gründers fort. In seinem *Essay über die Bevölkerung* untersuchte er die Natur und die Ursachen der Armut, so wie Adam Smith die Natur und die Ursachen des Reichtums untersucht hatte. Aber Malthus selbst wollte das eine nicht nur als Ergänzung zum anderen verstehen. Er näherte sich dem Thema nicht von einer rein wissenschaftlichen Seite. Er hatte nicht lange Jahre des Reisens und Nachdenkens auf die Ausarbeitung einer wirtschaftswissenschaftlichen Abhandlung verwendet. Adam Smith hatte seine *Moral Sentiments* siebzehn Jahre vor seinem größeren Werk geschrieben. Als er Letzteres schrieb, hatte er einen akademischen und literarischen Ruf hinter sich; und er befriedigte die berechtigten Erwartungen der Öffentlichkeit, indem er ihnen in den beiden Quartbänden des *Wealth of Nations* seine vollständigen und vollständig verdauten Schlussfolgerungen und Überlegungen endgültig zum Ausdruck brachte (1776). Malthus hingegen erlangte seinen Ruf durch einen kühnen und plötzlichen Schlag, der gut umgesetzt wurde. Sein *Aufsatz* war eine anonyme Broschüre in einer politischen Kontroverse und sollte das Licht der politischen Ökonomie auf die politische Philosophie der Zeit werfen. Was auch immer der Aufsatz über die Politik hinaus enthielt und wie weit der Autor schließlich in den späteren Ausgaben reiste, es besteht kein Zweifel über den ursprünglichen Ursprung des Aufsatzes selbst. Es war nicht so, wie uns manchmal gesagt wird, dass er sich als gutherziger Geistlicher an die Arbeit machte, um zu untersuchen, ob es überhaupt richtig sei, die Zahl der Bevölkerung zu erhöhen, ohne sich um deren Qualität zu kümmern. Im Jahr 1798 war Malthus zweifellos ein Priester und hatte eine Pfarrstelle in Albury inne; aber er scheint nie mehr als ein Pfarrer gewesen zu sein. Die Whigs boten ihm in seinen späteren Jahren einen Lebensunterhalt an, aber er gab ihn an seinen Sohn weiter; [5] und wir wären weit in die Irre gegangen, wenn wir annehmen würden, sein Buch sei nichts anderes als die „Nachbildungen eines Landpfarrers". „Parson" war in seinem Fall ein Titel ohne *Rolle* und Cobbetts unsterblicher Spitzname ist sehr unglücklich. [6] Er hatte kaum mehr vom Pfarrer als Condillac vom Abbé . Im Jahr 1798 lag Pitts Gesetzentwurf zur Ausweitung der Erleichterungen auf kinderreiche Familien und damit zur Förderung der Bevölkerungszahl zweifellos vor dem Land; aber wir verdanken den Aufsatz nicht William Pitt, sondern William Godwin. Der veränderte Aspekt des Buches in seinen späteren Ausgaben muss uns nicht über die wirksame Ursache seines ersten Erscheinens hinwegtäuschen.

Thomas Robert Malthus hatte im Jahr 1788, im zweiundzwanzigsten Jahr seines Lebens, in Cambridge seinen Abschluss als neunter Wrangler gemacht. Nachdem er 1797 ein Stipendium am Jesus College erhalten hatte, verbrachte er zufällig einige Zeit im Haus seines Vaters in Albury in Surrey. Vater und Sohn diskutierten über die Fragen des Tages, wobei der jüngere Mann den Jakobinismus angriff, der ältere ihn verteidigte. Daniel Malthus war ein Freund und Testamentsvollstrecker von Rousseau und glaubte leidenschaftlich an den menschlichen Fortschritt. Robert hatte im Jahr von Pitts neuer Anleihe und Napoleons Italienfeldzug (1796) ein Whig-Traktat geschrieben, das er *„Die Krise"* nannte ; aber er veröffentlichte es nicht, und seine Ansichten waren noch ungelöst. Wir können sicher sein, dass die beiden Männer einander in der Debatte nicht verschont haben. Um es mit den Worten des älteren Malthus zu sagen: Robert warf damals, wenn überhaupt, „kleine Steine" in seinen Garten. Ein alter Mann muss die Geduld Hiobs haben, wenn er gelassen zusehen kann, wie ein junger Mann seine Ideale bricht. Aber in diesem Fall erkannte er zumindest die Stärke des Schleuderers und hegte keinen Groll gegen ihn, obwohl er sich von den Zugeständnissen des zweiten Aufsatzes (1803) nicht überzeugen ließ. Dass es Robert seinerseits nicht an Respekt mangelte, zeigt ein empörter Brief, den er im Februar 1800 anlässlich des Todes seines Vaters als Antwort auf die angebliche Kränkung eines Zeitungsartikels schrieb. [7]

Die Kamindebatten hatten in diesem Jahr (1797) neuen Stoff erhalten. William Godwin, ehemaliger Pfarrer, Journalist, Politiker und Romanautor, dessen *Politische Gerechtigkeit* erklärtermaßen ein „Kind der Revolution" war [8] ‚ hatte ein neues Buch geschrieben, den „ *Enquirer* ", in dem viele seiner alten Positionen neu dargestellt wurden Licht. Der Vater machte es sich zur Ehrensache , den *Enquirer* zu verteidigen ; der Sohn spielte den Advokaten des Teufels, teils aus Überzeugung, teils aus Gründen der Argumentation; und wie so oft in einem solchen Fall fand Robert seine Sache stärker, als er gedacht hatte. Unter dem Druck eines fähigen Gegners wurde er spontan dazu gebracht, Argumente zu verwenden, die ihm vorher nicht in den Sinn gekommen waren und von denen *The Crisis* nichts weiß. In ruhigeren Momenten folgte er ihnen bis zu ihren Schlussfolgerungen. „Die Diskussion", erzählt er uns, [9] „begann die allgemeine Frage nach der zukünftigen Verbesserung der Gesellschaft, und der Autor setzte sich zunächst mit der Absicht zusammen, seine Gedanken seinem Freund gegenüber klarer als er zu Papier zu bringen." dachte, er könnte sich unterhalten." Aber das Thema öffnete sich ihm und er beschloss, es zu veröffentlichen. Dies ist die schlichte Geschichte der Veröffentlichung des *Essay on Population* , reduziert auf ihre einfachsten Worte. Gerade als die besten Männer beider Welten nur vom Fortschritt sprachen, sah Malthus Felsen vor sich. Französische und englische Reformatoren freuten sich auf ein goldenes Zeitalter vollkommener Gleichheit und Glück; Malthus sah darin eine unüberwindbare Schwierigkeit und weigerte sich, das Teleskop an sein blindes Auge zu halten.

Kassandras gab es schon vor Malthus und sogar noch im selben Jahrhundert. Dr. John Bruckner aus Norwich hatte 1767 in seiner *Théorie du Système Animal* in der gleichen Richtung geschrieben ; [10] und ein paar Jahre zuvor (im Jahr 1761) hatte Dr. Robert Wallace in seinem Werk „ *Verschiedene Perspektiven der Menschheit, der Natur und der Vorsehung*" von der Gütergemeinschaft als Heilmittel für die Krankheiten der Menschheit gesprochen und dann herausgefunden: sehr widerstrebend einen fatalen Einwand – die übermäßige Bevölkerungszahl, die sich daraus ergeben würde. Männer neigen immer dazu, zu heiraten und ihre Zahl zu vervielfachen, bis die Nahrung gerade noch ausreicht, um sie alle zu ernähren. Dieser Einwand war seit Wallaces Zeiten zu einem Standardeinwand geworden, auf den jeder Utopienmacher antworten musste. Es blieb Malthus überlassen, aufzuzeigen, wie nahe diese Schwierigkeit an die absolute Hoffnungslosigkeit heranrückt, und die Beweislast auf die andere Seite zu schieben. So wie der „*Wealth of Nations*"die bestehende Vermutung zugunsten der Einmischung in eine zugunsten der Freiheit in Handelsangelegenheiten änderte, so änderte der „ *Essay on Population*"die Vermutung zugunsten der Befürworter des Fortschritts in eine Vermutung gegen sie. Dies beschreibt vielleicht nicht das Endergebnis des Aufsatzes, aber es ist eine wahrheitsgetreue Darstellung seiner unmittelbaren Wirkung. Von dem Einspruch hatte man schon früher gehört; Erst jetzt begannen sie, es als schlüssig zu betrachten.

Wie hatte Godwin versucht, ihr entgegenzutreten, als sie noch in den Händen schwächerer Männer lag und daher überhaupt nicht schlüssig war? Er konnte es nicht ignorieren. In seiner *Politischen Gerechtigkeit* (1793) hatte er die Umrisse einer „einfachen Gesellschaftsform ohne Regierung" nach dem Prinzip von Tom Paine gegeben, das auch ein rezipiertes jakobinisches Motto war: „Die Gesellschaft entsteht durch unsere Bedürfnisse, die Regierung durch unsere." Bosheit." [11] Er sagt im Einklang mit der vorherrschenden Philosophie, dass der Mensch leer geboren wird und dass seine äußeren Umstände ihn gut oder böse machen. Dank menschlicher Institutionen, insbesondere Anwälten, Herrschern und Staatsmännern, seien die äußeren Umstände so schlimm, wie sie nur sein könnten. Überall herrscht Ungleichheit. Neben großem Reichtum gibt es große Armut und große Tyrannei mit großer Sklaverei. Auf die gleiche Weise erzählt uns der beste seiner Romane, *Caleb Williams* (1794), wie „die Dinge, wie sie sind", es dem reichen Sünder ermöglichen, den armen, gerechten Mann zu verfolgen. Aber er ist kein Pessimist. Die *politische Gerechtigkeit* endet nicht mit der Feststellung der Übel. Es zeigt weiter, dass am Ende die Wahrheit siegen wird; Die Menschen werden auf die Vernunft hören, sie werden ihre gegenwärtigen Gesetze aufgeben und sie werden eine Gesellschaft ohne Gesetz, Regierung oder irgendeine Art von Gewalt gründen; Solche Dinge werden nicht nötig sein, wenn jeder auf die Vernunft hört und sich mit einem einfachen Leben und hohem Denken zufrieden gibt. Es wird keinen König in Israel geben; Jeder Mensch wird das tun, was in seinen eigenen Augen richtig ist. In unserer heutigen Gesellschaft, sagt Godwin, sei die Verteilung und nicht die Produktion schuld. Es gibt mehr als genug Reichtum für alle, aber er wird nicht von allen geteilt. Der eine hat zu viel, der andere wenig oder nichts. In der neuen Gesellschaft wird die Vernunft das alles ändern. Die Vernunft sagt uns, dass wir, wenn wir eine gleichmäßige Aufteilung nicht nur der guten Dinge dieses Lebens vornehmen, sondern auch der Arbeit , die mit ihrer Herstellung verbunden ist, eine Produktion erzielen werden, die für die Bedürfnisse von Menschen mit geringer Leber völlig ausreicht, und zwar auf Kosten von vielleicht eine halbe Stunde Arbeit am Tag von jedem von ihnen. [12] Jeder von ihnen wird daher Muße haben, die der wahre Reichtum ist, und er wird die Zeit für seine eigene moralische und intellektuelle Verbesserung nutzen. Auf diese Weise werden mit der Zeit Vollkommenheit und Glück auf der Erde hergestellt werden, und zwar durch die Allmacht der Wahrheit und die Macht der Überzeugung, nicht durch Gewalt oder die Macht des Schwertes.

Godwin nahm in den späteren Ausgaben der *Political Justice* (1796 und 1798) oder im *Enquirer* (1797) keine wesentlichen Änderungen an diesen Ansichten vor. „Unter den Ungläubigen ist nur er treu", als die Exzesse des Terrors sogar Sir James Mackintosh (ganz zu schweigen von Bischof Watson, Southey und Wordsworth) zu einem lauwarmen Reformer machten. Nichts in Godwins Leben ist bewundernswerter als die vollkommene Zuversicht, mit der er an seinem alten Glauben an demokratische Prinzipien und die Vervollkommmnungsfähigkeit des Menschen festhält. Wenn es Hartnäckigkeit ist, ist es der Hingabe sehr ähnlich; und vielleicht ist der einzige Autor, der eine ähnliche Beständigkeit an den Tag legt, Condorcet, der Girondist, dem der Tod bevorsteht und der in seinem Versteck, fast unter den Augen des Konvents, sein eifriges Buch über den Fortschritt der Arten *schreibt* . Nur intensive Aufrichtigkeit und schiere Tiefe der Überzeugung hätten es diesen Männern ermöglichen können, die Verteidigung eines Entehrten fortzusetzen Ursache. Sie hatten nicht die größte Prüfung des Märtyrers, den Zweifel, ob er Recht hat. Der große Eindruck, den ihre Werke hinterließen, war ein Zeichen dafür, dass sie trotz ihres starken Gefühls kraftvoll schrieben. Malthus, der beides widerlegte, entschuldigte sich dafür, dass er

Condorcets offensichtliche Extravaganzen ernsthaft kritisiert hatte, indem er sagte, dass Condorcet viele Anhänger habe, die ihn für unbeantwortbar halten würden, wenn ihm keine besondere Antwort gegeben werde. [13] Über Godwin sagt Herr Sumner im Jahr 1816, dass sein Buch (The *Political Justice*) zwar veraltet sei, es aber immer noch „die fähigste und bekannteste Darstellung" der Gleichheitslehren sei, die jemals erschienen sei in England. [14] Es wurde zu Recht als „erstes Lehrbuch der philosophischen Radikalen" bezeichnet. Die tatsächliche Wirkung lässt sich nicht an der Anzahl der beim ersten Erscheinen verkauften Exemplare messen. Godwin hatte es weit außerhalb der Reichweite gewöhnlicher Demokraten platziert, indem er den Preis auf drei Guineen festgesetzt hatte. Im Jahr 1793 hätten viele, die seine eifrigsten Leser gewesen wären, keine drei Schilling dafür bezahlen können. Aber das Ereignis bewies, dass er in seiner Generation weise war. Der Geheimrat beschloss, ein so teures Buch getrost zu dulden; und selbst eine kleine Zuhörerschaft der Reichen war für Godwin besser als eine Strafverfolgung, die möglicherweise Exil und überhaupt keine Zuhörerschaft bedeuten würde. [15] Nur wenige Schriftsteller unserer Zeit haben eine so gute Entschuldigung dafür, sich den Armen unzugänglich zu machen. Godwin erreichte jedoch wie Ruskin die Armen, obwohl er Vorkehrungen getroffen hatte, sie zu meiden. Er drang in die Massen ein; und seine Schriften wurden in England zu einer politischen und literarischen Macht, lange bevor er einen poetischen Schwiegersohn hatte, der ihm widerspiegelnden Ruhm verschaffte. Wenn eine Art nach ihrem besten Individuum beurteilt werden soll, dann repräsentiert Godwin besser als Paine die Klasse politischer Schriftsteller, zu der beide gehören; und viele fielen mit Godwin, als er vor Malthus fiel.

Der *Enquirer* war weniger beliebt als der *Political Justice* . Ein Teil des Charmes des letzteren lag zweifellos in der ausgefeilten Vollständigkeit und systematischen Reihenfolge der gesamten Diskussion. Die Grundlagen wurden in der Psychologie von Locke gelegt; und dann wurde das Gebäude Stein für Stein errichtet, bis das Ganze fertig war. Aber im „*Enquirer*" erstreckte sich Godwins Abneigung gegen das Gesetz sogar auf die Form der Komposition. Sein Versuch, eine systematische Abhandlung über die Gesellschaft zu verfassen, habe sich geirrt, sagte er, und er würde sich nun auf distanzierte Essays beschränken, die völlig experimentell seien und nicht unbedingt miteinander harmonierten. „Er (der Autor) hat dieses Prinzip so weit getrieben, dass er sich keine großen Sorgen um Inkonsistenzen gemacht hat, die zwischen den Spekulationen eines Aufsatzes und den Spekulationen eines anderen entdeckt werden könnten." [16] Der Kontrast zwischen diesen beiden Stilen ist der Kontrast zwischen einem ganzen Oratorium und einem verschiedenen Konzert oder zwischen einem vollständigen Gedicht und einem Band mit Auszügen.

Die Gedanken waren dieselben, auch wenn sie ihren attraktiven Ausdruck verloren hatten. Der Aufsatz über *Geiz und Überfluss* [17] sagt uns unter anderem, dass „ein Zustand kultivierter Gleichheit der Zustand ist, der in Spekulation und Theorie am meisten mit der Natur des Menschen übereinstimmt und der weitreichenden Verbreitung dieser am förderlichsten erscheint." Glückseligkeit." Dies war der Aufsatz, der Malthus und seinen Vater zu ihrer fruchtbaren Auseinandersetzung führte. Der Aufsatz über *Reichtum und Armut* und der über *Bettler* [18] enthalten weitere Anwendungen derselben Idee, mit vielen moralisierenden Abschweifungen . Godwin hat seine süße utopische Vision nicht verloren; er hat den Einwänden, die Dr. Robert Wallace verwirrten, nicht nachgegeben; er glaubt, alle Einwände beseitigt zu haben.

Er begegnet ihnen [19] , indem er zunächst sagt: „Es gibt ein Prinzip in der Natur der menschlichen Gesellschaft, durch das alles auf sein Niveau zu tendieren scheint", wenn nicht eingegriffen wird; und die Bevölkerung eines Landes, wenn man es sich selbst überlässt, scheint nicht über die Ernährung hinaus zu wachsen. Aber zweitens: Angenommen, die Dinge finden auf diese Weise nicht ihr Niveau, dann ist die Erde weit und der böse Tag ist in weiter Ferne. Es kann Myriaden von Jahrhunderten dauern, die unbebauten Felder zu bestellen und die leere Erde mit Menschen aufzufüllen, und bis dahin kann noch viel passieren. Tatsächlich sieht er das Thema so, wie viele von uns die Frage unserer Kohleversorgung sehen. Bevor es erschöpft ist , könnten wir es nicht mehr brauchen. [20] Die Erde selbst könnte mit all ihren Bewohnern zusammengebrochen sein. Lassen Sie uns einen gegenwärtigen Segen nicht aus Angst vor einer fernen zukünftigen Gefahr ablehnen. Außerdem ist es nicht schwer, sich eine Absicherung vorzustellen. Franklin sagt, dass „der Geist eines Tages allmächtig über die Materie werden wird"; [21] Warum nicht über die Materie unseres eigenen Körpers? Hängt die körperliche Gesundheit nicht weitgehend vom Geist ab?

„Ein fröhliches Herz geht den ganzen Tag;

Deine traurigen Reifen in einer Meile, O!"

Es könnte die Zeit kommen, in der wir so voller Lebendigkeit sein werden, dass wir nicht schlafen können, und so voller Leben, dass wir nicht sterben werden. Das *Bedürfnis* nach einer Ehe wird durch die irdische Unsterblichkeit ersetzt und der *Wunsch* danach durch die Entwicklung des Intellekts. Auf der erneuerten Erde der Zukunft wird es weder heiraten noch heiraten geben, sondern wir werden wie die Engel sein. „Das Ganze wird ein Volk aus Menschen sein und nicht aus Kindern. Weder wird eine Generation eine Generation ablösen, noch muss die Wahrheit alle dreißig Jahre bis zu einem gewissen Grad ihre Karriere neu beginnen. Es ist zu erwarten, dass weitere

Verbesserungen mit denen der Gesundheit und Langlebigkeit Schritt halten. Es wird keinen Krieg, keine Verbrechen, keine sogenannte Rechtspflege und keine Regierung geben. Darüber hinaus wird es weder Krankheit, Angst, Melancholie noch Groll geben. Jeder Mensch wird mit unbeschreiblichem Eifer das Wohl aller suchen." [22]

Diese süße Sorte verzauberte die Öffentlichkeit bereits seit vier oder fünf Jahren, als Malthus es wagte, sie mit seinem bescheidenen, anonymen *Essay über das Bevölkerungsprinzip in seiner Auswirkung auf die künftige Verbesserung der Gesellschaft zu unterbrechen* . Der Autor behauptet, ein ebenso herzlicher Philanthrop zu sein wie Mr. Godwin, aber er kann den Wunsch nicht zulassen, Vater des Gedankens zu sein und gegen Beweise an zukünftige Perfektion zu glauben. Um die Wahrheit einer Theorie zu beweisen, reiche es nicht aus, zu zeigen, dass man ihren Widerspruch nicht beweisen könne oder dass man ihre Nützlichkeit beweisen könne. Es wäre sehr nützlich, Augen auf beiden Seiten unseres Kopfes zu haben; aber das beweist nicht, dass wir sie haben werden. Wenn Sie mir sagen würden, dass der Mensch zu einem geflügelten Wesen wie dem Strauß wird, würde ich nicht daran zweifeln, dass er Flügel sehr nützlich finden würde, aber ich könnte Ihre Prophezeiung kaum glauben, ohne irgendeinen Beweis, der über das bloße Lob des Fliegens hinausgeht. Ich sollte Sie bitten, spürbare Anzeichen an seinem Körper und seinen Gewohnheiten zu zeigen, dass eine solche Veränderung im Gange ist, dass sein Hals länger wird, seine Lippen härter werden und sein Haar federleicht wird. Wenn Sie mir sagen, dass der Mensch sich zu einem rein intellektuellen Wesen entwickelt, das sich mit einem einfachen Leben und hohem Denken zufrieden gibt, erkenne ich auf die gleiche Weise, dass die Veränderung möglicherweise von Vorteil ist, aber ich bitte um Anzeichen dafür, dass sie im Gange ist. Ich sehe keine; aber im Gegenteil, ich sehe starke Gründe dafür, an seine Unmöglichkeit zu glauben. Gewähren Sie mir zwei Postulate, und ich widerlege Ihr Millennium. Das erste ist, dass Nahrung notwendig ist; die zweite, dass der Instinkt zur Ehe dauerhaft ist. Niemand leugnet das Erste, und Godwins Leugnung des Zweiten ist rein dogmatisch. Er hat uns keine Beweise gegeben. Zweifellos haben die Menschen auch in anderer Hinsicht Fortschritte gemacht; Sie sind von der Barbarei zur Zivilisation übergegangen. Aber im Hinblick auf das zweite Postulat sind sie heute dieselben wie vor 4000 Jahren. Einzelne Ausnahmen sind immer noch einzelne Ausnahmen. Ich bin daher verpflichtet, an die Wahrheit meiner Postulate zu glauben, und schließe daraus die Unmöglichkeit Ihres Jahrtausends.

Sie sprechen von einer Gesellschaft, fährt er fort, in der sich alle Mitglieder gleichermaßen wohl und frei fühlen. Angenommen, es würde sich etablieren, es könnte nicht von Dauer sein; es würde allein am Bevölkerungsprinzip scheitern. Die sieben Jahre des Überflusses würden sofort von sieben Jahren des Mangels verschlungen werden. Der Beweis dafür ist kurz und entscheidend: – Die Bevölkerung nimmt, wenn sie nicht kontrolliert wird, in einem geometrischen Verhältnis zu; Existenz nur in einer Arithmetik. „Eine leichte Kenntnis von Zahlen wird die Unermesslichkeit der ersten Potenz im Vergleich zur zweiten zeigen." [23] „Die Rasse der Pflanzen und Tiere schrumpft unter diesem großen restriktiven Gesetz, und die Rasse des Menschen kann ihm durch keine Anstrengung der Vernunft entkommen." Bei Pflanzen und Tieren sind seine Auswirkungen Saatgutverschwendung, Krankheit und vorzeitiger Tod, bei Menschen Elend und Laster", Ersteres notwendig, Letzteres wahrscheinlich. In den alten Ländern Europas ist die Bevölkerungszahl heute nie unkontrolliert. Es wird durch den Mangel an Platz und Essen gebremst. Laster und Elend und die Angst davor „gleichen" immer die Zahl der Menschen mit der Nahrung der Menschen aus. In der Neuen Welt, der „Cynosure benachbarter Augen", gibt es weniger Hindernisse für eine frühe Heirat; es gibt mehr Platz und es gibt mehr Essen; Harte Arbeit ist die einzige Voraussetzung für ein glückliches Leben. Aber selbst dort ist die Bevölkerungszahl nicht völlig unkontrolliert; die harte Arbeit wird zumindest die Kindererziehung beeinträchtigen; und die Menschen, so komfortabel sie auch sein mögen, sind nicht auf dem allerhöchsten Niveau des Komforts oder auf dem höchsten Niveau der Reinheit und Einfachheit des Lebens; wohingegen Godwins imaginäre Gesellschaft der Annahme nach all dies umfasst. Wenn sich also die Zahl der Menschen im alten Europa einmal im Jahrhundert verdoppelt und die Menschen im neuen Amerika (zumindest in den Vereinigten Staaten) einmal in fünfundzwanzig Jahren, können wir sicher sein, dass in der tausendjährigen Gesellschaft von Godwin

„Wo alle anständig und brav sind,

Und alle sind frei von Kummer und Schmerz."

Der Anstieg würde viel schneller erfolgen. Die „Freizeit", von der er spricht, würde bald verschwinden, und das alte Gerangel ums Brot, die alte Ungleichheit von Rang und Besitz würde wieder an der Tagesordnung sein. Wir sollten wieder unsere eigene Art von Gesellschaft haben, mit ihren Herren und Dienern, Grundbesitzern und Pächtern, Reichen und Armen. [24]

Deshalb (so argumentiert der Autor des Aufsatzes) könnte Godwins Gesellschaft, wenn sie einmal geschaffen wäre, nicht von Dauer sein. Aber wir geben zu viel zu, wenn wir annehmen, dass es jemals gemacht werden könnte. Wir können dies nicht glauben und gleichzeitig an das zweite Postulat glauben; und das zweite Postulat ist so sicher, dass wir es vorhersagen können. Die gleichen Ursachen, die Godwins neu gegründete Gesellschaft zerstört hätten, werden verhindern, dass sie jemals überhaupt gegründet wird. „Die Leidenschaft zwischen den Geschlechtern schien in jedem Zeitalter so nahezu gleich zu sein, dass sie in algebraischer Sprache immer als eine gegebene Größe betrachtet werden kann." [25] Trotz des Wimmerns alter Männer und *Roués* „werden die Freuden der reinen Liebe die Betrachtung der höchsten Vernunft und der höchsten Tugend ertragen." [26] Godwin betrachtet die Angelegenheit in einem trockenen, intellektuellen Licht und fordert uns auf, von allen Beiwerken zu abstrahieren, bevor wir uns eine Einschätzung der betreffenden Leidenschaft machen. Ein Mann oder eine Frau wird dann so gut sein wie der andere. Aber er könnte uns genauso gut sagen, wir sollen alle Blätter abstreifen, bevor wir unsere Vorliebe für Bäume beurteilen. Wir bewundern nicht die bloße Stange, sondern den ganzen Baum, den Baum mit allen „Begleitumständen" aus Ästen und Laub. Man kann einem Magneten auch seine Hauptanziehungskraft nehmen und uns dann bitten, ihn als ebenso schwach einzugestehen wie andere Mineralien. [27] Tatsache ist, dass der große Diskurs des Menschen, der ihn von den Unmenschen unterscheidet, ihn dazu bringt, den Heiratstrieb unter einer Vielzahl von „Begleitumständen" zu verbergen, bevor er sich von ihm anziehen lässt. Er wird dem Instinkt nicht einfach *mehr* oder auf tierische Weise gehorchen, weil er es fühlt. Aber es wird nicht zerstört, nur verschleiert. Die Liebe ist nicht rein intellektuell. Die Vernunft mit ihrer Konsequenzenkalkulation kann einen Menschen vor dem Missbrauch einer Leidenschaft bewahren, aber sie kann die Leidenschaft selbst nicht zerstören; [28] und (er hätte hinzufügen können) sein „Vorher-Nachher-Sehen" umfasst sowohl Fantasie als auch Gedanken. Nehmen Sie diese Leidenschaft so, wie sie ist, eine Verehrung für eine Ansammlung von Accessoires; es kann niemals aus der Welt verschwinden.

Welche Schlussfolgerung folgt aus dieser heiteren Prämisse? Eines ist nicht ganz heiter: Wo immer die Vorsehung Fleisch schickt, wird er Münder schicken. Wo immer die Menschen Platz und Nahrung haben, werden sie heiraten und ihre Zahl vervielfachen, bis sie an die Grenzen beider stoßen und einen erbitterten Kampf ums Dasein beginnen, in dem der Tod die Strafe für die Niederlage ist. Godwin und die gesamte französische Schule haben leider Unrecht, wenn sie jegliche Ungleichheit menschlichen Institutionen zuschreiben; Schuld daran ist die menschliche Natur, und ohne künstliche Hilfe wird diese eine Leidenschaft der menschlichen Natur die ständige Ursache der Ungleichheit sein, das schwerwiegendste Hindernis für deren Beseitigung. [29] Dr. Robert Wallace verfügte über mehr Weisheit, als er vermutete.

Untersuchen Sie die Bedeutung dieses Arguments und seine Schlussfolgerung. Es beinhaltet eine Antwort auf Godwins erste Verteidigung gegen Wallace. Hier handelt es sich um so etwas wie ein Naturgesetz, eine vergangene, gegenwärtige und zukünftige Wahrheit, oder mit anderen Worten eine Wahrheit, die, da sie wissenschaftlich ist, überhaupt nicht in Bezug auf die Zeit ausgedrückt werden sollte: „Wo Güter zunehmen, wachsen sie." Es gibt viele, die sie fressen." Der „Kampf ums Dasein" (Malthus verwendet diesen Ausdruck) ist eine gegenwärtige Tatsache, da er eine vergangene Tatsache war und eine Zukunft sein wird. Es nützt nichts, rhetorisch auf die Weite der Welt und die Möglichkeiten der Zeitalter zu verweisen. [30] In unserer heutigen Zeit und in unserem Land sehen wir, wie sich Menschen bis zur Nahrungsgrenze vermehren, und ein „großes restriktives Gesetz" verhindert, dass sie, wie alle anderen Tiere, sich über diese Grenze hinaus vermehren. [31] Heutzutage und in unserem Land heiraten Männer, wenn sie keine Familie ernähren können; die Kinder, die sie nicht ernähren können, sterben an Hunger oder Krankheit, wenn die Wohltätigkeit der Öffentlichkeit nicht eingreift; andernfalls verleitet die Furcht vor dem Elend die Menschen dazu, eine Ehe zu meiden, für die sie nicht die Mittel haben, und ihren Zölibat, ob rein oder unrein , hält die Zahl der Menschen auf einem Niveau mit der Nahrung. [32] Godwin selbst hatte in so vielen Worten geschrieben: „Es gibt ein Prinzip in der menschlichen Gesellschaft, durch das die Bevölkerung ständig auf das Niveau der Existenzmittel beschränkt wird." [33] Warum ging er nicht noch einen Schritt weiter und entdeckte, was dieses Prinzip ist? [34]

Tatsache ist, dass Godwin gleichzeitig intellektuell zuversichtlich und emotional kalt war. Sein Ideal wäre ein Mann „mit großem Gehirn und ohne Zuneigung" gewesen; und als er die *„Politische Gerechtigkeit" schrieb*, war er sich seines eigenen Fehlers nicht bewusst. Zu einem späteren Zeitpunkt war er sich dessen nicht nur bewusst, sondern wollte es unbedingt entfernen. In seinen Erinnerungen an seine Frau Mary Wollstonecraft (1798) und in der Geschichte von *St. Leon* (1799) bekennt er, dass er den Stein der Weisen gefunden und zu seinem eigenen Bedauern auf Erden unsterblich geworden ist Bisher wurde das Gefühl als Element menschlichen Handelns zu wenig berücksichtigt. Wenn Mary ein zu großer Werther gewesen war, war ihr Mann zu klein gewesen. Wie Condorcet (und wie Buckle) hatte er geglaubt, die Zivilisation sei eine rein intellektuelle Bewegung. Er hatte die Allmacht von Wahrheit und Vernunft dogmatisiert und daraus das Wachstum einer perfekten Gesellschaft abgeleitet. Er hatte die Entwicklung des Intellekts dogmatisiert und daraus eine irdische Unsterblichkeit abgeleitet. Darüber hinaus hatte er in den *Memoiren* und in *St. Leon* , wenn er seinen Lehren nur ein wenig hinzugefügt hätte, wenig oder gar nichts widerrufen, selbst im Hinblick auf die Unsterblichkeit.

St. Leon ist nur deshalb unglücklich, weil seine Gabe ihm eigen ist; eine allen gemeinsame Unsterblichkeit wäre für alle akzeptabel. Ein Methusalem wäre unter Vorsintflutlichen nicht melancholisch. Dies war wahrscheinlich Godwins Position. Der bloße Glaube an die Möglichkeit irdischer

Unsterblichkeit war keine Seltenheit; Godwin achtet darauf, Bacon zu seinen Unterstützern zu zählen. [35] Malthus hatte wahrscheinlich Recht, als er es auf den unbewussten Einfluss des Christentums zurückführte, [36] obwohl der Fortschritt der neuen Wissenschaft der Chemie in Godwins Tagen vielleicht mehr damit zu tun hatte und Godwins Religion nie mehr als ein bloßer Theismus war . [37] Es wurde von Holcroft gehalten , einem von Godwins engsten Freunden, [38] und es war ein wichtiger Teil von Condorcets *Skizze des Fortschritts des menschlichen Geistes* .

In den Tagen des Terrors (1794) hatte Condorcet aus seinem Versteck in der Rue Servandoni über die „organische Vervollkommnungsfähigkeit des Menschen" geschrieben. Er setzte auf die Medizin und auf die Künste und Wissenschaften im Allgemeinen, um Krankheiten zu verbannen und das menschliche Leben „auf unbestimmte Zeit" zu verlängern. [39] Godwin vertraute auf die innere Entwicklung des Geistes, nicht auf äußere Geräte. [40] Aber auf unterschiedlichen Wegen gelangen sie zum selben Endpunkt und erhalten dort von ihrem großen Kritiker im Großen und Ganzen den gleichen Empfang. Malthus weist Godwin darauf hin, dass es keine Anzeichen dafür gibt, dass der Körper dem Geist unterworfen wird. Sogar Philosophen, sagte er (und er schrieb gefühlvoll, da er zum Zeitpunkt des Schreibens an dieser Krankheit litt), können Zahnschmerzen nicht geduldig ertragen,[41] und selbst ein fröhliches Herz wird es einem schwachen Mann nicht ermöglichen, so schnell und so weit zu gehen als starker Mann. Es gibt keine Veränderung im menschlichen Körper und kaum oder gar keine Veränderung in der Beziehung des Geistes zu ihm. Gegenüber Condorcet weist er lediglich darauf hin, dass die Lebensverlängerung zwar durch die Künste „unendlich" geworden sei, dies aber nicht „unendlich" bedeute. Gärtner können Nelken „unendlich" groß züchten; Kein Mensch kann jemals sagen, dass er die größte Nelke gesehen hat, die jemals wachsen wird. aber das kann er sagen, dass eine Nelke niemals so groß sein wird wie ein Kohl. Die Grenze ist da, obwohl sie nicht definiert ist, und es gibt auch eine Grenze für die Verlängerung des menschlichen Lebens, obwohl niemand sie auf ein Jahr festlegen kann. Condorcet hat daher eine irdische Unsterblichkeit nur durch einen Missbrauch des Wortes „unbestimmt" bewiesen. Er hat keine organische Veränderung im Menschen gezeigt, die die Möglichkeit der Vollkommenheit in dieser Welt beweisen würde. Auch Condorcet hat den Einwand, der Dr. Wallace beunruhigte, nicht zurückgewiesen. Es ist wahr, dass er sich wie Godwin der Schwierigkeit stellt und deren Bedeutung anerkennt. [42] Das Bevölkerungswachstum werde immer zu Ungleichheit führen, sagt er. Es wird immer eine reiche Freizeitklasse und eine arme Industrieklasse geben. und um die Not der letzteren zu lindern, sollte es einen staatlichen Versicherungsfonds geben, der allen ärmsten Bürgern die Unterstützung sicherstellt. Aber man kommt nicht umhin zu denken: Wenn alle sicher sind, unterstützt zu werden, werden alle heiraten, und wenn alle heiraten, wird die Schwierigkeit dann nicht größer? [43] Ja, Condorcet gewährt dies; Die Zahlen werden bald zu groß sein, und so wird es im Laufe der Jahrhunderte zu einem „Schwanken" zwischen den Segnungen des Fortschritts und den Übeln der Überfüllung kommen, von denen mal das eine vorherrscht, mal das andere. In seiner Verzweiflung klammert er sich an den alten Trugschluss „Der Tag ist in weiter Ferne", aber er hat das Gefühl, dass er ihn im Stich lässt, und muss zwangsläufig eine neue und verblüffende eigene Lösung hinzufügen, die Malthus offen anprangert. [44] Es ist hier nicht der Ort, die Fragen zu diskutieren, die in unserer Zeit mit dem Neo-Malthusianismus verbunden sind. [45] Aber es steht außer Zweifel, dass die Neo-Malthusianer nicht die Kinder von Robert Malthus, sondern von Robert Owen sind. Malthus war nicht Malthus, weil er sagte: „Die Leute sind zu viele; dünnt sie aus" – genauso wenig wie Darwin Darwin war, weil er sagte: „Arten werden nicht geschaffen, sondern wachsen." Wenn Darwinianer von Darwin beurteilt werden sollen, müssen Malthusianer von Malthus beurteilt werden; und die Originalität von weder Malthus noch Darwin kann mit einem einzigen Satz erklärt werden. Wir können die Bedeutung der Worte eines Autors und schon gar nicht seines Werkes erst dann verstehen, wenn wir den Kontext kennen, in den sie eingebettet sind. Sobald wir den Kontext kennen, verstehen wir den Text. Der Teufel, der sich für seine Zwecke auf die Heilige Schrift beruft, hat nur deshalb Erfolg, weil er nie vollständig zitiert.

Daraus folgt, dass wir, um die volle Bedeutung des Aufsatzes zu verstehen, über seinen wirksamen Grund hinausgehen und einen Blick auf seinen materiellen Grund oder die gesamten Umstände werfen müssen, unter denen er geschrieben wurde. Wenn der Text der Predigt Godwin und Condorcet lautete, richtete sich die Anwendung an die Armen Englands und die Philanthropen, die versuchten, sie zu entlasten.

Das frühe Leben von Malthus fällt größtenteils mit der zweiten Hälfte des 18. Jahrhunderts zusammen und fällt mit Englands größter industrieller Revolution zusammen. Malthus wurde 1766, drei Jahre nach dem Frieden von Paris, geboren. Die Auslandskriege hatten für die damalige Zeit ein Ende, und der Handel nahm einen mutigen Anfang. Die Entdeckungen von Kohle und Eisen in Nordengland, die mit den Erfindungen der Baumwollspinnerei und -weberei einhergingen, begannen, die ärmsten Grafschaften in die reichsten zu verwandeln, was das politische Gleichgewicht störte. Die neue Wissenschaft der Chemie hatte begonnen, ihre Nützlichkeit zu beweisen. Wedgwood perfektionierte sein Steingut, Brindley baute seine Kanäle, Telford legte seine Straßen an, Watt baute seine Dampfmaschinen. England war zur Zeit der Römer eine Kornkammer gewesen; in späteren Zeiten war sie eine Weidefläche gewesen; Es entwickelte sich nun zum Land der Maschinen und der Industrie sowie zum

Zentrum des Außenhandels. Mit anderen Worten, sie hatte einen industriellen Wandel eingeleitet, der bis dahin der größte in ihrer Geschichte war und reich an magischsten Verbesserungen war. Aber in den frühen Stadien des Wandels waren die Übel fast genauso deutlich zu spüren wie die Segnungen. Das Leid der entlassenen Arbeiter und die Anarchie des neuen Fabriksystems, das Heimarbeit verdrängte und das Wort „Hersteller" seine Etymologie vergessen ließ, [46] waren echte Übel, wie vorübergehend sie auch sein mochten. In Kombination mit dem allgemeinen demokratischen Einfluss einer expansiven Fertigungsindustrie hätten sie in Zeiten ohne außergewöhnliche Tugend leicht einen sozialen Aufruhr auslösen können; und das Land verdankte seine Flucht zu einem gewissen Grad der evangelischen Bewegung unter Whitefield und den Wesleys , die sowohl für die religiöse Trägheit als auch für die politische Aufregung tödlich war. [47] Die Ärgernisse eines lästigen Zolls und der vergeblichen Versuche, ausländische Lebensmittel auszuschließen, sollten noch vor Ablauf von hundert Jahren verschwinden; Aber in der Kindheit von Malthus war die Stimme Adam Smiths, die er in „ *Wohlstand der Nationen* " (1776) gegen sie erhob, ein Schrei in der Wildnis. Man war sich allgemein darüber einig, dass, egal ob die hohen Preise nach dem Pariser Frieden durch das Bevölkerungswachstum, durch den gesunkenen Silberwert oder durch die Unruhen in Polen verursacht wurden, die Lösung nicht in einem kostenlosen Handel liege Maishandel. Die Armen sollten keinen billigen Mais, sondern große Zuwendungen erhalten. Die Gesetzgebung hatte in dieser Angelegenheit Rückschritte gemacht. Im Jahr 1723 wurde durch ein neues Gesetz ein kluger Arbeitshaustest für Armut eingeführt, der vorsätzliche Armut hätte verhindern können, indem die Hilfe im Freien reduziert wurde; aber die Klausel wurde 1782 durch Gilberts Gesetz aufgehoben; die Armen sollten in ihren eigenen Häusern „zur Arbeit eingesetzt" werden; und die neue Strenge machte der alten Laxheit Platz, mit den üblichen Folgen. Am Ende des Jahrhunderts kamen die Probleme eines europäischen Krieges hinzu, und die Flut politischer Reformen ließ vierzig Jahre lang (1792–1832) nach. Da die französische Reform zu weit gegangen war, durfte die englische Reform ihre ersten Schritte nicht unternehmen.

Unter Historikern ist es allgemein bekannt, dass die Französische Revolution ohne Voltaire und Rousseau, die ihr den Weg bereiteten, ganz anders verlaufen wäre. Hunger und neue Ideen sind zwei Befürworter des Wandels, die immer am besten in der Gesellschaft des anderen plädieren; Hunger macht Menschen handlungswillig, und die neuen Ideen geben ihnen Stoff zur Umsetzung. Als in Frankreich 1789 die Krise ausbrach, waren die neuen Ideen nicht weit entfernt. Autoren von Utopien, von Platon bis More und von Rousseau bis Ruskin, haben immer einen einfachen Plan verfolgt: Sie haben die herausragenden Ungeheuerlichkeiten ihrer Zeit gestrichen und das Gegenteil eingefügt, so wie Menschen, wenn sie sich den Himmel vorstellen, an ihr liebes Heimatland denken ohne seine Unannehmlichkeiten. Die Ungleichheit im eigenen Land hatte die Franzosen dazu gebracht, sich einer Vision der Gleichheit hinzugeben, als Rousseau sie ihnen präsentierte, und der Zustand der Natur war der Zustand Frankreichs umgekehrt. Philosophisch gesehen führten die Theoretiker der Revolution ihre Abstammung auf Locke zurück, und ihre Ideen überquerten nicht lange den Ärmelkanal, um ihren Geburtsort zu besuchen.

Selbst wenn die Engländer in Amerika keine sichtbare Utopie oder zumindest Arkadien gehabt hätten, so gab es doch in England genug Hunger, die neuen Ideen allen Schichten der Gesellschaft zu empfehlen. Aus diesem Grund war Godwins Buch im Jahr 1793 so erfolgreich. Es war nicht nur eine gute englische Darstellung der französischen Gleichheitslehre und daher ein Buch für die Zeit, sondern es hatte auch eine ganz eigene Kraft und war keine bloße Übersetzung. Rousseau und Raynal hatten es für notwendig gehalten, die allgemeine Verbesserung der allgemeinen Gleichheit zu opfern; Sie sahen (oder glaubten zu sehen), dass beides nicht zusammenpassen konnte, und sie hielten Gleichheit für so wünschenswert, dass sie bereit waren, sie auf Kosten der Barbarei zu erkaufen. Nun waren sie vielleicht logischer als Godwin; Gleichheit kann Barbarei bedeuten. Aber Godwins Ideal war zumindest höher als ihres; Er hielt Zivilisation und Gleichheit für durchaus vereinbar, denn er glaubte, wenn alle Menschen wirklich zivilisiert wären , würden sie von selbst die Gleichheit wiederherstellen. Da er alles der Vernunft und nichts der Gewalt überließ, war sein Buch theoretisch recht harmlos; aber die Tendenz schien gefährlich, denn sie kritisierte die britische Verfassung auf eine freie Art und Weise, an die die britische Nation nicht gewöhnt war. Darüber hinaus hat das Volk in England immer Ideen mit Personen verwechselt. Sie liebten die Freiheit nicht, als sie die Form eines amerikanischen „Unabhängigkeitskrieges" gegen England annahm, und selbst wenn ihnen die Gleichheit 1789 gefallen hätte, würden sie nach dem Terror nichts mehr davon haben. Sie verließen Fox für Burke und zogen für ein Gefühl in den Krieg. Zu der Zeit, als Malthus schrieb, hatte die Mehrheit der Engländer ihre Begeisterung für die neuen Ideen verloren. Es erforderte eine gewisse Standhaftigkeit, sich einen Reformator oder sogar einen Whig zu nennen, als Napoleon Italien überrannt hatte und uns in Ägypten gegenüberstand. Pitt hielt alle Personen für aufrührerisch, die nicht an die Weisheit des Krieges glaubten.

Aber selbst Pitt konnte, obwohl er die Notwendigkeit einer Reform inzwischen ignorierte, die Existenz der Not nicht übersehen. Im Jahr 1795 hatte es eine ernste Knappheit gegeben; Kriegspreise waren zu Hungersnotpreisen geworden. Es war das Jahr, in dem „die niederen Stände" durch besondere Zwangsmaßnahmen unterdrückt wurden; [48] Es war das Jahr, in dem die Kutsche des Königs von einer Menschenmenge angehalten wurde, die „Brot, Brot!" schrie. Herr Whitbread und die anderen meinten, das Parlament sollte „etwas unternehmen"; und Pitt schlug (1796) vor, der Schwierigkeit durch eine Änderung der Armengesetze zu begegnen. Sein Gesetzentwurf schlug vor, „die ursprüngliche Reinheit der Armengesetze wiederherzustellen", indem das Siedlungsgesetz in Richtung größerer Freiheit geändert und der Arbeiter auf andere Weise unterstützt wurde. Einer dieser anderen Wege war ein Versuch harmloser Art, Industrieschulen zu gründen, ein anderer, jeden Arbeiter an eine freundliche Gesellschaft zu binden. Aber ein anderer, weniger unschuldiger Vorschlag schlug vor, das Bevölkerungswachstum dadurch zu fördern, dass die Armenhilfe dort größer ausfiel, wo die Familie größer war. „Machen wir die Erleichterung" in solchen Fällen „zu einer Frage des Rechts und der Ehre und nicht zum Grund für Schmach und Verachtung." Dadurch wird eine große Familie zu einem Segen und nicht zu einem Fluch; und dies wird eine klare Unterscheidungslinie zwischen denen ziehen, die durch ihre Arbeit für sich selbst sorgen müssen, und denen, die, nachdem sie ihr Land mit einer Anzahl von Kindern bereichert haben, einen Anspruch auf dessen Unterstützung für ihren Unterhalt haben." [49]

Malthus zweifelte 1796 nicht an der Unfehlbarkeit Pitts in einer solchen Angelegenheit; *Die Krise* lässt keine Einwände erkennen. Aber im Jahr 1798, mit seinem neuen Licht, konnte er die Sichtweise des Rekrutierungsoffiziers auf die Bevölkerung nicht mehr akzeptieren. Wenn er ein gutes Argument gegen Godwin und Condorcet gehabt hatte, die einfach nicht gezeigt hatten, wie man ein zu schnelles Bevölkerungswachstum verhindern konnte, hatte er noch ein besseres Argument gegen Pitt, der vorschlug, sie schneller wachsen zu lassen. Außerdem waren ihre Pläne nur auf dem Papier; Sie hatten keine Chance, sie zu verwirklichen, während Pitts Mehrheit jede Maßnahme durchsetzen würde, die ihm am Herzen lag. Die Gefahr aus diesem dritten Viertel war daher am größten. Aber Malthus brauchte dafür kein neues Argument; Er musste einfach sein altes Argument umkehren und es auf seinen neuen Feind richten. Es bestehe keine Notwendigkeit, sagte er, die Ehe zu fördern; Es besteht keine Notwendigkeit für die Regierung, das Bevölkerungswachstum zu beschleunigen. Wo immer die Vorsehung Fleisch geschickt hat, wird Er bald Münder schicken, um es zu essen; und wenn du durch deine künstlichen Ermutigungen die Münder vergrößerst, ohne das Fleisch zu vermehren, wirst du das Volk nur einen Schritt näher an den Hungertod bringen, du wirst nur die Nation vervielfachen, ohne die Freude zu vergrößern. Wenn standhafte Zahlen Stärke bedeuten, sind hungernde Zahlen Schwäche. [50]

Diese Gemeinplätze waren damals ein Paradoxon. Selbst am Ende des 18. Jahrhunderts gab es im englischen Unterhaus keine Partei, die sich mit aufgeklärten Ansichten über die Stellung des britischen Arbeiters identifizieren konnte. Whitbread hatte stets Mittel zur Hand, um dem Arbeiter aus den Zöllen oder durch andere staatliche Eingriffe zu helfen; Als der Premierminister gegen einen von Whitbreads Gesetzentwürfen war, versprach er, seine eigene denkwürdige Maßnahme einzuführen. Fox stand es frei, beidem zu folgen, da er nicht vorgab, die neuen ökonomischen Lehren zu verstehen. Pitt, der Adam Smith bewunderte , Fox, Condorcet und Godwin, der Smith keine Treue schuldete, [51] – alle waren in dieser Angelegenheit gleichermaßen blind. Pitts gesamtes Studium des vierten Buches des *Wealth of Nations* , Kapitel fünf, hatte ihm nicht gezeigt, dass es ein Trugschluss war, Kinder mit Kopfgeld zu belohnen. Doch Malthus hatte sein Licht nicht aus unbekannten Quellen erhalten, sondern von „Hume, Wallace, Adam Smith und Dr. Price" [52] , die allesamt bekannte und vielgelesene Autoren der Zeit waren. „Die Bevölkerungszahl antiker Nationen" war über ein halbes Jahrhundert lang ein glückliches Jagdrevier für gelehrte antiquarische Essayisten. Montesquieu, Wallace und Price [53] beanspruchten den Vorteil für die Alten. David Hume entscheidet sich mit seiner üblichen Scharfsinnigkeit für die Moderne, obwohl er mit seiner üblichen Ironie vorgibt, eine skeptische Schlussfolgerung zu ziehen , und Wallace mehrere Zugeständnisse macht. [54] Man hätte erwarten können, dass diese Kontroverse die Menschen der Wahrheit über die Bevölkerung näher bringt, als sie es tatsächlich tat. Es blieb Malthus überlassen, Humes Wahrscheinlichkeit von einem höheren Standpunkt aus in eine Gewissheit umzuwandeln; aber die Sichtung der Argumente durch die verschiedenen Autoren vor ihm muss seine Aufgabe vereinfacht haben. [55] Andere Hilfen und Vorfreude fehlten nicht. Bereits im Jahr 1786 hatte Joseph Townsend, der Rektor von Wiltshire, eine *Dissertation über die Armengesetze verfasst* , die eine bewundernswerte Darlegung jener klugen Ansichten über Wohltätigkeit und Armenfürsorge liefert, die erst in diesen letzten Tagen unter uns gängig werden. Malthus bringt seine Meinung zu Townsends Werk auf die bestmögliche Weise zum Ausdruck. Bei seiner sorgfältigen Untersuchung (in der zweiten Auflage des *Essays*) über die Bevölkerung europäischer Länder lässt er Spanien aus, mit der Begründung, dass Mr. Townsends *Reisen in Spanien* die Arbeit bereits für ihn erledigt habe. [56]

Der *Essay on Population* war daher nicht originell im Sinne einer Schöpfung aus dem Nichts, sondern im gleichen Sinne wie der *Wealth of Nations* . In beiden Fällen hat der Autor die meisten seiner Sätze und sogar viele seiner Gedanken von seinen Vorgängern übernommen; aber er behandelte sie so, wie es seine Vorgänger nicht konnten; er sah sie in ihrer Verbindung, Perspektive und weiten Ausrichtung. Wir dürfen keine Antizipation annehmen, wenn lediglich eine Identität der Sprache oder eine teilweise Identität des Denkens vorliegt; Die Worte eines früheren Autors werden von einem späteren Autor nicht selten außerhalb ihres logischen Kontexts und daher nicht als Teil eines Arguments zitiert, dessen fortlaufende Prämissen der Autor sieht. Dies trifft auf Adam Smith zu, wenn er mit Sir Dudley North, Abraham Tucker oder den anderen von MacCulloch oder Blanqui katalogisierten Propheten des Freihandels [57] verglichen wird. Sie redeten fast wie Mons vom Freihandel. Jourdain redete Prosa, ohne es zu wissen. Genau das Gleiche gilt für Adam Smith selbst im Verhältnis zu Malthus. Er beherrscht seine eigenen Verallgemeinerungen vollkommen. Nachdem er zu ihnen hin argumentiert hat, kann er von ihnen aus argumentieren. Aber wenn er sagt: „Jede Tierart vermehrt sich auf natürliche Weise im Verhältnis zu ihren Lebensunterhalt", „die Nachfrage nach Menschen regelt zwangsläufig die Produktion von Menschen", [58] hat er Malthus nicht vorweggenommen. Seine Sätze berühren ein Prinzip, dessen wichtigste Zusammenhänge er nicht erkennt; und da er nicht darüber nachgedacht hat, unternimmt er kaum den Versuch, darüber nachzudenken. Malthus hingegen hat ein allgemeines Prinzip schnell erfasst und ist in der Lage, eine Reihe abhängiger Fragen auf dem Wege einfacher Folgerungen zu lösen. Andere haben möglicherweise die richtigen Antworten auf die besonderen Fragen zum Armengesetz und zur Bevölkerungszahl der alten Nationen gegeben. Malthus ist der erste, der einen umfassenden Grund aufzeigt, warum alle diese Antworten richtig sein müssen.

Das war das Geheimnis seines Erfolgs. So wie Godwins *Political Justice* erfolgreich war, weil er systematisch war, so war auch der *Essay on Population* erfolgreich, weil er das Chaos zu ordnen schien. Die Traurigkeit seiner Schlussfolgerung hatte für einige Gemüter einen Reiz; Aber der Großteil seiner Leser liebte ihn nicht, weil er ihnen ihre Hoffnungen nahm, sondern weil er ihnen neues Licht verschaffte. Pest und Hungersnot verlieren allmählich ihre vagen Schrecken, wenn wir wissen, woher sie kommen und was sie für die Welt bewirken. Auch wenn der Wunsch nach einer Ehe an sich ein Übel ist, ist es gut, die Wahrheit darüber zu kennen. Unwissenheit kann nur dann glückselig sein, wenn sie völlig ist; und vorsätzliche Unwissenheit, die notwendigerweise teilweise ist, ist eine ständige Unruhe, nicht einmal ein Paradies für Narren. [59]

Die Wahrheit war in diesem Fall nicht nur Traurigkeit. Im letzten Teil des Aufsatzes von 1798 legt Malthus ein Argument dar, das er später in späteren Ausgaben mit einer eher irdischen Anwendung wiedergab. Er verwendet den Stil von Paley und den Apologeten und versucht, die endgültige Ursache des Bevölkerungsprinzips zu entdecken, und zwar auf metaphysischen Grundsätzen, denen Herr Sumner fast zwanzig Jahre später folgte, als die Diskussion eine neue Wendung genommen hatte. [60] Die Frage ist, wie das durch das Bevölkerungsprinzip verursachte Leid mit der Güte Gottes in Einklang gebracht werden kann. Malthus antwortet, dass die Schwierigkeit nur ein Teil des allgemeinen Problems des Bösen sei, der Unterschied zwischen diesem Teil und den übrigen bestehe darin, dass wir in diesem Fall tiefer in die Ursachen hineinblicken; und deshalb ist es für uns umso einfacher, die Wege Gottes gegenüber den Menschen zu rechtfertigen. „Das Böse existiert nicht, um Verzweiflung zu erzeugen, sondern um Aktivität zu erzeugen." [61] Wir sollten nicht von Gott auf die Natur schließen, sondern von der Natur auf Gott; Um zu wissen, wie Gott funktioniert, beobachten wir, wie die Natur funktioniert. Wir werden dann feststellen, dass die Natur alle fühlenden Geschöpfe durch einen langen und schmerzhaften Prozess schickt, durch den sie neue Qualitäten und Kräfte erlangen und sie vermutlich für einen besseren Platz als den, den sie in dieser Welt haben, vorbereiten. Diese Welt und dieses Leben sind daher aller Wahrscheinlichkeit nach „der mächtige Prozess Gottes" und dienen in der Tat nicht nur der bloßen „Bewährung" des Menschen (denn das würde bedeuten, dass sein Schöpfer ihm gegenüber misstrauisch war oder nicht wusste, was in ihm war). sondern für die „Erschaffung und Bildung" des menschlichen Geistes aus der Erstarrung und Verwesung toter Materie, [62] um „den Staub der Erde in Seele zu sublimieren, um aus dem Tonklumpen einen ätherischen Funken zu entlocken". Die vielfältigen Einflüsse des Lebens sind die formende Hand des Schöpfers, und sie sind unendlich vielfältig, denn (trotz Salomo) gibt es nichts Altes unter der Sonne. [63] Schwierigkeiten erzeugen Talente. [64] „Die ersten Erwecker des Geistes sind die Bedürfnisse des Körpers." Es sind diese, die den Intellekt des Säuglings wecken und den Verstand des Wilden schärfen. Nicht Muße, sondern Notwendigkeit macht erfinderisch:

ἀ π ενί α , Διόφ αντε , μόν α τ ὰ ς τέχν ας ἐ γείρες .

Locke hatte recht; Der Wunsch, Schmerzen zu vermeiden, ist noch stärker als der Wunsch, Vergnügen zu finden. Auf diese Weise führt das Böse zum Guten; denn Schmerz, der eine Art Übel ist, erzeugt Anstrengung, und Anstrengung erzeugt Geist. Dies ist die allgemeine Regel. Ein besonderes Beispiel dafür ist, dass der Mangel an Nahrung, der eines der schwerwiegendsten Übel ist, zum Guten führt. Indem er dafür sorgte, dass die Erde Nahrung nur in kleinen Mengen und als Belohnung für die Arbeit produzieren sollte , hat Gott dem menschlichen Fortschritt einen ständigen Ansporn gegeben. Dies ist der Schlüssel zum Rätsel der Bevölkerung. Von Natur aus ist der Mensch ein Lotosfresser, bis der Hunger ihn zu einem Odysseus macht. Warum sollte er sich abmühen, das Dach und die Krone der Dinge? Vor allem, weil er, wenn er nicht arbeitet, auch nicht leben kann; Das Lotosland wird bald übervölkert sein, und er muss seine Rinde wieder abstoßen. „Die ersten Erwecker des Geistes sind die Bedürfnisse des Körpers", obwohl der Geist, sobald er erwacht ist, bald herausfindet, welche Bedürfnisse über den Körper hinausgehen, und die Entwicklung des Intellekts und der Zivilisation geht auf unbestimmte Zeit weiter. [65] Die Menschen „neigen dazu, schneller zu wachsen" als ihre Nahrung, nicht um die Menschen leiden zu lassen, sondern um sie aufzurütteln, um sich vor dem Leiden zu retten. Das teilweise Übel all dieser allgemeinen Gesetze geht im Allgemeinwohl auf; und das Gemeinwohl wird auf zwei Arten gesichert: Die Menschheit wird entwickelt; Die Ressourcen der Welt sind erschlossen. Erstens wird der Intellekt des einzelnen Menschen entwickelt, denn die Beständigkeit der Natur ist die Grundlage des Denkens, und die menschliche Vernunft würde niemals zum Vorschein kommen, wenn der Mensch nicht absolut unfähig wäre, sich auf Wunder zu verlassen, und dazu verpflichtet und dazu in der Lage wäre Berechnungen auf der Grundlage eines konstanten Gesetzes durchführen. Dieser Beständigkeit der Natur verdanken wir den unsterblichen Geist eines Newton. Zweitens muss die Welt bevölkert sein. Hätten die Wilden ihre gesamte Nahrung von einem zentralen Punkt fruchtbaren Bodens beziehen können, wäre die Erde insgesamt eine Wildnis geblieben; aber so wie es ist, kann keine einzige Siedlung eine unbegrenzte Zunahme der Zahl zulassen; Die Zahlen müssen sich über die Erde verteilen, bis sie Platz und Nahrung finden. Wenn es kein Gesetz des Wachstums gäbe, könnten ein paar Karrieren wie die von Alexander oder Tamerlain die ganze Welt entvölkern; Aber das Gesetz existiert, und die Lücken, die ein Eroberer oder eine Seuche hinterlassen hat, werden bald bis zum Überlaufen gefüllt, während die überfließende Flut weitergeht und neue Länder zurückerobert. [66]

Das ist die Kosmologie von Malthus. „Das Leben ist im Allgemeinen ein Segen, unabhängig von einem zukünftigen Zustand." [67] „Die Eindrücke und Aufregungen dieser Welt sind die Instrumente, mit denen das Höchste Wesen Materie in den Geist formt." Die Notwendigkeit ständiger Anstrengung, das Böse zu vermeiden und das Gute zu verfolgen, ist die Hauptquelle dieser Eindrücke und daher ein ausreichender Grund für die Existenz des natürlichen und moralischen Übels, einschließlich der Schwierigkeiten, die sich aus dem Bevölkerungsprinzip ergeben. All dies sind gegenwärtige Schwierigkeiten, die jedoch nicht unlösbar sind. Sie erfüllen ihren Zweck nicht, solange es nicht durch menschliche Anstrengung gelingt, sie zu verringern. Eine absolute Entfernung verspricht Malthus nicht; Aber obwohl er so fest an Wissenschaft und Vernunft glaubt wie Condorcet oder Godwin, lehnt er es ab, eine irdische Unsterblichkeit als vernünftige Hoffnung zu betrachten, und verweist uns stattdessen auf ein zukünftiges Leben und auf eine andere Welt der Vollkommenheit und des Glücks. [68]

Vielleicht ging der große Ökonom über sein Fachgebiet hinaus, als er das Problem des Bösen anging. In der Kontroverse, die auf den Aufsatz folgte, gab es nur wenige Hinweise auf diesen Teil, und nach dem Erscheinen der zweiten Auflage, in der dieser Teil ganz weggelassen wurde, vergaß man die Existenz der ersten Auflage. Aus der Art und Weise, wie Sumner über den Unterschied zwischen seinem Standpunkt und dem von Malthus spricht, könnte man durchaus vermuten, dass er nichts von der ersten Ausgabe wusste; und doch ist der zweite seiner beiden wissenschaftlichen Bände lediglich eine Erweiterung seiner Ideen. [69] Die Metaphysik selbst kann tief oder oberflächlich sein; Es wäre unmöglich zu sagen, bis wir den Sinn gehört hätten, in dem die metaphysischen Ausdrücke verwendet wurden, und dass wir kaum Mittel dazu haben. Sie verweisen zumindest auf die „monistische" Sichtweise, dass es keine Kluft zwischen Geist und Materie gibt. Wir könnten sie für idealistisch im deutschen Sinne halten; Aber wir können nicht vergessen, wie eng die ethischen Ansichten von Malthus mit denen der englischen Moralisten seines Jahrhunderts verbunden sind. Man kann nicht sagen, dass er einen Platz in der Geschichte der Philosophie hat; und es ist hauptsächlich von merkwürdigem persönlichem Interesse zu entdecken, dass er sich, obwohl er nominell ein Utilitarist ist, von Paley dadurch unterscheidet, dass er Handlungen, die entweder aus Angst vor Strafe oder aus Hoffnung auf Belohnung begangen werden, keinen moralischen Wert zugesteht. [70] Es gibt keinen Hinweis darauf, dass er ein metaphysisches Genie war. Seine Forschungen in der schwereren deutschen Literatur reichten vielleicht nicht viel weiter als bis zum urigen Optimisten Johann Peter Süßmilch , [71] aus dessen *Göttliche Ordnung* er seine Statistiken frei bezog.

Malthus hatte einst vor, seine metaphysischen Ansichten ausführlicher darzulegen. [72] Mit anderen Worten: Er hatte vor, ein Buch im Stil der Essays von Price zu schreiben, halb ökonomisch und halb literarisch. Wir brauchen das „besondere Geschäft", was auch immer es war, nicht zutiefst zu bereuen, das diese Absicht im Keim erstickte und außerdem die Veröffentlichung des Aufsatzes, wie wir ihn jetzt haben, verzögerte. [73] Die metaphysischen und theologischen Passagen haben in ihrer jetzigen Form den Anschein einer Episode, obwohl der Gedanke an sie logisch genug mit dem Tenor des Buches verbunden ist. Die Ansichten des Autors über die andere Welt, die Bestrafung der Bösen und den Einsatz von Wundern haben wie die Philosophie hauptsächlich ein persönliches Interesse. Adam Smith hatte in der späteren Ausgabe seiner *„Moral Sentiments"* mindestens einen sehr deutlichen Ausdruck der theologischen Meinung (über das Sühnopfer) weggelassen, der in der ersten Ausgabe erschienen war, [74] und vielleicht tat sein Schüler gut daran, diesem Beispiel zu folgen. Gleichzeitig ist Auslassung kein Widerruf, und wir gewinnen Aufschluss über den Geist und Charakter eines Autors, indem wir alle Ansichten entdecken, an die er einmal geglaubt hat. Ein Schriftsteller, der in einem sehr frühen Stadium seines Studiums zur absoluten Wahrheit gelangte, hat Adam Smith [75] durch die Herausgabe seines Hauptwerks gefördert und die anderen Ökonomen geehrt , indem er ihre Schlussfolgerungen in einer historischen Einleitung tabellarisch dargelegt hat. Er gewährt Malthus diesen Gefallen . Die Überlegungen von Malthus sind seiner Meinung nach zwar wertvoll, aber nicht frei von Fehlern; er hat die positiven Auswirkungen des Bevölkerungsprinzips als Anreiz für

Erfindung und Fortschritt „fast völlig übersehen". [76] Dieser Vorwurf wird durch den Aufsatz auch in seiner späteren Form widerlegt; aber neben der Kosmologie der Erstausgabe erscheint es lediglich grotesk. Malthus wird vorgeworfen, genau die Phänomene zu ignorieren, die Malthus als „letzte Ursache" des Bevölkerungsprinzips verherrlicht. Er glaubte, nicht nur eine der Hauptursachen der Armut erklärt zu haben, sondern auch eine der Hauptauswirkungen; Wenn Adam Smith die Macht der Arbeit als Ursache für Reichtum gezeigt hatte, glaubte Malthus, er habe die Macht der Armut als Ursache für Arbeit gezeigt . Zweifellos war der Fehler ein häufiger; und (ganz zu schweigen von den Enzyklopädien und biographischen Wörterbüchern) gibt es nur wenige ökonomische Lehrbücher, die Malthus in dieser Angelegenheit gerecht werden. [77] Aber wer mit Autorität spricht, sollte sich nicht mit geliehenem Wissen zufrieden geben. Dieselbe Autorität sagt uns, dass „die Arbeit von Herrn Malthus eher deshalb wertvoll ist, weil sie die öffentliche Aufmerksamkeit für das Thema geweckt hat, als weil sie auch nur annähernd einen vollständigen Überblick über den Bereich der Wissenschaft gibt, den sie behandelt." [78] Malthus seinerseits erhebt keinen Anspruch auf Unfehlbarkeit; Wie die meisten Pioniere ist er sich über seine Leitprinzipien hinaus kaum sicher und schämt sich nie, seine Ansichten zu ändern. [79] Aber wenn sein *Essay über die Bevölkerung* , so wie er schrittweise geändert und erweitert wurde, um mit der scharfen Kritik von dreißig Jahren Schritt zu halten, nicht den Kern der Sache erreicht hat, ist die Diskussion sicherlich nutzlos.

Tatsache ist, dass das anonyme kleine 8vo von 1798 zwar lediglich ein Entwurf des abgeschlossenen Werks späterer Jahre war, sein Hauptfehler jedoch nicht in der Unvollständigkeit, sondern in der falschen Betonung lag. Wenn ein Mann eine kontroverse Broschüre schreibt, versucht er nicht, alle Wahrheiten gleichermaßen in den Vordergrund zu rücken; Er stellt das Vernachlässigte in den Vordergrund und lässt das Vertraute zurückfallen, nicht als geleugnet oder ignoriert, sondern einfach als nicht betont. In solchen Fällen ist es immer möglich, dass die vernachlässigten Wahrheiten, obwohl sie der alten Vernachlässigung unwürdig waren, den neuen Vorrang nicht verdienten und diesen nicht behalten dürfen. Die Wissenschaft, die Antworten auf ihre eigenen Fragen sucht und nicht auf Fragen des 18. Jahrhunderts, duldet die falsche Betonung vorübergehender Kontroversen nicht. Der eigentliche Anfang steht an erster Stelle, dann die Mitte und an letzter Stelle das Ende, nicht das Ende in der Mitte oder das Letzte an erster Stelle. Dementsprechend greift es den ersten Aufsatz von Malthus über die Bevölkerung auf und verlangt vom Autor, ihn zu ändern. Er muss weniger kritisch und kreativer sein, wenn er eine zufriedenstellende Antwort auf das allgemeine Problem geben will, das er in die Hand genommen hat. Sowohl die Zeit als auch das Subjekt erfordern eine Änderung der Einstellung – die Zeit, weil politische Theorien inzwischen weniger wichtig geworden sind als soziale Schwierigkeiten, und das Subjekt, weil er bisher, obwohl er die Schwierigkeiten klar erklärt hat, kaum mehr als getan hat Hinweise auf die Mittel zur Überwindung dieser Probleme geben. Zwar kann kein Kritiker oder Bilderstürmer jemals einen Gegner vollständig besiegen, außer durch eine eigene Wahrheit, die über die Falschheit des Gegners hinausgeht; Und diesem verdankt er die Begeisterung seiner Anhänger. Aber er legt die Wahrheit nicht immer so vollständig dar wie den Irrtum; Und so folgen ihm seine Freunde über den Punkt der Verneinung hinaus oft eher im Glauben als im Sehen. Das war es also, was Malthus noch tun musste; darzulegen, welche vertrauenswürdigen und trügerischen Methoden zur Bildung der modernen Gesellschaft und welche richtigen und welche falschen Methoden zur Entlastung der Armen waren.

Der Erfolg des Aufsatzes war bisher sehr bemerkenswert. Es hatte Dutzende Reaktionen hervorgerufen, und ein unwilliger Zeuge erzählt uns, dass es Hunderte von Freunden des Fortschritts bekehrt hatte. [80] Wir finden, dass Godwin im August 1798 an den Autor schrieb, [81] und wir können daraus schließen, dass der Schleier der Anonymität nicht sehr dicht war, obwohl Malthus ihn 1800 in dem Traktat über hohe Preise erneut verwendete. In einer Debatte im Unterhaus am 11. Februar 1800 nutzte Pitt die Gelegenheit zu sagen, dass er seinen neuen „Poor Bill" zwar immer noch für gut halte, ihn aber aus Rücksicht auf die Einwände „derer, deren Meinung er vertrat" fallen gelassen habe verpflichtet, Respekt zu zeigen." [82] Er meinte Bentham und Malthus. Wir können nicht sagen, wer den größeren Anteil am Verdienst hatte, aber wir wissen, dass Malthus Pitt und Paley als seine brillantesten Bekehrten ansah. [83] Pitts Erklärung, dass er seinen Gesetzentwurf immer noch für gut halte, konnte nur bedeuten, dass er es immer noch glauben wollte. Für einen Staatsmann, der den politischen Ökonomen beeinflusste, muss es besonders ärgerlich gewesen sein, festzustellen, dass nicht nur die feierliche Kritik von Malthus, sondern auch die scherzhaften „Beobachtungen" von Bentham, [84] die die Spreu Klausel für Klausel aus dem Gesetzentwurf gedroschen haben wendete seine Lieblingswissenschaft gegen sich selbst auf.

KAPITEL II.
ZWEITE GEDANKEN, 1803.

> Übertreibungen des ersten Aufsatzes – seine beiden Postulate sind nicht aufeinander abgestimmt – charakteristisches Merkmal des zweiten Aufsatzes – sein gemäßigter Optimismus – grobe Einteilung der Kontrollen – moralische Zurückhaltung und gemischte Motive – Freiheit, wie sie von Godwin und Malthus verstanden wird – Die beiden Männer standen im Gegensatz.

Während Malthus solche Anhänger wie Pitt, Paley und Parr fand und selbst Godwin anerkannte, dass der „Autor des Aufsatzes" einen „wertvollen Beitrag zur politischen Ökonomie" geleistet habe, [85] war der Aufsatz nicht unantastbar . Es gab einige bekannte Tatsachen, die der Autor zu wenig berücksichtigt hatte und die ihm von allen Seiten von seinen Kritikern eingeprägt wurden. Um die Sprache der Philosophie zu verwenden, war er nicht konkret genug gewesen; Er war weit gegangen, Godwins Fehler zu begehen und ein Merkmal der menschlichen Natur für sich allein zu betrachten, anstatt es an seinem Platz mit den anderen zu sehen. Die Stellung und die Aussichten der zivilisierten Gesellschaft unserer Tage hängen von einer Kombination politischer, intellektueller, physischer und moralischer Ursachen ab, von denen das Wachstum oder der Rückgang der Bevölkerung möglicherweise nur eine Auswirkung ist. Wenn wir teils Mensch, teils Löwe und teils Schwein sind, ist es nicht fair, die Vorherrschaft des Schweins ebenso wenig anzunehmen wie die Vorherrschaft des Menschen. In einer Tierherde, im Gegensatz zu einer Gesellschaft von Menschen, sind die Einheiten einfach die Stärksten, die im Kampf ums Dasein überlebt haben. Dabei steht das Bevölkerungsprinzip im Vordergrund; Es gibt kein Hindernis außer Hungersnot, Krankheit und Tod. Wir können daher verstehen, wie das Studium des *Essays über die Bevölkerung* Charles Darwin dazu veranlasste, den Ursprung der Arten durch eine Verallgemeinerung zu erklären, die Malthus kannte und benannte, obwohl er sie nicht über den Menschen hinaus verfolgte. [86] Der „allgemeine Kampf" unter Tieren „um Platz und Nahrung" bedeutet unter zivilisierten Menschen so etwas wie Freihandel, das alte orthodoxe wirtschaftliche Allheilmittel für wirtschaftliche Übel; und der Essayist stimmt mit Adam Smith im allgemeinen Widerstand gegen gesetzgeberische Eingriffe überein. So schlimm die Auswirkungen der unheilbaren Ursachen der Armut auch sind, Eingriffe machen sie noch schlimmer. Aber wenn wir zum Menschen kommen, ist der Kampf zumindest nicht so grausam. „Die Pest ergreift den Hintern" ist nicht die einzige oder höchste Regel. Wenn die Angst vor dem Verhungern, das irdischste und am wenigsten intellektuelle aller Motive, zunächst nötig ist, um uns zur Arbeit zu zwingen, muss sie danach nicht mehr nötig sein. Die unteren Überlegungen sind ihrer Definition nach die untersten Schichten unseres Haufens; Wir erheben uns durch sie, aber wir treten sie nieder, und je höher der Stapel, desto geringer ist ihre Bedeutung. Innerhalb der zivilisierten Länder wird der Kampf auf den untersten Stufen im Verhältnis zu ihrer Zivilisation abgeschafft; Oft werden die Schwächsten gerettet und die Niedrigsten trotz ihrer Untauglichkeit gefördert. [87] Betrachten Sie den Menschen nicht als Tier, sondern als Bürger; Wenn wir das Bevölkerungsprinzip nicht nur durch Laster, Elend und die Angst davor, sondern durch alle gemischten Motive der menschlichen Gesellschaft in Schach halten, erkennen wir, dass Malthus die Angelegenheit in den besten Absichten zu abstrakt behandelt hat. Godwin hatte die Macht der Vernunft überschätzt, Malthus die Macht der Leidenschaft. „Es ist wahrscheinlich", schrieb er später, „dass ich, nachdem ich festgestellt hatte, dass der Bogen in eine Richtung zu stark gebogen war, veranlasst wurde, ihn in die andere Richtung zu stark zu biegen, um ihn gerade zu machen." [88] Nach dem abstrakten Prinzip, dass Wachstum mehr und konkrete Menschlichkeit weniger bedeutet als Gerechtigkeit, bestand der nächste Schritt natürlich darin, die Möglichkeit einer dauerhaften Verbesserung in dieser Welt zu leugnen und jede teilweise Verbesserung als eine Arbeit von Sisyphos zu betrachten . [89]

Es könnte kaum anders sein, wenn wir wie Malthus damit beginnen würden, den Wunsch nach Nahrung und den Wunsch nach einer Ehe als zwei aufeinander abgestimmte Prinzipien festzulegen. [90] Sie sind nicht wirklich koordiniert. Es gilt nicht nur für die meisten Menschen, sondern für alle Menschen ohne eine einzige Ausnahme, dass sie nicht ohne Nahrung leben können. Selbst wenn ein Mensch eine vierzigtägige Abstinenz von fester Nahrung überlebt , kann er sich Wasser nicht verweigern und ist während seines Fastens praktisch tot für die Welt. Das zweite Postulat des ersten Aufsatzes gilt im Gegenteil nur für die meisten Menschen, und selbst dann unter bestimmten Voraussetzungen. Dies gilt nicht für alle bis zum Mannesalter, und es gilt nicht für alle Menschen gleichermaßen. Einige liegen aufgrund eines Zufalls ihrer Geburt außerhalb ihres Geltungsbereichs, und eine noch größere Zahl, ob Priester oder Laien, verlässt ihren Geltungsbereich aus moralischen Gründen. [91] Coleridge bringt den Fall treffend auf den Punkt: „Der ganze Fall ist folgender: Sind sie beide gleiche Leidenschaften der physischen Notwendigkeit und die eine gleichberechtigt mit der anderen, unabhängig von der Vernunft und dem Willen?" Schande für unsere Rasse, dass es den Einzelnen gibt, der es wagt, diese Frage überhaupt zu stellen." [92]

Malthus erkannte, dass er voreilig gewesen war, und veröffentlichte den Aufsatz erst erneut, nachdem er ihn fünf Jahre lang überarbeitet und mit den Ergebnissen von Auslandsreisen und breiterer Lektüre versehen hatte. Im

Jahr 1799 ging er mit einigen College-Freunden, Otter, Clarke, dem Antiquar und Naturforscher, und Clarkes Schüler Cripps ins Ausland [93] und besuchte Deutschland, Schweden, Norwegen, Finnland und einen Teil Russlands, die damals einzigen geöffneten Länder an englische Reisende . Nach seiner Rückkehr veröffentlichte er sein Traktat „The *High Price of Provisions*" (1800) [94] und versprach am Ende eine Neuauflage des „ *Essay on Population*". Einige Leute, sagt er, hielten den Aufsatz für „ein fadenscheiniges Argument, das auf den gegenwärtigen Zustand der Gesellschaft nicht anwendbar ist", weil er vorgefassten Meinungen widerspricht; aber zwei Jahre des Nachdenkens haben seine Überzeugung gestärkt, dass er „die wahre Ursache der anhaltenden Depression und Armut der unteren Klassen" entdeckt hat; und er wird seinen Aufsatz nicht widerrufen: „Ich habe die Veröffentlichung einer weiteren Auflage davon zurückgestellt, in der Hoffnung, ihn der öffentlichen Aufmerksamkeit würdiger machen zu können, indem ich das Prinzip direkt und ausschließlich auf den bestehenden Zustand der Gesellschaft anwende und bemühe, dies zu tun . " Veranschaulichen Sie die Kraft und Universalität seiner Wirkungsweise anhand der besten authentifizierten Berichte, die wir über den Zustand anderer Länder haben." Aber er war mit den Berichten anderer Leute nicht zufrieden . Als der Frieden von Amiens Tausende von Vergnügungssüchtigen auf den Kontinent entließ, reiste Malthus nicht nur zum Vergnügen nach Frankreich und in die Schweiz; und er war glücklicherweise wieder zu Hause und gab seine Korrekturbögen an die Presse weiter, bevor Napoleon unangenehme Eingriffe in englische Reisende durchführte .

Es war ein glücklicher Zufall, dass Malthus in den düsteren Kampftagen des Jahres 1798 nur über Laster und Elend schrieb, während er sich in dem kurzen Schimmer des Friedens von 1802 und 1803, als das Getümmel der bewaffneten Männer für einen Moment aufgehört hatte, erinnerte selbst, und schreiben Sie von einer weniger schrecklichen Beschränkung der Bevölkerung, eine Beschränkung, die vielleicht, wie der Waffenstillstand von Amiens, eine schwache Hoffnung für die Zukunft birgt. Hoffen wir im Interesse der Welt, dass die Parallele nicht weiter geht. Das Wunder ist nicht, dass er vergessen hat, dass es so etwas wie Zivilisation gibt, sondern dass er sich inmitten von Kriegen und Kriegsgerüchten jemals daran hätte erinnern sollen.

Im Vorwort zur neuen Ausgabe (Juni 1803) sagt er, dass er „im Prinzip bisher" von der alten Ausgabe abgewichen sei, „insofern er die Wirkung einer weiteren Kontrolle der Bevölkerung annimmt, die weder unter die Rubrik Laster noch Elend fällt." , und er hat „versucht, einige der härtesten Schlussfolgerungen des ersten Aufsatzes abzumildern." Es gab wirklich noch mehr Veränderungen. Der erste Aufsatz enthielt viele der Unvollkommenheiten des plötzlichen Zeitschriftenartikels; und wenn der

Schriftsteller ein halbes Jahrhundert später gelebt hätte, hätte er wahrscheinlich, anstatt ein kleines Buch zu schreiben, einen langen Artikel für eine monatliche oder vierteljährliche Zeitschrift verfasst, in dem er eine Rezension von Godwins politischen Schriften gegeben hätte, mit beiläufigen Bemerkungen zum Poor Bill of Mr . Pitt. Dies war offenbar das Licht, in dem er selbst sein erstes Werk betrachtete, sonst hätte er es bei der Wiederveröffentlichung nicht so freizügig gehandhabt. Die neue Ausgabe enthielt neue Fakten, eine neue Anordnung und einen neuen Schwerpunkt. Er hatte nicht ein für alle Mal ein Buch geschrieben und überließ es nach seinem Tod der Welt, darüber zu streiten. Er zog die Öffentlichkeit als Partner heran und machte jede Diskussion zu einem Mittel, sein Buch zu verbessern. Dies verleiht dem *Essay on Population* einen einzigartigen Charakter unter den wirtschaftswissenschaftlichen Schriften. Es führt dazu, dass der Autor uns seine Gedanken aus vielen verschiedenen Blickwinkeln interpretiert, was uns unglücklicherweise oft im Zweifel zurücklässt, ob eine Änderung der Sprache eine Änderung des Denkens ist oder nicht. Malthus macht es noch schwieriger, indem er den Text weglässt und einfügt, anstatt ihn vollständig neu zu schreiben. Seine Kapitel hören auf, alt zu sein, ohne neu zu werden.

Schon die Vorderseite des Buches offenbarte eine Veränderung. Im Jahr 1798 erschien „*Ein Essay über das Bevölkerungsprinzip, wie es die zukünftige Verbesserung der Gesellschaft beeinflusst*" ; im Jahr 1803, *Ein Essay über das Bevölkerungsprinzip oder ein Blick auf seine vergangenen und gegenwärtigen Auswirkungen auf das menschliche Glück* . Die Träume der Zukunft stehen nun im Hintergrund und die Fakten der Gegenwart im Vordergrund. Im Jahr 1798 hatte Malthus Godwin Lügen gestraft :

„ Er färbt sich , weitläufig, großartig, prachtvoll im Bild,

Tatsächlich wird er immer noch weicher, schält, lässt nach,

Er zum großen, vielleicht aufsteigenden , erhabenen und idealen,

Er beschränkte, schmälerte und stellte das Wesentliche in den Schatten."

Er muss jetzt mehr tun, sonst ist seine politische Ökonomie eine düstere Wissenschaft. Er muss zeigen, wie wir an der Tatsache festhalten können, ohne unser Ideal zu verlieren. Es reicht nicht aus, uns auf die andere Welt zu verweisen. Wie weit können wir in dieser Welt Hoffnung haben? Lassen Sie Malthus antworten.

Der zweite Aufsatz ist seine Antwort; und wenn zweite Gedanken die besten sind, dann können wir uns über den zweiten Aufsatz freuen, denn er hebt die Wolke vom ersten auf. Es zeigt uns, dass die Macht der Zivilisation insgesamt größer ist als die Macht der Bevölkerung; Der Druck der

Menschen auf die Nahrung ist daher in der Neuzeit geringer als in der Antike oder im Mittelalter; Es gibt jetzt weniger Unordnung, mehr Wissen und mehr Mäßigung. [95] Die rein physischen Kontrollen geraten in den Hintergrund. Es gibt zwei Arten von Bevölkerungskontrollen. Eine Prüfung ist (*a*) positiv, wenn sie eine bestehende Population reduziert, (*b*) präventiv, wenn sie das Heranwachsen einer neuen Population verhindert. Bei Tieren ist die Kontrolle nur Elend, bei wilden Menschen sowohl Laster als auch Elend und in der zivilisierten Gesellschaft moralische Zurückhaltung sowie bisher sowohl Laster als auch Elend. Selbst in der zivilisierten Gesellschaft gibt es Schichten, die von moralischer Zurückhaltung kaum erreicht werden, während es Schichten gibt, die nicht zivilisiert sind. Im Großen und Ganzen ist es jedoch so, dass es bei den Tieren keine Anzeichen für eine andere Kontrolle als die positive gibt, während bei den Menschen das Positive allmählich dem Vorbeugenden untergeordnet wird. Bei Männern kann Elend sowohl positiv als auch präventiv wirken. In Form von Krieg oder Krankheit kann es Zehntausende Menschen töten und eine bestehende Bevölkerung vernichten. Aus Angst vor seinem eigenen Kommen kann es so manche Heirat verhindern und das Heranwachsen einer neuen Bevölkerung verhindern. Laster kann auch auf beide Arten wirken: positiv wie beim Kindermord, präventiv wie im Plan von Condorcet. Aber in der zivilisierten Gesellschaft stehen sowohl die Kräfte der Ordnung als auch des Fortschritts ihren beiden gemeinsamen Feinden gegenüber; und wenn wir keine dritte Kontrolle anerkennen, gilt das Argument, das gegen Godwins Gesellschaft vorgebracht wurde, sicherlich gegen die gesamte Gesellschaft; Seine bloße Reinigung wird es ruinieren, indem es Laster und Elend verbietet, das Wachstum der Bevölkerung zu bremsen, und indem es dadurch zulässt, dass das Volk ins Exzess wächst. Es gibt jedoch noch eine dritte Kontrolle, die Malthus unter dem Titel moralische Zurückhaltung kennt.

Moralische Zurückhaltung ist eine besondere Form der vorbeugenden Kontrolle. Es ist nicht zu verwechseln mit einem unreinen Zölibat, das unter die Kategorie Laster fällt; und doch impliziert das Adjektiv „moralisch" nicht, dass die Motive die höchstmöglichen sind. [96] Das Adjektiv wird nicht so sehr auf das Motiv der Handlung angewendet, sondern vielmehr auf die Handlung selbst, aus welchen Motiven auch immer sie hervorgeht; und im Munde eines Utilitaristen ist diese Sprache nicht unphilosophisch. Moralische Zurückhaltung bedeutet auf den Seiten von Malthus einfach Enthaltsamkeit; es handelt sich um einen Verzicht auf die Ehe, gefolgt von keinerlei Unregelmäßigkeiten. [97] Er spricht vom „moralischen Anreiz" der Maisprämie und meint damit die Erwartungen, die sie in den Köpfen der Menschen hervorrief, im Unterschied zu den Schwankungen, die sie bei den Getreidepreisen hervorrief; [98] und das Wort „moralisch" wird wie „Moral" oft in militärischen Angelegenheiten verwendet, um die geistige Disposition im Unterschied zu materiellen Ressourcen zu bezeichnen. Die

Unbestimmtheit des Wortes ist vielleicht kein Zufall, denn nichts ist unklarer als die gemischten Beweggründe, die es bezeichnet; aber Kontinenz, die eindeutig ist, scheint das bessere Wort zu sein.

Mit der Verkündung des dritten Schecks trat die Theorie von Malthus endgültig in eine neue Phase ein; und wenn wir die Grundzüge seines Werkes skizzieren, müssen wir es nicht mehr als paradox und überspannt betrachten, sondern als ein nüchternes Argument auf der Grundlage anerkannter Tatsachen. Die Analyse der menschlichen Natur durch den Autor wurde mit dem gesunden Menschenverstand in Einklang gebracht. Er bekennt, dass es bisher zu abstrakt gewesen sei und das Untrennbare getrennt habe.

Der Geist des Menschen kann nicht in Quantitäten zersägt werden; und selbst wenn es möglich ist, die gemischten Motive zu unterscheiden, die das menschliche Handeln leiten, bleibt die Tatsache bestehen, dass sie nur zusammen wirken. Es ist wahrscheinlich, dass die Motive eines guten Menschen nie absolut edel und die Motive eines schlechten Menschen nie absolut bestialisch waren. Sogar der gute Mann ist am stärksten, wenn er seine Umstände gegen seine Macht, Böses zu tun, in den Kampf bringen kann. Von Anfang an gemischt, werden die menschlichen Motive in dieser Welt bis zum letzten Mal gemischt bleiben, sei es im Heiligen, im Weisen oder im Wilden. Aber die Zivilisation, die eine fortschreitende Veränderung der vorherrschenden Vorstellungen der Gesellschaft mit sich bringt, wird den Charakter der Mischung und das Verhältnis der Elemente verändern. Die Gesetze von Malthus werden befolgt, auch wenn der Name Malthus nicht erwähnt wird und an die Kontrollen, seien sie physischer oder moralischer Art, nie gedacht wird. Die Gesellschaft kann, wenn sie sich überhaupt bewegt, ihre Übel nicht durch ein einziges heroisches Heilmittel heilen; aber ebenso wenig kann es sich mit selbstverleugnenden Verordnungen, Verboten oder Widerlegungen zufrieden geben. Es braucht eine positive Wahrheit und ein Ideal, das heißt eine Religion, um den Körpergliedern neues Leben zu geben, indem sie dem Herzen neue Hoffnung gibt. „Die Furcht des Herrn ist der Anfang der Weisheit, aber das Ende der Weisheit ist die Liebe des Herrn und die Bewunderung des moralisch Guten." [99] Daraus folgt, dass ein Ökonom, wenn er nichts anderes als seine Wirtschaft kennt, nicht einmal das weiß.

Keinem Ökonomen wird sein Mangel an Idealismus mehr vorgeworfen als Malthus und seinen Brüdern. So wie die französischen Revolutionäre glaubten, dass der Tod ihrer alten Herrscher von selbst Glück und eine gute Regierung bringen würde, so hieß es auch, dass diese Schriftsteller lehrten, dass die bloße Beseitigung von Hindernissen zur bestmöglichen Produktion und Verteilung der guten Dinge führen würde dieses Lebens. Der ideale Staat wäre, was den Reichtum betrifft, Anarchie *plus* Polizeibeamter. Godwin hätte auf den Polizisten verzichtet. „Gebt einem Staat genügend Freiheit", sagt er,

„und Laster kann darin nicht existieren." [100] Aber weder er noch die Ökonomen wünschten eine lediglich negative Veränderung oder Beseitigung von Hindernissen. Ihre politische Reformation sollte, wie die protestantische, nur dann erfolgreich sein, wenn sie über den Imagebruch hinausging. Wie man sehen wird, ist Malthus alles andere als ein uneingeschränkter Verfechter des Laissez *-faire* ; und in allen Fällen, in denen er es wünschte, wollte er den Staat klein machen, nur um die öffentliche Meinung zu vergrößern. Godwin war hier nicht weit von ihm entfernt. Wenn er sich geirrt hat, indem er den Institutionen zu viel Böses und der menschlichen Natur zu wenig zugeschrieben hat, hat er seine eigene Korrektur vorgenommen. Die *Politische Gerechtigkeit* lehnte jede Sympathie für Gewalt ab; es lehrte, dass eine politische Reform wertlos sei, wenn sie nicht friedlich und mit Vernunft durchgeführt werde; und Malthus [102] hat das gleiche Heilmittel für soziale Übel – Argumentation und Belehrung. Der Unterschied zwischen ihnen besteht darin, dass Malthus sowohl die Unvernünftigkeit als auch die Vernünftigkeit der Menschen stärker berücksichtigt. Im Wesentlichen stimmen sie überein. Die gründliche Erleuchtung des Volkes, die sowohl seine moralische Reinigung als auch seine intellektuelle Unterweisung einschließt, besteht darin, das Werk der Heilung aller zu vollenden, bei dem die Menschen Mitarbeiter Gottes sein sollen – so lautet die Lehre von Malthus und allen Größten Ökonomen der letzten hundert Jahre. Ob die Übel des Wettbewerbs zahlreich oder gering, schwerwiegend oder unbedeutend sind, hängt weitgehend vom Charakter der Konkurrenten ab; und je freier wir den Wettbewerb gestalten, desto gründlicher müssen wir die Konkurrenten erziehen. Adam Smith war sich dessen durchaus bewusst; er empfahl Schulbehörden hundert Jahre vor den Gesetzen von 1870 und 1872; [103] und Malthus war nicht hinter ihm. [104] Sie sind sich bewusst, dass wir jede andere moralische und soziale Instanz umso aktiver einsetzen müssen, je vollständiger wir die Einmischung der Regierung ausschließen. Ob Malthus auch unter dieser Bedingung bereit war, die Einmischung der Regierung völlig auszuschließen, werden wir später sehen.

Die Charaktere der beiden Männer Malthus und Godwin bilden einen auffälligen Kontrast. Malthus war ein Student, der ein ruhiges, sesshaftes Leben führte, seinen kleinen Reichtum in unaufdringlicher Gastfreundschaft mit seinen Freunden teilte und seine Feder, wie er glaubte, ständig zum Wohl der englischen Armen einsetzte, damit sie in diesen elenden Zeiten häusliches Glück haben könnten sein eigenes. Es gab nie eine einzigartigere Täuschung als den allgemeinen Glauben an die Hartherzigkeit von Malthus. Abgesehen von der einstimmigen Stimme privater Freunde hat er in seinen eigenen Büchern genug Zeugnisse hinterlassen, um ihn freizusprechen. Während Adam Smith und andere ihre Fehler der intellektuellen Fehlbarkeit verdanken, verdankt Malthus viele seiner Fehler seinem zarten Herzen. Sein Beweggrund, politische Ökonomie zu studieren, war zweifellos ein gemischter Beweggrund; es war zum Teil das Interesse eines intelligenten Mannes an abstrakten Fragen; aber es war hauptsächlich der Wunsch, das größtmögliche Glück der größtmöglichen Zahl zu fördern. In seinen Augen war die Hebung des menschlichen Lebens viel wichtiger als die Lösung eines wissenschaftlichen Problems. Selbst als er 1820 ein Buch über die „ *Grundsätze der politischen Ökonomie* " schrieb, fügte er auf der Titelseite hinzu: „ *im Hinblick auf ihre praktische Anwendung betrachtet* " *und lehnte es ab, das, was immer* im Konkreten existiert, abstrakt zu betrachten . Sein ausgeprägtes Mitgefühl für die Leiden der vertriebenen Arbeiter führte dazu, dass er mit Say und Ricardo einen aussichtslosen Kampf für so etwas wie ein Embargo für Erfindungen und aus Protest gegen eine eingebildete Überproduktion führte. [105] Sein Privatleben zeigte die Kraft der Sanftmut; Miss Martineau konnte seine sanften, klangvollen Vokale auch ohne ihr Hörrohr hören , und seine wenigen Sätze waren an ihrem Esstisch ebenso willkommen wie das endlose Geplapper klügerer Zungen. Er empfand den Schmerz tausender Verleumdungen „nur am Anfang" und ließ nicht zu, dass sie seine Träume nach den ersten vierzehn Tagen störten, und sagte mit mehr als stoischer Gelassenheit, dass sie an ihm vorbeizogen wie der träge Wind, den er nicht respektierte. [106] Er überlebte die Schmähungen und sah die Früchte seiner Arbeit in einer klügeren Gesetzgebung und einem verbesserten öffentlichen Gefühl.

Bei Godwin war alles anders. Es gab innere Kämpfe und äußere Ängste. Mit einer unerschütterlichen Hingabe an Ideen verband er eine Wankelmütigkeit der Zuneigung gegenüber den Menschen. Er achtete in seinen Büchern zu wenig auf Emotionen und in seinem eigenen Leben zu sehr, gab der Fantasie des Augenblicks nach, stritt sich zweimal in der Woche mit seinen besten Freunden und knüpfte die zerbrochenen Bindungen schnell wieder zusammen. Er liebte seine Frau sehr, erlaubte ihr aber kaum, das gleiche Haus mit ihm zu teilen, damit sie sich nicht gegenseitig überdrüssig machten. [107] Er war der geschworene Feind des Aberglaubens und selbst der Erzträumer der Träume.

Doch wenn wir das willkürliche literarische Leben des einen, der seine Tage unrühmlich [108] in einer Pfründe der Regierung beendete, erfolglos und fast vergessen, mit der akademischen Leichtigkeit des anderen vergleichen, der sich auf die Sphäre der gemeinsamen Pflichten konzentriert und von der Welt absieht Mit einem gewissen Erfolgsbewusstsein empfinden wir eine Sympathie für Godwin, die von besserer Art ist als die bloße Sympathie für einen Verlierer. Es ist ein Mitgefühl, das nicht traurig genug für Mitleid ist. Es ist nicht ganz traurig, Godwin im Alter als einsamen Mann vorzufinden, dessen Freunde einer nach dem anderen in der Dunkelheit verschwinden und ihn allein in einer Welt zurücklassen, die ihn nicht kennt. Die Welt, die begonnen hatte, die Ideen von Malthus zu verwirklichen, hatte auch begonnen, die Ideen von Godwin zu verwirklichen. Es war eine Welt, die weitaus mehr im Einklang mit der politischen Gerechtigkeit stand als die, in die Godwin sein Buch vor vierzig Jahren geschickt hatte. Es war gut, dass Malthus das neue Armengesetz noch erlebt hatte, aber noch besser, dass beide die Reform von 1932 noch erlebt hatten.

Sie starben innerhalb von zwei Jahren, Malthus im Winter 1834, Godwin im Frühjahr 1836, dem Jahr des ersten Volksbundes gegen die Maisgesetze. Bei ihrem Tod waren sie noch gespalten, aber „ si quis piorum manibus locus “ sind sie nicht mehr gespalten und denken nicht mehr hart aneinander .

KAPITEL III.
THESEN.

Im Essay dargelegte Position – Tendenz des Lebens, sich über die Nahrung hinaus zu vermehren – Das Problem ist für die Menschheit nicht dasselbe wie für die niederen Formen des Lebens – Das Dilemma des Menschen – Tendenz, sich bei der Nahrung nicht im gleichen Sinne wie beim Leben vorherzusagen – Die geometrischen und arithmetischen Verhältnisse – In *der Encyclopædia Britannica* angegebene Position – Milnes Bestätigung des geometrischen Verhältnisses – Das arithmetische Verhältnis erwies sich als anders – Privateigentum als Bedingung großer Produktion – Trugschluss der Verwechslung von Möglichem mit tatsächlicher Produktion – Menschen- und Naturgesetze sind für die Notwendigkeit von Kontrollen verantwortlich – Position angegeben in „Zusammenfassende Ansicht" – Die Kontrollen der (*a*) objektiv und (*b*) subjektiv klassifizierten Bevölkerung – Beziehung zur vorherigen Klassifizierung – Zyklus in der Bevölkerungsbewegung.

Der zweite Aufsatz wendet die Theorie des ersten auf neue Tatsachen und mit einem neuen Zweck an. Nachdem der Autor seinen Fall gegen Godwin gewonnen hat, hört er auf, der Kritiker zu sein, und wird zum Sozialreformer. In seiner Verzweiflung, alle Formen des Bösen zu beherrschen, beschränkt er sein Studium auf eine davon im Besonderen: die Tendenz von Lebewesen, sich über ihre Nahrungsgrundlagen hinaus zu vermehren. Dieses Phänomen ist sowohl aufgrund seiner Ursache als auch aufgrund seiner Auswirkungen wichtig. Ihre Ursache ist nicht das Handeln von Regierungen, sondern die Verfassung des Menschen; und seine Auswirkungen sind nicht von heute oder gestern, sondern beständig und fortwährend; [109] Es behindert häufig die moralische Güte und das allgemeine Glück einer Nation sowie die gleichmäßige Verteilung ihres Reichtums.

Dies ist die allgemeine Position, die in den einzelnen Kapiteln des Aufsatzes ausführlich dargelegt werden soll. Es ist an sich nicht ganz einfach. „Die ständige Tendenz in allem belebten Leben [*sic*] [110] , sich über die dafür vorbereitete Nahrung hinaus zu vermehren" ist in gewissem Sinne bei der Menschheit mit Pflanzen und Tieren üblich, in einem anderen Sinne jedoch nicht bei zwei der drei. Für sie alle trifft sicherlich zu, dass die Samen ihres Lebens, wo auch immer sie ursprünglich entstanden sind, heute auf unserem Planeten unendlich zahlreich sind, während die Mittel, sie zu züchten, streng begrenzt sind. Im Falle von Pflanzen und Tieren wird der starke Fortpflanzungsinstinkt „durch keine Überlegungen oder Zweifel an der Versorgung der Nachkommenschaft unterbrochen" [111] , und sie drängen frisches Leben in die Welt, nur um es sofort durch den Hunger zu vernichten. Mit Ausnahme bestimmter Pflanzen, die ihre Vorgesetzten nachahmen, wie die Drosera , und bestimmter Menschen, die ihre Untergeordneten nachahmen, wie die Kannibalen, sind die Unterschiede zwischen den drei Klassen der Lebewesen ziemlich deutlich. Die erste Klasse kann im Kampf um Wohnraum und Nahrung nur einander zuvorkommen und einander sterben lassen; die zweiten jagen absichtlich die ersten und sich gegenseitig; während der Dritte die beiden anderen jagt. Aber beim Menschen unterscheidet sich diese „Tendenz, über die Nahrung hinaus zu wachsen" von dem gleichen Instinkt in den beiden anderen Fällen nicht nur dadurch, dass der Mensch über größere Ressourcen verfügt und länger an seine Grenzen stößt. Der Instinkt ist bei ihm ebenso stark, aber er folgt ihm nicht bedingungslos. „Die Vernunft unterbricht seine Karriere" und fragt ihn, ob er nicht möglicherweise Wesen auf die Welt bringt, für die er nicht die Mittel zur Unterstützung bereitstellen kann. [112] Wenn er die Vernunft beiseite schiebt, dann teilt er das Schicksal von Pflanzen und Tieren; Er neigt dazu, seine Zahl über den Raum und die Nahrung hinaus zu vervielfachen, die ihm zur Verfügung stehen, und das Ergebnis ist, dass seine Zahl durch Leiden und Hunger auf diese Grenzen reduziert wird. Darin steht nichts mehr oder weniger im Widerspruch zur Vorstellung einer gütigen Vorsehung als in der allgemeinen Macht, die dem Menschen gegeben ist, in jedem anderen Fall rational oder irrational nach seiner eigenen Wahl zu handeln. Wenn er andererseits auf die Vernunft hört, kann er diese Tendenz zweifellos besiegen, aber allzu oft tut er dies auf Kosten der moralischen Reinheit. Das Dilemma macht den Wunsch nach einer Ehe fast zu einem „Ursprung des Bösen". Wenn der Mensch seinen Instinkten gehorcht, verfällt er ins Elend und, wenn er sich ihnen widersetzt, ins Laster. Obwohl das Dilemma nicht perfekt ist, erfordert seine Plausibilität, dass wir es im Detail prüfen, und Malthus hat dieser Prüfung, so kann man sagen, sein ganzes Leben gewidmet. Seine anderen ökonomischen Werke sind dem Essay untergeordnet und man könnte sagen, dass sie aus ihm hervorgehen. Obwohl wir sie nicht weglassen können, wenn wir das zentrale Werk vollständig verstehen und veranschaulichen wollen, muss letzteres dennoch an erster Stelle stehen; und seine ausgereifte Form erfordert mehr als die kurze Zusammenfassung, die in den beiden vorhergehenden Kapiteln gegeben wurde.

Der Hauptteil des Buches besteht aus historischen Details und besonderen Beispielen, die die Schecks der Bevölkerung an unzivilisierten und zivilisierten Orten in der Gegenwart und in der Vergangenheit zeigen. Der Autor möchte seinen Lesern seine Schlussfolgerungen auf dem „längeren Weg" der Induktion nahebringen. Da dies jedoch nicht die Art und Weise war, wie er selbst zu ihnen gelangte oder sie zunächst auch nur formulierte, bittet er uns zunächst, die Bedingungen des Dilemmas im Lichte seiner beiden ursprünglichen Postulate zu betrachten [113] – (*a*) Essen ist notwendig, (*b*) der Wunsch nach einer Ehe ist dauerhaft. Was ist die schnellstmögliche Zunahme der Zahl im Gehorsam gegenüber dem zweiten und der Nahrung im Gehorsam gegenüber dem ersten? Im entscheidendsten der bekannten Fälle scheint die tatsächliche Geschwindigkeit des Bevölkerungswachstums in direktem Verhältnis zum leichten Besitz von Nahrungsmitteln zu stehen; und wir können daraus schließen, dass der idealerweise schnelle Anstieg dort stattfinden würde, wo alle Hindernisse (ob materiell oder moralisch) für die Nahrungsbeschaffung und die Erziehung einer Familie beseitigt wären, so dass die Natur niemals instinktiv Einwände erheben müsste. „In keinem Staat, den wir bisher kannten, wurde der Macht der Bevölkerung völlige Freiheit überlassen.“ [114] Wir können erraten, was es aus der Tier- und Pflanzenwelt wäre, wo die Vernunft tatsächlich unter keinen Umständen in den Instinkt eingreift, soweit wir das beurteilen können. Benjamin Franklin geht in einer von Malthus in diesem Zusammenhang zitierten Passage [115] davon aus, dass die Erde, wenn sie von anderen Pflanzen befreit wäre , in ein paar Jahren nur mit Fenchel wieder aufgefüllt werden könnte. So wie die Dinge jetzt sind, würde Fenchel die ganze Erde füllen, wenn die anderen Pflanzen es nur erlauben würden; und das Gleiche gilt auch für alle anderen. Townsends Ziegen und Windhunde auf Juan Fernandez sind ein besseres Beispiel, weil sie nicht hypothetisch sind. [116] Juan Fernando, der erste Entdecker, hatte die Insel mit Ziegen eines Paares bedeckt. [117] Die Spanier beschlossen, es von Ziegen zu befreien, um es für die Engländer als Lebensmittellieferanten unbrauchbar zu machen. Sie brachten ein paar Windhunde an Land, deren Nachwuchs bald dafür sorgte, dass die Ziegen verschwanden. Aber ohne ein paar Ziegen zum Fressen müssen alle Hunde gestorben sein; und die wenigen wurden ihnen durch ihre unzugänglichen Zufluchtsorte in den Felsen gerettet, von denen sie unter Lebensgefahr abstiegen. Auf diese Weise überlebten nur die stärksten und flinksten Hunde und die zähesten und flinksten Ziegen; und es wurde ein Gleichgewicht zwischen Ziegenfutter und Jagdhundpopulation gewahrt. Townsend bemerkt daraufhin, dass die menschliche Bevölkerung durch Nahrungsmangel auf genau die gleiche Weise niedrig gehalten wird.

Es gibt nichts, was die Zunahme der menschlichen Zahl verhindern könnte, wenn wir annehmen, dass die Vernunft keinen Bedarf hat (wie sie bei den niederen Geschöpfen keine Möglichkeit hat), einzugreifen. Um die Situation zu verstehen, ist es jedoch am besten, nicht von der Wahrheit dieser Parallelität auszugehen, sondern die tatsächlich aufgezeichneten Fälle menschlichen Wachstums unter den nächstbekannten Ansätzen zu absolutem Überfluss in Kombination mit moralischer Güte, also mit einem Staat, zu betrachten einer Gesellschaft, in der das Laster auf ein Minimum beschränkt ist. „In den nördlichen Staaten Amerikas, wo die Mittel zum Lebensunterhalt reichlicher, die Manieren der Menschen reiner und die Kontrollen für frühe Ehen geringer waren als in jedem der modernen Staaten

Europas, wurde festgestellt, dass sich die Bevölkerung verdoppelte für einige aufeinanderfolgende Zeiträume alle fünfundzwanzig Jahre." [118] Aus dieser Annäherung an einen ungebremsten Anstieg schließen wir, dass der ungebremste Anstieg eine Verdoppelung in weniger als fünfundzwanzig Jahren (z. B. zwanzig oder vielleicht fünfzehn) bedeuten würde und dass die gesamte Bevölkerung in dem Maße tendiert, in dem sie ungebremst ist in Richtung dieser Steigerungsrate.

Wenn es schwierig ist, eine unkontrollierte Zunahme der Bevölkerung zu finden, ist es noch schwieriger, eine unkontrollierte Zunahme der Nahrungsmittel zu finden; Denn damit ist nicht gemeint, dass ein Volk seine Nahrung in einem fruchtbaren Land genauso leicht finden sollte wie in einem anderen, sondern dass für ein neues Volk neue Vorräte immer genauso leicht zu finden sein sollten wie die alten. Nun ist es nicht notwendig anzunehmen, dass das fruchtbarste Land immer zuerst genutzt wird; [119] sehr oft konnte es erst spät zum Einsatz kommen, aufgrund politischer Unsicherheit, unvollkommener Landwirtschaft, unvollständiger Erkundungen oder Kapitalmangel; Aber wenn es erst einmal besetzt ist, stellt sich die Frage: Wird es Neuankömmlinge unbegrenzt mit neuen Nahrungsmitteln versorgen? Dies wäre ein ideal fruchtbares Land, das der ideal wachsenden Bevölkerung entspricht. Und von einer solchen unerschöpflichen Nahrungszunahme würde ein unkontrolliertes Bevölkerungswachstum abhängen, es sei denn, die Menschen würden in der Lage sein, ganz ohne Nahrung zu leben.

Malthus wies später im Verlauf der Kontroverse darauf hin, [120] dass es sich hier streng genommen nicht um einen Vergleich zweier Tendenzen handelt, denn von einer Tendenz zur Nahrungsvermehrung kann nicht im gleichen Sinne gesprochen werden wie von einer Tendenz zur Bevölkerungsvermehrung. Die Bevölkerung nimmt von selbst zu; Nahrung wird nicht durch die Nahrung selbst vermehrt, sondern durch eine externe Instanz, die Menschen, die sie wollen; und während der erstere Anstieg auf einen Instinkt zurückzuführen ist, ist der letztere (in gewissem Sinne) erworben. Essen geschieht instinktiv, nicht jedoch das Erhalten der Nahrung. Wir müssen daher eine Steigerung aufgrund eines instinktiven Verlangens mit einer Steigerung aufgrund von Arbeit vergleichen , und „ein kleiner Vergleich wird die Unermesslichkeit der ersten Kraft gegenüber der zweiten zeigen." Malthus gibt zu, dass es schwierig ist, diese Beziehung genau zu bestimmen; [121] aber mit der natürlichen Vorliebe eines Cambridge-Mannes für ein mathematisches Gleichnis, [122] sagt er, dass das eine zum anderen wie ein arithmetisches Verhältnis zu einem geometrischen Verhältnis sei – das heißt, in jeder gegebenen Zeit (sagen wir). ein Jahrhundert) wird das eine durch Multiplikation gewachsen sein, das andere nur durch Addition. Wenn wir sowohl die Bevölkerung als auch die Nahrung zu Beginn dieses Jahrhunderts durch zehn repräsentieren, dann wird sich die Bevölkerung in 25 Jahren verdoppeln; Aus den zehn werden in den ersten fünfundzwanzig Jahren zwanzig, im zweiten vierzig, im dritten achtzig, im letzten einhundertsechzig, während die Nahrung im ersten nur zwanzig, im zweiten dreißig und im zweiten vierzig wird im dritten, fünfzig im vierten. Wenn dies wahr ist, zeigt es die Tendenz der Bevölkerung, den Lebensunterhalt zu übertreffen. Aber natürlich muss aus Erfahrung gezeigt werden, dass die Stärke des Wunsches in den späteren Stadien des Bevölkerungswachstums zwar dieselbe bleibt wie in den früheren, die Mühsaligkeit der Arbeit jedoch in den späteren Stadien des Bevölkerungswachstums größer ist Essen als früher. Es ist die klare Wahrheit, sagt Malthus, dass die Natur in ihren Geschenken an den Menschen geizig ist und keineswegs mit seinen Wünschen Schritt hält. Wenn Menschen ihr Verlangen nach Nahrung mit der alten Geschwindigkeit befriedigen wollten, müssten sie ihren Geist oder ihren Körper viel mehr anstrengen als zunächst. [123] Es liegt ein offensichtlicher Einwand vor. Da die Nahrung des Menschen letzten Endes aus den niederen Lebensformen, Tieren und Pflanzen, besteht und diese zugegebenermaßen dazu neigen, unkontrolliert in einem geometrischen Verhältnis zu wachsen, könnte man annehmen, dass die Zunahme der menschlichen Bevölkerung und die Zunahme ihrer Nahrung konnten mit gleicher Leichtigkeit gemeinsam vorgehen. Aber die Antwort ist, dass diese ungebremste geometrische Zunahme des ersten nur so lange weitergehen konnte, wie Platz dafür vorhanden war. Dies konnte zum Beispiel nur auf den Weizen im Maisfeld zu der Zeit zutreffen, als die Saat gesät wurde und das gesamte Feld davor lag. Die Gleichheit der beiden Verhältnisse würde nur für die erste Ernte gelten. [124] Anfangs könnte der Samen fünf- oder sechsfach groß sein; aber in späteren Jahren konnte es, obwohl die geometrische Vermehrung des Samens tendenziell die gleiche sein würde, keine geometrische Vermehrung der Gesamternte durch die Natur ohne fremde Hilfe geben. Die Erde hat keine Tendenz, ihre Oberfläche zu vergrößern. Bei Tieren und Pflanzen besteht die Tendenz, geometrisch an der Qualität von Lebewesen zuzunehmen, nicht jedoch an der Qualität, Nahrung für den Menschen zu sein. Die gleiche Menge an Ertrag könnte zweifellos auf einem frischen Feld aus dem Samen gewonnen werden, der auf dem ersten Feld geerntet wurde, und zwar mit der gleichen geometrischen Geschwindigkeit; Dies setzt jedoch voraus, dass es ein neues Feld gibt, und wir sollten dann nicht in der richtigen Phase sein, um die beiden Verhältnisse gegenüberzustellen. Der Gegensatz beginnt sich zu zeigen, sobald die gegebene Landfläche ihre Ernte eingebracht hat und die Tier- und Menschenbevölkerung ihre gesamte Nahrung verbraucht hat. Die Frage ist dann, wie eine Vermehrung dieser Bevölkerung, wenn sie auf ihre eigene Versorgung beschränkt ist, überhaupt ermöglicht werden soll; Die Antwort ist nur durch größeren Einfallsreichtum und größere Arbeit bei der Nahrungsbeschaffung; und so einfach dies auch sein mag, es kann kaum so einfach sein wie die Vermehrung der Lebewesen durch ihre eigene Tat.

Der Grad der Ungleichheit zwischen beiden hängt natürlich davon ab, wie schnell sich eine unkontrollierte Bevölkerung verdoppeln soll. Sir William Petty, [125] mit wenigen vertrauenswürdigen Statistiken, hatte zehn Jahre angenommen; Euler, mit etwas besser, zwölf und vier Fünfteln; aber Malthus zieht es vor, sich auf die sicheren Zahlen der amerikanischen Kolonien zu verlassen, die er immer als entscheidenden Beweis dafür ansah, dass die Periode nicht länger als fünfundzwanzig war. Er räumt das Risiko seines eigenen mathematischen Gleichnisses ein, wenn er zugibt, dass es einfacher ist, die Rate des natürlichen Bevölkerungswachstums zu bestimmen als die Rate der Nahrungszunahme, die in weitaus geringerem Maße natürlich (oder spontan) ist; und er argumentiert aus dem, was zu seiner Zeit in England getan wurde, dass die Steigerung nicht einmal einem arithmetischen Verhältnis entsprechen würde, obwohl die landwirtschaftliche Verbesserung (dank Arthur Young und dem Board of Agriculture und der langen Herrschaft hoher Preise) zunahm Der Durchschnitt produziert sehr vernünftig. Wenn die napoleonischen Zeiten die Zeiten einer Zwangsbevölkerung in England waren, waren sie auch die Zeiten einer erzwungenen landwirtschaftlichen Produktion. Dennoch haben wir selbst, lange nach diesem Anreiz und nach viel hoher Landwirtschaft, die unsere Väter nicht kannten, nur einen durchschnittlichen Ertrag von 28 Scheffeln pro Hektar Ackerland erreicht, verglichen mit 23 im Jahr 1770, [126] während die Bevölkerung ist von etwa sechs Millionen auf fünfunddreißig gestiegen. Man kann sagen, dass dies nur für Weizen gilt. Aber bis vor kurzem war der Weizenanbau das Hauptziel unserer gesamten wissenschaftlichen Landwirtschaft; und dies ist das Ergebnis der Verbesserungen eines Jahrhunderts. Es ist alles andere als eine arithmetische Steigerung; und selbst wenn sich der Ertrag zusammen mit der Bevölkerung versiebenfacht hätte, würde dies die Behauptung von Malthus nicht zunichte machen, denn er spricht nicht von irgendeiner Zunahme der Nahrungsmittel, sondern von einer solchen Zunahme, die durch die gleichen Methoden und durch die gleichen Methoden und durch die gleichen Methoden und durch die gleichen Methoden und durch die gleichen Methoden erzielt wurde die gleiche Art von Arbeit wie die alten Vorräte. [127] Sobald anerkannt wird, dass die Erzeugung neuer Nahrungsmittel mehr Arbeit und neue Erfindungen erfordert, während die Schaffung neuer Menschen auf der Welt nichts mehr erfordert als in allen vergangenen Zeiten, wird die Ungleichheit der beiden bereits anerkannt. Die Tatsache, dass die beiden Prozesse beide vom Handeln des Menschen abhängen und beide praktisch unbegrenzt sind, hindert sie nicht daran, ihrem Wesen nach unähnlich zu sein. [128] Verweigerer gehen oft davon aus, dass die Existenz unbevölkerter oder dünn besiedelter

Länder der Tendenz der Bevölkerung, den Lebensunterhalt zu übertreffen, entgegensteht, genauso wie der Tendenz der Körper, sich gegenseitig anzuziehen, die Inkompressibilität der Materie widersprechen würde . Der wichtige Punkt ist, dass die eine Kraft größer ist als die andere. Das eine verhält sich zum anderen wie der Hase zur Schildkröte in der Fabel. Damit die langsame Schildkröte das Rennen gewinnt, müssen wir den Hasen einschläfern lassen. [129]

Carey (*Social Science* , Bd. I , Kap. III, § 5) vertritt die Ansicht von Malthus durch die folgenden Thesen: 1. „Materie neigt dazu, höhere Formen anzunehmen", indem sie vom anorganischen zum pflanzlichen und tierischen Leben übergeht, und von diesen auf den Menschen. 2. Materie neigt dazu, die pflanzliche und tierische Form nur in einem arithmetischen Verhältnis anzunehmen. 3. Es neigt dazu, seine höchste Form, den Menschen, in einem geometrischen Verhältnis anzunehmen, so dass das Höchste das Niedrigste übertrifft. Kurz gesagt , er glaubt, dass Malthus die geometrische Steigerung nur für den Menschen und nur die Arithmetik für Tiere und Pflanzen für wahr hält. Aber Malthus führte die Tendenz zur geometrischen Steigerung tatsächlich auf alles Leben überhaupt und die arithmetische Steigerung auf die gesamte Nahrung als solche zurück.

In Macvey Napiers Supplement to the *Encyclopædia Britannica* (1824) hat Malthus seine ausgereifte Darstellung seiner Grundprinzipien hinterlassen, und auf die Gefahr einer Wiederholung hin, kann dieser Bericht hier hinzugefügt werden. Der Hauptunterschied zum Aufsatz besteht in der Anordnung der Leitgedanken; und wir können zumindest erfahren, was er gegen Ende seines Lebens als ihre relative Bedeutung ansah.

Er beginnt mit der Beobachtung (1), dass *alle Lebewesen* , welcher Art auch immer, wenn sie mit der richtigen Nahrung versorgt werden, dazu neigen, sich in einem geometrischen Verhältnis zu vermehren, sei es (als Weizen) durch Versechsfachung in einem Jahr oder (als Schafe) durch Verdoppelung Zahlen in zwei Jahren, die dazu neigen, die Erde zu füllen, die eine in vierzehn, die andere in sechsundsiebzig Jahren. Aber (2) tatsächlich nehmen sie nicht so zu, und der Grund dafür ist entweder der Mangel an Willen des Menschen oder der Mangel an Macht, ihnen den richtigen Boden oder die richtige Weide zu bieten. Die tatsächliche Steigerungsrate ist extrem langsam, während die Kraft der Steigerung enorm ist. (3) Physisch ist der Mensch wie die anderen; und wenn wir fragen, was der Faktor seiner geometrischen Zunahme ist, können wir es, wie im Fall von Weizen und Schafen, nur durch Erfahrung sagen. (4) Bei anderen Lebewesen ist der Zuwachs dort am größten, wo es am meisten Platz und Nahrung gibt. Diese Bedingungen sind für den Menschen am besten in den Vereinigten Staaten erfüllt, wo die Verteilung des Reichtums besser ist als an anderen ebenso fruchtbaren Orten und eine größere Zahl von Menschen die Vorteile teilt. Die amerikanische

Volkszählung zeigt für die drei Jahrzehnte zwischen 1790 und 1820 eine Steigerungsrate, die die Zahlen in 22 ⅓ , 22 ½ und 23 ⁷/₁₂ Jahren verdoppeln würde, nachdem wir als Einwanderer durchschnittlich zehntausend pro Jahr abgezogen haben.

Eine bemerkenswerte indirekte Bestätigung dieser Ansicht über den amerikanischen Anstieg wurde Malthus [130] von Joshua Milne, dem Autor der *Abhandlung über Annuitäten, geliefert* . Seine Berechnungen basierten auf der neuen schwedischen Sterbetafel. Diese Tabelle wurde aus den Registern der ersten fünf Jahre des Jahrhunderts erstellt, Jahre ungewöhnlicher Gesundheit; Daher könnte man davon ausgehen, dass sie den Normalzustand eines neuen und gesunden Landes wie den Vereinigten Staaten besser widerspiegelt als die alte Tabelle, die aus den Jahren vor der Gesundheitsreform und der Impfung erstellt wurde. Milne nahm die schwedische Tabelle als Leitfaden und eine Million Menschen als seine Maßeinheit; er berechnete, in welchem Verhältnis die einzelnen Individuen der Million zu Kindheit, Jugend, reifem Leben und Alter gehören müssen, damit sich die Million nach den Grundsätzen der schwedischen Tabelle durch natürliches Wachstum in fünfundzwanzig Jahren verdoppeln könnte; und er gelangte zu einer Verteilung, die der der amerikanischen Volkszählung so ähnlich war, dass er zu dem Schluss kommen musste, dass die amerikanische Wachstumsrate zumindest einer Verdoppelung der Bevölkerung in 25 Jahren sehr ähnlich sei. Aber das schwedische Sterblichkeitsgesetz trifft möglicherweise nicht ganz auf die Vereinigten Staaten zu, die selbst in den besten Jahren Schwedens insgesamt gesünder waren als Schweden. [131] Die Vereinigten Staaten selbst sind nicht das gesündeste, reichste und glücklichste Land, das man sich vorstellen kann; und ihr Anstieg ist daher nicht der schnellste, den man sich vorstellen kann. Wenn die beobachtete Tatsache der Steigerung der beste Beweis für die Fähigkeit zur Steigerung ist, führt das beobachtete Vorhandensein von Schecks zu einer *a fortiori*- Schlussfolgerung, wodurch wir auf die Fähigkeit zu einer größeren Steigerung als der tatsächlich beobachteten Steigerung schließen. Um den gesamten ersten Zweig des Arguments zusammenzufassen: „unter Berücksichtigung der tatsächlichen Wachstumsrate, die aus den besten Dokumenten hervorgeht und in einem sehr großen Teil des Landes in den Vereinigten Staaten von Amerika unter sehr unterschiedlichen Umständen stattgefunden hat." Was die Gesundheit und die Schnelligkeit des Fortschritts anbelangt – wenn man ferner die Wachstumsrate bedenkt, die in Neuspanien und auch in vielen Ländern Europas stattgefunden hat, wo die Mittel zum Unterhalt einer Familie und andere Umstände, die eine Verbesserung begünstigen, keinen Vergleich mit diesen halten der Vereinigten Staaten – und insbesondere auf die tatsächliche Bevölkerungszunahme, die in diesem Land in den letzten zwanzig Jahren stattgefunden hat [132] unter den gewaltigen Hindernissen, die sich der

Aufmerksamkeit des unvorsichtigsten Beobachters aufdrängen müssen, so scheint es dass die Annahme einer Wachstumsrate, die die Bevölkerung in 25 Jahren verdoppeln würde, als Ausdruck des natürlichen Fortschritts der Bevölkerung, wenn sie nicht durch die Schwierigkeit der Beschaffung von Lebensunterhaltsmitteln oder andere besondere Ursachen vorzeitiger Sterblichkeit eingeschränkt wird, entschieden sein muss innerhalb der Wahrheit. Man kann daher mit Sicherheit behaupten, dass die Bevölkerung, wenn sie nicht kontrolliert wird, in einem solchen geometrischen Verhältnis wächst, dass sie sich alle 25 Jahre verdoppelt." [133]

Das Problem ist nur zur Hälfte dargelegt; Es muss noch gezeigt werden, wie hoch die Zunahme der Nahrungsmittel ist. Der Fall lässt nicht die gleiche Art von Beweisen zu. Wir können davon ausgehen, dass die Zahl der Menschen unkontrolliert zunimmt, ohne dass sich die menschliche Natur verändert. wir müssen für die Zukunft nur die gleiche Ermutigung zur Ehe und die gleichen Lebensgewohnheiten sowie das gleiche Sterblichkeitsgesetz annehmen. Aber mit der Zunahme der Nahrungsmittel bleiben die Ursachen nicht dieselben. Wenn gutes Land im Überfluss vorhanden wäre, wäre der Nahrungszuwachs dort in einem geometrischen Verhältnis weitaus größer als der der Menschen; die von Weizen wäre beispielsweise sechsfach, wie wir gesehen haben. Aber gute Ländereien gibt es vergleichsweise wenige; Sie werden naturgemäß bald besetzt sein; und dann wird die Zunahme der Nahrung ein mühsamer Prozess sein, dessen Geschwindigkeit eher einem abnehmenden als einem zunehmenden geometrischen Verhältnis ähnelt. „Zumindest der jährliche Nahrungszuwachs würde ständig abnehmen." und die Höhe der Steigerung würde in jedem weiteren Jahrzehnt wahrscheinlich immer geringer ausfallen. In der Praxis können die Ungleichheiten der Verteilung die Nahrungszunahme mit genau der gleichen Wirksamkeit hemmen wie das tatsächliche Erreichen der physischen Grenzen der Nahrungsaufnahme. „Von einem Mann, der in einem Raum eingesperrt ist, kann man durchaus sagen, dass er von dessen Wänden eingesperrt ist, auch wenn er diese niemals berühren darf." [134] Aber der Hauptpunkt ist, dass es, egal ob es Ungleichheiten gibt oder nicht, eine Tendenz zu verminderter Produktivität gibt. Unter beiden Bedingungen wird die in diesem Jahr geerntete Menge nicht auf unbestimmte Zeit mit der gleichen Leichtigkeit verdoppelt oder verdreifacht, wie sie in diesem Jahr geerntet wurde. In einem einigermaßen gut bevölkerten Land wie England oder Deutschland könnte das Äußerste eine Steigerung alle 25 Jahre sein, die dem gegenwärtigen Ertrag entspricht. Aber wenn das so weitergeht, müsste jeder Bauernhof in den nächsten zweihundert Jahren das Achtfache dessen produzieren, was er jetzt produziert, oder in fünfhundert Jahren das Zwanzigfache; und selbst das ist unglaublich, obwohl es nur eine arithmetische Folge wäre. Zweifellos sind fast alle Teile der Erde heute dünner besiedelt, als es ihre Kapazitäten erlauben würden; aber die Schwierigkeit besteht darin, die Kapazitäten zu nutzen. Dass diese Ansicht von Malthus keine Ignoranz oder Missachtung der Ressourcen der Hochlandwirtschaft implizieren muss, kann aus der Tatsache beurteilt werden, dass unsere höchste Agrarbehörde, die die Macht der englischen Landwirtschaft anerkennt, im Notfall sogar für unseren gesamten Jahresbedarf zu sorgen, zugibt Gleichzeitig gilt: „Wo Vollbeschäftigung und ausreichend Lebensunterhalt vorhanden sind, nimmt die Bevölkerung in geometrischer Progression und daher in einem weitaus schnelleren Verhältnis zu als die erhöhte Produktivität des Bodens, der ab einem bestimmten Punkt stationär ist." [135] „Daraus folgt zwangsläufig" (fasst Malthus zusammen), „dass die durchschnittliche Rate der tatsächlichen Bevölkerungszunahme im größten Teil des Erdballs, die demselben Gesetz wie die Nahrungszunahme gehorcht, völlig anderer Natur sein muss als." die Geschwindigkeit, mit der es ansteigen würde, wenn es nicht kontrolliert würde." Auf keinem einzelnen Bauernhof konnte der Ertrag so gesteigert werden, dass er mit der geometrischen Bevölkerungszunahme Schritt halten konnte; und was für einen einzelnen Bauernhof gilt, gilt in diesem Fall für die ganze Erde. Maschinen und Erfindungen können in der Landwirtschaft weniger bewirken als in der Industrie, und sie können niemals so viel bewirken, dass sie vorbeugende Kontrollen überflüssig machen. [136]

Dies ist das Argument der *Encyclopædia* , soweit es sich auf die Thesen des Aufsatzes bezieht. Malthus schließt mit einer Bemerkung zur Institution des Eigentums an. Die Alternativen seiner Meinung nach sind immer Privateigentum, wie wir es jetzt haben, und Gemeineigentum, wie es Godwin wünscht. Er hält an der ersten fest, weil „nach allen bisherigen Erfahrungen und der besten Beobachtung, die man über die Motive machen kann, die auf den menschlichen Geist einwirken", durch dieses System der größte Ertrag aus dem Boden gewonnen wird, und weil (was gesellschaftlich viel bedeutet). (was noch wichtiger ist): Indem es einem Mann seine Verantwortung und seine Abhängigkeit von seinen eigenen Anstrengungen bewusst macht, führt es tendenziell zu Besonnenheit in der Ehe und zu Fleiß bei der Arbeit. Gemeineigentum war in der Vergangenheit nicht erfolgreich; und die weiteste Ausweitung der Volksbildung würde die Menschen nicht dafür fit machen. In gewisser Weise könnte das Gemeineigentum tatsächlich dazu tendieren, die Produktion weiter voranzutreiben als das Privateigentum; Der Anbau, der nicht dem Profit, sondern dem bloßen Lebensunterhalt dient, würde nicht wie heute an dem Punkt aufhören, an dem die Produktion keine gute Investition mehr darstellt. Dies würde aber bedeuten , dass [137] die gesamte Energie der Gesellschaft auf die bloße Nahrungsbeschaffung gerichtet war; Weder die gesamte Gesellschaft noch irgendein Teil davon hätte Muße für geistige Arbeit oder Vergnügen. Privateigentum hingegen sichert nicht nur die Freizeit, sondern behält, indem es an der Rentabilitätsgrenze stoppt, eine ungenutzte Reserve, auf die die Gesellschaft im Bedarfsfall zurückgreifen kann. Malthus würde daher zum Privateigentum stehen, obwohl er der Meinung ist, dass Privateigentümer durch die Wildtierhaltung dem nationalen Reichtum schaden und den ärmeren Klassen schaden könnten, wenn sie nicht genug für das ausgeben, was sie produzieren. [138]

Die tatsächliche Zunahme der Bevölkerung (fährt er fort) und die Notwendigkeit, sie zu kontrollieren, hängen von der Schwierigkeit ab, Nahrung zu bekommen, aus welcher Ursache auch immer, sei es die Erschöpfung der Erde oder die schlechte Struktur der Gesellschaft; und die Schwierigkeit liegt nicht in der fernen Zukunft, sondern in der Gegenwart.

Es ist vor allem der Gegensatz zwischen der tatsächlichen und der möglichen Versorgung, der die Menschen an der Notwendigkeit von Kontrollen zweifeln lässt; und wir können zugeben, dass unter einer idealen Regierung, einem perfekten Volk und einem tadellosen Sozialsystem die Erträge zunächst so groß wären, dass die Notwendigkeit von Bevölkerungskontrollen sehr viel geringer wäre; Da aber die Produktivität der Erde nicht mit der Bevölkerung zunimmt, würde es sehr kurze Zeit dauern, bis der Druck der Kontrollen wieder zum Tragen kommt – dieses Mal ohne Verschulden des Menschen, sondern aufgrund der bloßen Beschaffenheit des Bodens. [139] Die schlechte Regierung unserer Vorfahren ließ viele Produkte ungenutzt, und infolgedessen haben wir vorerst einen großen Spielraum, auf den wir zurückgreifen können. Aber „wenn nur seit der Zeit Wilhelms des Eroberers alle Nationen der Erde gut regiert worden wären und wenn die Verteilung des Eigentums und die Gewohnheiten sowohl der Reichen als auch der Armen der Nachfrage nach Produkten und Dienstleistungen am günstigsten gewesen wären Obwohl die Menge an Nahrungsmitteln und die Bevölkerung enorm größer gewesen wären als heute, wären die Mittel zur Verringerung der Kontrollen für die Bevölkerung zweifellos geringer. “

Aber obwohl die Naturgesetze für die Notwendigkeit von Bevölkerungskontrollen verantwortlich sind, [140] „bleibt eine große Verantwortung beim Menschen und bei den Institutionen der Gesellschaft“. Ihnen ist in erster Linie die geringe Bevölkerungszahl der heutigen Erde zu verdanken, da es nur wenige Teile davon gibt, die bei besserer Regierung und besserer Moral nicht doppelt, zehnmal oder sogar hundertmal so viele Einwohner ernähren würden wie heute . Zweitens ist der Mensch für den genauen Charakter und die besondere Funktionsweise von Kontrollen verantwortlich , obwohl er die Notwendigkeit von Kontrollen nicht beseitigen oder sie auch nur an einer bestimmten Stelle viel leichter drücken lassen kann. Eine gute Regierung und gute Institutionen können sie so lenken, dass sie der allgemeinen Tugend und dem Glück am wenigsten schaden, Laster und Elend verschwinden vor moralischer Zurückhaltung, obwohl der Einfluss von Regierung und

Institutionen letzten Endes indirekt ist und alles von deren Verhalten abhängt die einzelnen Bürger.

Der Rest des Artikels enthält wenig, was nicht im *Essay on Population* (5. Auflage, 1817) und in der Abhandlung über *Political Economy* (1. Auflage, 1820) enthalten ist. Es enthält die historischen Skizzen des ersteren, einen kleinen Teil der wirtschaftlichen Diskussionen (*z. B.* über Löhne) des letzteren und eine kurze Antwort auf aktuelle Einwände sowie einige Sterblichkeitstabellen und andere Zahlen, die für den Fachmann von besonderem Interesse sind Aktuar als für den allgemeinen Leser. Der Artikel ist eine maßgebliche Zusammenfassung der Lehren des Autors in ihrer endgültigen Form. Es war nicht seine letzte Arbeit. Aus der Tatsache, dass er den Aufsatz im September 1821 in Angriff nahm, [142] können wir vielleicht schließen, dass er ihn im Jahr 1822 in Macvey Napiers Hände legte. [143] Aber es war sein letzter Versuch, das Thema des Aufsatzes noch einmal zu formulieren eine eigenständige Form mit nahezu vollständiger Detailliertheit, und es zeigt, dass er an seiner Position keine Änderungen vorgenommen hat. Die *„Summary View of the Principle of Population"* (1830) war angeblich eine Kürzung des Artikels in der *Encyclopædia* und ist tatsächlich dieser Artikel, bei dem einige Absätze weggelassen und einige Pronomen geändert wurden.

Die klare Darstellung der beiden Tendenzen war in seinen eigenen Augen der am wenigsten originelle Teil seiner Arbeit. Andere Autoren hatten oft deutlich darauf hingewiesen, dass die Bevölkerung immer auf das Niveau des Lebensunterhalts beschränkt werden müsse. „Dennoch wurden nur wenige Untersuchungen zu den verschiedenen Modalitäten durchgeführt, mit denen diese Ebene erreicht wird, und das Prinzip wurde nie ausreichend bis zu seinen Konsequenzen verfolgt, noch wurden daraus die praktischen Schlussfolgerungen gezogen, die eine strenge Untersuchung seiner Auswirkungen auf die Gesellschaft nahelegen könnte." " [144] Was einige Leute für die interessantere Frage halten würden, blieb noch zu berücksichtigen – die Frage, die Einzelpersonen und vertraute Umstände näher berührt und nicht durch eine Allgemeinheit zu beantworten ist, von der wir leicht denken, außer unserem eigenen individuellen Selbst . Denn zu jeder Zeit, an jedem Ort, bei jedem Volk gibt es (1) eine Tendenz der Bevölkerung, den Lebensunterhalt zu übertreffen, und (2) gibt es tatsächlich keinen solchen Überschuss, auf welche Art oder Weise auch immer Wird die Tendenz daran gehindert, sich zu verwirklichen? Wie oben gesagt, [145] geschieht dies auf zwei Arten: (1) durch eine positive, (2) durch eine vorbeugende Kontrolle, wobei erstere eine tatsächliche Bevölkerung auf ihr Niveau reduziert Nahrung, die zweite verbietet, dass eine Population abgeholzt werden muss, und ist, soweit sie freiwillig ist, dem Menschen unter den Lebewesen eigen. Vom Positiven kann man alles, was aus den Naturgesetzen resultiert, schlicht und einfach als Elend bezeichnen; und all das, was sich die Menschen durch Kriege, Exzesse und vermeidbare Probleme aller Art antun, ist gemischter Natur, ihre Ursachen sind Laster und ihre Folgen Elend. Unter den präventiven Maßnahmen wird die Zurückhaltung in der Ehe, die nicht mit unmoralischem Verhalten seitens der Person einhergeht, die sich davon abhält, moralische Zurückhaltung genannt. Jede Zurückhaltung, die umsichtig und vorbeugend, aber unmoralisch ist, fällt unter die Rubrik Laster, denn jede Handlung kann so genannt werden, die „eine allgemeine Tendenz hat, Elend zu erzeugen", wie harmlos ihre unmittelbaren Auswirkungen auch sein mögen. [146] Wir stellen daher fest, dass die positiven und präventiven Kontrollen alle in Laster, Elend und moralische Zurückhaltung oder Sünde, Schmerz und Selbstbeherrschung aufgelöst werden können, eine dreifache Unterteilung, die den zweiten Aufsatz „im Prinzip anders" macht. vom ersten. [147]

Wir haben hier eine zweifache neben einer dreifachen Aufteilung der Schecks auf die Bevölkerung. Das eine erfolgt aus objektiver, das andere aus subjektiver Sicht. Die Einteilung der Kontrollen (1) in positive und präventive Kontrollen berücksichtigt lediglich die äußeren Tatsachen; Eine Bevölkerung wird auf diese beiden Arten auf die Nahrung beschränkt. Die Einteilung (2) in Laster, Elend und moralische Zurückhaltung berücksichtigt den handelnden Menschen und seinen inneren Zustand, den Zustand seiner Gefühle und seines Willens. Subjektiv bzw. aus der Sicht des Menschen gesehen ist die positive Prüfung beispielsweise das Schmerzempfinden; das Testament hat damit nicht unmittelbar zu tun. Aus demselben Gesichtspunkt ist die Präventivmaßnahme weniger einfach. Erstens beinhaltet moralische Zurückhaltung ein vorübergehendes Elend oder einen Schmerz bei der Vereitelung eines Wunsches; „Wenn man es als Zurückhaltung einer ansonsten unschuldigen und immer natürlichen Neigung betrachtet, muss man zulassen, dass es ein gewisses Maß an vorübergehendem Unglück hervorruft, das aber offensichtlich gering ist im Vergleich zu den Übeln, die sich aus allen anderen Kontrollen der Bevölkerung ergeben" [148] und „lediglich [149] von der gleichen Art wie viele andere Opfer vorübergehender bis dauerhafter Befriedigung, die ein moralischer Akteur ständig erbringen muss." Das Gegenteil gilt für bösartige Exzesse und Leidenschaften; in ihrer unmittelbaren Befriedigung sind sie angenehm, aber ihre bleibenden Auswirkungen sind Elend. Vom Standpunkt des Willens ist die Sache klar, denn der Zustand des Willens würde von Malthus beschrieben werden, wenn er jemals solche Begriffe verwenden würde, wie im einen Fall gut und im anderen Fall schlicht und einfach böse. Natürlich können wir bei der historischen Behandlung der Angelegenheit den subjektiven Standpunkt vernachlässigen, nicht weil er für die richtige Kenntnis der Tatsachen nicht notwendig ist, sondern weil er zu einer psychologischen Untersuchung führt, deren Ergebnisse unabhängig von Daten sind.

Malthus führt weiter aus, dass in allen Fällen, in denen überhaupt Kontrollen erforderlich sind, die Gesamtsumme aller präventiven und positiven Kontrollen die Kontrolle der Bevölkerung in einem bestimmten Land zu einem bestimmten Zeitpunkt bildet. [150] und sein Bestreben wird darin bestehen, zu zeigen, in welchem relativen Ausmaß und in welchem Ausmaß sie in verschiedenen uns bekannten Ländern vorherrschen. Er geht weiter davon aus, dass die Vorsorge- und die Positivkontrolle „gegenläufig zueinander variieren" werden. In Ländern mit hoher Sterblichkeit wird der Einfluss der Vorsorgeuntersuchung gering sein; und wo die präventive Kontrolle überwiegt, wird die positive Kontrolle, oder kurz gesagt, die Sterblichkeit gering sein. [151]

In der Gesellschaft, wie sie in den ersten Jahren des 19. Jahrhunderts war, glaubt Malthus, dass er sogar durch seine eigene Beobachtung eine „Oszillation" oder das, was man in der Mode einen „Zyklus" nennt, in der Bevölkerungsbewegung ausmachen kann. Die Geschichte zeigt es nicht gut, einfach weil „die Geschichte der Menschheit, die wir besitzen, im Allgemeinen nur die der höheren Klassen betrifft" [152] und es die arbeitenden Klassen sind, auf die sich die Beobachtung bezieht. Ihre schmerzhafte Erfahrung mit den strengeren Kontrollen hat die „ständige Anstrengung" der arbeitenden Bevölkerung nicht verhindert, größere Familien zu gründen, als sie gut ernähren können. Die Folge ist, dass ihre Zahl zunimmt; Sie müssen die Nahrung, die früher unter elf Millionen aufgeteilt wurde, auf elfeinhalb Millionen verteilen ; Sie müssen niedrigere Löhne und eine teurere Versorgung haben. Aber dieser Zustand der Not wird die Bevölkerung so stark belasten, dass sie im Laufe der Zeit nahezu zum Stillstand kommen wird, während gleichzeitig, da die Nachfrage nach Nahrungsmitteln größer und die Arbeitskraft billiger geworden ist, die Verwendung von Kapital in der Landwirtschaft zunimmt haben das verfügbare Futter erhöht. Das Ergebnis wird das gleiche erträgliche Maß an Wohlbefinden sein wie zu Beginn des Zyklus und der gleiche Rückfall wie in der zweiten Phase. Er stellt sich vor, dass die beiden Phasen so natürlich aufeinander folgen wie Sonnenschein, Regen und Regen, Sonnenschein. Die Existenz eines solchen Zyklus mag dem gewöhnlichen Historiker verborgen bleiben, wenn er nur auf den Geldlohn des Arbeiters schaut , denn es kommt häufig vor, dass der Arbeiter über eine lange Reihe von Jahren hinweg die gleichen Geldbeträge für seinen Lohn erhält Der tatsächliche Wert der Summen ist nicht derselbe geblieben – der Brotpreis ist in dem, was wir die zweite Phase des Zyklus genannt haben, viel teurer als in der ersten und wird es auch in der dritten sein . [153] Obwohl Malthus seine Aussagen ausdrücklich dadurch einschränkt, dass er zeigt, dass die Zivilisation dazu neigt, diesen Schwankungen entgegenzuwirken, schien er 1803 sicherlich davon überzeugt zu sein, dass die Arbeiterklasse Europas und insbesondere Englands im

Großen und Ganzen machtlos waren, ihnen zu entkommen. Inwieweit diese Ansicht berechtigt ist, wird sich gleich zeigen.

KAPITEL IV.
DER WILDE, BARBAR UND ORIENTAL.

Gleichnis durch Tatsachen ersetzt – Wildes Leben – Bevölkerung hängt nicht von möglicher, sondern von tatsächlicher Nahrung ab – Indirekte Wirkung positiver Kontrollen – Hunger kein Prinzip des Fortschritts – Otaheite ein Kernpunkt des gesunden Menschenverstandes – Kreislauf in der Bevölkerungsbewegung – Pitcairninsel – Barbaren und Orientalisch – Nomadenhirten – Abram und Lot – Kimbern und Germanen – Gibbon *versus* Montesquieu – „An den Grenzen des Universums in Schach" – Fehlregierung als indirekte Kontrolle der Bevölkerung – Das alte Europa weniger bevölkerungsreich als das moderne – Zivilisation der allmähliche Sieg der dritten Kontrolle .

Die Hauptposition des Aufsatzes war so unumstößlich, dass die Kritiker, als sie daran verzweifelten, Malthus eines Paradoxons zu überführen, ihn einer Binsenweisheit beschuldigten. Für den freundlichen Hallam [154] schien die mathematische Grundlage des Arguments so sicher wie das Einmaleins, und der unfreundliche Hazlitt „verstand nicht, was es zu entdecken gab, nachdem er die Tabellen von Noahs Nachkommen gelesen hatte und wusste, dass die Welt rund ist." " [155] Hätte der Essayist nichts anderes getan, als Halbwahrheiten zu einem Ganzen zusammenzufügen, hätte er sich „in einer uneinnehmbaren Festung verschanzt" und seinem Werk einen großen „Aura der Meisterschaft" verliehen. [156] Aber er hätte den Verstand überzeugt, ohne die Vorstellungskraft zu überzeugen. Adam Smith selbst hätte nicht mehr als die Hälfte seiner Arbeit geleistet, wenn er sich damit zufrieden gegeben hätte, die Sinnhaftigkeit des Freihandels zu beweisen, ohne dessen Auswirkungen und seine Gegensätze im Detail aufzuzeigen. Selbst der kompetenteste Leser hat selten alle relevanten Fakten in seinem Gedächtnis zusammengestellt und kann sie sofort befehlen; und für Illustrationen wird er immer dankbar sein. Der „*Essay on Population*" in seiner zweiten Form übertraf mit seinen relevanten Beispielen aus dem Leben und der Geschichte sicherlich alle Wirtschaftswerke, bis auf eines.

Imagination im engeren Sinne des Wortes soll außergerichtlich sein. Malthus überlässt, wie Adam Smith, nicht nur wenig der Fantasie seines Lesers, sondern macht von seinen eigenen kaum Gebrauch. Sein eigener Aufsatz hatte seine Leser im ersten Aufsatz in die Irre geführt, obwohl er diesem kleinen Buch sicherlich viel von seiner Würze verliehen hatte; und um der Wahrheit willen beschließt er, es zu fesseln, so wie Coleridge sein Verständnis fesselte. Die Selbstverleugnungsverordnung wird nur zu vollständig umgesetzt. Der Stil seines Aufsatzes wird von ihm tatsächlich so beschrieben

[157] , dass er nach und nach „jeden Anspruch auf Verdienst verloren" habe. Auflage folgt Auflage, jede mit ihren Fußnoten, Ergänzungen, Neuordnungen und Korrekturen, bis der Leser das Gefühl hat, dass dieser Autor „klarer wäre, wenn er nicht so klar wäre."

Aber die Titelseite liefert einen Leitfaden. Von der zweiten bis zur letzten Auflage erscheinen „Vergangenheit" und „Gegenwart" in großen Buchstaben, „Zukunft" in kleinen Buchstaben. Das gesamte Werk lässt sich daher nach den drei Zeitformen gliedern, wobei der Schwerpunkt auf den beiden ersteren liegt . Das erste Buch ist der Vergangenheit gewidmet, das zweite der Gegenwart und das dritte und vierte der Zukunft.

Das Erste befasst sich mit den weniger zivilisierten Teilen der heutigen Welt und den unzivilisierten vergangenen Zeiten; der Zweite mit den verschiedenen Staaten des modernen Europa; der Dritte kritisiert populäre Pläne für zukünftige Verbesserungen; während der Vierte die eigenen Ansichten des Autors über den möglichen Fortschritt der Menschheit wiedergibt.

Nachdem Malthus seine Prinzipien erklärt hat, wirft er einen Überblick über den menschlichen Fortschritt, wenn nicht vom Tier zum Wilden, so doch vom Wilden zum Bürger. Er zeigt uns, wie die groben und einfachen positiven Kontrollen durch die präventive Kontrolle kompliziert werden; und er führt uns von der Barbarei zur Zivilisation, bis wir uns in einer Gesellschaft wiederfinden, in der die Bürger weniger an Kontrolle als an das höchste Ziel und weniger an Selbstaufopferung als an Selbsthingabe für eine Sache oder Person und sogar für die Untergeordneten denken Schlimmstenfalls handeln die Mitglieder aus gemischten Motiven, die sowohl Gutes als auch Böses beinhalten. Dies sind die beiden äußersten Enden seiner Linie. Es wäre sinnlos zu leugnen, dass er sich am längsten mit dem weniger Erfreulichen beschäftigt, und Godwin einen Vorwand dafür geben würde, sein logisches Recht, überhaupt an das Erfreulichere zu glauben, in Frage zu stellen. [158] Gleichzeitig wäre es für ihn (auch nicht logisch) unmöglich gewesen, Godwin anzugreifen, weil er abstrakte Ansichten über die menschliche Natur vertrat, und dann nach all seinen eigenen europäischen Reisen und historischen Reisen auf einer eigenen Abstraktion zu beharren Studien. Sein Fehler lag in mangelhaften Prämissen, nicht in falschen Überlegungen; und er behebt den Fehler.

Nehmen wir seinen Bericht in seiner eigenen Reihenfolge. Er beginnt mit der gegenwärtigen Grausamkeit, die mit gewissen Einschränkungen ein Bild unserer eigenen Vergangenheit ist, und sieht dann die Beschreibungen von Cook, Vancouver und anderen Reisenden , um zu sehen, welche Hemmnisse für die Bevölkerung in den verschiedenen Stufen der wilden Menschheit wirken. Ganz unten auf der Skala liegt Feuerland, nach allgemeiner

Zustimmung der Aufenthaltsort puren Elends und daher natürlicherweise die Heimat einer spärlichen Bevölkerung. Als nächstes kommen die Eingeborenen der Andamanen und des Van-Diemen-Landes. „Ihre ganze Zeit verbringen sie mit der Suche nach Nahrung", die aus den Rohprodukten des Bodens und des Meeres besteht; Die gesamte Zeit jedes Einzelnen ist dieser einen Arbeit gewidmet , und es gibt weder Raum noch Anreiz für andere Branchen. Laster ist kaum nötig; Elend in Form ständiger Knappheit und Hungersnot hält die Menschen vom Essen ab. An dritter Stelle der Menschheit stehen die New Hollander, die Ureinwohner Nordwestaustraliens, unter denen sich nicht nur das Elend, sondern auch das Laster finden lässt. Die Frauen werden zu jeder Zeit so grausam behandelt und die Kinder werden so hart erzogen, dass es kein Problem ist zu verstehen, warum die Bevölkerung nicht einmal die volle Grenze der spärlichen Nahrung erreicht. Krieg und Pest machen die Gewissheit doppelt sicher. Da die Wilden keinerlei Kenntnisse über Hygiene besitzen, beraubt sie der Schmutz ihres Körpers und ihrer Häuser „des Vorteils, der normalerweise ein dünn besiedeltes Land mit sich bringt", nämlich der vergleichsweisen Befreiung von der Pest. [159] Sogar die nordamerikanischen Indianer, die eine Stufe höher stehen als die New Hollander, unterliegen der gleichen Verurteilung wegen Überbevölkerung und vielem mehr. Der Bericht, den Malthus über sie gibt, kann mit dem von De Tocqueville ein halbes Jahrhundert später verglichen werden. Die Romantik hat sich nur deshalb an sie gehalten, weil sie die engsten und bekanntesten Wilden ihrer Art waren und ihre notwendigen Arbeiten in Europa ein Vergnügen für reiche Männer waren. Aber Jagd und Flussfischerei können nicht viel Nahrung liefern, wenn sie nicht in einem weiten Gebiet betrieben werden. Ein Jäger ähnelt insofern dem Raubtier, das er verfolgt, dass er für seine Nahrung weite Strecken zurücklegen und jedem Rivalen entweder entfliehen oder ihn besiegen muss. Der nordamerikanische Indianer muss daher entweder nach Westen gehen, um seiner alten Nahrung nachzugehen, oder er muss dort bleiben, wo er ist, um die Europäer zu vertreiben oder ihre Nahrung und ihre Gewohnheiten zu übernehmen. „Die Indianer haben nur zwei Möglichkeiten, sich zu retten: Krieg und Zivilisation. Sie müssen entweder die Europäer vernichten oder ihnen ebenbürtig werden." [160] Da die Zivilisation einer Nation von Jägern nahezu unmöglich ist, scheint ihr Aussterben unausweichlich. Es bleibt die Frage: Wie wird diese Bevölkerung auf das Niveau ihrer Nahrung reduziert?

In Malthus' Antwort auf die Frage finden sich drei Bemerkungen von großer allgemeiner Bedeutung. Erstens ist es nicht die mögliche Nahrung, sondern die tatsächliche Nahrung, die die Zahl eines Volkes begrenzt. [161] Zweitens zerstört Not eine Bevölkerung seltener direkt durch Hunger als vielmehr indirekt durch Sitten und Gebräuche. [162] Drittens führt der bloße Druck einer drohenden Hungersnot nicht zum Fortschritt. [163]

Malthus wird nicht müde, auf der ersten dieser Bemerkungen zu beharren; und ein richtiges Verständnis davon ist für ein faires Urteil über seine Lehre unerlässlich. Er sagt nie, dass es die Tendenz einer Bevölkerung ist, bis zur Grenze der größtmöglichen Menge an Nahrungsmitteln zu wachsen, die in einem bestimmten Land produziert werden kann. Das Tal des Mississippi kann, wenn es stark bebaut ist, möglicherweise hundert Millionen Menschen ernähren ; Aber die Frage ist nicht, was es tun würde, wenn es hochkultiviert wäre, sondern was es tun kann, wenn es so kultiviert ist, wie es jetzt ist und wie die Menschen jetzt sind. „In einer allgemeinen Sichtweise des amerikanischen Kontinents, wie sie von Historikern beschrieben wird, scheint sich die Bevölkerung über die Oberfläche verteilt zu haben, und zwar nahezu im Verhältnis zu der Nahrungsmenge, die die Bewohner der verschiedenen Teile aufgrund des tatsächlichen Zustands ihrer Industrie und Verbesserungen erhalten konnten tatsächlich erhalten; und dass es mit wenigen Ausnahmen hart gegen diese Grenze drängte, anstatt sie zu unterschreiten, geht aus der häufig wiederkehrenden Not aufgrund von Nahrungsmangel in allen Teilen Amerikas hervor." [164] Was hier über die Indianer vor hundert Jahren gesagt wurde, gilt auch heute für die Kolonisten. „Der tatsächliche Zustand der Industrie" ist natürlich viel besser; aber die Bevölkerung, die das Land aufnehmen wird, steht immer noch im Verhältnis dazu, und die Menge hätte nicht erhöht werden können, bis sich der tatsächliche Zustand der Industrie verbessert hätte. Eine Ursache für den Rückgang der Zahl der Indianer lag darin, dass ihre Industriemethode durch den Kontakt mit Europäern keineswegs besser wurde, sondern vielmehr schlechter wurde und daher die Bevölkerungsgrenze tatsächlich verringert statt erweitert wurde. [165] Dies erklärt, warum ihre abnehmende Zahl ihnen keinen größeren Trost bringt. Ob die Zahlen im Einzelfall zu groß oder zu klein sind, hängt immer von der Menge der Nahrung ab, die unter ihnen aufgeteilt wird; und wenn die Nahrung schneller abnimmt als die Bevölkerung, wird eine zahlenmäßig kleiner gewordene Bevölkerung tatsächlich im Verhältnis zur Nahrung größer. Die Aussage, dass England oder jedes andere Land Millionen mehr ertragen könnte als jetzt, ist lediglich ein Hinweis auf unerforschte Möglichkeiten, die uns ins Unendliche führen. Es kann auf die gleiche Weise beantwortet werden wie die eleatischen Bewegungsrätsel; Land, das unendlich verbesserbar ist, bedeutet nicht, Land, das unendlich verbessert ist, so wie Materie, die unendlich teilbar ist, nicht bedeutet, dass Materie unendlich geteilt ist. Die Position von Malthus ist daher wie folgt: Angesichts der Fähigkeiten eines Volkes und seines Lebensstandards zu jeder Zeit tendiert seine Zahl immer dazu, das Äußerste zu sein, was durch diese Fähigkeit mit einem diesem Standard entsprechenden Lebensunterhalt ausgestattet werden kann – das Das heißt, mit dem, was nach diesem Maßstab die Notwendigkeiten des menschlichen Lebens sind. Entweder würde eine Verringerung dieser Fähigkeit oder eine

Erhöhung dieses Standards zu einer Überbevölkerung führen. Die Frage ist immer relativ.

Der menschliche vom tierischen Charakter des Problems unterscheidet sich nicht nur in dieser Relativität (die hauptsächlich die präventiven Kontrollen betrifft), sondern auch in der indirekten Art und Weise, wie die positiven Kontrollen, wenn wir so sagen dürfen, bevorzugt wirken. Es ist, als ob sie immer bestrebt wären, sich so weit wie möglich in die Prävention zu begeben. Die ultimative Kontrolle, sagt Malthus, sei Hungern; aber, fügt er hinzu, es sei selten das unmittelbare. Je höher wir auf der Skala gehen, desto mehr ist es unsichtbar. Hunger wird von allen Gesellschaftsschichten oberhalb der untersten als Verlust dessen interpretiert, was ihrer Meinung nach nicht für einen bloßen Lebensunterhalt, sondern für ein erträgliches Leben notwendig ist; und selbst die Niedrigsten fürchten, anstatt einen Schmerz zu befürchten, einen, der ihn verursacht. Sie lassen nicht zu, dass der Hunger sie tötet; Sie schaffen Sitten und Bräuche, die dafür sorgen, dass die Hungersnot selbst fern bleibt. „Sowohl Theorie als auch Erfahrung belehren uns einhellig darüber, dass eine geringere Nahrungszufuhr sehr lange mit einem allmählich zunehmenden Druck einhergeht, bevor ihr Fortschritt gestoppt wird. Man kann sich in der Tat kaum einen größeren Schock für die Gesellschaft vorstellen als den Fall, dass sie mit all den Gewohnheiten des Überflusses und der frühen Ehen, die eine stark wachsende Bevölkerung begleiten, plötzlich an die Grenzen des Lebensunterhalts gerät. Aber zum Glück für die Menschheit ist dies niemals der Fall und kann auch nie der Fall sein. Das Ereignis wird durch die gleichzeitigen Interessen und Gefühle einzelner Menschen schon lange vor seinem Eintreffen vorbereitet; und die allmähliche Senkung der Reallöhne der arbeitenden Klassen der Gesellschaft erzeugt langsam und fast unmerklich die Gewohnheiten, die für eine Ordnung der Dinge notwendig sind, in der die Mittel zur Aufrechterhaltung der Arbeit stationär sind ... Die Ursachen [für den Bevölkerungsrückgang] wird allgemein spürbar sein und eine Änderung der Gewohnheiten hervorrufen, lange bevor die Periode kommt." [166] „Eine unzureichende Versorgung eines Volkes mit Nahrungsmitteln zeigt sich nicht nur in Form einer Hungersnot, sondern auch in anderen, dauerhafteren Formen der Not und in der Entstehung bestimmter Bräuche, die manchmal mit größerer Kraft dazu beitragen, ein Bevölkerungswachstum zu verhindern." " als in der Vernichtung der Auferstandenen. [167] Robertson, der Historiker, sagt wahrhaftig, dass es zweifelhaft sein mag, ob die Zivilisation das Los der Männer verbessert hat, aber sie hat sicherlich die Lage der Frauen verbessert. Bei den Indianern und fast allen Wilden ist „Knechtschaft ein zu milder Name, um ihren elenden Zustand zu beschreiben." Das harte Leben der Männer tötet ihre instinktive Zuneigung zu den Frauen; Letztere haben daher eine geringere Wahrscheinlichkeit, Mutter zu werden, und wenn doch, sind ihre eigenen Nöte und schweren Aufgaben ein großes Hindernis für das

Stillen. Es ist nicht überraschend, dass die überlebenden Kinder einen guten Körperbau haben; Nur die außergewöhnlich Starken konnten der grausamen Disziplin der Kindheit standhalten. [168] In Südamerika führte die schwierige Erziehung tatsächlich zu einer erzwungenen Monogamie sowie zu späten Ehen und den damit nicht selten einhergehenden Unregelmäßigkeiten vor der Ehe. Solche Bräuche verringern die Zahl. Doch selbst den erwachsenen Wilden fällt das Leben nicht leicht. Sie sind nicht die Männer, die daran denken, für einen regnerischen Tag zu sorgen; In den kurzen Momenten des Überflusses denken sie nicht an die langen Tage der Not. Das maßlose Leben sowie die Strenge und die Unfälle eines Jagdlebens vernichteten viele Menschen in ihrer Blütezeit. Sie sind Krankheiten ausgesetzt und erfinden keine Heilmittel. Ihre Duldung im Schmutz führt zu Seuchen, aber sie erfinden keine Sanitärreformen; und ihr dünn besiedeltes Land verliert seine natürliche Befreiung von Epidemien. Ihre Kriege sind mörderisch, denn sie werden größtenteils aus reiner Selbsterhaltung geführt, und der Gedanke, dass der andere nicht überleben kann, wenn der eine Kämpfer überlebt. Der Kannibalismus selbst war zunächst auf extreme Not zurückzuführen, doch der gelegentliche Hunger begann, der Hass setzte sich in einer Sitte fort. Dies und die niederschlaue und gemeine Strategie, die auf dem Entschluss beruht, um jeden Preis zu überleben, sind die wichtigsten Erfindungen des Kampfes ums Dasein auf diesen niedrigen Ebenen.

Dies sind die Ursachen, weshalb die Zahl der nordamerikanischen Indianer auf einem sehr niedrigen Niveau gehalten wird; aber so niedrig es auch ist, die Zahl ist hoch genug für das Essen. Abgesehen von einem Unterschied im Lebensstandards ist der Anteil der Bevölkerung an Nahrungsmitteln auf der bewohnten Welt ähnlich; und in der gleichen Nachbarschaft oder unter verwandten Rassen wird es fast identisch sein. Eine nicht freiwillige Verkleinerung eines indianischen Stammes wird den Überlebenden keinen Überfluss bescheren; es war die Auswirkung von Not und wird lediglich die kollektive Kraft des Stammes im Kampf gegen andere schwächen. [169]

Die Vorherrschaft des Mangels als ultimative Kontrolle über die Bevölkerung wird durch die augenblickliche Bevölkerungsausweitung veranschaulicht, die in diesen Stufen der Menschheit durch den Zuwachs an Überfluss hervorgerufen wird. Wenn ein Stamm auf fruchtbares Land fällt, wächst seine Zahl und seine kollektive Macht wird je nach Zahl größer. Die Nahrungszunahme scheint in diesem Fall jedoch zu nichts anderem als einer Zunahme der Zahl zu führen. Es herrscht eine melancholische Leidensgleichheit zwischen Stamm und Stamm sowie zwischen Angehörigen desselben Stammes. Es gibt keinen Rangunterschied, sondern nur einen Unterschied nach Geschlecht und Körperkraft, wenn es darum geht, Strapazen zu ertragen.

In diesem Zusammenhang wirft Malthus ein Licht auf die Frage, wie es überhaupt zu Fortschritten kommen konnte. Seine Antwort ähnelt der Bemerkung von Adam Smith über den Zusammenhang zwischen hohen Löhnen und guter Arbeit. Er sagt, dass ab einer bestimmten Grenze harte Kost und große Not die Menschen so weit herabdrücken, dass sie nicht in der Lage sind, sich zu verbessern; Der Komfort muss eine gewisse Höhe erreichen, bevor die Wünsche des zivilisierten Lebens überhaupt entstehen können. Wenn die amerikanischen Stämme, sagt er, Jäger geblieben sind, dann nicht einfach deshalb, weil ihre Zahl nicht ausreichend zugenommen hat, um den für sie notwendigen Hirten- oder Agrarstaat zu schaffen. Gründe, die Malthus nicht näher zu benennen versucht [170] und von denen er zugibt, dass sie nichts mit der bloßen Zunahme oder Abnahme der Bevölkerung zu tun haben, haben diese Stämme daran gehindert, jemals zu versuchen, überhaupt Vieh zu züchten oder Mais anzubauen. „Wenn der Hunger allein die wilden Stämme Amerikas zu einer solchen Änderung ihrer Gewohnheiten hätte veranlassen können, kann ich mir nicht vorstellen, dass es eine einzige Nation von Jägern und Fischern gegeben hätte; aber es ist offensichtlich, dass zu diesem Zweck zusätzlich zu diesem Anreiz noch einige glückliche Umstände notwendig sind; und es ist zweifellos wahrscheinlich, dass diese Künste der Nahrungsbeschaffung zuerst an den Orten erfunden und verbessert werden, die dafür am besten geeignet sind und wo die natürliche Fruchtbarkeit der Situation, indem sie es einer größeren Anzahl von Menschen ermöglicht, zusammen zu leben, dies ermöglichen würde beste Chance für die Erfindungskraft des menschlichen Geistes." „Ein gewisses Maß an [politischer] Sicherheit ist vielleicht noch notwendiger als Bodenreichtum, um den Wandel vom Hirten- zum Agrarstaat zu fördern." [171] Diese Passagen sind bemerkenswert, weil sie dem allgemeinen Tenor der Schriften des Autors zu widersprechen scheinen. In der ersten Auflage des Aufsatzes wurde uns mit großem Nachdruck gesagt, dass Schwierigkeiten Talente hervorbringen, [172] und selbst die zweite und spätere sind voller anerkennender Kommentare zum Sprichwort: „Not macht erfinderisch." [173] Der Widerspruch ist bald gelöst. Malthus glaubt nicht an die zivilisierende Kraft des Wettbewerbs, wenn er einen Kampf verhungerter Menschen um das nackte Leben bedeutet, aber er glaubt sehr daran, wenn er den Kampf um mehr Komfort unter denen bedeutet, die bereits über das Nötigste an Tieren verfügen. [174] Die Bedeutung seiner Zugeständnisse wird später deutlich werden. In der Zwischenzeit muss festgestellt werden, dass die gerade zitierte Passage nicht ganz präzise ist. Je größer die Gesellschaft, desto größer könnte die Arbeitsteilung und der daraus resultierende Anreiz zur Erfindung sein. aber ein Stamm könnte groß sein und dennoch wenig Gesellschaft und noch weniger Arbeitsteilung in sich haben . Ohne solche günstigen Umstände, wie Malthus sie erwähnt, kann der Fortschritt nicht stattfinden; aber selbst bei ihnen ist es nicht nötig; Sie sind daher nicht die eigentliche Antriebskraft.

Der Bericht über den Bevölkerungszustand der Südseeinselbewohner, der dem Kapitel über die amerikanischen Indianer folgt, [175] ist ein Beispiel für diese Bemerkungen. Diese Wilden leben in einem fruchtbaren Land und kommen dennoch nicht voran. Da dies nicht der einzige dargestellte Punkt ist, lohnt es sich, sich das Kapitel im Detail anzusehen.

Malthus stellt zunächst fest, dass die Bevölkerung auf einer Insel nicht stärker kontrolliert werden darf als auf einem Kontinent. Der Abbé Raynal hatte in seinem Buch über Indien versucht, eine Reihe moderner Bräuche, die die Bevölkerung zurückhielten, dadurch zu erklären, dass sie auf einen insularen Ursprung zurückgingen. Er glaubte, dass sie zunächst durch die Überbevölkerung Großbritanniens und anderer Inseln verursacht wurden und von dort auf die Kontinente importiert wurden, was in späteren Zeiten zur Verwirrung führte. Tatsächlich unterliegt die Bevölkerung auf dem Festland jedoch den gleichen Gesetzen wie auf den Inseln, auch wenn die Grenzen für die allgemeine Beobachtung nicht so offensichtlich sind und der Fall nicht so klar auf den Punkt gebracht werden kann. Eine Nation auf dem Kontinent kann ebenso vollständig von ihren Feinden oder Rivalen, ob wild oder zivilisiert, umgeben sein wie alle Inselbewohner am Meer; und die Auswanderung kann im einen Fall genauso schwierig sein wie im anderen. Sowohl der Kontinent als auch die Insel sind bis zu ihrem tatsächlichen Ertrag bevölkert. „Wahrscheinlich ist noch keine Insel bekannt, deren Ertrag nicht noch weiter gesteigert werden könnte. Das ist alles, was man über die ganze Erde sagen kann. Beide sind bis zu ihrem tatsächlichen Ertrag bevölkert. Und die ganze Erde ist in dieser Hinsicht wie eine Insel." [177] Die Erde ist tatsächlich isolierter als jede Insel im Meer, denn eine Auswanderung von ihr ist nicht möglich. Die Frage, die sich daher über die ganze Erde und jeden Teil davon stellen muss, lautet: „Wie werden die Bewohner auf die Zahl reduziert, die sie ernähren kann?"

Diese Frage drängte sich Kapitän Cook auf, als er die Inseln des Pazifiks und des Indischen Ozeans besuchte. Einige seiner Erfahrungen dort, insbesondere in Neuseeland, zeigen, dass die einheimische Bevölkerung auf fast die gleiche Weise niedrig gehalten wurde wie die amerikanische. Ihr Hauptmerkmal ist die extreme Gewalt ihrer lokalen Fehden. Die Bewohner jedes Dorfes, das er besuchte, baten ihn, die Bewohner des nächsten Dorfes zu vernichten, und „wenn ich auf sie gehört hätte , hätte ich die ganze Rasse ausgerottet." Auf einer so niedrigen Seinsebene ist ein Gefühl menschlicher Verwandtschaft unmöglich; und die mörderischen Kriege der Neuseeländer stellten den größten Hemmschuh für ihre Zahl dar, die angesichts der beunruhigenden Auswirkungen gelegentlicher Knappheiten im besten Fall immer nahe an den Grenzen der Nahrungsmittelversorgung zu liegen schien.

Der erste Eindruck des gesunden Menschenverstandes ist, dass Not dort natürlich ist, wo die Nahrung knapp ist, und unnatürlich, wo sie reichlich vorhanden ist. Aber „wenn wir unseren Blick von den dünn verstreuten Einwohnern Neuseelands auf die überfüllten Küsten von Otaheite und den Gesellschaftsinseln richten", finden wir kein solches Phänomen. „Jede Angst vor dem Tod scheint auf den ersten Blick aus einem Land verbannt zu sein, das als fruchtbar beschrieben wird als der Garten der Hesperiden." Aber Nachdenken zeigt uns, dass Glück und Überfluss die stärksten Ursachen für Wachstum sind. Wir könnten daher in Otaheite eine große Bevölkerung erwarten; Beim ersten Start könnte es sich nicht in fünfundzwanzig, sondern in fünfzehn Jahren verdoppeln. Kapitän Cook schätzte es (auf seiner zweiten Reise im Jahr 1773) auf 204.000. Wie könnte ein Land mit einem Umkreis von etwa 120 Meilen einen Anstieg verkraften, der diese Zahlen in 25 Jahren verdoppelt? Eine Auswanderung ist unmöglich, denn die anderen Inseln befinden sich in der gleichen Situation. Eine weitere Kultivierung ist unzureichend, da es an wissenschaftlichen Erfindungen mangelt. Die Antwort lautet: Die Steigerung findet nicht statt, und dennoch gibt es kein Wunder. Zügellosigkeit in den höheren Klassen und Kindsmord in allen Klassen werden frei praktiziert . Die freie Erlaubnis zum Kindsmord führt zweifellos, wie Hume bemerkt, [178] in der Regel eher dazu, die Bevölkerung zu vergrößern als zu vermindern, denn „durch die Beseitigung der Schrecken einer zu großen Familie würde es viele Menschen in die Ehe verwickeln", und das ist so Die Kraft natürlicher Zuneigung führte dazu, dass vergleichsweise wenige Eltern ihre ersten Absichten in die Tat umsetzen würden. Aber in Otaheite in seinem alten Zustand war es Sitte, Kindermord leicht zu machen, und es war eine echte Hemmschwelle. Der Krieg gegen andere Inseln war ein dritter Hemmschuh, der häufig sowohl die Nahrungsmittel als auch die Menschen vernichtete und so zwei Generationen gleichzeitig vernichtete. Trotz all dieser Kontrollen war die Bevölkerung auf dem Niveau der Nahrungsmittelversorgung, und es herrschte ebenso viel Mangel und große Not wie auf jeder kargen Insel.

Dies war zumindest der Stand der Dinge, den Kapitän Cook auf seinen drei Reisen (die letzte im Jahr 1778) und Kapitän Vancouver (im Jahr 1791) entdeckten. Andererseits stellte der Autor von *A Missionary Voyage to the South Pacific Ocean in den Jahren 1796–1798* (London, 1799) fest, dass die Bevölkerung im Vergleich zur Nahrung sehr dürftig sei. Die Richtigkeit beider Berichte wird durch die Beschreibung der Gewohnheiten der Menschen in diesen beiden Zeiträumen bestätigt. Kapitän Cook sagt, sie hätten sorgfältig darauf geachtet, jeden Rest an Lebensmitteln aufzusparen, und hätten trotzdem oft unter Hungersnot gelitten. Die Missionare beobachten die Häufigkeit von Hungersnöten auf den Friendly Islands und den Marquesas, sagen aber von den Otaheitanern , dass sie äußerst verschwenderisch seien und dennoch nie in Not zu sein scheinen. Sogar in den Zeiträumen zwischen einer von Cooks Reisen und einer anderen hatte sich der Zustand der Insel verändert. Malthus sieht hier eine Veranschaulichung zweier Tatsachen. Die eine besteht darin, dass die Bevölkerung, abgesehen von Veränderungen im Lebensstandards, zwischen großem Überschuss und großem Mangel, großer Zahl mit großer Sterblichkeit und großem Komfort mit schneller Vervielfachung der Zahl schwankt. Das andere, was das erste erklärt, ist, dass jede Ursache, die die Bevölkerung beeinflusst, sei es in Richtung einer Zunahme oder einer Abnahme, noch einige Zeit nach dem Verschwinden der Umstände, die sie zuerst verursacht haben, weiterwirkt. Beispielsweise würde Überbevölkerung zu Kriegen führen, [179] und die Feindseligkeiten dieser Kriege würden ihren ersten Ausbruch noch lange überleben. Auch hier würde eine Überbevölkerung zu mehr Kindermord und Lastern führen, die zur Gewohnheit werden würden . Neue Umstände würden zweifellos mit der Zeit neue Gewohnheiten mit sich bringen und, um die Worte des Autors zu verwenden, „die Bevölkerung wiederherstellen, die ohne die extremste Gewalt nicht lange unter ihrem natürlichen Niveau gehalten werden könnte." Inwieweit der europäische Kontakt in Otaheite zu dieser extremen Gewalt führen und die Erholung der früheren Bevölkerung verhindern kann, kann nur die Erfahrung entscheiden. Sollte dies jedoch der Fall sein, zweifle ich nicht daran, dass wir, wenn wir den Ursachen auf den Grund gehen, feststellen werden, dass es sich dabei um verschärftes Laster und Elend handelt." [180] Tatsächlich hat entweder der europäische Kontakt zu einer Verringerung geführt, oder eine genauere Untersuchung hat zu einer niedrigeren Schätzung der Bevölkerung von ganz Polynesien geführt. Die Bevölkerung der gesamten Gesellschaftsinseln wird auf 15.000 bis 18.000 geschätzt, [181] was weit von Cooks Schätzung von 204.000 allein für Otaheite entfernt ist. Wir können jedoch kaum glauben, dass das Laster und Elend von Otaheite mehr als zehnmal so groß ist wie im Jahr 1773; und vielleicht können wir annehmen, dass Malthus meint, dass die Sprache des Pessimismus gerechtfertigt wäre, wenn die europäischen Einflüsse am Ende denselben Charakter hätten wie am Anfang und für die Polynesier ebenso schädlich wären wie für die Indianer. Die Passage zeigt zumindest, wie unfair es ist, anzunehmen, dass Malthus um jeden Preis eine kleine Bevölkerung wünscht; Er achtet darauf, zu sagen, dass, während das Laster in Otaheite durch die Verringerung der Zahl einen vorübergehenden Überfluss unter den Überlebenden verursachte, „eine Ursache, die ein bestimmtes Übel verhindern kann, unvergleichlich schlimmer sein kann als das Übel selbst." [182] Das Leben selbst kann zu teuer erkauft werden.

glücklich sein werden, wenn sie nur gut sind. Es gibt mindestens eine polynesische Insel, deren Vergangenheit einen malerischen Beweis für das Gegenteil liefert. Pitcairn, „die einsame Insel der Meuterer", war ein moralischer Kontrast zu Otaheite. Die Bewohner hatten ihren Eltern, die

Meuterer der HMS „Bounty" waren, und den Frauen von Otaheite, die sie 1790 begleiteten, als sie zum ersten Mal auf der Pitcairninsel Zuflucht suchten, nichts Gutes zu verdanken. Sie verdankten alles der religiösen Lehre von John Adams, die sie so gut machte, dass es auf der Erde nur wenige wie sie gab. [183] Aber in Breitengraden, die gerade an die Tropen grenzen, mit einer einzigen Quadratmeile kargen Bodens, umgeben von weitem Ozean, hatten sie keine Absatzmöglichkeiten für Handel und moderne Künste. Wie die Bewohner von Godwins Utopia [184] bevölkerten sie bald das kleine Land mit dem vollen Umfang an Nahrungsmitteln, die mit den alten Methoden zu bekommen waren, und hatten im Gegensatz zu den Utopisten keine Fähigkeit, neue zu erfinden. Wenn sie die Grenze nicht für sich selbst gezogen hätten, hätte das Elend sie für sie erledigt. Ihre kleine Kolonie bestand bei ihrer Gründung aus fünfzehn Männern und zwölf Frauen. Vierzehn Männer und viele Frauen starben im Laufe der zehn Jahre, die bis zur moralischen Erneuerung vergingen. Aber sie hinterließen viele Kinder; und als der Patriarch John Adams 1814 von einem vorbeifahrenden Schiff besucht wurde, war er von einem glücklichen Kreis frommer Familien umgeben. Diese einfachen Leute wuchsen schnell über die Ressourcen des Ortes hinaus und zogen 1831 mit 87 Mann nach Tahiti. Einige blieben dort; andere hatten keine Freude an ihrem neuen Aufenthaltsort und kehrten zurück, um gemeinsam mit dem Volk Gottes Leid zu ertragen, da sie wie Malthus glaubten, dass „eine Ursache, die ein bestimmtes Übel verhindern kann, unvergleichlich schlimmer sein kann als das Übel selbst." Das Übel war jedoch real, und mangels Zölibat oder neuer Formen des Brotverdienens bestand ihr einziges Heilmittel in der Auswanderung. Da Tahiti scheinbar nicht teilnahmeberechtigt war, reisten sie 1855 weiter nach Westen zur Norfolkinsel. Obwohl es in England und Wales mehr als vierhundertvierzig Menschen auf eine Quadratmeile gibt, waren zweihundert Menschen dieser primitiven Sorte sicherlich zu viele für die einzige Quadratmeile der Pitcairn-Insel; und sie gingen keinen Moment zu früh. Heimweh brachte 1859 zwei ganze Familien (mit siebzehn Personen) zurück. Fünf Jahre später gesellten sich ein oder zwei streunende Reisende zu ihnen; aber wenn man diese berücksichtigt, stellen wir fest, dass die Bevölkerungszunahme auf der Pitcairn-Insel die höchste Schätzung von Malthus erreicht. Als der englische Admiral D'Horsey den Ort im Jahr 1878 besuchte, war das Viertelhundert in neunzehn Jahren unter moderaten Kosten von zwölf Todesfällen auf eine Bevölkerung von neunzig [185] Personen angewachsen. Ohne die modernen Künste werden die Urtugenden wenig nützen.

Wenn wir zu Malthus zurückkehren, sehen wir, dass er einem eigenen Befehl folgt, der grob dem orthodoxen Fortschritt vom Hirsch zum Schaf und vom Schaf zum Mais entspricht. Er führt uns von den polynesischen Wilden zu den nomadischen Hirtenvölkern des alten Europa. [186] Die gewaltigen Wanderungen und ihre bedeutsamen historischen Auswirkungen führt er auf die „ständige Tendenz der Menschheit, über ihre Nahrung hinaus zu wachsen" zurück, und glaubt, dass die Geschichte, wenn sie neu geschrieben wird, mehr davon enthalten wird. [187] „Das Unglück der Geschichte besteht darin, dass die besonderen Motive einiger weniger Fürsten und Führer manchmal genau beschrieben werden, die allgemeinen Ursachen, die ihre Standards mit willigen Anhängern überfüllen, jedoch völlig übersehen werden." [188] Auf den ersten Blick scheint das Phänomen, dass zivilisierte Agrarnationen nicht in der Lage sind, die Invasion der Hirten abzuwehren, unglaublich; Ein Land mit Weideland kann unmöglich so viele Einwohner ernähren wie ein Land mit Ackerbau. Ein Hirte steht zwar dem geschickten Arbeiter näher als ein Jäger; er nimmt nicht einfach das, was die Natur ihm gibt, wo die Natur es hinlegt; er behält die gewünschten Konsumgüter unter seiner eigenen Kontrolle und sein Leben ist stärker, weil sozialer. Die frühe afrikanische Kolonisierung war, wie Adam Smith betonte, weniger erfolgreich als die frühe amerikanische, weil die Eingeborenen, die eher Hirten und sogar Bauern als Fischer waren, über stärkere Ressourcen verfügten und stärker vereint waren als die amerikanischen Ureinwohner, so dass dies bei den europäischen Eindringlingen nicht der Fall war in der Lage, sie zu verdrängen. [189] Wir hätten erwarten müssen, dass die skythischen, kimbrischen und gotischen Eindringlinge der Antike eine ähnliche Zurückweisung erfahren hätten. „Aber was Hirtennationen so beeindruckend macht, ist die Kraft, die sie besitzen, insgesamt umzuziehen, und die Notwendigkeit, die sie häufig verspüren, diese Kraft auf der Suche nach frischem Weideland für ihre Herden einzusetzen." [190] Sie haben in ihrem Zuchtbestand immer einen Vorrat an Futter für den Notfall. Das bloße Bewusstsein, dass ihre Lebensweise sie nicht an einen Ort bindet, macht ihnen weniger Sorgen um die Versorgung einer Familie. Wenn sie daher eine Region erschöpft haben und die Not zu verspüren beginnen, unternehmen sie eine bewaffnete Auswanderung in der Größenordnung ganzer Stämme auf einmal, um fruchtbarere Regionen zu besetzen und sie in der Regel mit Gewalt zu erobern . Das Gesetz ihres Lebens ist eine Reihe periodischer „Kämpfe ums Dasein" [191] zwischen einer Nation und einer anderen, in denen die Stärksten um den Preis einer ungeheuren Verschwendung von Menschenleben überleben.

Das mildere Anfangsstadium dieses Prozesses wird durch die Trennung von Abram und Lot im Buch Genesis veranschaulicht. [192] Abram „war sehr reich an Vieh." „Lot hatte auch Kleinvieh und Rinder und Zelte. Und das Land konnte sie nicht ertragen, damit sie zusammen wohnen konnten, denn ihre Habe war so groß, dass sie nicht zusammen wohnen konnten. Und es entstand ein Streit zwischen den Hirten von Abrams Vieh und den Hirten von Lots Vieh." Sie einigten sich daher auf eine Trennung, wobei Lot das fruchtbare Tal des Jordan wählte und Abram nach links in das Land Kanaan ging. Moderne Schriftsteller beschreiben, dass Migrationen der gleichen Art, mehr oder weniger friedlich, das russische Volk von Zeit zu Zeit immer weiter nach Süden und Osten ausdehnen. [193] In den in der Geschichte am besten bekannten Fällen verliefen die Migrationen alles andere als friedlich, und die Rätselhaftigkeit bestand darin, ihre Wiederholung zu erklären. Das Abschlachten der deutschen Barbaren durch Marius, Cäsar, Drusus, Tiberius und Germanicus verhinderte nicht das Wiederauftauchen ähnlicher Eindringlingshorden eine Generation später. Claudius vernichtete eine Viertelmillion Goten; Aurelian und Probus hatten erneut die gleiche Arbeit zu erledigen. Unter Diokletian schlachteten die Barbaren einander in Grenzkriegen ab, weil ihnen die Eroberung Roms zu viel bedeutete. Keine Verluste schienen die dauerhaften Bevölkerungsmöglichkeiten in diesen Vierteln auszuschöpfen. Endlich, im vierten Jahrhundert, „schienen sich aus allen Teilen der nördlichen Hemisphäre Wolken von Barbaren zu sammeln. Während sie weiterrollten, sammelten die versammelten Körper neue Dunkelheit und Schrecken, verdunkelten schließlich die Sonne Italiens und versenkten die westliche Welt in Nacht." [194]

Warum waren die Ressourcen des Nordens so unerschöpflich? Ganz einfach, weil die Kraft der Steigerung unerschöpflich ist. Allerdings war der Norden damals nicht dichter besiedelt als heute. „Das Klima im alten Deutschland wurde durch die Arbeit von zehn Jahrhunderten seit der Zeit Karls des Großen beruhigt und der Boden gedüngt. Das gleiche Ausmaß an Boden, das heute eine Million Ackerbauern und Handwerker in Leichtigkeit und Fülle beherbergt, war nicht in der Lage, hunderttausend faule Krieger mit den einfachen Lebensbedürfnissen zu versorgen. Die Deutschen überließen ihre riesigen Wälder der Jagd, nutzten den größten Teil ihres Landes als Weideland, bewirtschafteten den kleinen Rest grob und nachlässig und beschuldigten dann die Knappheit und Unfruchtbarkeit eines Landes, das sich weigerte, die Menge zu ernähren seiner Bewohner. Als die Rückkehr der Hungersnot sie eindringlich an die Bedeutung der Künste erinnerte, wurde die nationale Not manchmal durch die Auswanderung vielleicht eines Drittels oder eines Viertels ihrer Jugend gelindert." [195] Kurz gesagt, die Länder waren bis zu ihrem tatsächlichen Ertrag mehr als vollständig bevölkert; und obwohl durch die Landwirtschaft die tatsächliche Produktion erhöht worden wäre, wurde die Landwirtschaft doch nicht ausgeweitet. Die Leidenschaft der Deutschen für den Wein führte nicht dazu, Weinberge an Rhein und Donau anzulegen, sondern dazu, die Weine Italiens zu rauben. „ Pigrum quin immo und iners videtur sudore erwerben, was möglicherweise zuversichtlich ist. „ [196] Malthus geht davon aus, dass selbst das Marksystem des Landbesitzes mit seinem Fehlen von Städten und seinen periodischen Umverteilungen von Land möglicherweise einem politischen Motiv entsprang, der Angst, die Menschen an ein sesshaftes landwirtschaftliches Leben zu gewöhnen, und … Wunsch, ihnen die Auswanderung weniger lästig zu machen. [197] Solange es schwächere Völker gab, die ausgeplündert werden mussten, konnten die nördlichen Nationen ihre Zahl alle fünfundzwanzig Jahre oder öfter verdoppeln und erneut über Italien und den Süden herfallen. Erst als das Ganze von den eigenen Leuten besetzt war, die nicht weniger tapfer zur Verteidigung als zur Eroberung sein dürften , wurden die Horden zurückgedrängt. Vielleicht war Europa erst mit der Erfindung des Schießpulvers endgültig vor ihnen sicher. Lange nach ihren letzten Invasionen im Landesinneren gelangten die Nordmänner auf dem Seeweg an die Küsten Englands und Frankreichs.

Gibbons Darstellung der Angelegenheit ist laut Malthus im Wesentlichen wahr. Der einzige Fehler besteht darin, dass er es für notwendig hält, bei der Leugnung der größeren Bevölkerungszahl Nordeuropas in der Antike auch die Möglichkeit eines raschen Bevölkerungswachstums zu leugnen. [198] Die Lebensführung des deutschen Volkes war im Großen und Ganzen tugendhaft und gesund, und da die Wachstumshemmnisse hauptsächlich durch Krieg und Hungersnot positiv beeinflusst wurden, war die Steigerung selbst enorm. Aber Gibbon ist Montesquieu weit voraus, der mit Sir William Temple, Mariana und Machiavelli glaubt, dass die nördlichen Länder damals tatsächlich dichter bevölkert waren als heute, und das noch dazu zur Zeit der Römer Nachdem sie sie abgewehrt hatten, wurde eine große Menschenmenge weit nach Norden vertrieben und blieb dort, bis die Zeit gekommen war. Dasselbe (sagt Montesquieu) geschah unter Karl dem Großen und würde wieder passieren, wenn ein moderner Fürst in Europa die gleichen Verwüstungen anrichten würde; „Die Nationen, die nach Norden zurückgedrängt wurden und sich gegen die Grenzen des Universums wehrten, würden dort standhaft bleiben, bis sie Europa ein drittes Mal überschwemmen und erobern würden." [199] Wir gehen davon aus, dass diese riesigen Massen einige Hundert Jahre lang „an den Grenzen des Universums" auf Eis und Luft leben. Wenn dies die Frage beantworten soll, warum der Norden heute weniger bevölkert ist als früher, grenzt das an ein Wunder. Aber nichts Übernatürlicheres als gewöhnliche Gesetze ist wirklich nötig, um die Bewegungen pastoraler Nationen vor tausend Jahren zu erklären. Es sind dieselben, die jetzt die Tataren und Beduinen regieren. [200]

Bei den modernen Nomaden [201] ist es wahr, dass uns die vergleichsweise Einfachheit der Umstände und die vergleichsweise Gründlichkeit unseres Wissens über sie deutlich machen, dass die örtliche Verteilung des Volkes in strikter Übereinstimmung mit der örtlichen Verteilung der Bevölkerung steht Nahrung, mit anderen Worten, mit „der Menge an Nahrungsmitteln, die die Menschen im tatsächlichen Zustand ihrer Industrie und Gewohnheiten erhalten können". Das Gleiche würden wir auch von den übrigen Weltbewohnern sehen, wenn der komplizierte Handel der zivilisierten Nationen es nicht weniger grob und greifbar machen würde. Die Kraft der Erde, Leben zu tragen, kann mit der Kraft eines Pferdes verglichen werden,

Lasten zu tragen. Er ist stark im Verhältnis zur Stärke seines schwächsten Teils, wie eine Kette zur Stärke ihres schwächsten Glieds; und die Nahrungskraft der Erde ist im Verhältnis zu ihrer Größe in den schlimmsten Jahreszeiten groß. [202] Auch hier kann es aufgrund mangelhafter Verteilungsmöglichkeiten dazu kommen, dass ein Teil einer Gesellschaft unter Mangel leidet, während ein anderer im Überfluss ist. [203] Bei den Tataren und Arabern ist dies deutlich zu sehen; und es ist auch klar, wie die Verschwendung von Leben durch den Krieg nicht nur eine direkte Kontrolle der Bevölkerung darstellt, sondern sie auch indirekt kontrolliert, indem sie die produktive Industrie unterdrückt. Seine Früchte hätten keine Chance auf Konservierung. „Selbst der Bau eines Brunnens erfordert im Voraus einige Mittel oder Arbeitskräfte , und ein Krieg kann an einem Tag die Arbeit vieler Monate und die Ressourcen eines ganzen Jahres zerstören." [204] Wenn sich kriegerische Gewohnheiten erst einmal festgesetzt haben, reproduzieren und verewigen sich die beiden Übel, Krieg und Knappheit. Die Ermutigungen, die die mohammedanische Religion kinderreichen Familien bietet, haben eine ähnliche Wirkung. „Die Verheißung des Paradieses an jeden Mann, der zehn Kinder hatte, würde ihre Zahl nur wenig erhöhen, obwohl es ihr Elend sehr vergrößern könnte." [205] Es konnte ihre Zahl nur erhöhen, wenn es ihre Nahrung vermehrte, und es konnte ihre Nahrung nicht vermehren, ohne ihre kriegerischen Gewohnheiten in Fleißgewohnheiten umzuwandeln. Gelingt dies nicht, entsteht lediglich eine ständige Unruhe (durch Not und Armut), die die Gelegenheiten für Kriege vervielfacht. Zum Glück für sich selbst misst der Araber seinen religiösen Gehorsam oft dem Ausmaß seiner Ressourcen an, [206] und in schwierigen Zeiten, „wenn ein Schwein zur Hand ist und kein Koran", hält er es für das Beste, das zu essen, was Gott ihm gegeben hat.

Nichts anderes als die Zunahme der Nahrung wird die Bevölkerung dauerhaft vergrößern, und wo es Nahrung gibt , wird die Zunahme bis zu dieser Grenze reichen. In den Teilen Afrikas, die den Westen mit Sklaven versorgten, gab es keine erkennbare Lücke durch den „hundertjährigen Export von Negern, der halb Amerika geschwärzt hat". [207] Selbst in Ägypten, wo ein auffälliger Kontrast zwischen natürlicher Fruchtbarkeit und menschlicher Lethargie besteht, liegt die Ursache nicht in einem Mangel am Prinzip der Vermehrung. Das Eigentum ist unsicher, die Regierung ist despotisch und ihre Forderungen sind unbegrenzt. Es ist nicht der Mangel an Bevölkerung, der die Industrie gebremst hat, sondern der Mangel an Industrie, der die Bevölkerung gebremst hat; und es ist eine schlechte Regierung, die den Mangel an Industrie verursacht hat. „Unwissenheit und Despotismus scheinen nicht die Tendenz zu haben, die Leidenschaft zu zerstören, die zur Steigerung anregt, aber sie zerstören wirksam die Hemmnisse, die ihr durch Vernunft und Voraussicht entgegengebracht werden ... Industrie kann ohne Voraussicht und Sicherheit nicht existieren;

Die Trägheit der Wilden ist wohlbekannt, und der arme ägyptische oder abessinische Bauer ohne Kapital, der Land verpachtet, das jährlich an den Meistbietenden verpachtet wird, und der ständig den Forderungen seiner tyrannischen Herren ausgesetzt ist, ist der gelegentlichen Plünderung ausgesetzt Ein Feind kann nicht den Mut haben, fleißig zu sein, und das kommt nicht selten vor, dass er seinen elenden Vertrag verletzt, und wenn er es getan hätte, könnte er diesen Fleiß nicht mit Erfolg ausüben. Sogar die Armut selbst, die der große Ansporn der Industrie zu sein scheint, hört, wenn sie einmal bestimmte Grenzen überschritten hat, fast auf zu wirken. Die hoffnungslose Not macht jede kräftige Anstrengung zunichte und beschränkt die Anstrengungen auf das, was für die bloße Existenz ausreicht. [208] Es ist die Hoffnung auf eine Verbesserung unserer Lage und die Angst vor dem Mangel, nicht vor dem Mangel selbst, der den Fleiß am meisten antreibt; und ihre beständigsten und gezieltesten Bemühungen werden fast immer bei einer Klasse von Menschen zu finden sein, die über der Klasse der erbärmlichen Armen liegt." [209] Diese Passage wiederholt eine Idee, die in jedem Buch des Aufsatzes zum Ausdruck kommt. [210] Der Staat kann das Bevölkerungswachstum sowohl direkt als auch indirekt bremsen, aber nur indirekt vorantreiben, nämlich durch die Förderung der Industrie, insbesondere der Landwirtschaft. Beispielsweise hat die fleißige Landwirtschaft China in die Lage versetzt, eine große Bevölkerung zu ernähren, obwohl andere, mehrdeutigere Ursachen dazu geführt haben, dass das Land seine großen Kapazitäten übersteigt und seine übermäßige Zahl durch Hungersnot und Kindermord reduziert wird. [211] Die römischen Kaiser hielten es für unmöglich, durch Gesetzgebung die Vermehrung des alten römischen Stammes zu fördern, weil sie es für unmöglich hielten, die alten römischen Gewohnheiten der Industrie wiederherzustellen, obwohl die Anhänger der Überbevölkerung der alten Nationen ihre Absichten damit verwechselten vollendete Tatsachen.

Im Streit um die Bevölkerungszahl der antiken Nationen im 18. Jahrhundert (ein besonderes Gefecht im allgemeinen Kampf der Bücher) haben wir gesehen, dass Malthus sich für die Modernen ausspricht. Er äußert seine Meinung in einzelnen Passagen; aber wenn wir die verschiedenen Teile zusammenfügen, wo immer wir sie finden können, entdecken wir, dass sein Beweis auf zwei Prinzipien beruht, die Folgerungen der Hauptlehre des Aufsatzes sind. Das erste ist, dass es ohne die Ausweitung der Landwirtschaft oder die bessere Verteilung ihrer Früchte kein Bevölkerungswachstum geben kann; [212] Das zweite ist, dass alles, was für die Industrie ungünstig ist , insofern auch für die Bevölkerung ungünstig ist . [213]

Nun, in den frühen Tagen Griechenlands und Roms [214] hätte die Bevölkerung nach diesen Grundsätzen groß sein müssen, da nicht nur die Landwirtschaft aktiv betrieben wurde, sondern auch Eigentum und

Reichtum gleichmäßiger unter den Menschen aufgeteilt waren als in späteren Zeiten. Andererseits entsprachen die Zahlen immer dem Niveau der Ressourcen; und die Kleinheit der politischen Spaltungen machte Gesetzgeber wie Solon und Theoretiker wie Platon und Aristoteles sich der Gefahr der Überbevölkerung bewusst und voller Pläne, dagegen vorzusorgen. Eine der Kritikpunkte von Aristoteles an Platons Republik besteht darin, dass Platon dieser Schwierigkeit nicht ausreichend begegnet ist oder erkannt hat, dass eine Gütergemeinschaft oder eine gleichmäßige Eigentumsverteilung ohne eine Beschränkung der Familien unmöglich ist. Wenn jeder so viele Kinder haben darf, wie er möchte, wird die Folge bald Armut und Aufruhr sein. Von den vorbeugenden Maßnahmen, die tatsächlich von der höchsten Weisheit der griechischen Welt empfohlen werden, sind verspätete Ehen die mildeste; der Rest beinhaltet Exposition und Abtreibung. Die Kolonisierung wurde in der Praxis eher umgesetzt als theoretisch empfohlen. Häufige Kriege und gelegentliche Seuchen waren die wichtigsten positiven Tests.

Noch offensichtlicher als in Griechenland [215] führten die Ursachen der Ungleichheit des Eigentums in Rom auch zu einer geringen Bevölkerungszahl. In unseren Tagen hätte die Übernahme kleiner Eigentümer durch die großen Eigentümer diesen Effekt in geringerem Maße gehabt, da die großen Eigentümer die Arbeitskraft der kleinen Unternehmen einsetzen müssten . In Rom wurde die Arbeit von Sklaven verrichtet; und das Wunder war nicht, dass die Zahl der freien Bürger abnehmen würde, sondern dass es überhaupt welche gab, außer den Eigentümern. [216]

Doch die Gesetzgebung des Augustus zugunsten der Ehe und die allgemeine Klage der späteren römischen Schriftsteller über das Aussterben des alten römischen Stammes sind nicht mehr als eine Vermutung, dass die Bevölkerung abnahm, und kein Beweis für ihre tatsächliche Kleinheit, während die Die Verbreitung von Krieg und Kindermord, die so oft als Beweis für denselben Punkt herangezogen werden, bewirkt in Wirklichkeit das Gegenteil. Sie sind vorerst eine positive Ermutigung zur Ehe, denn die Menschen werden nicht zögern, Kinder auf die Welt zu bringen, wenn sie entweder die Freiheit haben, das Überflüssige zu eliminieren, oder sicher sind, traurige, freie Stellen für sie bereit zu haben. [217] Im ersteren Fall wird, wie wir bemerkt haben, das elterliche Gefühl oft den Kindsmord behindern und eher zu viele als zu wenige retten. [218] Kriege hingegen können die Qualität der Bevölkerung beeinträchtigen, indem sie die standhaftesten und sogar die intelligentesten Männer entfernen; aber es gibt so viel zu essen wie zuvor, es gibt mehr Platz, und es gibt daher mehr Ehen, bis alle Lücken bis zum Überlaufen gefüllt sind. [219] Livius hätte sich nicht wundern müssen, dass es in den Volskerkriegen umso mehr zu geben schien, je mehr Menschen getötet wurden. Ähnliches gilt für Pest und Hungersnot ; Epidemien wie die

Pocken haben die Bevölkerung nie dauerhaft verringert, obwohl sie die Sterblichkeit in den infizierten Ländern erhöht haben. [220] Um nur ein Beispiel zu nennen (von Süßmilch): Ein Drittel der Menschen in Preußen und Litauen wurde 1710 durch die Pest dahingerafft, und 1711 war die Zahl der Ehen fast doppelt so hoch wie der Durchschnitt. [221] In ähnlicher Weise kann die Auswanderung einer Nation das beste Blut entziehen, aber sie kann ihre Zahl nicht für längere Zeit verringern, es sei denn, die Nation erlernt einen neuen Standard des Komforts. Griechenland und Rom waren nicht weniger bevölkerungsreich, weil sie große Kolonialherren waren. [222] Die bekannte Existenz einer Reihe sehr aktiver Kontrollen der Bevölkerung könnte, anstatt zu beweisen, dass die Bevölkerung absolut klein war, unter sonst gleichen Bedingungen natürlicher beweisen, dass sie absolut groß war. Man könnte argumentieren, dass, wenn die Bevölkerung nicht groß gewesen wäre, weniger und weniger wirksame Kontrollen die Arbeit erledigt hätten. [223]

Aber andere Dinge waren nicht gleich. Wir wissen, dass die unentgeltliche Verteilung von ausländischem Mais die römische Landwirtschaft ruiniert hatte. [224] Wir wissen, dass selbst die Arbeit der Sklaven, die die freien Arbeiter Italiens verdrängt hatten, nicht ausreichend (oder ausreichend) auf die Landwirtschaft ausgerichtet war. Darüber hinaus konnte die Zunahme der Zahl der Sklaven durch die Heirat nicht einmal die Abnahme der Zahl der freien Männer ausgleichen ; Warum sollten die Römer sonst jedes Jahr neue Ladungen Sklaven aus allen Teilen der Welt importieren müssen? [225]

Kurz gesagt, die römischen Gewohnheiten waren „ ungünstig für die Industrie und damit für die Bevölkerung" geworden. Die Notwendigkeit eines solchen Gesetzes wie der Papia Poppæa würde auf eine moralische Verdorbenheit hinweisen, die nicht mit den Gewohnheiten des Fleißes vereinbar ist. Dieses starke Argument war sogar Hume entgangen, der glaubte, dass das Volk unter dem Frieden von Trajan und den Antoninern sehr schnell wachsen würde , und dabei vergaß, dass das Volk seine Gewohnheiten nicht in so kurzer Zeit verlernen konnte; Verlernen ist schwieriger als Lernen, besonders für ein ganzes Volk; und: „Wenn Kriege nicht zu einer starken Entvölkerung führen, wenn die Industrie in vollem Gange ist , führt der Frieden nicht zu einer großen Bevölkerungszunahme, wenn die Industrie schwächelt." [226] Im Gegensatz dazu könnte man argumentieren, dass die Verhinderung von Kindermorden in Indien nicht zu einer Überbevölkerung führt, wenn sie Teil einer allgemeinen Politik ist, die die Menschen an europäische Gewohnheiten gewöhnt.

Erlauben Sie also, dass allgemeine Bösartigkeit nicht mit allgemeinem Fleiß vereinbar ist, und daraus folgt, dass jene alten Nationen, in denen die ersteren vorherrschten, weniger bevölkerungsreich waren als die modernen. Dies scheint das Argument von Malthus zu sein, das auf den Punkt gebracht wird.

Aufgrund des Fehlens von Volkszählungen [227] ist es streng deduktiv; Es *konnten* nicht so viele Menschen da sein wie jetzt, und deshalb *gab es auch* keine. [228]

In technischerer Sprache ausgedrückt bedeutet dies, dass dort, wo nichts anderes vorhanden ist als die positive Kontrolle und die geringere Art der Prävention, die Gewohnheiten der Menschen zwangsläufig so sind, dass sie eine Zunahme der Nahrungsmittel und damit der Bevölkerung verhindern. Als Europa weniger zivilisiert war, war es nicht mehr, sondern weniger dicht bevölkert. [229]

Dieses Argument scheint durch eine Überlegung geschwächt zu werden: dass die Armen unserer Zeit mehr Wert auf ihre Vorstellung von Notwendigkeiten legen; Sie haben einen höheren Lebensstandard als die Armen vor 2000 Jahren. Man könnte daher mit Fug und Recht sagen, dass die Überbevölkerung (eine Bevölkerung, die über die Nahrung hinausgeht) bei uns viel früher beginnt als bei ihnen, denn sie beginnt an einem Punkt, der viel weiter vom Hungern entfernt ist, und dass daher bei den Alten eine bestimmte Menge an Nahrung vorhanden war würde weiter gehen und mehr füttern. Aber wenn wir jeweils nur auf die Armen blicken, ist der Unterschied zwischen dem alten Komfortstandard und dem modernen unglücklicherweise viel geringer als der Unterschied zwischen ihren dürftigen und unseren reichlichen industriellen Ressourcen, denn unsere Produktionskraft ist viel stärker gewachsen schneller als der Komfort unserer arbeitenden Bevölkerung. Solche Unterschiede in den Maßstäben werden nur durch moralische Zurückhaltung ermöglicht, die eher mit der modernen Zivilisation als mit der antiken oder mittelalterlichen Zivilisation verwandt ist . [230] Die Geschichte der modernen Zivilisation ist größtenteils die Geschichte des allmählichen Sieges des dritten Hemms über die beiden anderen; und da einer der Hauptverbündeten des Dritten der kommerzielle Ehrgeiz war, hat der Sieg der moralischen Zurückhaltung durch die Schaffung einer größeren Industrie am Ende nicht zu einer kleineren, sondern zu einer größeren Bevölkerung geführt. [231] Durch die Aufschiebung ist die Steigerung nur noch sicherer und dauerhafter geworden.

KAPITEL V.
NORD- UND MITTELEUROPA.

Unterschiedliche Auswirkungen kommerzieller Ambitionen in verschiedenen Ländern – Kein einziges sicheres Kriterium für nationalen Wohlstand – Süssmilchs „Göttlicher Plan" – Malthus in der Region der Statistik – Seine Nordreise – In Norwegen wird die Wahrheit durch die Natur von Ort und Industrie ans Licht gebracht – In Schweden weniger offensichtlich – In Russland völlig ignoriert – Findelkrankenhäuser nicht zu rechtfertigen – Tendenz der Menschen, sich über, bis zu oder einfach mit dem Essen zu vermehren – Autorenstolpern – Fakten, die Dolmetscher und die Interpretierten – Holland – Der beste pater patriæ – Auswanderung in *verschiedenen* Aspekten – Aussage des Autors vor dem Auswanderungsausschuss – Schweiz, St. Cergues und Leysin – *Die pons asinorum* des Themas.

Der große Unterschied zwischen einer wilden und einer zivilisierten Bevölkerung besteht darin, dass in der einen die positiven Kontrollen vorherrschen, in der anderen die präventive; und zwischen alten und modernen Zivilisationen herrscht in der einen Laster und Elend, in der anderen moralische Zurückhaltung. [232] Dennoch hat jede zivilisierte Nation in der Neuzeit diese drei Phasen im Laufe ihrer Vergangenheit nicht nur durchlaufen, sondern sie sind jetzt aus Beobachtungsgründen alle in sich enthalten. Seine frühe Geschichte war ein Streben nach Unabhängigkeit oder bloßem Leben, seine spätere Geschichte ein Streben nach vollständiger Entwicklung; aber es gibt Schichten darin, zu denen die Zivilisation noch nicht vorgedrungen ist und in denen der Kampf ums nackte Dasein vorherrscht, neben Schichten, in denen es um Ideale kommerziellen Ehrgeizes und sozialer Vollkommenheit geht.

Die Ansicht, die Malthus über kommerzielle Ambitionen vertritt, entspricht im Wesentlichen der von Adam Smith. Sobald der Handel von der Sklaverei getrennt ist, sobald der Reichtum der eigene Erwerb ist, den der Mensch im Schweiße seines Angesichts erworben hat, dann hat der Wunsch nach Reichtum einen neuen sozialen Aspekt. Es wird zu dem, was Adam Smith „den natürlichen Wunsch eines jeden Menschen, seinen eigenen Zustand zu verbessern" nennt; und als solche schafft sie eine moderne Handelsgesellschaft, im Gegensatz sowohl zur alten Gesellschaft, die auf Sklaverei aufbaute, als auch zur feudalen Gesellschaft, die auf Krieg aufbaute.

Diese *vis mediatrix reipublicæ* , der Wunsch, in der Welt aufzusteigen, der im *Wealth of Nations* [233] und im *Essay on Population* [234] so verherrlicht wird , ist wirklich nicht leicht zu definieren. Es ist ein sehr komplexes Motiv; und die gleichen Rassenunterschiede (unabhängig von ihrer Herkunft), die zu Unterschieden in Intellekt und Sprache führen, wirken sich auch auf den Komfortstandard einer Nation aus, sobald man sagen kann, dass sie einen solchen hat. Durch den Einfluss eines guten Klimas und viel Verkehr mit Ausländern, zusammen mit Vorteilen der Erziehung und vielleicht auch der Rasse, bringt eine südeuropäische Nation weitaus mehr Elemente in ihre Vorstellung von Glück ein als eine nördliche Nation, die hauen muss sein Modell aus viel schlechteren Materialien. Der norwegische Standard wird einfacher sein als der Pariser. Aber es steckt noch mehr dahinter. Die Frage ist nicht nur eine Frage nach gleichen und ungleichen Elementen oder nach vielen und wenigen Elementen, sondern auch nach deren Behandlung durch das menschliche Subjekt. Der englische Begriff des Komforts unterscheidet sich vom französischen in seinen Elementen, die wahrscheinlich zahlreicher und qualitativ unterschiedlicher sind und eine dritte Besonderheit aufweisen, die sich von den beiden anderen deutlich unterscheidet, nämlich ihre Wirkung auf die Gewohnheiten der betreffenden Personen.

Französische Schriftsteller haben bemerkt, dass der englische Bauer hart für ein Einkommen arbeitet, das ihm die unzähligen kleinen Luxusgüter wie Toilette, Esstisch und Wohnzimmer verschafft, die die englische Vorstellung von Komfort ausmachen, während der französische Bauer hart dafür arbeitet Möglicherweise kann er eine weitere Farm kaufen. [235] Der eine lebt seinem Einkommen gerecht; und in seinen Bemühungen, es zu bewahren, ist er unternehmungslustig und beharrlich; Er strebt stets danach, in die Klasse über ihm aufzusteigen. Der andere hingegen ist mit seiner Stellung in der Gesellschaft zufriedener; und möchte es einfach stärker machen, indem es mehr Eigentum erlangt. Seine bereitwilligen Entbehrungen in Zeiten des Überflusses werden durch seine sichere Versorgung in Zeiten der Not belohnt; Er hat immer sein Land zu verkaufen.

Beide werden von dem zivilisatorischen „Wunsch nach einer Verbesserung der eigenen Situation" angetrieben; aber es führt im einen Fall zum einfachen Sparen des alten Viehbestands, des Grundstücks oder der *Miete* , im anderen zum aktiven Gebrauch, zunächst des Dampfpflugs, damit später das Klavier und die Ponykutsche folgen können. In M. Taines Paradoxon steckt etwas Wahres: „Der Engländer sorgt für die Zukunft nicht durch seine Ersparnisse, sondern durch seine Ausgaben." [236] Wenn Großschreibung sowohl Nutzen als auch Sparen bedeutet, gibt es in gewisser Weise eine Aufteilung der beiden Funktionen im Französischen und im Englischen.

Dies hindert den Ökonomen daran, genaue Vorhersagen über die Wirkung der *vis mediatrix reipublicæ zu treffen* . Er könnte, wie Adam Smith, feststellen, dass es bei der Untergrabung des Feudalismus gute Arbeit leistet, [237] und er könnte darauf hinweisen, dass es auf jeden Fall ein besserer Wegweiser für die Welt wäre als militärischer Ruhm, der für die eine Hälfte Unglück bedeutet der Welt und ein sehr gemischtes Glück für die andere Hälfte. Aber er kann die Wirkung auf Männer, deren Charakter ihm unbekannt ist, nicht vorhersagen. Er kann nicht einmal sagen, ob ein Mensch reich ist oder nicht, bis er weiß, was seine Bedürfnisse sind, denn Reichtum existiert, um Bedürfnisse zu befriedigen, Wünsche ändern sich mit dem menschlichen Fortschritt, die Vorstellung von Reichtum erweitert sich mit der Zivilisation und dem Luxus eines Zeitalters und eines Mannes sind die Notwendigkeiten eines anderen. Es ist unmöglich, diese relative Frage so zu behandeln, als wären ihre Bedingungen absolut, und mit Menschen so umzugehen, wie wir es mit Zahlen auf einer Schiefertafel tun würden. Zwei und zwei ergeben in einem solchen Fall nicht immer vier, sondern manchmal fünf und häufig nur drei. Eine neue Aussicht auf Komfort breitet sich vor verschiedenen Männern aus und kann den einen stimulieren, den anderen verwöhnen und den dritten ungerührt lassen.

Es ist daher nicht überraschend, dass die Frage: „Durch welche verschiedenen Methoden wird die Bevölkerung in den Staaten des modernen Europas auf dem Niveau der Ernährung gehalten?" ist nicht einfach. Aus manchen Gründen scheint es vergleichsweise einfach zu sein, die Antwort zu finden. Es gibt Zahlen und in vielen Fällen eine Volkszählung; Es besteht eine allgemeine Ähnlichkeit der Umstände, die eine allgemeine Ähnlichkeit der Gewohnheiten und damit der Bevölkerungsbewegungen hervorruft. Aber es gibt keine unveränderliche Reihenfolge der Sterblichkeit und Generation. Die Geburten- und Sterberaten sind nicht für alle Nationen gleich; Sie hängen vom Verhalten der Menschen ab und können nicht nur in verschiedenen Ländern, sondern auch in verschiedenen Teilen desselben Landes unterschiedlich sein. Ebenso haben wir kein einziges statistisches Kriterium für den gesunden Zustand einer Bevölkerung, genauso wie man sagen könnte, dass wir kein einziges Kriterium für den kommerziellen Wohlstand eines Landes haben, geschweige denn für sein Glück. Die beiden ersteren gelten bis zuletzt als Teile des Ganzen. Eine gesunde Bevölkerung und ein florierender Handel sind Teile des Glücks einer Nation, obwohl sie nicht das Ganze ausmachen. Um festzustellen, ob eine Nation glücklich ist oder nicht, müssen wir diese beiden Aspekte des Glücks zusammen mit vielen anderen berücksichtigen. Die Teile wiederum bestehen aus vielen Teilen. Wir messen den Zustand des Handels nicht nur anhand von Importen und Exporten, Eisenbahn-, Bank- und Clearingstellenerträgen und den Gewinnen aus öffentlichen Einnahmen, sondern auch anhand von Abonnements für Kirchen, Wohltätigkeitsorganisationen und Schulen, von Sparkassen und Wohlfahrtsgesellschaften sowie dem Verkauf von Büchern , Bilder und Luxusgüter aller Art, nach der Höhe der Arbeiterlöhne, nach den Erträgen aus Armengesetzen, nach der Zahl der Ehen, Auswanderer und Rekruten für die Armee; und ohne die Ergebnisse der Volkszählung und die Berichte des Generalkanzlers könnten wir die meisten dieser Zahlen kaum nutzen. Auf die gleiche Weise gilt es, den Gesundheitszustand einer

Bevölkerung zu messen und festzustellen, ob sie sich sicher unter dem Niveau ihrer Nahrung befindet, dazu neigt, darüber hinauszugehen oder einfach nur darauf zu steigen, und um festzustellen, auf welche Weise und mit welchen Mitteln dieser Prozess abläuft Dann brauchen wir statt eines einzigen allgemeinen Kriteriums eine ganze Reihe spezieller Tests. Es steckt noch in den Kinderschuhen der statistischen Wissenschaft, dass Menschen dem Schein nachgeben und „eine größere Einheitlichkeit der Dinge annehmen, als sie tatsächlich vorzufinden ist". [238]

Dies war beispielsweise das Versäumnis von Johann Peter Süßmilch , einem der ersten Erforscher der Bevölkerungsbewegungen. Ein Buch wie das von Süßmilch hatte den gleichen Bezug zum *Essay über die Bevölkerung* wie die Astrologie zur Astronomie oder die Alchemie zur Chemie; es bereitete den Weg für ein genaueres Studium. Süssmilch veröffentlichte seine Forschungen erstmals 1761, noch während des Siebenjährigen Krieges. Er widmete es Friedrich dem Großen, der ein Patriot und Würdenträger der Kirche wurde; und betitelte es: *Der göttliche Plan in den Veränderungen, die die Menschheit in Geburt, Tod und Ehe durchläuft* . Der göttliche Plan ist derjenige, der in der Ermahnung an Noah in der Genesis dargelegt wird – die Bevölkerung der Erde; [239] und das Buch versucht, die besonderen Vorkehrungen aufzuzeigen, nach denen der Plan ausgeführt wird. Eine Bedingung sei, sagt er, dass die Fruchtbarkeit größer sei als die Sterblichkeit; Die Geburten müssen die Sterbefälle übersteigen. Im Durchschnitt bringt jede Ehe derzeit vier Kinder hervor; und „das gegenwärtige Gesetz des Todes" ist im Durchschnitt, Stadt und Land zusammengenommen, 1 von 36; Von den 36 heute lebenden Männern muss jedes Jahr einer sterben. Auf dem Land beträgt sie 1 zu 40 bis 1 zu 45; in der Stadt von 1 zu 38 auf 1 zu 32. Es gibt einen jährlichen Geburtenüberschuss von 1 zu 10 und 5 zu 10. Der Anstieg muss anfangs schneller gewesen sein als jetzt; und das Mittel, das Gott ergriff, um sein Ziel in jedem Fall zu erreichen, war die Verlängerung und Verkürzung des menschlichen Lebens. Zur Zeit Methusalems muss es ein ganz anderes Sterblichkeitsgesetz gegeben haben, vielleicht einen Todesfall von hundert; die Lebenserwartung war größer; und wahrscheinlich hielt die Macht der Abstammung länger an. Die durchschnittliche Zahl der Kinder in einer Familie könnte bei etwa zwanzig statt bei vier liegen; und die Verdoppelung der Bevölkerung würde in zehn oder zwanzig Jahren statt wie jetzt in siebzig oder achtzig Jahren erfolgen. Vorsintflutliche Menschen waren langlebig, weil ihr langes Leben für die Wiederauffüllung der Erde notwendig war; und die extreme Länge wurde verkürzt, sobald die Zeit kam, in der das gleiche Ziel auf andere Weise erreicht werden konnte. Wenn wir die bemerkenswerte Anpassungsfähigkeit des Menschen beobachten, die es ihm als einzigem Lebewesen [240] ermöglicht, in jedem Breitengrad zu leben, und wenn wir beobachten, wie er erhalten blieb, während viele Tiere ausgestorben sind, müssen wir keinen Zweifel daran haben, dass die Wiederauffüllung der Die

Erde war wirklich der göttliche Zweck. Es ist auch bemerkenswert, dass, obwohl mehr Söhne als Töchter geboren werden, der Tod ihre Zahl vor dem Erwachsenenalter angleicht. Das „System", das bei der Vermehrung des Menschen vorherrscht, ist wie der Marsch eines Militärregiments, in dem für alle Männer ihre Plätze, Handlungen und Ausrüstungen festgelegt sind. Das Verhältnis von Söhnen zu Töchtern und von Todesfällen zu Geburten hält Süßmilch für einigermaßen fest; Die Entdeckung unerwarteter Gleichmäßigkeiten macht ihm große Freude, und er betrachtet den Mann, der als erster die Londoner Sterbeurkunde zur Entdeckung dieser Gleichmäßigkeiten verwendete, als eine Art statistischen Kolumbus. Kurz gesagt, sein Buch ist eine sparsame Théodicée , ein langes Stück frommer deduktiver Argumentation; Und es ist merkwürdig, dass Deutschland zwei derart optimistische Bücher hervorbrachte, und das zu einer Zeit, als es noch weiter vom Jahrtausend entfernt war als seine Nachbarn .

Die Fakten über Süssmilch , so schlecht sie auch waren, gaben Malthus eine viel solidere Argumentationsgrundlage als die spärlichen Beweise über die Bevölkerung alter und barbarischer Nationen. Er befindet sich endlich im Bereich der Statistik statt der Vermutungen und im Bereich der persönlichen Beobachtung und Reise von Männern, die zumindest seine eigenen Fragen stellten. Aber das Schicksal der Sterbeurkunden und anderer Aufzeichnungen in den Händen von Price und Wallace, ganz zu schweigen von Petty und Süßmilch , zeigt, wie wichtig Malthus' Arbeit als Interpret von Statistiken war. Statistiken waren zu seiner Zeit ein Novum. Während Adam Smith über den *Reichtum der Nationen schrieb* , ohne dass es vollständige Statistiken über den Reichtum und überhaupt keine Statistik über die Bevölkerung seines eigenen Landes gab, schrieb Malthus seinen ersten Aufsatz, als es keine Volkszählung gab; und einige Zeit später waren die Nationen Europas so vergleichsweise isoliert, dass ein Autor, um sich seiner Fakten überhaupt sicher zu sein, diese überprüfen und sammeln musste, indem er persönlich reiste und die Szenen mit eigenen Augen sah. Diese wesentliche Arbeit eines Ermittlers ließ Malthus nicht ungeschehen; und seine Kapitel über die Bevölkerungslage in modernen europäischen Ländern sind größtenteils eine Aufzeichnung seiner eigenen Beobachtungen. Er unternahm 1799 eine Sommerreise mit drei Studienfreunden, Dr. Edward Clarke, Mr. Cripps und Mr. Otter, dem späteren Bischof von Chichester. Sie reisten über Hamburg nach Schweden, und dort zerfiel die Gruppe in zwei Teile: Clarke und sein Schüler Cripps zogen weiter nach Norden, Otter und Malthus reisten weiter über Norwegen, um Finnland und St. Petersburg zu besuchen. [241] Dies waren die einzigen europäischen Länder, in denen englische Reisende in diesen Jahren problemlos durchkommen konnten. [242] Im Jahr 1802 besuchte er Frankreich und die Schweiz, [243] aber er scheint das Königreich erst 1825 wieder verlassen zu haben, als die Reise aus Rücksicht auf die Gesundheit seiner Frau unternommen wurde, als eines seiner Kinder und er starben hatte wenig Lust auf Nachforschungen. Die Tourneen von 1799 und 1802 sind die einzigen, die wesentliche Spuren in seinem wirtschaftlichen Wirken hinterlassen haben. [244]

Auf all seinen Reisen stellte er fest, dass der Ausländer in Bezug auf die Bevölkerung ebenso unwissend war wie der Engländer. Nur zweimal hörte er, wie ihm die Wahrheit erklärt wurde; in Norwegen während seiner ersten Tournee und in der Schweiz während seiner zweiten. Im letzteren Fall war die Aufklärung auf eine Einzelperson beschränkt; aber im ersten Fall war die ganze Nation weise. Während die schwedische Regierung ständig nach mehr Menschen schrie und versuchte, „die Bevölkerung zu ermutigen", schienen die norwegische Regierung und das Volk verstanden zu haben, dass die erste Frage lauten muss: „Gibt es Mittel, um mehr Menschen zu ernähren?" Wenn nicht, dann vervielfachen wir die Nation, ohne die Freude zu steigern. Natürlich gibt es Fälle, in denen wir die Nation verkleinern und noch weniger die Freude steigern könnten. Eine bloße geringe Anzahl ist für eine Nation kein Vorteil, genauso wenig wie ein Mangel an Bedürfnissen für einen Einzelnen; In beiden Fällen kann es einen niedrigen Stand der Zivilisation bedeuten. Es ist keineswegs so gut, dass ein Land durch eine Pest verwüstet wird, als dass es durch einen neuen Handel erschlossen wird. Je dichter die Bevölkerung, desto besser – so sagt Malthus selbst; – aber, fügt er hinzu, sei es eine Bevölkerung starker, komfortabler Bürger, oder wir bleiben bei der geringen Zahl und dem langsamen Wachstum.

Schauen Sie sich jetzt Norwegen an. [245] Wenn wir es mit unzivilisierten Zeiten unter der Herrschaft positiver Schecks zu tun hätten, müssten wir mit einer überfüllten Bevölkerung, einer großen Zahl von Armen und in Zeiten der Knappheit mit großer Not rechnen. Seit einem halben Jahrhundert hatte es keine Kriege mehr gegeben, das kalte Klima hielt Epidemien fern, und was blieb außer einer Hungersnot übrig, um die Bevölkerung an die Grenzen der Nahrungsaufnahme zu drücken? Vice wurde nicht in den Dienst genommen, und Auswanderung wurde in diesen Regionen damals selten praktiziert . Aber Malthus besuchte das Land in einem der härtesten Jahre Europas, das es je gab, im Jahr 1799, und stellte fest, dass die Norweger „ein Gesicht voller Überfluss und Zufriedenheit trugen, während ihre Nachbarn, die Schweden , zu hungern schienen". [246] Er stellte fest, dass die Sterblichkeitsrate in Norwegen niedriger war als in jedem anderen Land Europas. [247] Die Bevölkerung nahm jedoch kaum zu; und der Anteil der Eheschließungen an der Gesamtbevölkerung war kleiner als in jedem anderen Land außer der Schweiz. [248] Die Positivkontrolle wurde weitgehend durch die Präventivkontrolle verdrängt. Die Tugend der Voraussicht, sagt er, wird den oberen Klassen andernorts durch die Kleinheit ihres Kreises und die wenigen offenen Stellen in Unternehmen oder Berufen aufgezwungen; In Norwegen wird es allen Klassen gleichermaßen aufgezwungen, weil die Ressourcen des

Landes offensichtlich gering sind und die Besonderheiten der nationalen Industrie herrschen. Es gibt nahezu keine Berufsvielfalt oder Arbeitsteilung . Die einfacheren Klassen sind fast alle „Hausmänner" (*husmänd*), Arbeiter , die von einem Bauern in quasi-feudaler Weise ein kleines Haus und ein kleines Stück Land als Gegenleistung für gelegentliche Arbeit auf seinen Feldern erhalten. In anderen Ländern verfällt man leicht dem Trugschluss, dem gesamten Land eine größere Macht zur Unterstützung der Menschen zuzuschreiben als der Macht, die die Summe seiner Teile besitzt. In den großen Städten Mitteleuropas hat man vielleicht einen Grund, sich auf das Kapitel der Unfälle zu verlassen; Bei der großen Vielfalt an Berufen hat er vielleicht einen Grund zu der Annahme, dass es mit Sicherheit eine freie Stelle für ihn geben wird, und er könnte „ja sogar Peggie annehmen". Norwegen ist jedoch für die Industrieländer das, was die ländlichen Bezirke anderswo für die Städte anderswo sind. In den ländlichen Gebieten kann ein Überschuss an Bevölkerung nicht verborgen bleiben, und der Überschuss muss in die Städte abwandern. Wer also heiratet, wenn keine freie Stelle für ihn frei ist, hat die Alternativen Armut oder Migration klar vor Augen. In Norwegen weiß jeder Bauer, um nicht zu sagen, jeder Bauer ganz genau, ob es für ihn eine freie Stelle gibt oder nicht, und wenn nicht, kann er nicht heiraten. [249]

Auf diese Weise wurden die Bedingungen des Problems vereinfacht und das Problem selbst zufriedenstellend gelöst. Die einzigen Bezirke, in denen Malthus Anzeichen von Armut sah, lagen an der Küste, wo die Menschen vom Fischfang leben; Die Stellen für einen Fischer sind in ihrer Zahl nicht so deutlich begrenzt wie die Stellen für einen Landwirt.

Die Zeit hat Norwegen und Schweden unter einem König vereint (1814), und Schweden bildet jetzt keinen ungünstigen Kontrast zu Norwegen. Schon 1825 schrieb Malthus [250] , dass der Fortschritt der Landwirtschaft und Industrie sowie die Praxis der Impfung seit 1805 zu einem stetigen und gesunden Bevölkerungswachstum geführt hätten. Er würde sich freuen, bei der Volkszählung auch feststellen zu können, dass die Bevölkerung Norwegens zustande gekommen sei stieg im Verhältnis zu seinen Armen sehr stark an. Die Verbesserung geht weiter. Der Anteil der Armen betrug etwa ein Prozent. der Bevölkerung im Jahr 1869 (als sie in England fast fünf Prozent betrug), was offenbar einen Rückgang gegenüber den Vorjahren bedeutete; [251] aber zwischen 1865 und 1875 war die Bevölkerung um vierzehn Prozent gewachsen. trotz erheblicher Auswanderung. [252] Malthus hätte mit Befriedigung erkannt, dass die Nation „entweder die Menge ihrer Nahrungsmittel erhöht oder deren Verteilung erleichtert" hat, [253] das heißt, sie hat entweder ihre Landwirtschaft oder ihre Industriegüter verbessert. Es hat wirklich beides geschafft. Obwohl das Bevölkerungswachstum in den Produktionszentren größer war , gab es auch in den ländlichen Bezirken

Fortschritte. Viele der alten Bräuche und Gesetze, die die Landwirtschaft behinderten, existieren nicht mehr. [254] Malthus selbst sagt, dass die Regierung, wenn sie Hindernisse für die Landwirtschaft beseitigen und fundiertes Wissen darüber verbreiten würde, mehr für die Bevölkerung des Landes tun würde, als durch die Einrichtung von fünfhundert Findelkrankenhäusern. [255] Er hätte seine Empfehlung nicht auf die Landwirtschaft beschränken müssen; und an anderer Stelle bringt er die Wahrheit in weiteren Worten zum Ausdruck: „Der wahre Anreiz zur Ehe ist der hohe Preis der Arbeit und eine Zunahme der Beschäftigungen, die es erfordern, mit richtigen Händen versorgt zu werden." [256] Handelshemmnisse beseitigen und fundierte Kenntnisse darüber verbreiten – das ist (seiner Ansicht nach) der Weg, die Menge der landwirtschaftlichen Produkte zu erhöhen und deren Verteilung zu erleichtern; und den Ergebnissen nach zu urteilen, ist die norwegische Regierung dem gefolgt.

Schweden [257] bildete in seiner damaligen Form einen auffallenden Kontrast zu Norwegen. Malthus hatte dort den Vorteil der frühesten und regelmäßigsten Volkszählungen in Europa, beginnend mit dem Jahr 1748 und in Abständen von zunächst drei und dann von fünf Jahren. Er stellte fest, dass die Sterblichkeit hoch war, obwohl die Lebensbedingungen oberflächlich betrachtet dieselben waren wie in Norwegen. Die einzige Erklärung, die er sehen konnte, war, dass die Größe und Form des Landes sowie seine Regierungsform den Menschen nicht so eindringlich das Bedürfnis nach Zurückhaltung vor Augen führten wie in Norwegen, während es gleichzeitig Hindernisse für das Gute gab Die Landwirtschaft war noch ernster als im kleineren Land. Aufgrund der unmittelbaren Nähe und allgemeinen Ähnlichkeit der beiden Länder bewiesen sie Malthus' Standpunkt mit der Methode der Differenz fast so gut, wie es ein bewusstes Experiment hätte bewirken können. Es war nicht so, dass Norwegen eine absolut kleine und Schweden eine absolut große Bevölkerung hatte; Überlegungen zur absoluten Größe oder Kleinheit spielen bei dieser, wenn überhaupt, ökonomischen Frage keine Rolle. Aber Norwegen hatte im Verhältnis zu seiner Nahrung eine mäßig große Bevölkerung, während Schweden ebenfalls eine übermäßig große Bevölkerung hatte, eine Bevölkerung, die selbst in durchschnittlichen Jahren spärlich ernährt wurde und in Jahren unter dem Durchschnitt durch Hungersnot und Krankheiten dezimiert wurde.

Russland, [258] das der dritte Schauplatz von Malthus' Reisen war, hatte mit Norwegen und Schweden gemeinsam, dass die Bewegung seiner Bevölkerung anders war als die in Mitteleuropa und dass die Exzentrizität auf eine klar definierbare Ursache zurückzuführen war. In Norwegen zwangen die Form und das Klima des Landes und die geringen verfügbaren Beschäftigungsmöglichkeiten die Regierung und die Bevölkerung dazu, die

Zunahme der Zahl eher einzudämmen als zu fördern; In Schweden verschworen sich unter weniger einfachen Bedingungen die Gewohnheiten des Volkes mit einer falschen Politik der Regierung, um eine übermäßige Steigerung herbeizuführen. In beiden Fällen haben wir etwas anderes als die typische moderne Gesellschaft Mitteleuropas mit ihrer vollständigen Arbeitsteilung , ihrem System großer Fabriken und ihrem weitgehenden Ersatz von Handarbeit durch Maschinen . Russland war in dieser Hinsicht ebenso altmodisch wie Norwegen und Schweden; und ihre physische Größe machte es in diesen Tagen der langsamen Kommunikation zu einem schwer zu erkennenden Land. Es ist nicht verwunderlich, dass die zur Zeit von Malthus verfügbaren Statistiken Anlass zu ernsthaftem Misstrauen gaben. Die Sterblichkeitsrate wurde mit 1 zu 60 angegeben, während sie in Norwegen selbst nicht niedriger als 1 zu 48 war und in England jetzt etwa 1 zu 53 beträgt, doch die Zahl der Eheschließungen und Geburten sowie die Größe der Familien waren gleich nicht kleiner als anderswo. [259] Diese Tatsachen allein würden lediglich darauf hindeuten, dass in dem betreffenden Land eine große Wachstumsrate stattfindet; und Malthus gibt zu, dass es in Russland dafür großen Spielraum gibt. Aber es gab noch eine andere Tatsache, die seine Zweifel an den wichtigen Statistiken dieses Landes bestärkte; Entgegen der Erfahrung aller anderen Länder hieß es, in Russland seien mehr Frauen als Männer geboren worden. In anderen werden mehr Männer als Frauen geboren, und die Zahl gleicht sich aufgrund der mit den Jahren zunehmenden Risiken des männlichen Lebens nur allmählich an. In Schweden, wo das Klima nicht milder als in Russland ist, war dies schon lange zu beobachten. [260] Auf Nachfrage stellte sich heraus, dass die russische Registrierungsmethode Schlupflöcher für mehr Auslassungen bei den Sterbefällen als bei den Geburten zuließ. Öffentliche Einrichtungen, darunter Krankenhäuser und Gefängnisse, wurden außer Acht gelassen; und die Todesfälle in den Findelkrankenhäusern allein reichten völlig aus, um den Durchschnitt deutlich zum Schlechteren zu verändern. Malthus' Hass auf Findelkrankenhäuser wird nur durch seine Abneigung gegen die Gesetze der Armen übertroffen . Die Idee solcher Institutionen war, wie die von Pitts Poor Bill, rein philanthropischer Natur. Sie sollten „das Land von Jahr zu Jahr mit einer wachsenden Zahl gesunder, aktiver und fleißiger Bürger bereichern", [261] die sonst bald nach der Geburt dem Tode geweiht wären. Früher hieß es von der Prämie, die die indische Regierung auf geschlachtete Schlangen gewährte, dass sie tatsächlich den Vorrat aufrechterhielt, denn die Eingeborenen züchteten sie, um die Prämie zu fangen. Einen gegenteiligen Effekt hatten die Findelkrankenhäuser. Sie sollten sich vermehren und neigten zur Zerstörung. Sie ermutigten eine Mutter, ihr Kind genau dann zu verlassen, wenn es die winzige und sorgfältige Aufmerksamkeit brauchte, die nur eine Mutter geben kann. „Es besteht kein Zweifel daran, dass, wenn die in diesen Krankenhäusern aufgenommenen Kinder der Leitung ihrer Eltern überlassen worden wären und alle Schwierigkeiten auf sich genommen hätten, in die sie verwickelt sein könnten, ein viel größerer Anteil von ihnen das Krankenhaus erreicht hätte Sie sind volljährig geworden und haben sich zu nützlichen Mitgliedern des Staates entwickelt." [262] Aber sie erhöhen nicht nur die Kindersterblichkeit, sondern schädigen auch die eigentliche „Triebkraft der Bevölkerung" [263] , indem sie die Ehe entmutigen und Unregelmäßigkeiten fördern. In seinen Gesprächen mit seinem Vater hatte Malthus zweifellos über die Angemessenheit von Rousseaus Verhalten gesprochen, seine Kinder in das Pariser Findelkrankenhaus zu schicken. Er hätte sich sicherlich gegen Rousseau ausgesprochen. Denjenigen, die argumentieren, dass der Findelkorb Kindermorde verhindern könne, antwortet er, dass ein gelegentlicher Mord aus „falscher (?) Scham" durch die Verletzung „der besten und nützlichsten Gefühle des menschlichen Herzens" um einen sehr hohen Preis gerettet wird ", was die Existenz einer solchen Institution den Armen lehrt. Eltern von der Fürsorge für ihre Kinder zu entbinden, ist schlecht für die Eltern, [264] weil es ihnen eine Verantwortung nimmt, die für die volle Staatsbürgerschaft und Zivilisierung in ihren Auswirkungen auf den menschlichen Charakter wesentlich ist; – und es ist ungerecht gegenüber ihren Mitbürgern, denn, wie die Armengesetze, entlastet es einen Teil der Gesellschaft (in diesem Fall eher die Schlimmsten als die Ärmsten) auf Kosten aller anderen und verschafft armen Lehrlingen eine Karriere zum Nachteil unabhängiger Arbeiter und ihrer Kinder. [265] Drittens verspricht es, wie die Armengesetze, eine Unmöglichkeit – alles zu lindern, was kommt. Wenn Kinder unbegrenzt aufgenommen werden sollen, sollten die Mittel für ihren Unterhalt unbegrenzt sein; andernfalls ist eine übermäßige Sterblichkeit unvermeidbar. [266] Der zweite Grund ist zweifellos ein ökonomischer Gemeinplatz; es sind das erste und das dritte, die für Malthus am charakteristischsten sind. Er vergisst nie, dass menschliche Wünsche und menschlicher Wille ein Element jedes wirtschaftlichen Phänomens sind, und ist daher der Ansicht, dass die Auswirkungen des Charakters auf Handlungen und von Handlungen auf den Charakter von großer wirtschaftlicher Bedeutung sind. Er wird nicht zulassen, dass es selbst für eine Regierung richtig sein kann , Versprechen zu machen, die nicht gehalten werden können. Diese beiden einfachen Prinzipien geben den Ton für die späteren Kapitel vor, in denen er für uns die vergleichsweise vollständige Statistik Mitteleuropas und unseres eigenen Englands interpretiert. [267]

Das Bevölkerungsgesetz lässt sich (wenn auch nicht mit den genauen Worten von Malthus) so beschreiben, dass es bei wilden Völkern die Tendenz gibt, über die Nahrung hinaus zu wachsen, und bei zivilisierten Völkern, bis dahin zu wachsen. So gründet Professor Rogers seine Schätzung der Zahl der Engländer im 13. und 14. Jahrhundert auf dem Prinzip, dass „im

Allgemeinen so viele Menschen in diesem Land lebten, wie es im Durchschnitt Viertel Weizen gab, um sie zu ernähren.".“ [268]

Im Falle sehr fortschrittlicher moderner Nationen würden solche Aussagen jenseits der Wahrheit liegen; und wir müssen entweder sagen, dass sie dazu neigen, nicht über das Essen hinaus, sondern zusammen mit dem Essen zuzunehmen, oder wir müssen das Essen selbst sehr weit fassen. Im ersten Fall bedeutet „Tendenz“ die abstrakte Möglichkeit in Abhängigkeit von dem einen physiologischen Zustand; in den anderen Fällen ist es die konkrete Nettomöglichkeit , die von allen verschiedenen Bedingungen zusammen abhängt. In einem allgemeinen Vorwort zu seinen Kapiteln über Mitteleuropa erkennt Malthus diese Unterschiede durchaus an und warnt uns vor genauen Angaben. „Es kommt selten vor“, sagt er, „dass die Nahrungs- und Bevölkerungszunahme gleichmäßig ist; und wenn sich die Umstände eines Landes entweder aus diesem Grund oder aufgrund einer Änderung der nationalen Gewohnheiten in Bezug auf Besonnenheit und Sauberkeit ändern, ist es offensichtlich, dass ein Verhältnis, das zu einer Periode zutrifft, zu einer anderen nicht zutreffen wird. Nichts ist schwieriger, als zu diesem Thema Regeln aufzustellen, die keine Ausnahmen zulassen.“ [269]

Danach ist es kaum zu glauben, was er uns an anderer Stelle sagt, dass „das einzige Kriterium für eine tatsächliche und dauerhafte Zunahme der Bevölkerung eines Landes die Zunahme der Lebensunterhaltsmittel ist“. [270] Es wäre bestenfalls ein negatives Kriterium und *eine unabdingbare Voraussetzung* – es kann keine Zunahme der Zahl ohne eine Zunahme der Nahrung geben –, obwohl es selbst dann nicht auf eine „Zwangsbevölkerung“ zutrifft, die sich auf eine niedrigere Nahrung beschränkt . [271] Aber es kann eindeutig eine Zunahme der Nahrung ohne eine Zunahme der Zahl geben, es sei denn, der Charakter des Volkes ist so, dass es mit der Nahrung nichts anderes tut, als sich dadurch zu vermehren. Daher sind Vorhersagen innerhalb gewisser weiter Grenzen, die uns durch unveränderliche Eigenschaften der menschlichen Natur vorgegeben sind, auf der Grundlage des Bevölkerungsgesetzes [272] oder anderer wirtschaftlicher Gesetze gerechtfertigt, jedoch keines, das eine bestimmte Vorgehensweise als Ergebnis vorgibt Ein bestimmtes Ereignis ist vertrauenswürdig, solange wir nicht den Charakter der betreffenden Personen kennen. [273] Malthus versucht immer, dies im Hinterkopf zu behalten; und wenn er uns sagt, dass die Listen der Geburten, Heiraten und Sterbefälle in Mitteleuropa mehr Informationen über die innere Wirtschaft Mitteleuropas geben als die Beobachtungen der klügsten Reisenden , [274] interpretiert er diese Zahlen sofort im Lichte eines Prinzips , und Interpretation des Prinzips anhand der Figuren. Dies wird deutlich, wenn wir uns die vier Hauptschlussfolgerungen des betreffenden Generalkapitels ansehen. Die erste ist die These, dass im gegenwärtigen Zustand unserer industriellen Zivilisation die Eheschließungen sehr stark

von den Todesfällen und die Geburten von den Eheschließungen abhängen.
[275] Montesquieu sagt, dass überall dort, wo zwei Personen Platz für ein
angenehmes Leben haben, mit Sicherheit eine Ehe stattfinden wird. [276] In
den alten Ländern widerspricht die Erfahrung gewöhnlich jeder sicheren
Erwartung hinsichtlich der Mittel, eine Familie zu ernähren; Der Platz für
eine neue Ehe wird erst durch die Auflösung einer alten geschaffen. In der
Regel richtet sich daher die Zahl der jährlichen Eheschließungen nach der
Zahl der jährlichen Sterbefälle. „Der Tod ist die mächtigste aller
Ermutigungen zur Ehe" [277] , während andererseits die Ehen eine häufige
Todesursache sind. In fast allen Ländern kommt es zu einer zu hohen
Heiratshäufigkeit, die gewissermaßen zu einer Zwangssterblichkeit führt.
Welche dieser beiden gegenseitigen Beeinflussungen stärker ist, hängt von
den Umständen ab. Im letzten Jahrhundert betrug das Verhältnis der
jährlichen Eheschließungen zu den Einwohnern in Holland im Allgemeinen
1 zu 107 oder 108. In zweiundzwanzig niederländischen Dörfern betrug es
jedoch 1 zu 64. Süssmilch erklärte diese Anomalie mit der Anzahl neuer
Gewerbe in Holland und den neuen offene Stellen für Handwerker. Malthus
hätte diese Möglichkeit nicht geleugnet, da sein verblüffendes Paradox über
den Tod nur ein besonderer Fall des allgemeinen Grundsatzes war, dass „der
hohe Preis der Arbeit der wahre Anreiz zur Ehe ist". [278] Aber in diesem Fall
hätte die Erklärung auf ganz Holland, wenn auch nur auf einen Teil davon,
zutreffen müssen. Der wahre Grund kam ans Licht, als Malthus feststellte,
dass die Sterblichkeitsrate, die in Holland im Allgemeinen bei 1 von 36 lag,
in diesen Dörfern bei 1 von 22 lag. Durch die zusätzlichen Eheschließungen
erhöhte sich die Bevölkerung nicht wirklich. Sie wurden durch die hohe Zahl
von Todesfällen verursacht, die den Lebenden eine Chance boten; und die
hohe Zahl an Todesfällen wurde durch den schlechten Gesundheitszustand
der Region und ihrer vorherrschenden Industriezweige verursacht, bei denen
es sich eher um verarbeitendes Gewerbe als um Landwirtschaft handelte. In
jeder großen Bevölkerung besteht die Wahl zwischen vielen Leben, die bald
enden, und wenigen, die lange dauern. Zu letzterem führt eine größere
Gesundheit der Lebensbedingungen. Wir stellen in der Tat fest, dass dort,
wo in einem alten Land sowohl sanitäre Verbesserungen als auch einfach die
„Wiederauffüllung" stattgefunden haben, die Heiratsrate auf Kosten der
Sterblichkeitsrate sinkt und es eine menschliche Ökonomie gibt Leben und
Leiden.

Wenn wir die Teile seiner Darstellung zusammenfügen, erhalten wir so etwas
wie ein deduktives Schema des Bevölkerungswachstums in alten Ländern
unter einer industriellen Revolution wie der des 18. Jahrhunderts. Die erste
Auswirkung der Entdeckung neuer Mineralien und sogar (mit einigen
Einschränkungen) der Erfindung neuer Maschinen besteht darin, neue
Arbeitsplätze für Arbeiter und viele neue Möglichkeiten für die Ehe zu
schaffen; Der Anteil der Ehen wird daher sofort größer, ohne dass sich

(zumindest aus diesem Grund) die Sterberate ändert. Aber wenn der erste Schub des Fortschritts vorüber ist und die darauffolgende Verbesserung nicht sprunghaft, sondern in einem gleichmäßigen Tempo erfolgt, wird der Anteil der Eheschließungen abnehmen, da die neuen Situationen gefüllt sind und kein Platz mehr dafür vorhanden ist eine wachsende Bevölkerung. Sobald das Land wirklich „alt" in dem Sinne ist, dass es vollständig bevölkert ist und nicht über neue Beschäftigungsmöglichkeiten verfügt, werden die Eheschließungen hauptsächlich durch die Todesfälle reguliert und (die Gewohnheiten der Menschen bleiben gleich) werden ungefähr den gleichen Anteil haben zueinander, zu einer Zeit wie zu einer anderen. Es ist jedoch nicht für alle alten Länder genau der gleiche Anteil, einfach weil die Lebensgewohnheiten und der Lebensstandard unterschiedlich sind, ganz zu schweigen von der Gesundheit oder Ungesundheit des Klimas und der Beschäftigung. Aus ähnlichen Gründen gilt für Städte nicht dasselbe wie für Landkreise. [279] „Ein allgemeines Maß für die Sterblichkeit für alle Länder zusammen" wäre nutzlos, wenn es beschafft werden könnte; aber es kann nicht beschafft werden. [280]

Die Gewohnheiten sind jedoch hinreichend festgelegt, um uns sicher zu sein, dass „jede *direkte* Ermutigung zur Ehe mit einer erhöhten Sterblichkeit einhergehen muss". [281] Sie spornen ein williges Pferd an. Montesquieu und Süßmilch halten es, obwohl sie beide die Übel der Überbevölkerung hervorheben, immer noch für die Pflicht eines Staatsmannes, wie Augustus und Trajan der Vater seines Volkes zu sein, indem er dessen Ehen fördert. Aber wenn viele Ehen viele Todesfälle bedeuten, könnte man die Fürsten oder Staatsmänner, denen diese patriotische Politik wirklich gelingen sollte, mit Recht als Zerstörer denn als Väter ihres Volkes bezeichnen. [282]

Hätte man Malthus gefragt, wie ein Fürst am besten ein echter *pater patriæ werden könne*, hätte er zwei oder drei Wege genannt. Der Prinz könnte seine Gedanken auf die Verbesserung der Industrie, insbesondere der Landwirtschaft, richten. [283] Er könnte Nachrichten und Wissen zu diesen Themen verbreiten; [284] oder, wie wir jetzt sagen sollten, er könnte Landwirtschaftsausstellungen und regelmäßige Agrarstatistiken der in- und ausländischen Produktion einführen. Er würde auf diese Weise die Bevölkerung vergrößern, indem er dazu beitrug, die Nahrungsmenge zu erhöhen.

Zweitens könnte er dem Handel überall zugute kommen, indem er ihm die Sicherheit einer guten Regierung und unparteiischer Gerechtigkeit, einer friedlichen Außenpolitik und einer geringen Besteuerung gibt.

Drittens könnte er zusammen mit all diesen die Auswanderung fördern. Malthus widmet diesem Thema ein besonderes Kapitel des Aufsatzes; und obwohl sich das Kapitel in einem späteren Teil seines Werkes befindet (Bk.

III. Kap. iv. [285]), scheint dies der beste Ort zu sein, um auf das Thema einzugehen. Auswanderung, sagt er, sei, abgesehen von politischen Unterschieden, dasselbe wie Migration; und wenn es für einen Menschen wirtschaftlich gut ist, von einem armen Land vor seiner Haustür zu einem reichen Land im nächsten Landkreis zu wechseln, kann es für ihn wirtschaftlich nicht schlecht sein, von einem armen Bezirk seines eigenen Landes zu einem reichen Bezirk auf der anderen Seite des Meeres zu wechseln . Die bloße Länge der Reise oder der Breitengradunterschied haben keinen Einfluss auf die Wirtschaftlichkeit der Änderung.

Bei allen großen europäischen Auswanderungen kamen jedoch wirtschaftliche Motive erst sehr spät zum Tragen. Es war nicht der Wunsch, zu Hause Platz für die überfüllten Familien zu finden, sondern der Wunsch nach dem metallischen Gold, oder es war die einfache Abenteuerlust oder der Ehrgeiz nach Eroberung, der die Spanier, Portugiesen, Engländer usw. zuerst schickte Niederländisch im Fernen Osten und im äußersten Westen. [286] „Diese Leidenschaften ermöglichten es den ersten Abenteurern, über Hindernisse zu triumphieren", die stille Industrieauswanderer abgeschreckt hätten, „aber in vielen Fällen auf eine Weise, die die Menschheit erschauern ließ und das Ende der Auswanderung verhinderte." Was auch immer der Charakter der spanischen Bewohner Mexikos und Perus im gegenwärtigen Moment sein mag, wir können die Berichte über die ersten Eroberungen dieser Länder nicht lesen, ohne das starke Gefühl zu haben, dass die zerstörte Rasse sowohl an moralischem Wert als auch zahlenmäßig den anderen überlegen war Rasse ihrer Zerstörer." Die Siedler, die diesen Pionieren folgten, waren zwar eher echte Auswanderer, gingen aber ungeschickt an die Arbeit. Sie schienen zu erwarten, dass „die moralischen und mechanischen Gewohnheiten", die zum alten Land passten, auch zum neuen passen würden, [287] und dass alles so weitergehen würde wie zu Hause. Daher gäbe es zunächst eine überflüssige Bevölkerung [288] im neuen Land und nicht im alten, denn so groß der mögliche Ertrag der Kolonie auch sein mag, der tatsächliche Ertrag wäre geringer als der Bedarf der Neuankömmlinge auf ihrem ersten Territorium Ankunft. Zu all dem muss noch die Tatsache hinzugefügt werden, dass ein ferner und ein naher Ort wirtschaftlich zwar gleich sind, sich aber in den Gefühlen der Menschen stark unterscheiden. Patriotismus ist keine Schuld, und der Abbruch der familiären Bindungen ist ein echtes Übel für den Einzelnen, so vorteilhaft die Auswanderung auch für die Nation sein mag. Die Menschen bewegen sich nur langsam, nicht nur wegen der unsicheren Erfolgsaussichten, sondern auch wegen der *vis-Trägheit des Menschen, die der vis mediatriæ* des kommerziellen Ehrgeizes immer entgegenwirkt . Zusätzlich zum bloßen Unbehagen der Armut und dem Wunsch, seinen Lebensunterhalt zu verdienen, bedarf es daher eines gewissen Unternehmungsgeistes, um aus Menschen willige und erfolgreiche Auswanderer zu machen. [289] Diejenigen, die am meisten Not verspürten, wären in einem neuen Land oft die Hilflosesten gewesen; Sie brauchten Führer, die „vom Geist der Habgier oder des Unternehmungsgeistes oder der religiösen oder politischen Unzufriedenheit getrieben wurden oder die von der Regierung mit Mitteln und Unterstützung ausgestattet wurden"; andernfalls „würden sie, egal wie viel Elend sie in ihrem eigenen Land aufgrund der Knappheit des Lebensunterhalts erleiden mögen, absolut nicht in der Lage sein, irgendeines dieser unkultivierten Gebiete in Besitz zu nehmen, von denen es so viele auf der Erde gibt." Eine Auswanderung ist dann (nach Malthus) unwahrscheinlich, es sei denn, politische Unzufriedenheit und extreme Armut haben die Auswanderer in eine solche Notlage gebracht, dass es sowohl für ihr Land als auch für sie selbst besser ist, wenn sie gehen. „Es gibt keine Ängste, die so völlig unbegründet sind wie die Ängste vor einer Entvölkerung durch Auswanderung." [290] Auswanderung ist nicht einmal ein Heilmittel gegen eine Überbevölkerung; und wird sehr empfohlen, nur weil wenig angenommen. Lücken, die in der Bevölkerung der alten Länder entstanden sind, werden bald geschlossen; Der im Neubau gefundene Raum ist bald bezogen. Wenn die Auswanderung als Mittel vorgeschlagen wird, um eine völlig ungehemmte Bevölkerungsvermehrung zu gewährleisten, indem man die alten Länder in die Lage neuer Kolonien versetzt, wird die Hoffnung bald und für immer zunichte gemacht. [291]

Gegen Ende seines Lebens hatte Malthus Gelegenheit, einem Publikum von Staatsmännern seine Ansichten zu diesem Thema darzulegen. Er erschien als Zeuge vor dem Sonderausschuss [292] des Unterhauses, „um die Zweckmäßigkeit einer Förderung der Auswanderung aus dem Vereinigten Königreich zu untersuchen", und sein Einfluss ist in ihren Berichten nachvollziehbar. Sie berichteten [293], dass es im Vereinigten Königreich eine „überflüssige Bevölkerung" gegeben habe, in Irland Landwirtschaft, in Schottland und England verarbeitendes Gewerbe; dass eine Ursache dafür die unvermeidliche Verdrängung der Handarbeit durch Maschinen gewesen sei ; [294] dass die britischen Kolonien in Amerika, Afrika und Australien inzwischen nur wenige Männer und viel Land hatten und dass es dem gesamten Reich zugute kommen würde, wenn Pfarreien ihre wahrscheinlichen oder tatsächlichen Armen in Auswanderer umwandeln könnten, immer vorausgesetzt, dass die verbleibende Bevölkerung dies könnte veranlasst werden, nicht so schnell zu wachsen, dass die gesamte dadurch entstandene Lücke gefüllt wird. [295] „Die Aussage" (sagte das Komitee in seinem dritten Bericht [296]), „die einheitlich von den praktischen Zeugen abgegeben wurde, wurde durch die Aussage von Herrn Malthus in absoluter Sicherheit bestätigt, und Ihr Komitee kann nicht anders, als ihre Aussage zum Ausdruck zu bringen." Zufriedenheit darüber, dass die Erfahrung von Fakten auf diese Weise durch allgemeine Überlegungen und wissenschaftliche Prinzipien gestärkt wird." Sie waren mehr als ihr Zeuge selbst zu *apriorischen Überlegungen* geneigt , und in vielen ihrer Leitfragen lehnte er es ab, ihnen zu folgen. [297] Aber er stimmte ihren wichtigsten Schlussfolgerungen zu und räumte ein, dass es unter bestimmten Bedingungen sogar ein finanzieller Vorteil wäre, arbeitslose Arbeiter in die Kolonien zu schicken, anstatt sie zu Hause verarmen zu lassen, und fügte hinzu, dass, wenn er dagegen wäre Würde er in gewöhnlichen Fällen von Armut keinen Rechtsanspruch auf Erleichterung zulassen, so wäre er umso mehr dagegen, wenn der Arme vor der Alternative einer unterstützten Auswanderung stünde. [298] Seine eigene Sicht auf die Auswanderung hatte sich seit seinem Schreiben im Jahr 1803 nicht geändert. Für ihn war es eine teilweise Abhilfe; und es ist nützlicher, wenn es vom Volk spontan angenommen wird [299] , als wenn es ihm von seiner Regierung aufgedrängt wird . Unter der Qual der Frage gab er nichts mehr zu. [300]

Als vorübergehendes Mittel, so heißt es in dem Aufsatz, [301] „scheint es im Hinblick auf die allgemeinere Bewirtschaftung der Erde und die weitere Ausbreitung der Zivilisation sowohl nützlich als auch angemessen" und sollte gefördert werden, oder zumindest zumindest zumindest nicht durch Regierungen verhindert werden. Alles hängt von der Höhe der Löhne ab. Wenn die Löhne hoch genug wären, um es den Menschen zu ermöglichen, zu Hause mit dem ihrer Meinung nach angemessenen Komfort zu leben, können wir sicher sein, dass ihre häuslichen und patriotischen Bindungen stark genug wären, um sie dort zu halten. Die Behauptung, Auswanderung steigere die Löhne, ist höchst unbegründet. Es verhindert höchstens ein zu tiefes Absinken der Löhne und trägt dazu bei, das durch Handelsschwankungen verursachte Unheil zu beseitigen.

Zu einem späteren Zeitpunkt werden wir feststellen, dass Malthus sich des Unglücks bewusst ist, das in modernen Industriegesellschaften durch Veränderungen in der Nachfrage nach Gütern verursacht wird, die selbst im natürlichen (oder ununterbrochenen) Handelsverlauf auftreten. Eine Bewegung zugunsten der Auswanderung in den Jahren 1806 und 1807 veranlasste ihn, in die vierte Auflage seines Aufsatzes einen Absatz einzufügen, der den Zusammenhang der Auswanderung mit diesen Veränderungen erläutert. Er akzeptiert die Aussage von Adam Smith, dass „die Nachfrage nach Menschen, wie die nach jeder anderen Ware, notwendigerweise die Produktion von Menschen regelt"; [302] aber er fügt hinzu (wie Cairnes später hinzufügte), dass es etwas Zeit braucht, um mehr Arbeitskräfte auf den Markt zu bringen, wenn Nachfrage dafür besteht, und etwas Zeit, um das Angebot zu überprüfen, wenn es erst einmal zu fließen beginnt. [303] Eine Familie kann so großgezogen werden, dass sie hohe Löhne erhält, und die hohen Löhne sind möglicherweise weg, bevor die Familie die Reife erreicht hat. Malthus unterscheidet zwischen einer normalen oder leichten „Schwankung" dieser Art und einer übermäßigen Redundanz, die durch einen ungewöhnlichen Produktionsanreiz verursacht wird – den Anstoß zum Beispiel durch die Auslandskriege und den Außenhandel der Jahre vor Waterloo. Im Normalfall müssen wir uns dem Unvermeidlichen unterwerfen; Im Außergewöhnlichen finden wir möglicherweise einen Ausweg in der Auswanderung. Zweifellos wird sich der Arbeitsmarkt auf lange Sicht erholen, selbst wenn es keine Auswanderung gäbe; aber der Prozess wird für die betroffenen Arbeiter sehr schmerzhaft sein. Auswanderung ist das humane und politische Heilmittel.

In einigen Fällen, etwa in Norwegen und im Hochland der Schweiz, [304] scheint es für die Regierung keinen Bedarf zu geben, den Menschen die Auswanderung beizubringen. Die Umstände sollten es für sie tun; Aber der Mensch wird ebenso von Gewohnheit und „Zufall" beeinflusst wie von bewussten Motiven, sei es kommerziell oder nicht. Im Schweizer Hochland, wie Malthus sie kannte, „hing die Auswanderungsgewohnheit nicht nur von der Situation, sondern oft auch vom Zufall ab." Drei oder vier erfolgreiche Auswanderungen „haben häufig einem ganzen Dorf Unternehmungsgeist verliehen, und drei oder vier erfolglose Auswanderungen einen Gegengeist." [305] Dies wird durch den Kontrast zweier Gemeinden im Kanton Waadt, St. Cergues im Jura und Leysin [306] in den Berner Alpen bei Aigle , veranschaulicht . Die Bevölkerungsbewegungen in Leysin stellten M. Muret , den Schweizer Ökonomen, vor ein Rätsel, der im Jahr 1766 für die Berner Wirtschaftsgesellschaft einen Aufsatz über die Entvölkerung der Schweiz verfasste. Er stellte fest, dass in dieser Gemeinde 400 Menschen geboren wurden pro Jahr durchschnittlich nur acht Kinder, während andernorts im Kanton Waadt bei gleicher Personenzahl elf (in Lyonnais sechzehn) Kinder üblich sind. Er stellte fest, dass der Unterschied im Alter von zwanzig Jahren verschwand, als der Unterschied, wenn man so sagen darf, nachließ, da die acht in Leysin gesünder waren als die elf (oder sechzehn) anderswo. Muret schließt daraus: „Um überall das richtige Gleichgewicht der Bevölkerung aufrechtzuerhalten, hat Gott die Dinge weise so angeordnet, dass die Lebenskraft in jedem Land im umgekehrten Verhältnis zu seiner Fruchtbarkeit stehen sollte." [307] Es besteht jedoch keine Notwendigkeit, ein Wunder anzunehmen. Tatsache war einfach, dass der Ort und die Beschäftigungen gesund waren, dass die Menschen keine Auswanderungsgewohnheiten entwickelt hatten, dass ihre Ressourcen stationär waren, dass sie daher spät heirateten, wenige Kinder hatten und langlebig waren. [308] Die bestehenden Ehen standen zu den jährlichen Geburten im Verhältnis 12 zu 1; die Geburten beliefen sich auf die lebende Bevölkerung mit 1 zu 49; und die Zahl der Personen über sechzehn verhielt sich im Verhältnis zu denen darunter im Verhältnis 3 zu 1. [309] Dies würde zeigen, dass die bloße Zahl der Geburten kein Kriterium für die Größe einer Bevölkerung ist, da sie nur etwa die Hälfte der gewöhnlichen Zahl der Geburten erforderte In der Gemeinde Leysin leben 400 Einwohner . In St.

Cergues verhielten sich die bestehenden Ehen im Verhältnis zu den jährlichen Geburten 4 zu 1 (anstelle von 12 zu 1 wie in Leysin), die Geburten waren im Verhältnis zur lebenden Bevölkerung 1 zu 26 und die Zahl der Personen über und unter sechzehn genau gleich . Das heißt, St. Cergues hatte im Verhältnis zur Bevölkerung fast doppelt so viele Geburten pro Jahr und mehr als doppelt so viele Ehen; aber statt dass drei Viertel der lebenden Bevölkerung über sechzehn waren (wie in Leysin), waren die darüber und die darunter liegenden zahlenmäßig gleich groß, und St. Cergues hatte einen geringeren Anteil an Erwachsenen als Leysin . Andererseits war die Sterblichkeitsrate nahezu gleich; die Gesundheit war fast genauso groß. Wie kam es dann, dass die Bevölkerung von St. Cergues nur einhunderteinundsiebzig betrug, im Vergleich zu den vierhundertfünf von Leysin ? Was wurde aus den geborenen Kindern? Da sie nicht starben und nicht in den Registern der Lebenden auftauchten, schließen wir, dass sie ihr Heimatdorf verlassen haben; das ist alles. Die Lage der Pfarrei St. Cergues , an der Hauptstraße von Paris nach Genf, ließ auf eine Auswanderung schließen; und tatsächlich war der Ort, wie die meisten Bergdörfer, ein Brutplatz für die Tiefland- und Industriestädte geworden. Der jährliche Abfluss von Erwachsenen machte den begünstigten Überresten Platz, um zu heiraten und große Familien zu gründen. Sogar Leysin hätte, obwohl es nicht an einer Hauptstraße lag, möglicherweise (sagt Malthus) seinen Charakter, zu Hause zu bleiben, gegen eine Gewohnheit der Auswanderung eingetauscht und dann seine Geburtenrate verdoppelt, ohne die Sterblichkeitsrate zu erhöhen. Es ist einer der Trugschlüsse alter Statistiker, aus einer hohen Geburtenrate auf eine große Bevölkerung zu schließen; Wenn in einem alten Land die Geburtenrate im Vergleich zur Zahl der lebenden Einwohner hoch ist, bedeutet das entweder viele Todesfälle oder viel Auswanderung.

Die Menschen eines alten Landes müssen, wenn sie nicht auswandern können oder wollen, nach Malthus entweder mit einer hohen Sterblichkeitsrate rechnen oder sich an späte Eheschließungen gewöhnen. Die Zahlen von M. Muret zeigten, dass viele Kantone der Schweiz im 18. Jahrhundert diesen letzten Weg eingeschlagen hatten. Im Kanton Waadt beispielsweise war der Anteil der Ehen an lebenden Einwohnern (1 zu 140) geringer als in Norwegen selbst. In einem pastoralen Land sind die Grenzen der Humanressourcen so offensichtlich, dass die Menschen von der Notwendigkeit einer Begrenzung ihrer Zahl beeindruckt sein müssen. Die pastorale Industrie wiederum ernährt mehr, als sie beschäftigt , [310] und die Arbeitslosen müssen anderswo nach Beschäftigung suchen. Dies war einer der Gründe, warum es so viele Schweizer im Auslandsdienst gab. „Wenn ein Vater mehr als einen Sohn hat, besteht für diejenigen, die auf dem Bauernhof unerwünscht sind, die starke Versuchung, sich als Soldaten zu melden oder auf andere Weise auszuwandern, da dies die einzige Chance ist, zu heiraten." [311] Malthus war ein wenig enttäuscht über den Zustand der Schweizer

Bauernschaft, als er sie 1803 sah. Vielleicht, sagt er, litten sie immer noch unter den Kriegen, in die die „Helvetische Republik" durch ihre französischen Verbündeten verwickelt war; aber wahrscheinlicher war, dass sie unter den unklugen Versuchen ihrer Regierung im vorigen Jahrhundert litten, das zu „fördern", was sie damals für einen Bevölkerungsrückgang hielten. [312] Der Bauer, der Malthus zu den Quellen der Orbe führte, [313] sprach offen mit ihm über die Armut des Bezirks, die er auf frühe und unvorsichtige Ehen zurückführte, „le vice du pays"; Er würde ein Gesetz verabschieden, das es einem Mann verbietet, zu heiraten, bis er vierzig ist, und einer Frau, bis sie älter ist. Er sagte, die Einführung des Steinschleifens habe den Menschen einst hohe Löhne beschert und dazu geführt, dass sie eine konstante Beschäftigung erwarteten; Modeveränderungen [314] hatten dazu beigetragen, die Industrie zu vertreiben, aber die von ihr gelehrten Gewohnheiten waren so fest in den Menschen verankert geblieben, dass die Auswanderung selbst keine Erleichterung für ihre überströmende Zahl brachte. Doch dieser autodidaktische Malthusianer hatte seine Lektion nicht perfekt gelernt. Er ging davon aus, dass das fruchtbare Land der Tiefländer mit seinem Überfluss an Mais und Arbeitsplätzen niemals das Übel der Überbevölkerung erleben könnte. Dies traf nur in dem unglücklichen Sinne zu, dass es dort zu einem größeren Gesundheitszustand und einer höheren Sterblichkeit kam, was Raum für frühe Ehen und viele Geburten bot.

Es ist leicht zu erkennen, dass Malthus seinen Preis überbewertet hat. Der *pons asinorum* des Themas ist die Lehre, dass Überbevölkerung keine Frage der absoluten Zahlen oder der absoluten Nahrungsmenge und der Fruchtbarkeit des Bodens ist, sondern der Zahlen im Verhältnis zur Nahrung, an welchem Ort und zu welcher Zeit auch immer; und der junge Bauer hatte es nicht überquert.

KAPITEL VI.
FRANKREICH.

Französische Zahlen waren 1802 ein Problem für Europa, weil das Gesetz der Vermehrung nicht verstanden wurde – Auswirkungen des Krieges – Klage um die ungeborenen Millionen vor achtzig Jahren – Heute passender – Gute Verteilung und Produktion manchmal untrennbar miteinander verbunden – Der stationäre Staat – Malthus und die Französische Revolution.

In der Reihenfolge seines Schreibens folgt Malthus der Reihenfolge seiner Reisen und nimmt Frankreich [315] nach der Schweiz ein. Frankreich präsentiert uns Fakten fast einzigartiger Art. Aber vor der Revolution verfügte es über keine vertrauenswürdigen Kirchenbücher, die dem englischen Fragesteller vorgelegt werden konnten; und Malthus hätte sich nicht damit aufgehalten, wenn die öffentliche Meinung nicht im Jahr 1802 durch ein Rätsel über die französische Bevölkerung und ihre Zunahme während des Krieges verwirrt worden wäre, zu dem er den Schlüssel besaß. [316]

Der Aufsatz ist nicht für eine bloße Geschichtsschreibung gedacht, und sein Autor achtet nicht darauf, ausführlich auf seine historischen Details einzugehen, wenn er über eine für seinen Zweck ausreichende Sammlung von Fakten verfügt. Über einige seiner eigenen Vermutungen, die auf französischen Zahlen basieren, sagt er sogar, dass er die Zahlen nur zur Veranschaulichung übernommen und nicht davon ausgegangen sei, dass sie absolut wahr seien. „Es wird nur von geringer Bedeutung sein, wenn sich eine der im Laufe dieses Kapitels angenommenen Tatsachen oder Berechnungen als falsch erweisen sollte. Der Leser wird erkennen, dass die Argumente allgemeiner Natur sind und wahr sein können, obwohl die Fakten, die zur Veranschaulichung herangezogen wurden, möglicherweise nicht anwendbar sind." [317] Dies ist kein vorsichtiges Eingeständnis. Dennoch ist das Kapitel über Frankreich eines der aussagekräftigsten des Aufsatzes. Der Inhalt kann kurz dargelegt werden.

„Man hat gesehen", sagt er, „in vielen der vorangehenden Kapitel, dass die Anteile von Geburten, Todesfällen und Eheschließungen in verschiedenen Ländern äußerst unterschiedlich sind, und es gibt den stärksten Grund zu der Annahme, dass sie in den Ländern sehr unterschiedlich sind." dasselbe Land zu unterschiedlichen Zeiten und unter unterschiedlichen Umständen." [318] Die Richtigkeit dieser Bemerkung wird nicht nur durch den Kontrast zwischen dem damaligen Frankreich und der Schweiz bestätigt, sondern, wie wir sehen werden, auch durch den Kontrast zwischen dem Frankreich von 1803 und dem heutigen Frankreich. Es ist kein Einzelfall, dass Malthus (fälschlicherweise) erwartete, dass die Schweizer leichter seine Schüler werden würden als die Franzosen, denn zu seiner Zeit waren sowohl die Sterblichkeit als auch die Zahl der Ehen in Frankreich höher als in der Schweiz. [319]

Er legt großen Wert darauf, den Kontrast zwischen dem Frankreich vor der Revolution und dem Frankreich im Frieden von Amiens darzustellen. In vielerlei Hinsicht war es ein Glück, dass er sich auf die Zeit der Republikaner beschränkte. Es war die Zeit, in der die moralische Stellung Frankreichs am höchsten war und es nicht um Eroberung, sondern um Verteidigung kämpfte . Die Schweiz habe vorgelebt, dass die Auswanderung die Bevölkerung nicht dauerhaft bremst, sondern insgesamt fördert. Frankreich war zum gewählten Zeitpunkt ein Beispiel dafür, dass selbst die zerstörerischsten Kriege einen ähnlichen Effekt auf das Bevölkerungswachstum haben. Was Malthus im Hinblick auf die antiken Nationen mehr oder weniger deduktiv bewiesen hatte, konnte er im Hinblick auf die modernen durch Statistiken eher induktiv nachweisen. Zu Beginn dieses Jahrhunderts herrschte große Überraschung darüber, dass die Bevölkerung Frankreichs trotz seiner enormen Verluste nicht zurückgegangen war. Malthus sagt, sie habe eher zugenommen als abgenommen. Nach der Schätzung der Verfassunggebenden Versammlung, die durch die Berechnungen von Necker bestätigt wurde, betrug die Bevölkerung im Jahr 1792, vor dem Krieg, 26.000.000. Im Jahr 1801 scheinen es nach den Angaben der Präfekten etwa 28.000.000 gewesen zu sein. [320] In zehn Jahren betrug der Anstieg 2.000.000, also 200.000 pro Jahr. Doch bei mittlerer Berechnung hatte Frankreich bis zu diesem Zeitpunkt zusätzlich zu den gewöhnlichen Todesfällen durch den Krieg etwa 1.000.000 Männer verloren, [321] oder 100.000 pro Jahr. Wie sollten die beiden Tatsachen nach den Grundsätzen von Malthus in Einklang gebracht werden?

Um sie in Einklang zu bringen, zeigt er zunächst, wie nach den von den Franzosen selbst angegebenen Zahlen die Zahl der unverheirateten Überlebenden zu Hause mehr als groß war, um im Bedarfsfall die alte Zahl der Eheschließungen und die alte Wachstumsrate aufrechtzuerhalten ; zweitens, wie aus allgemeinen Grundsätzen eine Vermutung für einen raschen Anstieg zu einem solchen Zeitpunkt bestand ; und drittens, wie die sozialen und industriellen Bedingungen des französischen Volkes seit der Revolution für ein Bevölkerungswachstum günstig waren. Erstens zeigt er also, dass die Gesamtheit der Unverheirateten trotz des Krieges groß genug war, um die offenen Stellen zu füllen und die alte Wachstumsrate aufrechtzuerhalten. Die Gruppe der Unverheirateten wird durch die jährliche „Anhäufung" der Zahl der unverheirateten Personen gebildet, die das heiratsfähige Alter erreichen (oder, kurz gesagt, der heiratsfähigen Unverheirateten, einschließlich Witwen und Witwer). Diese Anhäufung wird erst dann aufhören, wenn die jährlichen Neuzugänge nicht mehr als gleich der jährlichen Sterblichkeit darin sind. Die Größe dieses Gremiums hängt daher vom Charakter der jeweiligen Nation ab. Im Kanton Waadt entsprach sie der Gesamtzahl der Verheirateten; In Frankreich waren jedoch sowohl die Sterblichkeits- als auch die Heiratsrate höher als in der Schweiz, und die Unverheirateten machten daher einen geringeren Anteil an der Gesamtzahl aus. Wenn man von den französischen Behörden [322] eine bestimmte Geburten- und Sterberate annimmt und von denselben Behörden annimmt, dass die unverheirateten Männer in der Zeit vor der Revolution eineinhalb Millionen von fünf Millionen waren, die heiratsfähig waren, dann scheint es so zu sein Jedes Jahr erreichten 600.000 Menschen das heiratsfähige Alter, von denen (da die jährliche Zahl der Eheschließungen bei etwa 220.000 liegt) 440.000 heiraten. Der Überschuss an Unverheirateten beträgt also 160.000 Personen, also etwa 80.000 Männer. Daraus folgt, dass für Kriegszwecke (wenn man nur Zahlen berücksichtigt) der Reservefonds an Männern fast eineinhalb Millionen betragen würde und jeder neue jährliche Überschuss von 80.000 Jugendlichen über achtzehn Jahren ohne Verringerung der Zahl zum Militärdienst genommen werden könnte Ehen. [323] Tatsächlich ist die Annahme, dass zunächst bis zu 600.000 Mann zum Militärdienst eingezogen werden sollen, und 150.000 zusätzliche Soldaten, um den Nachschub jedes Jahr aufrechtzuerhalten, recht stichhaltig. Dies würde jedoch zunächst immer noch fast 900.000 für den Reservefonds übrig lassen, der mit den jährlichen 80.000 zehn Jahre lang einen Abfluss von 150.000 verkraften könnte und insgesamt einen Restbetrag von 200.000, also 20.000 pro Jahr, verbleibt. Mit anderen Worten: Die Zahl der Eheschließungen könnte um fast 20.000 steigen. Es wäre also kein Wunder, wenn die französische Bevölkerung trotz großer Kriegsverluste weiter zunehmen würde, denn vor dem Krieg war die Zunahme weitaus geringer als die größtmögliche.

Zweitens ließen die Umstände der Zivilbevölkerung eine Zunahme sehr wahrscheinlich erscheinen. Viele aus dem Reservefonds unverheirateter Männer werden im Laufe von zehn Jahren das Militäralter, aber nicht das Heiratsalter überschritten haben. Die 150.000 Rekruten würden wahrscheinlich von den 300.000 übernommen werden, die jedes Jahr das heiratsfähige Alter erreichten, und die Ehen würden von den älteren unverheirateten Männern aufrechterhalten, da es an jüngeren Ehemännern mangelte. Man darf sich auch daran erinnern, dass in den ersten Kriegsjahren so viele Jugendliche vorzeitig heirateten, um dem Dienst zu entgehen, [324] ^{dass} das Direktorium (1798) gezwungen war, die Wehrpflicht auf die verheirateten Männer auszudehnen. Aber selbst wenn die Ehemänner in den Krieg geschickt wurden, waren die Ehen nicht unbedingt kinderlos und würden daher zumindest ein Mittel sein, die Zahl der Menschen zu vergrößern, die es vor der Revolution nicht gab. Auch die Möglichkeit einer Scheidung würde, obwohl sowohl moralisch als auch politisch schlecht, bei der bestehenden Knappheit an Männern zumindest etwas wie Polygamie wirken und die Zahl der Kinder im Verhältnis zur Zahl der Ehemänner erhöhen. Es heißt auch, dass in Frankreich nach der Revolution mehr natürliche Kinder geboren wurden als davor; und da es den Bauern danach besser ging als davor, bestand eine größere Chance, dass mehr Kinder als früher überleben würden.

Drittens besteht kein Zweifel, sagt Malthus, dass die Aufteilung der Domänenländer und die Schaffung (oder zumindest die Vermehrung) von bäuerlichem Besitz einen großen Einfluss sowohl auf den Reichtum als auch auf die Bevölkerung hatten. Sie steigern die Bevölkerung mehr als den Wohlstand, denn sie steigern die Bruttonahrungsmittelproduktion auf Kosten des Nettoüberschusses . „Wenn das gesamte Land England in Farmen von 20 Pfund pro Jahr aufgeteilt würde, wären wir wahrscheinlich bevölkerungsreicher als jetzt, aber als Nation wären wir extrem arm. Wir dürften fast keine verfügbaren Einnahmen mehr haben und völlig unfähig sein, die gleiche Anzahl von Industriebetrieben aufrechtzuerhalten oder die gleichen Steuern zu erheben wie derzeit." [325] Aber die Aufteilung der Ländereien begünstigte zumindest den Bruttoertrag, und selbst der vorbeikommende Reisende neigte aufgrund des Aussehens der Felder und der Art der Feldarbeit zu der Annahme, dass , wie streng die verarbeitende Industrie auch sein mag Frankreich hätte während des Krieges möglicherweise gelitten, seine Landwirtschaft hatte eher gewonnen als verloren. [326] Das Fehlen so vieler starker Männer in den Armeen würde nicht nur die Löhne im Inland erhöhen und die Arbeiter besser stellen, sondern dadurch *auch* die Nachfrage nach Nahrungsmitteln verringern und denen im Inland die Last abnehmen, so viele Männer zu ernähren, würde mit den Löhnen nicht die Lebensmittelpreise erhöhen, sondern einen Anstieg der Reallöhne ermöglichen. Dies würde mit politischen Anliegen zusammenwirken und dazu führen, dass die Menschen die Städte verlassen und aufs Land gehen, und dadurch die Sterblichkeitsrate senken, die in Städten immer höher ist als auf dem Land. Arthur Young (kein Freund des *Essay on Population*) bestätigt , dass die hohe Sterblichkeit Frankreichs vor der Revolution (laut Necker 1 von 30) durch eine Überbevölkerung verursacht wurde, die durch die Veränderungen während der Revolution tendenziell beseitigt wurde. Es besteht daher die Wahrscheinlichkeit, dass in den zehn Jahren nach der Revolution die Geburten zunahmen und die Sterbefälle abnahmen; und es dürfte keine Schwierigkeit geben, die Bevölkerungszunahme trotz des Krieges zu verstehen. In den späteren Ausgaben des Aufsatzes [327] gesteht Malthus, dass seine französischen Zahlen einer Überarbeitung bedürfen; Die Berichte der Präfekten für 1801–2 und andere Regierungsdokumente hatten für die Zeit vor der Revolution einen geringeren Anteil an Geburten ergeben, als er für wahrscheinlich gehalten hatte. Aber (bemerkt er) die Aussagen der Präfekten beziehen sich nicht auf die früheren Jahre der Revolution, genau auf die Zeit, in der die Heiratsbereitschaft am größten und der Anteil der Geburten am höchsten war. Auf jeden Fall zeigen sie, dass die Bevölkerung Frankreichs seit der Revolution nicht kleiner, sondern größer geworden ist. Wenn in der letzten Hälfte dieses Zeitraums die Zunahme durch die Abnahme der Sterbefälle und nicht durch die Zunahme der Geburten beeinflusst wurde, so ließen sie nicht nur seine Position unberührt, sondern bescherten ihm auch ein Ergebnis, das ihn sehr erfreuen würde. Sicherlich ist in England und in der Schweiz und wahrscheinlich in jedem europäischen Land die Sterblichkeitsrate in den letzten zweihundert Jahren aufgrund der gesünderen Lebensbedingungen zurückgegangen; und es ist keineswegs überraschend, dass eine Bevölkerung mit einem geringeren Anteil an Geburten, Todesfällen und Ehen als zuvor erhalten bleibt oder sogar zunimmt. [328]

Die französische Arbeiterklasse betrug zu Beginn der Revolution 76 Prozent. schlechter ernährt, gekleidet und versorgt als ihre Landsleute in England. [329] Ihr Lohn betrug 10 *d.* pro Tag (im Vergleich zu 1 *s.* 5 *d.*), während der Maispreis ungefähr gleich war; aber ihre Lage und ihre Entlohnung hatten sich durch die Revolution und die Aufteilung der nationalen Gebiete entscheidend verbessert. Der Geldlohn (seit Young schrieb) war auf 1 *s gestiegen.* 3 *T.* ein Tag; und einigen Behörden zufolge waren die Reallöhne sogar noch höher als in England. [330] Auf die neue Verteilung des Reichtums folgte ein immenser Anstieg seiner Produktion, an dem sich die Produzenten selbst beteiligten, und der Frankreich als Nation sowohl in der Offensive als auch in der Verteidigung enorm stärkte . [331] Eine solche Verbesserung der Lage der Menschen würde natürlich eine Verringerung der Todesfälle zur Folge haben; und eine Verringerung der Sterbefälle muss entweder zu einem Bevölkerungswachstum oder zu einem Rückgang der Eheschließungen und Geburten führen. Letzteres (was vermutlich eine Zunahme der moralischen Zurückhaltung darstellt) folgte. In den zehn Jahren nach dem Frieden von Amiens scheint die Bevölkerung nur sehr langsam zugenommen zu haben. „Es gibt vielleicht keine unbestreitbarere Aussage als diese, dass in zwei Ländern, in denen die Wachstumsrate, die natürliche Gesundheit des Klimas und der Zustand der Städte und Industrien nahezu gleich sein sollen, dasjenige, in dem der Druck herrscht „Wenn die Armut am größten ist, wird es den größten Anteil an Geburten, Todesfällen und Ehen geben" und *umgekehrt* . [332]

Malthus' Umfrage zur Bevölkerung in Frankreich bezieht sich nur auf sein eigenes Leben, und zwar nur auf den früheren Teil davon. Um ihm voll und ganz gerecht zu werden, müssen wir sein Bild der tatsächlichen Kriegsverluste neben seine Beschreibung der Entschädigungen stellen.

Die ständige Tendenz der Bevölkerung, bis zur Nahrungsgrenze zu wachsen, kann (im Falle eines Krieges) als die Tendenz der Geburten in einem Land interpretiert werden, die durch den Tod entstandenen Lücken zu füllen. Die Verstöße sind nicht dauerhaft; Sie gehören zu den reparierbaren, im Unterschied zu den irreparablen Schäden des Krieges. Aber dies ist weder moralisch noch politisch eine Entschuldigung für das Elend, das dadurch den bestehenden Bewohnern zugefügt wurde.

„Können Sie Wiegen leere Gräber füllen?"

Es findet ein Austausch reifer Wesen in „voller Kraft ihrer Freuden" [333] gegen eine gleiche Anzahl hilfloser Säuglinge statt. Dies ist nicht nur eine Verschwendung der Menschen, die gestorben sind, sondern auch eine vorläufige Verschlechterung der Qualität des gesamten Volkes; sie werden aus mehr als dem normalen Anteil an Frauen und Kindern bestehen; und die Verheirateten werden Männer und Frauen sein, die in gewöhnlichen Zeiten ledig geblieben wären. Wenn der Abzug von Männern für den Militärdienst beginnt, die Reserve an unverheirateten Personen zu erschöpfen, und der jährliche Bedarf die Zahl übersteigt, die jährlich das heiratsfähige Alter erreicht, dann wird der Krieg natürlich tatsächlich die Bevölkerung verringern. [334] Bis dieser Punkt erreicht ist, kann der Krieg die Einheiten verändern und die Qualität der Bevölkerung beeinträchtigen, wird aber nicht deren Gesamtvolumen verringern. Sir Francis Ivernois , von dem Malthus einige seiner Zahlen übernommen hat, ging zu weit in die andere Richtung, als er uns sagte, wir dürften nicht so sehr auf die Todesfälle in der Schlacht oder im Krankenhaus achten, wenn wir die zerstörerischen Auswirkungen von Krieg oder Krieg zählen Revolution, wie bei den entfernteren Ergebnissen; „Die Zahl der Männer, die der Krieg getötet hat, ist von viel geringerer Bedeutung als die Zahl der Kinder, die er daran gehindert hat, auf die Welt zu kommen und noch verhindern wird." Er geht davon aus, dass eine Million Männer in der Revolution selbst und eineinhalb Millionen in ihren Kriegen verloren gegangen sind; und er sagt, wenn nur zwei Millionen von ihnen verheiratet gewesen wären, hätten sie jeweils sechs Kinder gehabt , damit so viele Kinder wie ihre Eltern (also *vier* Millionen) am Leben wären neununddreißig Jahre später. Wir sollten, so meint er, nicht nur um die zweieinhalb Millionen getöteten Männer trauern, sondern auch um die zwölf Millionen , deren Geburt durch ihren Tod verhindert wurde. Worauf Malthus weise antwortet, dass die Ermordeten, die ausgewachsene Männer sind, die mit nicht geringen Kosten für sich selbst und ihr Land großgezogen wurden, gebührend betrauert werden können, nicht aber die ungeborenen zwölf Millionen, deren Erscheinen auf der Welt nur einen geschickt oder behalten hätte entsprechende Zahl daraus heraus – und „wenn wir im am besten regierten Land Europas um die Nachwelt trauern würden, deren Entstehung verhindert wird, würden wir immer die Gewohnheit der Trauer tragen." [335]

Wenn Sir Francis Ivernois die Geschichte der französischen Bevölkerung siebzig Jahre nach der Zeit, als er schrieb, hätte vorhersehen können, hätte er mehr Grund gehabt, seine seltsame Klage zu äußern.

„Die Wirkung der Revolution", schrieb Malthus 1817, „besteht darin, dass jeder Mensch mehr auf sich selbst und weniger auf andere angewiesen ist." Die arbeitenden Klassen sind daher fleißiger, sparsamer und klüger in der Ehe geworden als früher; und es ist ziemlich sicher, dass die Revolution ohne diese Auswirkungen nichts für sie getan hätte." [336] Die Landbezirke, die sich am wenigsten aktiv an der Revolution beteiligten, waren bei der Bewahrung ihrer Ergebnisse am entschlossensten. Überbevölkerung ist in Frankreich nur in den Städten bekannt. Zu Beginn des 18. Jahrhunderts – etwa vor 150 Jahren (1732) – unter Ludwig XV. Die Bevölkerung Frankreichs wurde auf zwanzig Millionen Menschen geschätzt. [337] Es gibt gute Gründe zu glauben, dass die Gewohnheiten der Menschen völlig anders waren als heute; Sie sollen sogar für ihre großen Familien berühmt gewesen sein. [338] Im Jahr 1776 betrug ihre Zahl etwa vierundzwanzig Millionen, [339] bei der Revolution von 1789 etwa sechsundzwanzig Millionen, [340] im Jahr 1831 zweiunddreißigeinhalb und im Jahr 1866 achtunddreißig. Gegenwärtig sind es aufgrund von Gebietsverlusten und zahlenmäßiger Abnahme in bestimmten Teilen des Landes kaum mehr als 37,5 Millionen – nicht viel mehr als die Bevölkerung Großbritanniens, eines Landes, das weder so groß noch so groß ist so fruchtbar. Schon 1815 sprach Malthus davon, dass Frankreich eine stationärere und weniger überfüllte Bevölkerung als Großbritannien habe, obwohl es reicher an Mais sei. [341] Die Bevölkerung von 1881 verzeichnete einen Anstieg von 766.260 gegenüber der von 1876 und betrug insgesamt 37.672.048. [342] Sie nimmt nicht durch eine Zunahme der Zahl der Geburten zu, denn diese ist tatsächlich zurückgegangen, sondern durch eine Verringerung der Sterbefälle. Die Bevölkerung Großbritanniens hat sich in diesem Jahrhundert verdreifacht; die von Frankreich hat sich in anderthalb Jahrhunderten nicht einmal verdoppelt, wenn man die unterschiedlichen Grenzen berücksichtigt. Die von Malthus geäußerten Befürchtungen, dass das Erbrecht und die Zwangsaufteilung des Eigentums zu einer übermäßigen und verarmten Landbevölkerung führen würden, haben sich nicht bewahrheitet · Der industrielle Fortschritt des Landes war sehr groß. Vor fünfzig Jahren betrug die Weizenproduktion nur halb so viel wie heute, die Fleischproduktion weniger als die Hälfte. Bei fast jeder Ernte und jeder Art von Nahrungsmitteln ist Frankreich heute im Verhältnis von mehr als 2 zu 1 reicher als damals. Bei allen Annehmlichkeiten des Lebens (wenn Nahrungsmittel das Notwendigste sind) beträgt das erhöhte Angebot 4 zu 1, während der Außenhandel ist zu 6 zu 1 geworden. Da das Eigentum in Frankreich weiter verteilt ist als anderswo, ist eine Steigerung der Produktion viel sicherer, dass sie dem ganzen Volk zugute kommt. Aber es gibt bestimmte Klassen von Gütern, hauptsächlich lebensnotwendige Güter, bei denen es (selbst in einem Land wie England, wo der große Reichtum in wenigen Händen liegt) unmöglich ist, die Produktion gewinnbringend auszuweiten, ohne die Verteilung pari passu zu erweitern . Wenn Nahrungsmittel in großen Mengen importiert werden, können sie naturgemäß nicht vollständig an die Reichen gelangen; Die Reichen können leicht über den normalen Wert hinaus essen und trinken, aber nicht viel (ohne Gargantuas Mund) über die normale Menge hinaus; und zumindest im Falle unseres eigenen Landes wird wieder sehr wenig exportiert. Generell gilt: Je mehr Futter, desto mehr werden gefüttert. Aber was in England für Bedarfsgüter gilt, gilt auch für andere Güter in Frankreich. [344] Das „durchschnittliche Vermögen eines jeden Menschen" ist hier nicht, wie oft anderswo, eine bloße arithmetische Größe, sondern eine sehr nahe Annäherung an den Normalzustand der großen Mehrheit des Volkes; und dieser durchschnittliche Reichtum wird von guten Autoritäten [345] seit Beginn des Jahrhunderts mehr als verdoppelt. Die Bevölkerung hingegen hat sich nur um die Hälfte erhöht; und die durchschnittliche Lebenserwartung hat sich von 28 auf 37 Jahre verlängert. In einem von MacCulloch zitierten Aufsatz von Chateauneuf (1826) [346] hieß es, dass das französische Volk seine Lage dadurch verbesserte, dass es weniger Ehen gab. Der Statistiker Levasseur hingegen sagt uns mit den Fakten eines weiteren halben Jahrhunderts vor ihm, dass verheiratete Menschen in Frankreich die *Mehrheit* der Bevölkerung ausmachen, [347] das durchschnittliche Heiratsalter für die Frauen 26 Jahre beträgt eher mehr als dreißig für die Männer. Die Geburtenrate ist jedoch die niedrigste in Europa und beträgt 1 zu 37, im Gegensatz zu 1 zu 27 in England · Indem sie sich weigern, die Wiegen zu füllen, lassen sie die Gräber leer. Dennoch ist Frankreich weniger gesund als England. Die Sterblichkeitsrate lag 1882 bei 22,2 Promille, während sie in England bei 19,6 lag. [349]

Es gibt weitere Merkmale, die das Gehäuse einzigartig machen. In Frankreich gibt es nur wenige Ausländer. Die Zahl der Franzosen wird durch die Einwanderung weder vergrößert noch durch die Auswanderung verringert. Seit der Vertreibung der Hugenotten und der Kolonisierung Kanadas waren nur wenige Nationen so stark im eigenen Land verwurzelt; Selbst die Eroberungen Algeriens und Tunesiens sind auf die mangelnde Leidenschaft der Bevölkerung für die Kolonisierung zurückzuführen. Die bäuerlichen Besitztümer haben dazu geführt, dass die Menschen sich nicht mehr umziehen wollten.

Gegenwärtig bleiben die meisten Franzosen während ihres Lebens im selben Departement, in dem sie geboren wurden; [350] und neuere Beobachter sagen uns [351], dass eine Militärkarriere für alle Klassen zunehmend unangenehm wird. Wenn wir das Fehlen von Einwanderung durch das Fehlen von

Auswanderung ausgleichen, kommen wir zu dem Schluss, dass die Bevölkerung Frankreichs durch ihre eigene bewusste Handlung stationär ist.

Inwieweit dies mit den Ansichten von Malthus übereinstimmt, lässt sich nicht mit einem Wort sagen. Es ist zumindest das Ergebnis der Besonnenheit, die er immer predigte. Aber seine Klugheit lag darin, die Heirat aufzuschieben; und das ist nicht die Form, die in Frankreich vorherrscht. Darüber hinaus war er mit Adam Smith der Ansicht, dass der progressive Zustand und nicht der stationäre Zustand für die Menschheit normal sei; Wenn die ganze Welt mit dem zufrieden wäre, was sie hat, gäbe es seiner Meinung nach keinen Fortschritt und die Ressourcen und Fähigkeiten der Menschen und der Welt würden nicht entwickelt. Tatsächlich behielt er die Bestrebungen der Revolution bei, die die Landbevölkerung in Frankreich offenbar zu verlieren droht; er wünschte sich, dass die Menschen Hoffnungen für die Zukunft und ein angenehmes Leben in der Gegenwart hätten; er sah in der bloßen Kleinheit ebenso wenig eine Tugend wie in der bloßen Größe der Zahl; er wünschte sich eine möglichst große Bevölkerung standhafter, gut ausgebildeter, weiser und unternehmungslustiger Männer; Er glaubte, dass die Menschen ohne Konkurrenz, Ehrgeiz und Nachahmung und ohne das Element der Schwierigkeit und Härte niemals ihre besten Kräfte voll entfalten könnten, obwohl er auch glaubte, dass eine Zeit kommen könnte, in der die unteren Klassen genauso sein würden wie die Mittelklassen , oder, in seinen eigenen Worten, wenn das Untere verringert und das Mittlere erhöht würde und wenn, hauptsächlich durch die Aktion der Arbeiter selbst, Erfindungen zu einem echten Nutzen werden würden, weil sie mit leichterer Arbeit und kürzeren Stunden für die Arbeiter einhergehen . [352] Was die Liebe zur Menschheit betrifft, die so sehr in den Worten und Gedanken, wenn nicht sogar in den Taten der Männer der Revolution vorhanden war, so hatte er einen vollen Anteil daran. Er wünschte sich ein längeres Leben für die Lebenden und weniger Geburten im Interesse weniger Todesfälle. Seine Arbeit war wie die des Leuchtturms: Licht zu spenden und Leben zu retten.

Kapitel VII.
ENGLAND, SCHOTTLAND UND IRLAND.

Vorherrschende Kontrollen – Vorgeschlagene Volkszählung von 1753 – Browns Schätzung – Entvölkerung Englands im 18. Jahrhundert – Gegenargumente – Volkszählung von 1801 – Interpretation der Ergebnisse – Relative Natur der Frage der Bevölkerungszahl – Schottland gegenüber England als Land gegenüber der Stadt – Industrielle Veränderungen seit der Union – Irland unter englischer Herrschaft im 18. Jahrhundert und danach – Die Messingmauer – Tugend ohne Weisheit – Der Kartoffelstandard – Das Auswanderungskomitee – Der neue Aufbruch.

Bei der Auseinandersetzung mit der Bevölkerungsfrage in seinem eigenen Land [353] versucht Malthus, mindestens drei verschiedene Fragen zu beantworten: Welche Kontrollen gab es damals tatsächlich? Hatte die Zahl der Menschen im 18. Jahrhundert zugenommen oder nicht? Welche Schlussfolgerungen zu beiden Punkten lassen sich aus der englischen Volkszählung ziehen?

Die erste Frage wurde in dem Aufsatz von 1798 vergleichsweise ausführlich beantwortet. Dort wird darauf hingewiesen, dass in England die Mittel- und Oberschicht nur langsam wächst, weil sie immer darauf bedacht sind, ihren Status zu behalten, und Angst vor den Kosten einer Heirat haben. [354] Grundsätzlich möchte kein Mann, dass die soziale Lage seiner Frau nicht mit ihren Gewohnheiten und Neigungen übereinstimmt. Zwei oder drei Abstiegsstufen werden von den meisten Menschen als echtes Übel empfunden. „Wenn eine Gesellschaft als wünschenswert angesehen wird, muss sie sicherlich eine freie, gleiche und auf Gegenseitigkeit basierende Gesellschaft sein, in der sowohl Vorteile gewährt als auch empfangen werden und nicht solche, die der Abhängige bei seinem Gönner oder der Arme bei den Reichen findet . “ So kommt es, dass viele Männer mit guter Bildung und geringem Einkommen einer frühen Bindung durch eine frühe Ehe keine Wirkung verleihen. Wenn ihre Leidenschaft zu stark oder ihr Urteilsvermögen zu schwach für diese Zurückhaltung ist, haben sie zweifellos Segnungen, die die offensichtlichen Übel ausgleichen; „Aber ich fürchte, man muss zugeben, dass die allgemeineren Folgen solcher Ehen eher dazu dienen, die Vorahnungen der Klugen zu rechtfertigen, als sie zu unterdrücken.“ [355] Was Malthus wünscht, ist, wie wir aus dem allgemeinen Tenor seines Buches schließen, dass alle Klassen ohne Ausnahme Zurückhaltung zeigen sollten, ihren Lebensstandard zu beeinträchtigen; und sein Hass auf die Armengesetze beruht auf seiner Überzeugung, dass sie dieses Ziel behindern. Das Thema wird nach und nach ausführlicher besprochen. [356] In den Kapiteln über England wird es kaum mehr als erwähnt, da sich der Autor hauptsächlich den statistischen Daten der Volkszählung und Register widmet.

In diesem Zusammenhang kam er der Frage nicht aus dem Weg, die die Politiker seit langem beschäftigte. War die Zahl der Engländer seit der Revolution von 1688 und insbesondere im Laufe des 18. Jahrhunderts zurückgegangen oder gestiegen? Heutige Ökonomen sind mit Statistiken überhäuft; Doch als Adam Smith „ *Wealth of Nations" schrieb* , war er sich der Zahlen seiner eigenen Nation nicht bewusst. Die Bevölkerung ohne Volkszählung zu schätzen bedeutet, Sprache ohne Wörterbuch zu studieren; Seit der Ankunft der Armada hatte es keine Volkszählung mehr gegeben, [357] und erst einhundert Jahre nach diesem Ereignis fanden statistische Studien großen Anklang . Im Unterhaus wurde 1753 eine jährliche Volkszählung vorgeschlagen, um die Zahl unserer Armen zu ermitteln. [358] Aber der Vorschlag stieß auf Widerstand, da er anti-biblisch und unenglisch war, da er unsere Schwäche gegenüber dem Ausländer bloßstellte und öffentliche Gelder ausgab, um die Wetten der Gelehrten zu begleichen. Es bestand wahrscheinlich die Befürchtung , dass der Steuereintreiber dem Zähler auf den Fersen folgen würde, wie er es in Frankreich getan hatte · Das House of Lords lehnte den Gesetzentwurf ab und ließ England ein weiteres halbes Jahrhundert lang im Unklaren über die Zahl seiner Einwohner, obwohl 1755 für die Regierung so etwas wie eine Volkszählung Schottlands durchgeführt wurde. [360] Wie ohne die irische Hungersnot könnten wir das auch tun Ohne die schlechteste aller möglichen Ernten im Jahr 1799 hätten wir im Jahr 1801 möglicherweise keine Volkszählung durchgeführt, denn als das Parlament im Jahr 1800 Mr. Abbots Enumeration Bill verabschiedete, strebte es eine Zählung der Maisgesetze an Menschen, die sie beim Öffnen und Schließen der Häfen für ausländisches Getreide anleiten. Die praktische Frage nach der Zunahme oder Abnahme der englischen Bevölkerung war sowohl logisch als auch zeitlich mit der Kontroverse über die relative Bevölkerungszahl der alten und modernen Nationen verbunden. Im selben Jahr (1753), in dem versucht wurde, die Frage der Entvölkerung Englands durch Volkszählung zu klären, erschien auch Dr. Robert Wallaces Antwort auf Humes Essay on the Populousness of Ancient Nations in seinen Dissertations on the *Numbers of Mankind* in *Ancient und Neuzeit* . Einer der Einwände von Henry Fox gegen Hardwickes Marriage Act (von 1753) war, dass er die Bevölkerungszahl kontrollieren würde. [361] Uns wird erzählt, [362] dass die akademische Diskussion Aufmerksamkeit auf dem Kontinent erregte und ein französischer Gelehrter, Deslandes , eine Schätzung der Zahl moderner Nationen veröffentlichte, in der England Frankreich mit nur acht Millionen weit unterlegen war gegen zwanzig. Das war zu viel für den englischen Patriotismus. Sogar in unserer Zeit erfüllen ein großer Krieg und einige Rückschläge England für ein oder zwei Jahre mit Vorahnungen des Verfalls.

Dr. John Browns *Estimate of the Manners and Principles of the Times* wurde 1757 (zu Beginn des Siebenjährigen Krieges) verfasst und war nur die populärste einer Vielzahl düsterer Broschüren, die zu voreingenommen waren, um für Statistiken von großem Nutzen zu sein. [363] Dr. Adam Anderson [364] steht auf der Seite der Modernen und Optimisten. Die Beiträge von Dr. Brackenridge und Richard Forster zu der Diskussion sind durch ihre Erwähnung in Price's *Observations* (S. 182–183) und in George Chalmers' *Estimate* (Kapitel xi. 193) erhalten geblieben, wobei diese letzte Angabe im Großen und Ganzen vielleicht die Die klarste Geschichte der gesamten Entvölkerungskontroverse. Aus Goldsmith's *Traveler* (1764) und *Deserted Village* (1770) mit ihrem charmanten, unlogischen Vorwort wissen wir , dass das Thema selbst im Frieden nicht aus den Gedanken der Menschen verschwand. Eine ähnliche Panik in der Schweiz, die ihren Ursprung in England hatte , [365] scheint später auf England selbst zurückgewirkt zu haben. Der amerikanische Unabhängigkeitskrieg ließ das nachlassende Interesse an der Kontroverse wieder aufleben. Diesmal war es das englische und nicht das antiquarische Thema, das in mächtige Hände fiel. Dr. Richard Price, der radikale Andersdenkende, der Freund von Dr. Franklin und der Erfinder von Pitt's Sinking Fund, kämpfte in seinen *Observations on Reversionary Payments* (1769) für die pessimistische Sichtweise; Arthur Young, der Landwirt, der Reisende und der Redner, führte die Opposition gegen ihn an [366] und wurde von Sir Frederick Eden, William Wales, John Howlett und nicht zuletzt von George Chalmers unterstützt. [367]

Gregory King [368] und Richter Hale [369] im 17. Jahrhundert, Dr. Campbell [370] im 18. Jahrhundert waren sich einig, dass die Zahl der normannischen Englands notwendigerweise gering gewesen sein musste, denn die Regierung war schlecht; Im Gegenteil hatte Dr. Price das Paradox vertreten, dass die Revolution von 1688 zwar eine „glücklichere Regierung" hervorgebracht habe, die Zahl der Menschen jedoch seitdem zurückgegangen sei. [371] Er begründete dies damit, dass die Zahl der Wohnhäuser, für die Fenstersteuer und Haussteuer erhoben wurden, im Vergleich zu denen, für die vor der Revolution Feuergeld (oder Schornsteingeld) erhoben wurde, zurückgegangen sei. [372] Gegner bestritten die Richtigkeit seiner Daten und hielten seine Schätzung von viereinhalb oder fünf Einwohnern pro Haus für zu niedrig. Er wies auf den bösen Einfluss einer „verschlingenden Metropole" hin, eines zu großen Kopfes für den Körper, und großer Städte, die „Gräber der Menschheit" seien. [373] Auch hier waren sowohl die Daten als auch die Schlussfolgerung zweifelhaft. Er argumentierte mit der sinkenden Wirkung der Verbrauchsteuern. Die Gegner antworteten, dass, selbst wenn die Zahlen stimmten, ein veränderter öffentlicher Geschmack den Verbrauch vieler steuerpflichtiger Artikel verringert habe und viele steuerpflichtige Artikel durch Schmuggel kostenlos geliefert würden. [374] Er betonte die Schwierigkeit, die die Regierung bei der Truppenaufstellung in der Mitte des 18. Jahrhunderts im Vergleich zum Ende des 17. Jahrhunderts hatte, obwohl er dies als Symptom und nicht als Ursache betrachtete und sich gleichzeitig durchaus beklagte Konsequenterweise war die Steigerung der Armee und der Marine sowie der Militärausgaben in drei großen Kriegen eine wichtige Ursache für den Bevölkerungsrückgang gewesen. Die Gegner antworteten, dass Ersteres in Wirklichkeit kein Symptom des Niedergangs, sondern des Wohlstands sei; Die Fülle an anderen Beschäftigungen hielt Männer davon ab, in die Armee einzutreten; und sie antworteten zu oft, dass die zweiten (die Kriegsausgaben) gut für den Handel seien. Sie waren sicherer, wenn sie darauf drängten, dass der lange Frieden (1727–40) und die guten Ernten (1731–50) in der ersten Hälfte des Jahrhunderts die Vermutung eines Wachstums sehr stark machten. [375] Price machte einen Großteil der Auswanderungen nach Amerika sowie nach Ost- und Westindien. Es wurde geantwortet, dass die bekannte Möglichkeit der Auswanderung den Männern in der Heimat mehr Mut machen würde, eine Familie zu gründen. Sogar die Inbesitznahme und Konsolidierung von Bauernhöfen und die Einfriedung von Gemeingütern, die seiner Meinung nach gegen die Bevölkerung gerichtet waren, würden, sagten seine Gegner, die Nahrungsmittelversorgung und damit die Menschen vergrößern, wenn auch vielleicht nicht die Menschen vor Ort; [376] und die Zunahme der Armen galt als Zeichen einer Überzahl. Er sah einen Grund für die Entvölkerung im zunehmenden Luxus und der Extravaganz der Menschen in England. Zu Beginn des Jahrhunderts wurde dem Gintrinken eine schädliche Wirkung auf die Bevölkerung zugeschrieben. [377] Als die Gegner von Price dem nicht mit Mandevilles Sophismus begegneten, dass Luxus den Handel begünstige, antworteten sie, dass nicht die nationalen Laster, sondern der nationale Standard des Komforts größer geworden seien, dessen Ausweitung eine Steigerung des allgemeinen Wohlstands impliziere vermutlich der Bevölkerung. [378] Ohne Zweifel (so wurde argumentiert) sei auch der allgemeine Gesundheitszustand besser und die medizinische Wissenschaft habe einige Triumphe errungen. [379] Malthus warnt uns jedoch vor diesem Argument; Große Krankheit ist kein Beweis für eine kleine Bevölkerung und die Gesundheit einer großen Bevölkerung nicht. [380] In den zehn Jahren nach dem Amerikanischen Unabhängigkeitskrieg (1783–93) scheint der Wohlstand des Landes sprunghaft zugenommen zu haben, nur um die anschließende Depression umso deutlicher zu beobachten. Dr. Price, der den Rückfall nicht mehr erlebte, scheint seinen Fehler eingestanden zu haben. „In Anspielung auf die abnehmende Bevölkerungszahl – bei diesem Thema scheint er sich so weit geirrt zu haben – sagt er ganz offen, dass er möglicherweise unmerklich beeinflusst worden sein könnte, eine einmal vertretene Meinung beizubehalten." [381] Doch die öffentliche Meinung war erst 1801 vollständig überzeugt, als „die Antworten auf das Bevölkerungsgesetz endlich die Frage der Bevölkerung dieses Landes glücklich aus der Dunkelheit retteten, in die sie so lange verwickelt war." [382]

Es gibt keinen guten Grund zu der Annahme, dass am Ende des letzten Jahrhunderts die Angst vor einer Entvölkerung einer Angst vor einer Überbevölkerung gewichen sei. [383] Malthus und Arthur Young standen mit ihrer Meinung fast allein da. [384] Das landwirtschaftliche Interesse war besorgt, nicht um eine übermäßige Bevölkerungszahl zu befürchten, sondern um zu befürchten, dass die Bevölkerung ihre Nahrung aus dem Ausland beziehen könnte. Es wurde befürchtet, dass die Bevölkerung über die englischen Nahrungsvorräte hinaus gewachsen sei; Aber von der Überbevölkerung, im weiteren Sinne eines Überangebots an Nahrungsmitteln, hatten die breite Öffentlichkeit und die Gutsbesitzer in diesen Jahren wenig oder gar nichts gelernt; und wir haben keinen Grund, Malthus einen Anteil am Verdienst der Verabschiedung des Enumeration Bill zuzuschreiben. Es wurde in einer Herbstsitzung des Parlaments (November 1800) vorgezogen, die wegen der Knappheit eigens einberufen wurde. Der Antrag wurde von Herrn Abbot gestellt, [385] der sich eher als Finanzier als als Ökonom einen Namen gemacht hatte und später vor allem als energischer Gegner der katholischen Emanzipation auffiel. Der Antrag wurde von Herrn Wilberforce unterstützt; und die Kombination aus Finanzen und Philanthropie war unwiderstehlich. Obwohl Malthus der eigentliche Interpret der Volkszählung ist, hat er sie weder ursprünglich initiiert, noch hielt er sie für einen unmittelbaren Nutzen bei der Verbreitung seiner Lehren.

Die erste Volkszählung hätte ihn kaum dazu berechtigt, den alten Streit um die Entvölkerung als überholt zu betrachten; Es hatte nur über die absoluten Zahlen im ersten Jahr des 19. Jahrhunderts entschieden, nicht über den Fortschritt oder Rückfall im 18. Jahrhundert. Neben der Angabe der tatsächlichen Bevölkerungszahl im Jahr 1801 lieferte die Volkszählung zweifellos „eine Tabelle der Bevölkerung von England und Wales im letzten Jahrhundert, berechnet aus den Geburten". Aber die Geburten waren zwar ein Favorit , aber ein unsicheres Kriterium; und für die Bevölkerung während der Revolution von 1688 verließ sich Malthus eher auf „die alten Berechnungen anhand der Anzahl der Häuser". [386] Er sieht keine prinzipiellen Schwierigkeiten darin, mit Herrn Rickman, dem Herausgeber der Volkszählungsberichte und Beobachtungen dazu, zuzugeben, dass der rasche Anstieg des englischen Volkes seit 1780 eher auf den Rückgang der Todesfälle als auf die Zunahme der Geburten zurückzuführen war . [387] Ein solches Phänomen war nicht nur möglich, sondern häufig, da die Geburtenrate im Verhältnis zur Sterberate keine sichere Möglichkeit zur Beurteilung der Zahlen bieten konnte. Nach einer Hungersnot [388] oder einer Pest beispielsweise könnte die Geburtenrate doppelt so hoch sein wie gewöhnlich, und gemessen an der Geburtenrate würde die Zahl der

Menschen ihr Maximum erreichen, wenn man sie mit der Sterberate vergleicht Eine tatsächliche Zählung würde zeigen, dass sie minimal sind, [389] wohingegen eine niedrige Geburtenrate, wenn das Leben durch große Gesundheit verlängert würde, sicherlich eine Zunahme, vielleicht eine starke Zunahme der Zahlen bedeuten könnte. Aber zu der betreffenden Zeit war das Fabriksystem im Entstehen begriffen, und die Industriestädte wuchsen auf Kosten der ländlichen Bezirke. Die Lebensbedingungen in den Städten sind allenfalls schlechter als auf dem Land; Neue Handelsmöglichkeiten würden nicht nur die Zahl der Eheschließungen, sondern auch die Zahl der Todesfälle und Geburten erhöhen. [390] Die Annahme war nicht ausschließlich zugunsten der Gesundheit; und die damaligen Register konnten nicht die ganze Wahrheit sagen; – der Abfluss von Rekruten für den Auslandsdienst würde die Bestattungslisten im Inland niedrig halten, gleichzeitig aber eine Zunahme der Geburten und Eheschließungen ermöglichen. [391] Aus diesen und anderen Gründen stimmt Malthus zwar mit Rickman überein, dass sich der allgemeine Gesundheitszustand verbessert hat, vertraut jedoch wenig auf seine Berechnungen aus Registern; und kommt zu dem Schluss, dass selbst die Volkszählung uns kein klares Licht auf die Bevölkerungsbewegung im 18. Jahrhundert gibt. Wir können sicher sein, dass die Bevölkerung in den letzten zwanzig Jahren zugenommen hat, und fast sicher, dass die Bewegung seit dem Frieden von Paris nicht abwärts, sondern aufwärts erfolgte; und wir haben guten Grund zu der Annahme, dass es sogar in den ersten Jahren des Jahrhunderts, während der guten Ernten und des langen Friedens von Walpole, eher aufwärts als abwärts ging, [392] und dass die Bevölkerungsbewegung im ganzen Land weniger schwankte in England als auf dem Kontinent. [393] Das Eingeständnis des Autors, dass die Verhältnisse der Geburten, Todesfälle und Eheschließungen in unserem Land zu seiner Zeit ganz anders waren als früher, [394] scheint die Volkszählung von 1801 insgesamt außergerichtlich zu machen Frage der Entvölkerung, zumal es keine früheren Aufzählungen gab, mit denen man sie vergleichen konnte. Die Zahlen aus den Kirchenbüchern des gesamten Jahrhunderts, die zusätzlich zur Aufzählung in die „Erklärungen nach dem Bevölkerungsgesetz" einbezogen wurden, erwiesen sich bei der Prüfung als unbefriedigend. [395]

Malthus konnte jedoch einige solide Schlussfolgerungen aus der Volkszählung von 1801 nachweisen. Sie hatte beispielsweise in Bezug auf Ehen gezeigt, dass deren Verhältnis zur Gesamtzahl der Menschen im Jahr 1801 1 zu 123 ⅓ betrug, ein kleinerer Anteil als anderswo außer in Norwegen und der Schweiz, [396] und umso wahrscheinlicher, dass er wahr ist, weil Hardwickes Ehegesetz die Registrierung von Ehen sorgfältiger gemacht hatte als von Beerdigungen und Taufen. Zu Beginn des 18. Jahrhunderts hatte der Pessimist Dr. Short das Verhältnis (mit großer Wahrscheinlichkeit) auf 1 zu 115 geschätzt; und es scheint daher, dass zu keinem Ende des

Jahrhunderts die Zahl der Eheschließungen in einem hohen Verhältnis zur Zahl stand oder dass die Bevölkerung am stärksten zugenommen hatte. Malthus meint wiederum, dass die Volkszählung den Beweis dafür erbracht habe, dass, da die Bevölkerung in England tatsächlich zugenommen habe, obwohl die Zahl der Eheschließungen gesunken sei, dieser Anstieg auf Kosten der Sterblichkeit gegangen sei, wobei die geringere Anzahl an Eheschließungen teilweise eine Ursache, teilweise, gewesen sei eine Folge der geringeren Todesfälle in den späteren Jahren. [397] Diejenigen, die spät heirateten, hätten sich möglicherweise mit dem Gedanken getröstet, dass sie nicht die Zahl, sondern die Sterblichkeit der Nation verringerten. Es war zweifellos schwierig abzuschätzen, in welchem Ausmaß solche Ursachen wirkten oder in welchem Ausmaß sich die nationale Gesundheit verbessert hatte. Auf jeden Fall führt uns die Volkszählung besser als die Register, [398] denn sie führt uns über die abgeleiteten Zahlen hinaus zu den tatsächlich zu einem bestimmten Zeitpunkt gezählten Zahlen. Weder die Volkszählung noch die Register können ohne Kenntnis der sozialen Lage, der Regierung und der Geschichte der betreffenden Personen richtig interpretiert werden. In unterentwickelten Ländern wie Amerika und Russland oder in anderen alten Ländern mit besonderer Sterblichkeit kann ein hoher Anteil der Geburten ein gutes Zeichen sein; „Aber im Durchschnittszustand eines gut bevölkerten Territoriums kann es kein schlechteres Zeichen geben als einen großen Anteil an Geburten, und es kann auch kein besseres Zeichen als einen kleinen Anteil geben." Sir Francis d'Ivernois hatte zu Recht bemerkt, dass, wenn die verschiedenen Staaten Europas jährlich eine genaue Darstellung ihrer Bevölkerung veröffentlichten und in einer zweiten Spalte sorgfältig das genaue Alter vermerkten, in dem die Kinder sterben, diese zweite Spalte die relative Güte dieser Zahlen zeigen würde die Regierungen und das relative Glück ihrer Untertanen; – eine einfache arithmetische Aussage könnte dann schlüssiger sein als das klügste Argument. Malthus stimmt zu, fügt aber hinzu: „Wir sollten uns weniger um die Spalte kümmern, die die Zahl der geborenen Kinder angibt, als um die, die die Zahl angibt, die das Mannesalter erreicht hat, und diese Zahl wird fast immer die größte sein, wenn man den Anteil der Geburten berücksichtigt." die Gesamtbevölkerung ist am geringsten." [399] Geprüft nach diesem Maßstab, der viel wahrer die zentrale Lehre von Malthus darstellt als die Verhältnisse, war unser eigenes Land schon damals besser als alle europäischen Länder, mit Ausnahme von zwei. Habe es heute ausprobiert, wir haben immer noch einen guten Platz. Obwohl kein großes europäisches Land außer Österreich-Ungarn und Deutschland mehr *Ehen* hatte , gab es in den zwanzig Jahren von 1861 bis 1880 nicht nur in diesen, sondern auch in Holland, Spanien und Italien mehr *Geburten* , und zwar in allen außer Dänemark , Norwegen und Schweden hatten im Verhältnis zu ihrer Zahl mehr *Todesfälle* . [400]

Ein großer Vorteil der Volkszählung besteht darin, dass sie es den Standesbeamten ermöglicht, auf der Grundlage ihrer eigenen Daten zu rechnen, mit bestimmten sicheren Grenzen der angegebenen Zahlen dahinter und davor. „Wenn in den Registern alle Geburten und Sterbefälle aufgeführt sind und die Mittel [durch die Volkszählung] vorhanden sind, um aus einer bekannten Bevölkerung herauszurechnen, handelt es sich offensichtlich um dasselbe wie eine tatsächliche Zählung." [401] Malthus schlug 1803 vor, das Experiment von 1801 alle zehn Jahre zu wiederholen und jedes Jahr Berichte der Standesbeamten zu erstellen. [402] Dies ist geschehen; und wenn beide korrekt waren, dann sollten uns die Register der dazwischenliegenden Jahre auf der Grundlage der Zehnjahreszählung in die Lage versetzen, die Zahlen für jedes dazwischenliegende Jahr zu berechnen. Dementsprechend unterschied sich die Bevölkerung Englands im Jahr 1881, berechnet aus den Geburten und Todesfällen, um kaum mehr als eine Sechstel Million von den Zahlen, die in der Nacht des 4. April dieses Jahres tatsächlich gezählt wurden. [403] Das Wachstum im letzten Jahrzehnt, 1871 bis 1881, war höher als jemals zuvor seit 1831–41; [404] Es gab mehr Geburten und weniger Todesfälle als üblich. In zehn Jahren ist zu unseren Zahlen ein weiteres London hinzugekommen. [405]

Dies gibt jedoch keinen sicheren Grund für eine Vorhersage. Die Annahme, dass die Wachstumsrate eines Landes dauerhaft sei, ist kaum weniger trügerisch als die Annahme einer unveränderlichen Reihenfolge der Geburten und Sterbefälle auf der ganzen Welt. Selbst wenn wir die Zeit überschritten haben, in der wir einer zunehmenden Genauigkeit und Vollständigkeit Rechnung tragen müssen, und wenn wir davon ausgehen können, dass es bei keiner Volkszählung Einheiten gibt, die in ihr Netz gefegt werden müssen, die aus Angst oder durch die Nachlässigkeit eines Beamten der Vorgängerin entgangen sind, ist dies dennoch der Fall Wir können die Steigerungsrate von einer Volkszählung zur nächsten nicht als sicheren Hinweis auf die Zukunft betrachten. Mit einigen Einschränkungen treffen die Worte von Malthus auf uns im Jahr 1881 genauso treffend zu wie auf unsere Väter im Jahr 1811: „Dies ist eine Wachstumsrate, die der Natur der Dinge nach nicht von Dauer sein kann." Sie wurde durch den Anreiz einer stark gestiegenen Nachfrage nach Arbeitskräften in Verbindung mit einer stark gestiegenen Produktionskraft sowohl in der Landwirtschaft als auch in der Industrie verursacht. Dies sind die beiden Elemente, die ein rasches Bevölkerungswachstum am wirksamsten fördern. Was stattgefunden hat, ist eine eindrucksvolle Veranschaulichung des Bevölkerungsprinzips und ein Beweis dafür, dass trotz großer Städte, Industriebetriebe und der allmählich erworbenen Gewohnheiten eines wohlhabenden und üppigen Volkes, wenn die Ressourcen eines Landes es zulassen schnelles Wachstum, und wenn diese Ressourcen so vorteilhaft verteilt sind, dass eine ständig steigende Nachfrage nach Arbeitskräften entsteht , wird die Bevölkerung nicht versäumen, mit ihnen Schritt zu halten." [406] Es handelte sich um eine Wachstumsrate, die seiner Ansicht nach die Bevölkerung in weniger als fünfundfünfzig Jahren verdoppeln würde; und diese Verdoppelung hat tatsächlich stattgefunden. Die Zahlen für England betrugen im Jahr 1801 8.892.536; und im Jahr 1851 waren es 17.927.609. Malthus hatte keine größeren Veränderungen in der Produktion und im Handel als zu seiner Zeit erwartet; und er rechnete eindeutig damit, dass die Steigerungsrate nicht anhalten und sich die Zahlen nicht verdoppeln würden. Das einzig Sichere war, dass es unmöglich war, eine sichere Vorhersage auf der Grundlage eines bestehenden Zinssatzes zu treffen. Ein Schriftsteller prophezeite zu Beginn dieses Jahrhunderts die Ausrottung des türkischen Volkes in hundert Jahren; Sir William Petty sagte Ende des 17. Jahrhunderts voraus, dass London im Jahr 1800 5.359.000 Einwohner haben würde. Aber die Türken sind noch nicht ausgestorben; Im Jahr 1800 lebten in London weniger als eine Million Menschen, und es dauerte weitere achtzig Jahre, bis sie die in der Prophezeiung angegebene Zahl erreichten. [407]

Während es im Falle Englands schwierig war, Vorhersagen zu treffen, war dies im Falle der anderen Teile des Vereinigten Königreichs nicht weniger schwierig. Die gesellschaftlichen und industriellen Bedingungen waren in den drei Ländern sehr unterschiedlich; und um das tatsächliche oder wahrscheinliche Bevölkerungswachstum in Schottland oder Irland beurteilen zu können, müssen wir zunächst, wie in England, diese Bedingungen klar verstehen. Zu Beginn dieses Jahrhunderts stand Schottland noch mehr als heute für England, so wie die ländlichen Bezirke Englands jetzt für seine großen Städte stehen. Man könnte sagen, dass die ständige Wanderung vom Land in die Stadt ihr normaler Zustand war; und die größten Städte befanden sich in England. Der Wandel von einer militanten und feudalen Gesellschaft zu einer Industriegesellschaft war nirgends so ausgeprägt wie in Schottland nach der Union und insbesondere nach dem Aufstand von 1745. Die erblichen Richterposten der Häuptlinge der Highlands wurden abgeschafft; Die Beziehung zwischen Häuptling und Stammesangehörigen wurde zur unromantischen Beziehung zwischen Vermieter und Pächter. Die Verdrängung der Hausarbeit durch das Fabriksystem und der Handarbeit durch Maschinen führte dazu, dass die großen Städte Schottlands auf Kosten der ländlichen Bezirke überfüllt waren. und überfüllte die großen Städte und Industriebezirke Englands auf Kosten Schottlands. Die Flut der Nordbriten nach England war nicht Butes Verschulden; und es war am größten nach und nicht vor dem Frieden von Paris, obwohl unter diesem Frieden und einer stabilen Regierung die Landwirtschaft, das verarbeitende Gewerbe, das Bankwesen und der Außenhandel Schottlands selbst groß genug geworden waren (so schien es), um die zu beschäftigen ganze Bevölkerung zu Hause. Die Baumwollherstellung, die im Großen und Ganzen die typische Industrie dieser letzten Tage darstellt, war besonders englisch. [409] Die Schafzucht im

Inland und die Baumwollspinnerei in England führten zusammen zur Entvölkerung des schottischen Hochlandes und eines Großteils des Tieflandes. Das Hochland mit seinen stark ausgeprägten physischen Merkmalen und den streng begrenzten industriellen Möglichkeiten befand sich in gewisser Weise in der Lage Norwegens. Im eigentlichen Hochland gab es keine Bodenschätze; Es gab Moore, Berge, Bäche, Seen, Heidekraut, Adlerfarn, Torf und Moore; Die kultivierbaren Bodenflächen würden eine spärliche Ernte von Hafer und vielleicht Klee, Gerste oder Kartoffeln hervorbringen. [410] Diese Beschreibung traf auf einen großen Teil ganz Schottlands zu; und wir müssen es im Hinterkopf behalten, um den Ausspruch von Malthus aus dem Jahr 1803 zu verstehen: „Schottland ist sicherlich überbevölkert, aber nicht so sehr wie vor einem Jahrhundert oder einem halben Jahrhundert, als es weniger Einwohner hatte." [411] Das Hochland ist in seiner gesamten Ausdehnung das, was das Tiefland hinsichtlich seiner Hügel ist, und nur für Schafe geeignet. Sutherland hat jetzt etwa dreizehn Einwohner pro Quadratmeile und Midlothian siebenhundertsechsundvierzig; aber Sutherland und nicht Midlothian könnten überbevölkert sein. Sutherland mag im Vergleich zu ihrem früheren Ich, als sie dreißig oder vierzig pro Quadratmeile hatte, mehr oder weniger überbevölkert sein als früher; Wir können es erst sagen, wenn wir wissen, wie hoch ihr Vermögen war und wie es verteilt wurde.

Unter der patriarchalischen Regierung [412] früherer Zeiten bestand der Reichtum des Landes buchstäblich in seinen Männern. Fragte man einen Häuptling nach der Miete für sein Anwesen, antwortete er, dass es fünfhundert Mann brachte; der Pächter bezahlte ihm den Militärdienst. Adam Smith erinnert sich, dass „Mr. Cameron von Lochiel, ein Herr aus Lochaber im [westlichen Hochland von] Schottland, dessen Miete nie mehr als 500 englische Pfund pro Jahr betrug, nahm 1745 achthundert seiner eigenen Leute mit in den Aufstand." [413] Die Unterteilung des Landes bedeutete mehr Gefolgsleute und größere Ehre ; und so war das Hochland nicht im vollen Umfang der zu leistenden Arbeit bevölkert, sondern tatsächlich im vollen Umfang der bloßen Nahrung, die aus dem Boden gewonnen wurde. [414] Mit der Errichtung einer starken Regierung und der Abschaffung ihrer erblichen richterlichen Privilegien [415] waren die Häuptlinge bald bereit, den Wert der Menschen in einen Geldwert umzuwandeln und Würde gegen Profit einzutauschen. Sie ermutigten ihre Mieter nicht mehr, große Familien zu gründen; und doch unternahmen sie keine Anstrengungen, die Gewohnheiten, die sich bei den Mietern gebildet hatten, zu beseitigen. [416] Es war diese Veränderung, die Sir Walter Scott das Material für seine eindrucksvollsten Bilder in *Waverley* und anderen Romanen lieferte. Aber es ist die Not der Häuptlinge, die für ihn tragisch ist, und nicht das Elend der Clansmitglieder. Die Stammesangehörigen wiederum waren im Feudalismus zu Bauern oder Viehhändlern erzogen worden und zu nichts anderem; Damals gab es im Hochland ebenso wenig vielfältige Beschäftigungsmöglichkeiten wie heute in Irland. Zweifellos hatten sie auch das gewohnheitsmäßige Recht auf langen Besitz, das das Gesetz bei einflussreicheren Männern so oft in einen Rechtstitel umwandelte. Es stimmte auch, dass, wenn die einheimischen Hochländer diesen kargen Boden nicht bewirtschafteten, dies auch keine Fremden tun würden, und wenn es politisch wünschenswert wäre, dass das Land bevölkert bleiben sollte, bestand die einzige Möglichkeit, dies sicherzustellen, darin, den Exodus der Ureinwohner zu verhindern. [417] Ein solcher Versuch wurde nicht unternommen; aber im Gegenteil, die Grundbesitzer des Hochlandes folgten dem Weg, der zu den höchsten Renten führte; sie konsolidierten ihre Höfe; sie tauschten Landwirtschaft gegen Weideland; Sie ersetzten die Schafe durch Hirsche. Fast jeder Hochlandbezirk hat früher oder später alle diese drei Phasen durchlaufen, und mit dem gleichen Ergebnis, dass immer weniger Männer beschäftigt wurden. [418] Die ausgemusterten Männer hatten zwei Wege vor sich: die Auswanderung ins Tiefland [419] oder die Auswanderung in die Kolonien. Der Landarbeiter würde wandern, der Bauer auswandern . Die Grundbesitzer zogen sich für die Art und Weise ihrer Räumungen viel Lob zu und verdienten es oft; aber sie behandelten die Vertriebenen besser als der durchschnittliche britische Kapitalist seine entlassenen Hände. Sie sorgten in der Regel für Durchfahrten und verschafften ihnen oft auch Niederlassungen im Ausland. Lord Selkirk, einer der wenigen Autoren zu diesem Thema, der eine richterliche Ruhe bewahrt, riet seinen Landsleuten, die „Entvölkerung" des Hochlandes hinzunehmen, den Strom der Auswanderung jedoch in unsere eigenen Kolonien zu lenken . Er selbst zeichnete es, soweit er konnte, auf die Siedlung Red River und Prince Edward Island.

Von der Mitte des letzten Jahrhunderts bis zu Beginn dieses Jahrhunderts dauerte die Auswanderung an, es sei denn, der Krieg machte sie unmöglich. Die gefährlichen Eigenschaften der Hochländer machten sie in den drei großen Kriegen, die sie daran hinderten, das Land mit ihren Familien zu verlassen, sehr wertvoll. Es mag sein, dass gerade diese militärische Überlegung die englische Regierung zunächst dazu veranlasste, die Freigaben zu dulden; und eine spätere Einmischung war sehr schwierig. Letztlich scheinen selbst die Sutherland-Räumungen [420] die Bevölkerung lediglich verschoben und nicht entfernt zu haben. Trotz der Auswanderung hatte Sutherland bei der letzten Volkszählung von 1881 ebenso viele Einwohner wie bei der ersten im Jahr 1801, nämlich über 23.000. Die Fischerei, ein in weiten Teilen des Hochlandes neuer Wirtschaftszweig, machte dieses Phänomen möglich. Fischerdörfer sind auf Kosten landwirtschaftlicher Betriebe im Landesinneren gewachsen. Aber das ist nicht die ganze Wahrheit. Bis zu der Zeit, als der Freihandel begann, sich auf Glasgow und andere große Städte Schottlands auszudehnen, hatte die Bevölkerung der

Highland Counties insgesamt im Vergleich zu 1801 tatsächlich zugenommen. Der anschließende Rückgang ist nicht auf große Räumungen oder Auswanderungen zurückzuführen. sondern auf eine andere Ursache , die schon seit einiger Zeit, wenn auch nicht auffällig, gewirkt hatte. Dies war eine Abwanderung in die Industriezentren des Tieflandes. Zur Zeit der Tudors gab es in England Klagen über den Verfall der Städte, weil eine starke Regierung den Schutz ummauerter Städte endlich überflüssig gemacht hatte und die Industrie sich in Frieden dort ausgebreitet hatte, wo sie gebraucht wurde. Aber zwei Jahrhunderte später kam es nicht zum Verfall der Städte, sondern der ländlichen Bezirke, weil die Industrie Formen annahm, die eine Konzentration notwendig machten. Sowohl in England als auch in Schottland kam es zunächst zu einem echten Rückgang der Landbevölkerung; Die auf dem Lande zu verrichtende Arbeit war zeitweise wirklich zurückgegangen und auf die Städte verlagert worden. Der Handwebstuhl war durch den Maschinenwebstuhl ersetzt worden. Die kleinen Dörfer, in denen der Arbeiter idyllisch lebte, halb auf seinem Bauernhof, halb in seiner Werkstatt, schickten nun entweder ihre ganzen Familien in die Städte, wodurch ihre Beiträge zu den Kirchenbüchern auf dem Land eingestellt wurden und die der Stadt anwuchsen, oder, Obwohl sie immer noch die Eltern behielten, schickten sie drei Viertel der Kinder dorthin, was dazu führte, dass die Landesregister ein sehr unglaubwürdiges Abbild der tatsächlichen Lage der Bevölkerung in den ländlichen Bezirken darstellten. Dass Landdörfer in allen Teilen Schottlands, besonders aber in der Nähe der großen Städte, „Brutstätten" dieser letzteren Beschreibung [421] sind, ist vollkommen bekannt; und das Gleiche gilt, in geringerem Maße, für England. Dies ist ein Grund dafür, dass selbst die rein ländlichen Bezirke Schottlands seit 1801 stark an scheinbarer Bevölkerung zugenommen haben und die meisten von ihnen noch weiter wachsen; Die Auswanderungsbereitschaft der Schotten hat den kinderreichen Familien ebenso sehr zugesetzt wie den kinderreichen Familien die Auswanderung. Ein weiterer Grund ist, dass auch in den ländlichen Bezirken mittlerweile mehr Arbeit zu erledigen ist und diese besser erledigt wird. Orthodoxe Ökonomen mögen dies als Beispiel für die Selbstheilungseffekte eines wirtschaftlichen Wandels betrachten, der zunächst viel Leid verursacht. Man kann mit Recht sagen, dass diese letztendliche Heilung weder mehr noch weniger vollständig ist als die Heilung der analogen Nöte des neu eingeführten Fabriksystems und der vorübergehenden Unannehmlichkeiten des plötzlichen Freihandels. Was eifriger kommerzieller Ehrgeiz zu leisten vermag, hat es erreicht, und sein Erfolg ist zumindest hinreichend umfassend, um uns zu rechtfertigen, von Schottland heute zu sagen, was Malthus vor achtzig Jahren über Schottland gesagt hat: Es war am überbevölkertsten, als es die wenigsten Einwohner hatte. Moderne Verbesserungen, so perfekt sie auch sein mögen, haben zumindest sowohl in

England als auch in Schottland den periodischen Hungersnöten ein absolutes Ende gesetzt. Sogar die Knappheit von 1799 und 1800, obwohl sie in beiden Ländern große Not verursachte, war in keinem von ihnen eine Hungersnot; und seit der Aufhebung der Maisgesetze im Jahr 1846 kann selbst eine solche allgemeine Not, wie sie in Schottland durch die Kartoffelfäule verursacht wurde, nicht wieder auftreten. Diese Not selbst war nichts im Vergleich zu den schrecklichen Notlagen , unter denen Schottland fünf- oder sechsmal im Jahrhundert zu leiden hatte und die England noch im 17. Jahrhundert erlebte. [422] Das düstere Bild [423] , das Malthus von der Lage der schottischen Bauernschaft zeichnet, erinnert uns daran, dass es noch nicht viel mehr als ein Jahrhundert her ist, seit Schottland seine ersten Schritte in der Zivilisation machte und seine Energie vom Krieg auf den Handel richtete. Ihre Bevölkerung betrug in den 1945er Jahren etwa eineinhalb Millionen , im Jahr 1801 etwa eineinhalb Millionen; aber 1861 mehr als drei und 1881 dreidreiviertel. Damit hat sich die Bevölkerung innerhalb des Jahrhunderts mehr als verdoppelt. Aber selbst jetzt gibt es nur einhunderteinundzwanzig Einwohner pro Quadratmeile, verglichen mit vierhundertfünfundvierzig in England. Der Reichtum des Landes ist immens schneller gewachsen als die Bevölkerung; es hat sich seit der Mitte dieses Jahrhunderts verfünffacht und seit Beginn desselben verzehnfacht. [424]

Die Bevölkerungsgeschichte Irlands hätte Malthus noch eindrucksvollere Beispiele seiner Prinzipien geliefert, wenn sein Leben einige Jahre länger gedauert hätte. Er begnügt sich (bis zur 6. Auflage des *Essays* [425]) mit einem einzigen Absatz: „Die Einzelheiten der Bevölkerung Irlands sind nur wenig bekannt. Ich möchte daher nur anmerken, dass die ausgedehnte Verwendung von Kartoffeln im letzten Jahrhundert zu einem sehr schnellen Anstieg dieser Kartoffel geführt hat. Aber die Billigkeit dieser nährenden Wurzel und das kleine Stück Land, das bei dieser Art der Bewirtschaftung in durchschnittlichen Jahren die Nahrung für eine Familie hervorbringt, gepaart mit der Unwissenheit und dem deprimierten Zustand [426] der Menschen, die dazu geführt haben Sie haben ihren Neigungen gefolgt und hatten keine andere Aussicht als den unmittelbaren Lebensunterhalt. Sie haben die Ehe in einem solchen Ausmaß gefördert, dass die Bevölkerung weit über die Industrie und die gegenwärtigen Ressourcen des Landes hinausgedrängt wurde. und die Folge davon ist natürlich, dass sich die unteren Klassen der Menschen in der ärmsten [427] und elendsten Lage befinden. Die Schecks für die Bevölkerung sind natürlich hauptsächlich positiver Natur und entstehen durch Krankheiten, die durch erbärmliche Armut, durch feuchte und elende Hütten, durch schlechte und unzureichende Kleidung [428] und gelegentliche Not verursacht werden. Zu diesen positiven Prüfungen kamen in den letzten Jahren die Laster und das Elend der inneren Unruhen, des Bürgerkriegs und des Kriegsrechts hinzu." [429]

In seiner Rezension von Newenham's Malthus verwendet *in seiner statistischen und historischen Untersuchung der Bevölkerung Irlands* im Jahr 1808 [430] und in seiner Aussage vor dem Auswanderungsausschuss im Jahr 1827 eine noch strengere Sprache. Wir können aus dem letztgenannten Dokument zitieren, da es das weniger bekannte der beiden ist. Im Jahr 1817 hatte er einen College-Urlaub damit verbracht, Westmeath und die Seen von Killarney zu besuchen [431] und konnte aus persönlichen Kenntnissen des Landes sprechen. Er wurde gefragt: –

Qu. 3306. „Wie beurteilen Sie in Bezug auf Irland die Gewohnheiten der Menschen, die dazu neigen, ein schnelles Bevölkerungswachstum zu fördern?" – „Ihre Gewohnheiten sind im Hinblick auf ihren eigenen Zustand sehr ungünstig, weil sie dazu neigen. " Sie geben sich mit dem geringsten Maß an Komfort zufrieden und haben beim Heiraten kaum eine andere Aussicht als die, Kartoffeln für sich und ihre Kinder zu bekommen." [432]

3307. „Welche Umstände tragen zur Einführung solcher Gewohnheiten in einem Land bei?" – „ Der erniedrigte Zustand des Volkes, Unterdrückung und Unwissenheit."

3311. „Sie haben erwähnt, dass Unterdrückung dazu beiträgt, die Gewohnheiten hervorzubringen, auf die Sie angespielt haben; Wie stellen Sie sich vor, dass es in Irland Unterdrückung gibt?" – „ Ich denke, dass die Regierung Irlands Gewohnheiten dieser Art im Großen und Ganzen sehr ablehnend gegenüberstand; Es hat dazu geführt, dass die allgemeine Masse des Volkes geschwächt wurde und sie folglich daran gehindert wurde, nach vorne zu blicken und sich Gewohnheiten der Klugheit anzueignen."

3312. „Sind Sie der Meinung, dass der Geist der Menschen in Bezug auf die Zivilgesellschaft so stark von den Umständen beeinflusst wird, unter denen sie leben, dass dies sehr viel dazu beitragen kann, dieser besonderen Gewohnheit entgegenzuwirken, die zu einem schnellen Bevölkerungswachstum führt? ?" – „ Ich denke schon."

3313. „Welche Umstände tragen Ihrer Meinung nach dazu bei, bei einem Volk eine Vorliebe für Komfort und Sauberkeit zu wecken?" – „ Bürgerliche und politische Freiheit und Bildung." [433]

Dann wird das Thema der Ein-Acre-Bestände vorgestellt und Malthus wird gefragt:

3317. „Welche Auswirkungen würde eine Änderung des moralischen oder religiösen Zustands der Regierung dieses Landes auf die Personen haben, die solche Besitztümer besetzen?" – „Es könnte keine unmittelbare Wirkung haben, wenn dieses System fortgesetzt würde; Bei diesem Besetzungssystem muss es immer zu einer übermäßigen Entlassung von Menschen kommen, da es aufgrund der Natur einigermaßen guten Landes immer mehr produzieren wird, als darauf eingesetzt werden kann, und die Folge muss sein, dass es eine große Anzahl von Menschen geben wird Leute, die nicht beschäftigt sind."

3318. „Muss der erste Schritt zur Verbesserung in Irland daher nicht zwangsläufig durch eine Änderung des gegenwärtigen Zustands der Landbelegung erreicht werden?" Dies war eine Leitfrage, aber Malthus ließ sich nicht leiten. Er antwortete: „Ich denke, dass eine solche Änderung von größtmöglicher Bedeutung ist, dass aber auch etwas anderes (der Regierungswechsel) damit einhergehen sollte; Ohne sie hätte es nicht die gleiche Kraft." In seinen Antworten auf spätere Fragen äußerte er sich ausführlicher zu den Ursachen des Unterschieds zwischen englischem und irischem Charakter.

Antwort . zu qu. 3411. „Zu der Zeit, als die Kartoffel in Irland eingeführt wurde, befand sich das irische Volk in einem sehr schlechten und degradierten Zustand, und die erhöhte Nahrungsmenge diente nur dazu, die Bevölkerung zu vergrößern." Aber als unsere [englischen] Arbeitslöhne für Weizen zu Beginn des letzten Jahrhunderts hoch waren, schien es, dass sie nicht nur für den Unterhalt weiterer Familien eingesetzt wurden, sondern für die Verbesserung der allgemeinen Lebensbedingungen des Volkes des Lebens." [434]

3413. „Sie führen den Unterschied im Charakter der Menschen auf den Unterschied in der Ernährung zurück?" – „ In großem Maße."

3414. „Welcher Umstand bestimmt den Unterschied in der Ernährung in den beiden Ländern?" – „Die Umstände sind teils physischer, teils moralischer Natur." [435] Es wird in gewissem Maße vom Boden und Klima abhängen, ob die Menschen von Mais, Weizen, Hafer, Kartoffeln oder Fleisch leben." [436]

3415. „Hängt die Auswahl nicht in gewissem Maße vom allgemeinen Zustand der Gesellschaft ab?" – „ Sehr aus moralischen Gründen, weil sie sich in einer so respektablen Lage befinden, dass sie die Gewohnheit haben, nach vorne zu blicken und ein gewisses Maß an Klugheit an den Tag zu legen; und es besteht kein Zweifel, dass diese Art von Vorsicht in verschiedenen Ländern in sehr unterschiedlichem Maße ausgeübt wird."

3416. „Hängt es überhaupt von der Regierung ab, unter der sie leben?" – „ Sehr viel von der Regierung, von der strengen und gleichen Rechtspflege, von der vollkommenen Sicherheit des Eigentums, von der bürgerlichen, religiösen und politischen Freiheit; denn unter solchen günstigen Umständen respektieren die Menschen sich selbst mehr und neigen weniger dazu, zu heiraten, ohne die Aussicht auf mehr körperlichen Unterhalt für ihre Kinder."

3417. „Über den Grad des Respekts, mit dem sie von ihren Vorgesetzten behandelt werden?" —" Ja; Einer der größten Fehler Irlands besteht darin, dass die Arbeiterklasse dort von ihren Vorgesetzten nicht mit dem gebührenden Respekt behandelt wird. Sie werden behandelt, als wären sie ein erniedrigtes Volk."

Daraufhin wird ihm erneut eine Leitfrage von etwas zynischem Charakter gestellt, doch er antwortet erneut vorsichtig.

3418. „Beruht diese Behandlung nicht hauptsächlich darauf, dass sie in einer solchen Entlassung leben, dass sie für ihre Vorgesetzten kein Problem darstellt?" – „ Zum Teil trifft es das vielleicht; aber es schien in gleichem Maße stattgefunden zu haben, bevor [die Entlassung] der Fall war."

Der Fragesteller stellt jedoch die Frage und fragt:

3419. „Da die Zahl der Grund für ihre Behandlung ist, wird ihre Behandlung nicht dazu führen, dass diese Zahl zunimmt?" und die Antwort lautet: „Ja, sie agieren und reagieren aufeinander."

Dementsprechend war er im Jahr 1827 wie schon im Jahr 1803 der Meinung, dass die Auswanderung in Verbindung mit anderen Maßnahmen gut für Irland sein wird, die Dinge aber allein nicht besser zurücklassen werden, als sie waren.

Neben seinen gewichtigen Worten im Aufsatz und in den Beweisen lohnt es sich, die Worte zu platzieren, die Adam Smith ein halbes Jahrhundert zuvor geschrieben hat:

„Durch die Vereinigung mit England erlangten die mittleren und unteren Volksschichten in Schottland eine vollständige Befreiung von der Macht einer Aristokratie, die sie immer zuvor unterdrückt hatte. Durch eine Union mit Großbritannien würde der größte Teil der Bevölkerung aller Stände in Irland eine ebenso vollständige Befreiung von einer viel unterdrückenderen Aristokratie erlangen, einer Aristokratie, die nicht wie die Schottlands auf den natürlichen und respektablen Unterscheidungen von Geburt und Geburt beruht Glück, aber in der abscheulichsten aller Unterscheidungen, denen religiöser und politischer Vorurteile; Unterscheidungen, die mehr als alle anderen sowohl die Unverschämtheit der Unterdrücker als auch den Hass und die Empörung der Unterdrückten hervorrufen und die die Bewohner desselben Landes gewöhnlich feindseliger zueinander machen, als es die Bewohner verschiedener Länder jemals sind." [437]

Angesichts solcher Passagen können wir nicht davon ausgehen, dass die beiden Ökonomen in ihrer Irlandpolitik hinter ihrem Alter zurückblieben. In Bezug auf genaue Zahlen war der spätere Ökonom kaum besser dran als der frühere. Irland wurde in den ersten beiden Volkszählungen von 1801 und

1811 nicht berücksichtigt. Im Jahr 1695 schätzte Captain South seine Bevölkerung auf etwas mehr als eine Million; [438] im Jahr 1731, auf Anfrage des irischen Oberhauses, bei zwei Millionen; im Jahr 1792 von Dr. Beaufort bei etwas über vier Millionen; [439] 1805 von Newenham mit fünfeinhalb Millionen; 1812 ergab eine unvollständige Volkszählung, dass es fast sechs Millionen waren; bei der Volkszählung von 1821 waren es 6.800.000. Es war klar, dass die Bevölkerung Irlands schon damals schneller wuchs als die Englands. [440] Aber zwischen diesen Daten und unserer Zeit kommt eine Episode, die so eindrucksvoll ist, dass sie allen Wirtschaftsgeschichten einen *Purpureus pannus verleiht* .

Ungefähr zwei Generationen lang hatte England in Irland seine Krönungstaten der kommerziellen Eifersucht vollbracht, einer Eifersucht gegenüber Irland, die nicht dümmer oder böser war als gegenüber den amerikanischen Kolonien oder, bis 1707, gegenüber Schottland, aber leichter siegreich war . Irland hatte erst unter Elisabeth und Jakob I. begonnen, in irgendeiner Weise ein Industrieland zu werden; und die Kriege der nachfolgenden Regentschaften behinderten ihre frühen Bemühungen. Sie hatte gutes Mais- und Wiesland und vielleicht die besten Weiden der Welt für Schafe und Rinder. Die Interessen der englischen Landwirtschaft wurden ungeduldig gegenüber der irischen Konkurrenz, und es wurde ein Gesetz erlassen, das die Einfuhr irischer Schafe, Rinder und Milchprodukte nach England verbot (1665, 1680). Aufgrund der späteren Schifffahrtsgesetze konnte Irland dies nicht durch Handel mit Amerika wiedergutmachen, da der gesamte Handel über England und auf englischen Schiffen erfolgen musste, und aus demselben Grund auch nicht durch Handel mit Frankreich. England hätte es in seiner Eifersucht mit einem Kordon umgeben, der so dicht war wie Berkeleys Messingmauer. [441] Sobald eine beträchtliche Wollproduktion entstand, stoppte England sie durch ein Gesetz, das (1699) den Export irischer Wollwaren nicht nur nach England, sondern in jedes andere Land verbot. Hätte die englische Einmischung nichts weiter getan, vergrößerte sie die Unsicherheiten [442] und die Schwankungen des irischen Handels enorm. Das Wachstum von Industrien wie der Wollindustrie hatte ein Bevölkerungswachstum in Gang gesetzt, das mit der Stilllegung der Industrien nicht aufhörte. Wie so oft [443] hielten die Auswirkungen eines Heiratsimpulses weit über den industriellen Fortschritt hinaus, der den Anstoß gegeben hatte. Aber das bedeutet Hunger und Leid, wenn nicht sogar Tod. Im Falle Irlands führte der Ruin aller Industrien außer der Landwirtschaft auf mehr als drei Vierteln des Landes zu einer absoluten Abhängigkeit der Bevölkerung von der Ernte ihres eigenen Landes; und wo es ihnen nicht gelang, sahen sie sich mit Hunger und Not konfrontiert. Es führte auch zur Bevölkerung der Landbezirke auf Kosten der Städte, [444] statt (wie üblich) der Städte auf Kosten des Landes. Wenn Goldsmith's *Deserted Village* nicht englisch ist, ist es auch nicht irisch. Als Lord North im Jahr 1780

Irland aus Angst vor einer Rebellion Freihandel mit Großbritannien gewährte, war das Unheil nahezu unheilbar geworden. Man könnte sagen, dass die große Zunahme der irischen Bevölkerung, ebenso wie die große Zunahme der englischen, in einer Freihandelsbewegung ihren Anfang nahm. In den schlimmsten Tagen der rechtlichen Verfolgung hätte man von der irischen katholischen Bevölkerung sagen können: Je stärker sie betroffen war, desto mehr vermehrte und wuchs sie. Lavergne [445] glaubt, dass ihre größere Zunahme erstens auf das physiologische Gesetz zurückzuführen war, dass sich bei allen Tieren die Fortpflanzungsmöglichkeiten im Verhältnis zur Wahrscheinlichkeit der Zerstörung vervielfachen[?], und zweitens auf die instinktiv gesunden Taktiken eines Volkes sonst wehrlos . Die Wahrscheinlichkeit ist auch groß, dass sie trotz ihrer vielfältigen beruflichen, politischen und religiösen Disqualifikationen so lange geschwiegen haben, weil sie in eine solche Tiefe des Elends gesunken sind, dass die Widerstandskraft selbst ausgelöscht wird; und Armut an ihrem äußersten Punkt ist eine positive, aber keine präventive Kontrolle der Bevölkerung. Man geht davon aus, dass die Lage so schlecht ist, dass eine Ehe sie nicht verschlimmern kann und dass die Ehe auf Kosten einer hohen Sterblichkeit, allgemeiner Verarmung oder ständiger Auswanderung weitergehen würde. Die Reinheit der Ehebeziehungen in Irland wirkte, obwohl sie an sich ein viel größeres Gut als ihre Folgen war, so, wie sie es in Godwins Utopia getan hätte; [446] Abgesehen von der Weisheit hatte die Tugend selbst ihre Übel. Nach und nach wurden Kartoffeln allgemein verwendet; und die schlechten Ernten, die sogar die schottischen und englischen Armen lehrten, häufig von diesem Maisersatz Gebrauch zu machen, verwandelten ihn in Irland von einem Ersatzstoff in ein Grundnahrungsmittel. Ökonomen sahen diese Änderung mit fast einhelliger Ablehnung. Nach Ansicht von Malthus war es die Billigkeit dieser Nahrung, die sie für die Arbeiter gefährlich machte ; Seine Lohntheorie veranlasste ihn, aus den gleichen Gründen Einwände gegen billigen Mais zu erheben. [448] Aufgrund des Grundsatzes, dass es Schwierigkeiten braucht, um Energie zu erzeugen, werden die Iren durch ihre billigen Lebensmittel träge und nutzen sie nur, um sich dadurch zu vermehren. Sie lebten von den billigsten Lebensmitteln, die es zu bekommen gab, und konnten in der Knappheit nicht auf etwas anderes zurückgreifen. Jeder Mann, der heiraten wollte, konnte eine Hütte und Kartoffeln bekommen. [449] Bei der niedrigsten Berechnung wird ein Hektar Land, auf dem Kartoffeln gepflanzt sind, doppelt so viel ernten wie ein Hektar gleicher Qualität, auf dem Weizen gesät ist. [450] Es gibt noch andere Einwände gegen eine Kartoffeldiät. Es handelt sich um eine einfache Diät (im Gegensatz zu einer zusammengesetzten Diät), die nur einen geringen Komfort bietet. Das zweite ist nicht das Gleiche wie das erste, denn ein Volk, das keine Abwechslung in seiner Ernährung hatte, könnte möglicherweise eine große Vielfalt in seinen anderen

Annehmlichkeiten haben. Tatsächlich war es jedoch keiner dieser drei vermeintlichen Nachteile der Kartoffel, der sich für die irische Bevölkerung als unheilvoll erwies, sondern ein vierter, nämlich ihre Anfälligkeit für die Seuche. [451]

Die Zahlen der Volkszählung erzählen ihre eigene Geschichte. Im Jahr 1821 zählte das irische Volk 6.801.827; im Jahr 1831 7.767.401; im Jahr 1841 8.199.853; aber im Jahr 1851 6.514.473. In jedem vorangegangenen Jahrzehnt belief sich der Anstieg auf eine Million; im letzten Jahr gab es nicht nur keinen Anstieg, sondern einen Rückgang um mehr als eineinhalb Millionen. Es hatte eine verheerende Hungersnot gegeben, gefolgt von großen Auswanderungen. Was auf Lord Lansdownes Anwesen in Kerry geschah, ist ein Beispiel dafür, was sich allgemein in Irland abspielte. [452] Dieses Anwesen umfasste etwa 100.000 Acres, auf denen vor der Hungersnot eine Bevölkerung von 16.000 Seelen lebte. Als die Hungersnot kam, kam ein Viertel von ihnen um und ein weiteres Viertel wanderte aus. Im Laufe der Zeit ging die Auswanderung dank Geldsendungen von Verwandten aus Amerika und Vorschüssen von Lord Lansdowne so schnell voran, dass nur noch 2000 Seelen auf dem Anwesen verblieben. Die Hungersnot lehrte die Menschen, auszuwandern, und vermittelte ihnen eine Vorstellung davon, was Überbevölkerung bedeutet. Die ländlichen Gebiete Irlands sind derzeit wahrscheinlich überbevölkert; aber es scheint Grund zu der Annahme zu geben, dass eine Gruppe von Pächtern, denen es in Bezug auf die Sicherheit des Besitzes kaum an Landbesitzern mangelt und die dazu gezwungen wurden, die Welt außerhalb Irlands kennenzulernen, die Gewohnheiten der alten Besatzer nicht beibehalten wird. [453] Ohne eine Änderung der Gewohnheiten hätten die bäuerlichen Besitztümer Frankreich wenig gebracht und werden Irland auch wenig bringen.

Dies wäre sicherlich das Urteil von Malthus über die Dinge gewesen, wie sie jetzt in Irland sind, nach der katholischen Emanzipation, der Auflösung und dem Landgesetz. Zu seiner Zeit war er klug genug zu erkennen, dass der erste Schritt nicht ohne Ungerechtigkeit und Gefahr hinausgezögert werden konnte. Die rasche Zunahme der katholischen Bevölkerung würde, wie er 1808 vorhersah, [454] die Frage der Emanzipation bald in den Bereich der „praktischen Politik" bringen, und wenn die Maßnahme, wie er forderte, 1808 anstelle von zwanzig verabschiedet worden wäre Jahre später hätte sich die Arbeit , Irland zu versöhnen, möglicherweise als einfacher erwiesen, und der politische Wandel hätte möglicherweise dazu beigetragen, die Gewohnheiten der Menschen zu ändern, die Malthus für den dauerhaften Wohlstand des Landes als wesentlich erachtete.

BUCH II.
WIRTSCHAFT.

Kapitel I.
Die Vermieter.

Notwendigkeit eines wirtschaftlichen Exkurses – Die Hegemonie von Adam Smiths Schule – Grundlehren der malthusianischen Ökonomie – Umfang, Methode, Einzelheiten – Malthus tut seiner Ökonomie Unrecht – Menschlicher Charakter seiner Lehren – Landwirtschaftliche Situation im Jahr 1794 – Geschichte der Maisgesetze – Malthus über die Pacht im Jahr 1803 und danach – *Beobachtungen zu den Getreidegesetzen* – *Gründe einer Meinung* – *Natur und Fortschritt der Pacht* – Ricardos Kritikpunkte – Verbesserungen in der Landwirtschaft – Malthusianisches Ideal der Handelspolitik – Die Mauer aus Messing – Grenzen des kommerziellen Fortschritts.

Der *Essay über Bevölkerung* befasst sich mit der Vergangenheit, der Gegenwart und der Zukunft. Wir haben versucht, seiner Darstellung von Vergangenheit und Gegenwart zu folgen und müssen nun die Sicht des Autors auf Zukunftsaussichten und die verschiedenen Pläne (einschließlich seiner eigenen) berücksichtigen, um die Zukunft besser als die Gegenwart zu machen.

Um dieser Hälfte des Aufsatzes gerecht zu werden, müssen wir uns bei der Gestaltung weitere Freiheiten nehmen. Um die historische Genese des Aufsatzes zu erklären, haben wir bereits zunächst [455] jene Kritik an Godwin und Condorcet herangezogen, die im späteren Aufsatz im Zentrum des Werkes steht, [456] im Anschluss an die Bevölkerungsdarstellung im Vereinigten Königreich, dem Punkt, an dem wir jetzt angekommen sind; und das Kapitel über die Auswanderung wurde vor seiner Zeit verwendet. Von den vierzehn Kapiteln des dritten Buches des Aufsatzes sind noch elf unberührt; und in allen außer einem [457] ist eine Kenntnis der allgemeinen Wirtschaftslehre von Malthus für ein klares und gerechtes Verständnis von ihm unabdingbar. Es bedarf also keiner Entschuldigung für einen etwas längeren Exkurs, in dem die wichtigsten wirtschaftswissenschaftlichen Schriften unseres Autors kurz analysiert werden. Dabei handelt es sich nicht nur um einen Exkurs, da der Inhalt von sieben [458] der zehn Kapitel darin enthalten ist und ihre logische Verbindung mit den ökonomischen Theorien des Autors (sofern vorhanden) aufgezeigt wird.

Als durch und durch praktisch veranlagter Mensch wusste Malthus, dass Philanthropie ohne eine fundierte Lehre wenig ausrichten kann; und seine ökonomischen Theorien gehören zum Inhalt seines Werkes. Sie wurden, anders als der *Essay on Population* , in stillen Kontroversen unter Freunden entwickelt ; Ricardo, James Mill und Jean Baptiste Say, die Kritiker der *Politischen Ökonomie waren* , waren Anhänger des *Essays* . Dies waren jedoch genau die Männer, die die orthodoxe Ökonomie am ehesten mit rigoroser Abstraktion gleichsetzten. Malthus selbst, der daran arbeitete, die vernachlässigte Pathologie der Wirtschaftswissenschaft aufzubauen, wurde dieser Fehler nicht zur Last gelegt. Sein erstes Werk hatte glücklicherweise seine natürliche Neigung, spekulative Fragen in ihrem Bezug zur Praxis zu betrachten und „die Dinge so zu betrachten, wie sie sind" [459], zu einem intellektuellen Prinzip gemacht, und nicht so, wie sie sein könnten. Ricardos erstes Werk, das sich ausschließlich mit Finanzen befasste, [460] hatte für ihn unglücklicherweise seine Neigung bestätigt, jede soziale Frage als ein arithmetisches Problem zu behandeln. In beiden Fällen würde die Aufregung der Kontroverse den Eindruck verstärken.

Die beiden Ökonomen gehen beide von Adam Smith aus, [461] als Theologen von der Bibel. Es wurde deutlich, dass die Auslegung dieser Schriftstellen zweifelhaft war. Die Menschen sollten zwischen dem Calvinismus von Ricardo und dem Arminianismus von Malthus wählen; und als die beiden Schriftsteller von ihren Debatten mit der Öffentlichkeit zu Debatten untereinander übergingen, stand nichts Geringeres als der Preis in Frage als die Hegemonie der Schule.

Dies wurde von Ricardo gewonnen, dessen *Grundsätze der politischen Ökonomie und Besteuerung* (1817) von James Mill, MacCulloch, Nassau Senior, ganz zu schweigen von anderen, als Institute ihres Glaubensbekenntnisses akzeptiert wurden. MacCulloch hielt es nicht für lohnenswert, das zu drucken, was Ricardo zur Rechtfertigung seiner Positionen gegenüber Malthus für lohnenswert gehalten hatte. [462] Der stärkste Verbündete von Malthus war Sismondi. Erst nachdem Ricardo dreißig Jahre lang regiert hatte, gab es ernsthafte Anzeichen eines Abfalls, als der Sohn von James Mill mit den Traditionen seines Vaters brach; [463] und obwohl die Reaktion in den Händen von Thornton, Cliffe Leslie, Walker und anderen auf das Äußerste getrieben wurde, hat die Verfinsterung von Ricardo nicht dazu beigetragen, Malthus aus der Dunkelheit zu retten. Der Erfolg des *„Essay on Population"* mag dazu geführt haben, dass die anderen Schriften aufgrund des weit verbreiteten Irrglaubens, dass ein Mann in der allgemeinen Theorie und in der Befürwortung einer bestimmten Reform nicht gleichermaßen groß sein kann, in Vergessenheit geraten sind.

Die *politische Ökonomie* von Malthus hat ihre Fehler; Aber es enthält in groben Zügen die wichtigsten Wahrheiten, die Schriftsteller unserer Zeit gegen Ricardo festgestellt zu haben glauben. Zuallererst vertritt er mit ihnen die Ansicht, dass das eigentliche Studium der Wissenschaft nicht den Reichtum betrifft, sondern den Menschen, oder genauer gesagt, den Reichtum im Verhältnis zum Menschen. Die Eigenschaften des Menschen und der Erde, die er bebaut, sind laut Malthus im Verhältnis zueinander so zahlreich und variabel, dass das Studium ihrer Beziehungen keine exakte Wissenschaft wie die Mathematik sein kann; es kann „große allgemeine Grundsätze" enthalten, von denen es nur wenige Ausnahmen gibt, und „hervorragende Orientierungspunkte", die uns in der Gesetzgebung oder im Leben als sichere Orientierungshilfen dienen; Aber „selbst wenn man sie untersucht, wird man feststellen, dass sie den allgemeinsten Regeln der Moral und Politik ähneln, die auf den bekannten Leidenschaften und Neigungen der menschlichen Natur beruhen." [464] Menschliches Verhalten ist durch solche Variationen und Aberrationen gekennzeichnet, dass wir immer auf Ausnahmen von unseren Prinzipien und auf Qualifikationen vorbereitet sein müssen, die den Charme der Einheitlichkeit zerstören, aber den Tatsachen treu bleiben, [465] wie George Eliots „Analysen im Kleinen ". und subtile Charaktere", die keine Begeisterung hervorrufen, sondern allein die ganze Wahrheit sagen. Zweitens wird uns gesagt, dass die Natur des Themas eine besonders vorsichtige Methode erfordert. Unsere erste Aufgabe besteht darin, die Dinge so zu erklären, wie sie sind, [466] bis wir sicher sind, dass unsere Theorien dies tun, können wir nicht danach handeln. [467] Eine gute ökonomische Definition muss dem gewöhnlichen Wortgebrauch entsprechen. Wir müssen nach Möglichkeit eine Bedeutung annehmen, die mit der gewöhnlichen Verwendung von Wörtern „im Gespräch gebildeter Personen" übereinstimmt. [468] Wenn dies keine ausreichende Klarheit liefert, müssen wir auf die Autorität der berühmtesten Autoren dieser Wissenschaft zurückgreifen, insbesondere auf den Gründer oder die Gründer derselben; „Ob es sich in diesem Fall um einen neuen Begriff handelt, der mit der Wissenschaft geboren wurde, oder um einen alten, der in einem neuen Sinne verwendet wird, wird er für die Allgemeinheit der Leser weder fremd sein noch leicht missverstanden werden." [469] Wenn ein ·Wort eine andere Bedeutung haben muss als die von einer dieser Autoritäten angenommene, muss die neue Bedeutung nicht nur frei von den Fehlern der alten sein, sondern auch einen klaren und erkennbaren positiven Nutzen haben. Die neuen Definitionen sollten mit den alten übereinstimmen; und dieselben Begriffe sollten im gleichen Sinne verwendet werden, es sei denn, die eingefleischte Sitte verlangt eine Ausnahme. Wenn alles erledigt ist, ist es in einer Sozialwissenschaft wie der politischen Ökonomie immer noch unmöglich, eine Definition zu finden, die völlig über die Kritik hinausgeht. [470]

„Reichtum" muss alle „materiellen Gegenstände umfassen, die für die Menschheit notwendig, nützlich oder angenehm sind"; [471] „Produktive Arbeit " muss die Arbeit sein , die sich entweder in solchen materiellen Gegenständen oder deren Wertsteigerung verwirklicht; oder wir weichen von der gemeinsamen Sprache ab und unsere Diskussionen geraten ins Unendliche. Ökonomisches Denken muss eine Schlussfolgerung aus beobachteten Tatsachen der Natur und der menschlichen Natur sein, die durch allgemeine Erfahrung bestätigt werden. Malthus behauptet, diese vorsichtige Methode stets angewendet zu haben, und die Bevölkerungstheorie war nur der besondere Fall, in dem die Umstände es ihm ermöglichten, seine Überprüfung am vollständigsten durchzuführen. „Ich hätte nie dieses feste und unerschütterliche Vertrauen in die Bevölkerungstheorie gehabt, das ich immer empfunden habe, wenn es mir nicht so vorgekommen wäre, als ob sie durch den Zustand der Gesellschaft, wie er tatsächlich in allen Ländern tatsächlich besteht, auf die bemerkenswerteste Weise bestätigt worden wäre Land, das wir kennen." [472] Andererseits gibt uns Ricardo, der für Saturn Gesetze erlässt, kaum oder gar keine Bestätigung durch Erfahrung. Zwar räumt er Einschränkungen und Ausnahmen von seinen eigenen Aussagen ein; und er wäre ein wenig zusammengezuckt bei der Behauptung seines eigenen Biographen, dass „Mr. Ricardo schenkte der praktischen Anwendung allgemeiner Prinzipien vergleichsweise wenig Aufmerksamkeit; Es handelt sich nicht um eine praktische Arbeit." [473] Aber er macht von den Zugeständnissen keinen Gebrauch; Seine Illustrationen sind in der Regel keine historischen, sondern imaginären Fälle, deren Überprüfung mangelhaft ist. In einem Brief an Malthus (geschrieben am 24. November 1820) sagt er: „Unsere Differenzen sind meiner Meinung nach in mancher Hinsicht darauf zurückzuführen, dass Sie mein Buch für praktischer halten, als ich es beabsichtigt hatte." Mein Ziel war es, Prinzipien zu erläutern, und um dies zu erreichen, stellte ich mir überzeugende Beispiele vor, um die Wirkungsweise dieser Prinzipien zu zeigen." [474] Bei Malthus und Adam Smith sind imaginäre Fälle seltene Ausnahmen, tatsächliche Beispiele aus dem Leben oder der Geschichte sind die Regel. Malthus geht in dieser Richtung so weit, dass er (um seine eigene Ausdrucksweise zu verwenden) versucht ist, die Wissenschaft der „Nützlichkeit" unterzuordnen. Auch Adam Smith schrieb nicht, um Gutes zu tun, sondern um die Wahrheit darzulegen, obwohl er seinesgleichen großen Wohlwollen entgegenbrachte. Für Malthus war die Entdeckung der Wahrheit weniger wichtig als die Verbesserung der Gesellschaft. Als eine wirtschaftliche Wahrheit nicht zum Mittel der Verbesserung gemacht werden konnte, scheint er das Interesse daran verloren zu haben. Seine deutliche Warnung an andere vor diesem Fehler [475] kann als Eingeständnis seiner eigenen Verantwortung dafür angesehen werden; und wenn er seiner eigenen Warnung überhaupt Folge leistete, war seine Position bestenfalls die der heutigen Utilitaristen, die versuchen, das Glück dadurch zu erreichen, dass sie vorgeben, nicht daran zu denken. Wenn seine Wissenschaft weniger auf den Nutzen ausgerichtet gewesen wäre , wäre sie vielleicht gründlicher gewesen; und vielleicht hatten wir zu unserer Zeit keinen ricardianischen Sozialismus, der wie der Geist der verstorbenen ricardianischen Orthodoxie erschien, der gekrönt auf dessen Grab saß. Er hat die Tugend, sich den ökonomischen Pharisäern zu widersetzen, [476] die die Elastizität ökonomischer Gesetze nicht zugeben würden, aus Furcht, sie würden ihre

Wissenschaft diskreditieren; aber er ist schuld daran, dass er seinen Streit gegen Ricardo nicht mit der gleichen Energie vorantreibt wie gegen Godwin. Seine Streitkräfte waren in diesem Feldzug schlechter ausgebildet und schlechter gehandhabt. Garnier (*Dict. de l' Écon . Pol.* , *Art. 'Malthus'*) sagt zu Recht , dass die *Politische Ökonomie von Malthus* trotz ihres Titels nicht die Darstellung eines Systems, sondern lediglich eine Sammlung ökonomischer Überlegungen ist Aufsätze zu verschiedenen Themen, die ihm in der Diskussion mit seinen Freunden oder (wir könnten hinzufügen) in seiner College-Klasse speziell zur Kenntnis gebracht worden waren. Dies allein würde dazu führen, dass er dem Feind eine viel weniger solide Front präsentierte, als er es im *Essay tat* .

Um drittens zu den Einzelheiten zu kommen, sehen wir, dass der menschliche Charakter der *politischen Ökonomie* von Malthus nicht nur in seiner Sicht auf die Bevölkerung zum Vorschein kommt, wo alles letztlich von der persönlichen Verantwortung des einzelnen Menschen und der Gesetzgebung abhängt ist gut oder schlecht, je nachdem, wie es diese Verantwortung stärkt oder schwächt – aber in seiner Sichtweise des Werts von Gütern, gemessen an der menschlichen Arbeit , – in seiner Sichtweise von Nachfrage und Angebot, als Teil der Unbeständigkeit der menschlichen Wünsche, die darin eingehen beides – in seiner Sichtweise der Landrente, wie sie durch die Auswirkungen menschlicher Fleiß und Geschicklichkeit sowie durch die natürlichen Eigenschaften des Bodens bestimmt wird, – in seiner Sichtweise des Arbeitslohns, wie er nicht durch eine geregelt wird unveränderlich, aber durch ein progressives Minimum – in seiner Sichtweise von Luxus als gleichwertig mit der für die Produktion notwendigen Sparsamkeit und als Vorbeugung gegen Überproduktion – und in seiner Sichtweise des Freihandels als eine Regel, von der wir Ausnahmen machen müssen, wenn wir wollen würde kein Leid verursachen.

Diese Lehren hatten einen deutlichen Bezug zu aktuellen Ereignissen. Politische und soziale Veränderungen wirkten sich auf die politische Ökonomie aus. Als Godwin und Pitt den Aufsatz von 1798 provozierten, rief die Knappheit von 1799 und 1800 die Broschüre über hohe Preise (1800) hervor. Da sich Letzteres direkt auf das Armengesetz bezieht, wird es am besten berücksichtigt, wenn der Thread des *Essays über die Bevölkerung* wieder aufgenommen wird; [477] und das Gleiche gilt für den Brief von Malthus an Whitbread (1807). Die Nöte einer Zeit, in der der Weizenpreis statt der üblichen 40 *s auf 6 £, pro Quartal stieg.* oder 50 *s.* , würde natürlich die Hilfe für die Armen zur Tagesfrage machen . Die hohen Maispreise erhöhten die Zahl der Anlagen und Anlagenrechnungen. Zwischen 1800 und 1820 sollen mehr als drei Millionen Acres oder etwa ein Zwölftel der gesamten Fläche Englands und Wales aus der Verschwendung in den Anbau umgewandelt worden sein. Der durchschnittliche Preis für Weizen, damals immer das

Grundnahrungsmittel der Menschen sie konnten es bekommen, waren 55 *s gewesen.* 11 *d.* für die Jahre davor, nämlich. von 1790 bis einschließlich 1799; es waren 82 *s.* 2 *T.* von 1800 bis einschließlich 1809 und 88 *s.* 8 *T.* von 1810 bis einschließlich 1819, danach fiel sie (für das nächste Jahrzehnt) auf 58 *s.* 5 *Tage* [478] In den Jahren 1883–84 waren es 35 *s.* 8 *T.* ein Viertel, also ein 4-Pfund-Laib (mittlerer Qualität) bei 4½ *d.* oder 5 *Tage.* ; Ihren niedrigsten Stand während des Krieges (im Jahr 1803) erreichte sie jedoch mit 57 *s.* 1 *T.* , und das Brot war bei 6¾ *d.* oder 7 *Tage.*

Doch die Landwirtschaft stand nicht still. Arthur Young, dessen exzentrische Energie allen außer ihm selbst zugute kam und der kaum an Genialität mangelte, setzte seine neunzehn Bände der *Annals of Agriculture* gegen Sir John Sinclairs einundzwanzig Bände des *Statistical Account of Scotland* , was die Regierung von Pitt nicht beweisen wollte ein Landwirtschaftsausschuss. Aber Farmer George gründete 1793 eines; [479] Young zahlte seine Wette und wurde Sekretär; Sinclair erhielt seine neunzehn Bände und wurde Präsident des neuen Vorstands; und gemeinsam taten sie viel, um Landwirte und Grundbesitzer auf die Fruchtfolgen, die Nichtnutzung von Brachflächen, neuen Dünger und den Straßenbau aufmerksam zu machen, die der Sekretär dreißig Jahre lang vergeblich gepredigt hatte. [480]

Als es zwischen 1799 und 1800 zu großen Knappheiten kam, war der Vorstand der Situation gewachsen. Es forderte die Regierung auf, Reis aus Indien zu beziehen; es predigte ernsthaft die Kultivierung von Brachland und die vorübergehende Umwandlung von Grasland in Maisfelder. Letzteres wurde in großem Umfang durchgeführt, als die Maispreise hoch waren. Das zweite Verfahren wurde, außer wenn es sich um die Einfriedung von Gemeingütern handelte, kaum umgesetzt; und es entstand der seltsame Eindruck, dass die Bemühungen des Vorstands im Grunde eine politische Bewegung gegen kirchliche Titel und die etablierte Kirche waren. Die Einfuhr von Reis wäre von großem unmittelbaren Nutzen gewesen; Doch als der Befehl Indien erreicht hatte und die Reisschiffe nach England zurückgekehrt waren, [481] war die Hungersnot vorüber, die Menschen bevorzugten Weizen und 350.000 Pfund Kopfgeld wurden weggeworfen. [482] Nichts zeigt die Insellage der englischen Handelspolitik besser als die damals allgemein vorgeschlagenen Heilmittel, um die Übel einer schlechten Ernte zu heilen. Das Unterhaus verabschiedete selbstverleugnende Verordnungen [483] und Schwarzbrotgesetze und setzte ein Kopfgeld auf Kartoffeln aus. [484]

Innerhalb des Repräsentantenhauses gab es Gespräche über die Durchsetzung eines Mindestlohnsatzes und außerhalb über die Durchsetzung eines Höchstpreises für Brot. Den Menschen wurde gesagt, sie sollten statt Brot rote Heringe essen; Es wurden wohltätige Suppenläden eröffnet; Brennereien und Stärkefabriken drohte ein Verbot. Die Befreiung von den schlechten Zinssätzen war jedoch der beliebteste Weg, den Knoten zu durchtrennen. Es ist besser, dass unsere Leute aufeinander angewiesen sind als auf den Fremden. Diese Angst vor der Abhängigkeit war umso verzeihlicher, als es im Krieg mit Napoleon Zeiten gab, in denen England der Welt völlig allein gegenüberstand, als es jemals wieder sein dürfte. Es war eine viel schuldhaftere Torheit, so zu tun , als ob die Knappheit auf „Vorbeugung und Bedauern" [486] zurückzuführen sei und dass England selbst in den Jahren 1799 und 1800 ohne die Getreidehändler gut genug für sich hätte sorgen können und die großen Bauernhöfe und die Gehege und die neumodische Haltung. Das neue Lernen ging jedoch weiter. [487] Die daraus resultierenden Vorteile kamen möglicherweise dem Landwirt [488] oder dem Grundbesitzer zugute – die Frage wurde viel diskutiert –, aber sie kamen nicht den Arbeitern zugute . Dasselbe gilt für die Verbesserungen in der Viehzucht, die von Bakewell aus Leicester und Chaplin aus Lincoln eingeführt und vom Smithfield Club (1798) gefördert wurden, der das Board of Agriculture lange überdauert hat. Das Leben der Landarbeiter änderte sich kaum. Sie und ihre Löhne konnten vom Wachstum der Industriestädte nicht völlig unberührt bleiben. Aber die Sitten hatten immer noch die größte Macht über die Löhne und hatten keinen geringen Einfluss auf die Mieten. Aus den Berichten, die 1794 von den schottischen, englischen und walisischen Grafschaften an das Landwirtschaftsamt geschickt wurden, geht nicht hervor, dass die Löhne überhaupt oder die Pacht sehr eng mit der Menge der Produkte übereinstimmten. [489] Die Mieten waren weit davon entfernt, Rack-Mieten zu sein, und die Löhne schwankten bei weitem nicht mit den notwendigen Ausgaben des Arbeiters . In Wahrheit befand sich in den Tagen vor Eisenbahnen und Dampfschiffen jeder einzelne Landbezirk gegenüber dem Rest fast in der gleichen Isolation wie ganz England gegenüber fremden Nationen. Tatsächlich war der Preis für landwirtschaftliche Produkte in England und heute auf der ganzen Welt tendenziell gleich. Die Löhne zeigten keine solche Tendenz. Von allen Gütern ist es am schwierigsten, einen Menschen zu bewegen, [490] denn man muss ihn zuerst überzeugen; und die menschliche Trägheit, indem sie die Menschen stationär macht, wird die Löhne niedrig halten. So war es im Jahr 1794. Die Bemühungen von Grundbesitzern und Pächtern waren daher eher darauf gerichtet, den Getreideanbau aufrechtzuerhalten, als die Löhne niedrig zu halten. Sie begannen um ihr Monopol auf dem Maismarkt zu fürchten. Die englische Regierung hatte ihr Bestes getan, um ihnen den Markt zu sichern. Ein Gesetz Karls II. Im Jahr 1670 wurde die Einfuhr von ausländischem Weizen praktisch verboten, bis der Preis für heimischen Weizen über 53 *s* lag . 4 *T.* ein Viertel und machte es erst kostenlos, wenn der Hauspreis 80 *s betrug.* Die Revolution von 1688 brachte eine neue Phase der Handelspolitik. Um die landwirtschaftlichen Klassen zu versöhnen und die ihnen von den industriellen Klassen auferlegten Lasten zu sühnen, gewährten die neuen Herrscher ein Kopfgeld von 5 *s.* ein Viertel auf den

Export von Weizen, solange der Eigenheimpreis nicht über 48 *s lag*. Auf diese Weise gab es nach der Ausfuhr in der Zeit der Römer und der abwechselnden Ausfuhr und Einfuhr entsprechend den Jahreszeiten in späteren Zeiten nach der Revolution eine durch Prämien geförderte Ausfuhr, während die Einfuhr immer noch durch Zölle behindert wurde. Die Absicht bestand darin, Kapitalisten für die Landwirtschaft zu gewinnen und diejenigen zu belohnen, die sich bereits damit beschäftigten. Auf diese Weise würden nicht nur die Bauern an die neue Dynastie gebunden, sondern England würde auch für seine gesamte Ernährung sorgen. [491]

Aber gerade die Steigerung der Bodenbearbeitung hielt die Preise niedrig und verschaffte den Grundbesitzern kaum Vorteile. Wann immer es zu einer Knappheit kam, wurden die Gesetze außer Kraft gesetzt und das Kopfgeld und die Zölle wurden gleichzeitig gestrichen. [492] Der Export war jedoch bis kurz nach der Mitte des Jahrhunderts die Regel, etwa zu Beginn der Herrschaft Georgs III., als sich das Blatt ziemlich gewendet hatte. Vor allem nach dem Pariser Frieden (November 1762) wuchs der Handel und damit auch die Bevölkerung. Kanäle wurden angelegt, Straßen verbessert und der Binnenhandel florierte. [493] Wir konnten nicht mehr genug Mais für unseren eigenen Bedarf anbauen. [494] Im Jahr 1766, dem Geburtsjahr unseres Autors, kam es zu Knappheit, Maisunruhen und der Aufhebung der Maisgesetze; [495] aber die Prämie blieb dem Namen nach bis zum Ende des Jahrhunderts bestehen. In den Jahren 1795 und 1796 stieg der Weizenpreis auf 80 *s.* ein Viertel, 1797 und 1798 sank sie auf 54 *s.* ; aber am Ende der Ernte 1799 stieg sie auf 92 *s.* , im Jahr 1800 bis 128 *s.* , und vor der Ernte von 1801 bis 177 *s.* Das Viertelbrot (unter 6 *Tagen* im Jahr 1885) war einmal innerhalb von ½ *Tag haltbar.* von 2 *s.* ! Dann kam ein Zyklus vergleichsweisen Überflusses. Weizen lag zwischen 1802 und 1807 bei 75 *s.* im Durchschnitt, und ein neues Maisgesetz von 1804 verbot die Einfuhr, bis der Hauspreis auf 63 *s stieg.* Zwischen 1808 und 1813 waren es 108 *s.* im Durchschnitt; und es betrug bis zu 140 *s.* 9 *T.* im strengen Winter (1812–13) nach Napoleons Rückzug aus Moskau. Aber im Frühjahr 1815 lag der Weizenpreis bei 60 °C. Sollte es auf 63 *s ansteigen.* Die Häfen würden geöffnet, und es gab nicht einmal den Kriegsschutz. Die Bauern und Grundbesitzer waren entsetzt, die politischen Ökonomen uneinig und der Gesetzentwurf zur Erhöhung des Einfuhrpreises auf 80 *s.* wurde durch das Haus geeilt. Die Prämie, die 1773 gelockert worden war, wurde 1814 endgültig aufgehoben. [496] Da die Staffelung der Zölle erst 1827 eingeführt wurde, müssen wir davon ausgehen, dass Malthus und Ricardo (1815 und 1820) unter strengeren Bedingungen auf Miete schrieben Maisgesetz von 1815 sowie als die Sinnhaftigkeit der Verabschiedung dieser Maßnahme noch umstritten war. Alle ihre Diskussionen über die Miete beziehen sich bewusst oder unbewusst auf die Getreidegesetze ihrer Zeit.

Malthus gilt zu Recht als der erste klare Verfechter der ökonomischen Rentenlehre in England. Dr. James Anderson, ein Zeitgenosse von Adam Smith, war in seiner Sicht auf das Thema zweifellos seiner Zeit voraus; [497] aber, vielleicht weil er eher als Landwirt als als Ökonom bekannt war, scheint er keine Konvertiten hervorgebracht zu haben. Die „gleichzeitige Wiederentdeckung" der wahren Lehre durch West und Malthus im Jahr 1815 kann mit der gleichzeitigen Entdeckung der Darwinschen Theorie durch Wallace und Darwin im Jahr 1859 verglichen werden. Die Zeiten waren reif dafür. Malthus gibt in den frühen Ausgaben des *Essay on Population keinen eindeutigen Kommentar zu diesem Thema* . Im zweiten Fall sagt er sogar, dass „einer der Hauptbestandteile des britischen Maispreises die hohe Landrente ist" (S. 460; vgl. S. 444). Als er jedoch 1805 vor seinen Schülern in Haileybury einen Vortrag über Rent halten musste, erkannte er die Unhaltbarkeit dieser Position, und 1806, in der dritten Auflage des Aufsatzes, wurde die Passage gestrichen, und uns wurde gesagt: „Im Allgemeinen ist es teuer." das bestimmt die Miete, nicht die Miete, die den Preis bestimmt" (Bd. II, S. 266). Die Passage wird in der vierten Auflage (1807) wiederholt. [498] Als jedoch im Jahr 1817 die Zeit für eine fünfte Auflage gekommen war, wurden alle Kapitel über Getreidegesetze und Prämien, die die einzigen Kapitel des Aufsatzes sind, die sich ausführlich mit der Rente befassen, neu gefasst, um die klareren Ansichten zum Ausdruck zu bringen Der Autor hatte bereits an anderer Stelle dargelegt. Im Frühjahr 1814, in der Aufregung der Debatten über die Abschaffung der Prämie und über neue Gesetze, um ausländisches Getreide fernzuhalten, sah sich Malthus zum vierten oder fünften Mal in seinem Leben dazu veranlasst, als Broschürenschreiber ins Feld zu gehen. [499] Dieses Mal trat er jedoch nicht vor, um Partei zu ergreifen, sondern um als Schiedsrichter zu fungieren. Seine „ *Beobachtungen zu den Auswirkungen der Maisgesetze* und zu einem Anstieg oder Rückgang des Maispreises auf die Landwirtschaft und den allgemeinen Wohlstand des Landes" (1814) [500] gaben vor, die Argumente für und gegen die Maisgesetze gegeneinander abzuwägen , und er tat es, sagte er, so umsichtig, dass seine eigenen Freunde sich nicht sicher waren, welcher Meinung er sich anschloss. [501] Für spätere Leser besteht kein Zweifel an der Voreingenommenheit. Es erscheint sogar in einer Passage wie der folgenden, die uns übrigens zeigt, dass seine Sicht auf die Rente fast ausgereift ist: „Es ist ein großer Fehler anzunehmen, dass die Auswirkungen eines Rückgangs des Maispreises auf den Anbau vollständig sein könnten." durch eine Mietminderung kompensiert. Reiches Land, das eine hohe Nettorente abwirft , kann trotz eines Preisverfalls seiner Produkte in seinem tatsächlichen Zustand erhalten bleiben, da eine Kürzung der Rente vorgenommen werden kann, um diesen Rückgang und alle damit verbundenen zusätzlichen Kosten vollständig auszugleichen in ein reiches und hochbesteuertes Land. Aber in ärmlichen Böden reicht der Pachtfonds für diesen Zweck oft nicht aus. In diesem Land gibt es eine Menge Land von solcher Qualität, dass die Kosten für die Bewirtschaftung zusammen mit den Ausgaben für Armensteuer, Zehnten und Steuern es dem Bauern nicht ermöglichen, mehr als ein Fünftel oder Sechstel davon zu zahlen Wert des Gesamtprodukts in Form der Rente. Wenn wir annehmen würden, dass die Getreidepreise von 75 *s.* bis 50 *s.* Im Laufe des Quartals würde die gesamte Rente absorbiert werden, selbst wenn der Preis für das gesamte Produkt der Farm nicht im Verhältnis zum Getreidepreis sinken würde, und zwar unter Berücksichtigung eines Rückgangs des Arbeitspreises . Die regelmäßige Bewirtschaftung dieses Landes zur Getreidegewinnung würde natürlich aufgegeben, und jede Art von Weideland, so dürftig es auch sein mag, wäre sowohl für den Grundbesitzer als auch für den Bauern von größerem Nutzen." [502] Die Ausrichtung der Broschüre kann kurz dargelegt werden. Der Autor weigerte sich, Adam Smith zu folgen, indem er Mais mit Nahrungsmitteln gleichsetzte und ihm in dieser Eigenschaft einen unveränderlichen Wert zuschrieb, der jede Preiserhöhung zur Förderung der Bodenbearbeitung sinnlos machte. Er hielt es für durchaus möglich, die Bodenbearbeitung durch Maisgesetze zu fördern; aber war es eine gute Politik? Bevor er diese Frage beantworten konnte, musste er noch mehrere andere in Betracht ziehen. [503] Würde Großbritannien im Rahmen des Freihandels seinen eigenen Mais anbauen? – Wenn nicht, sollte die Regierung eingreifen, um dies sicherzustellen? – Wenn ja, wären Gesetze zur Behinderung der Einfuhr die beste Art der Einmischung? Die Antwort auf die erste Frage ist, dass andere Länder fruchtbarere Böden haben als Großbritannien; Polen kann in 32 Sekunden Mais in Danzig nach England transportieren . ein Viertel; [504] und wenn es freien Handel über Europa gäbe, würden die reichen Länder, die nicht englisch sind, ihre Reichtümer schicken, um die Bedürfnisse ihrer Nachbarn zu befriedigen . Wenn die Maisgesetze uns nicht dazu gebracht hätten, unseren eigenen Mais anzubauen, wäre der Freihandel nicht möglich. Als Antwort auf die zweite Frage: Zweifellos ist es vernünftig, auf dem billigsten Markt zu kaufen und auf dem teuersten zu verkaufen; und wenn wir nur auf den größten „Reichtum, die größte Bevölkerung und die größte Macht" Rücksicht nehmen würden, wäre die Regel unveränderlich; Nahrungsmittelimporte aus dem Ausland sind in jedem Fall eine gute Sache für das Land, und wenn daran etwas Schlechtes liegt, so liegt es nicht an ihnen, sondern an der schlechten Jahreszeit, die sie notwendig macht; Darüber hinaus sichert ein freier Maishandel eine stabilere und günstigere Getreideversorgung. [505] Aber andererseits ist die Abhängigkeit von anderen Nationen für das erste Lebensnotwendige eine Quelle politischer Unsicherheit für die davon abhängige Nation; und obwohl die Abhängigkeit gegenseitig ist, hindert die Identität der Handelsinteressen Nationen selten daran, miteinander Krieg zu führen; „In letzter Zeit haben wir in allen Bereichen die auffälligsten Fälle gesehen, in denen Regierungen eher aus Leidenschaft als aus Interesse handelten." [506] Und man könnte argumentieren, dass wir den Charakter unseres Volkes verändern, wenn wir die Landwirtschaft zugunsten der Industrie aufgeben; Die verarbeitende Industrie fördert die geistige Aktivität, die Ausweitung der Annehmlichkeiten, das Wachstum der Mittelschicht und damit auch das Wachstum der politischen Mäßigung. aber sie unterliegt stärker als die Landwirtschaft den Schwankungen der Mode, die zu chronischer Not und Unzufriedenheit führen, und die Bedingungen des handwerklichen Lebens sind „selbst in ihrem besten Zustand ungünstig für Gesundheit und Tugend". [507] Tugend und Glück sind schließlich das Ende; Reichtum, Bevölkerung und Macht sind nur die Mittel. Malthus selbst glaubt an so etwas wie eine goldene Mitte, ein Gleichgewicht zwischen den beiden Branchen, das möglicherweise durch die Gesetzgebung erhalten werden könnte. [508] Es gibt ein anderes und weniger plausibles Argument auf derselben Seite. Unter der Annahme, dass die Löhne mit dem Maispreis schwanken, sind hohe Geldlöhne und damit hohe Maispreise ein Vorteil für Arbeiter, die mehr Geld hätten, um die Waren im Ausland zu kaufen, in denen die Maispreise und die Waren niedrig waren billig. Obwohl unser Autor geneigt ist, diesem Argument nachzugeben, steht es im Widerspruch zu seinen eigenen Ansichten über Löhne und den Tatsachen, die er zu ihrer Stützung anführt. [509] Eindringlicher ist der Einwand, dass es unfair wäre, einen seit langem bestehenden Schutz plötzlich zu entziehen, obwohl (man könnte darauf antworten) wir bei der Abschaffung des Schutzes genauso wenig an eine schrittweise Abschaffung gebunden sind wie beim Friedensschluss während eines Krieges. Aber die eigentliche Frage ist, ob einmal geschützt immer geschützt bedeutet, und zwar in immer größerem Maße, denn dieser erhöhte Schutz wurde 1814 und 1815 vorgeschlagen. Es mag wahr sein, dass wir, wenn wir die Manufaktur schützen, auch schützen sollten Landwirtschaft; aber warum nicht beide befreien, anstatt beide zu schützen? Staatsmänner hatten jedoch keinen Mut, Freihändler zu sein, in Zeiten, in denen die einzelnen geschützten Artikel so viele waren wie die Millionen der Staatsschulden und jeder Artikel ein persönliches Interesse darstellte. Malthus erwartet offenbar nicht, dass das Parlament den Freihandel auch nur einen Moment lang in Betracht zieht. Aber die Freunde der neuen Maisgesetze stützten sich nicht nur auf die Gemeinplätze des Protektionismus, sondern argumentierten auch mit der Veränderung des Wertes der englischen Währung. Als Papier noch Papierpreise waren, [510] konnte der Einfuhrpreis des Gesetzes von 1804 bald erreicht werden, und ausländischer Mais kam viel schneller herein, als es der Real- oder Barrenpreis erlaubt hätte. Es gab auch eine lange Reihe gängiger Argumente für Getreidegesetze, die die hohe Besteuerung des Landes betonen und zeigen sollen, dass die landwirtschaftlichen Klassen den größten Teil davon tragen und daher gegenüber Ausländern benachteiligt sind. Von Malthus selbst wurde der alte Sauerteig des Protektionismus nie ganz entfernt. Wie Pitt, wenn auch in geringerem Maße, ließ er es zu, dass seine Politik seine politische Ökonomie korrumpierte und ihn vom „einfachen System der natürlichen Freiheit" zurück in die „Labyrinthe des alten Systems" zog. [511] Die Engländer werden seit der Aufhebung der Maisgesetze kaum Lust haben, den alten Strohhalm noch einmal auszuwerfen. Perronet Thompsons *„Catechism of the Corn Laws"* ist der beste Fundus der alten Argumente und ihrer Widerlegungen, dargelegt mit einer Lebendigkeit, zu der kein anderes englisches Wirtschaftswerk auch nur den geringsten Anspruch hat. [512]

Die wahre Meinung von Malthus kam in der zweiten Broschüre zum Maisgesetz mit dem Titel „ *Begründung einer Stellungnahme zur Politik der Beschränkung der Einfuhr von ausländischem Mais"* (1815) zum Ausdruck. Dazwischen kam das Traktat „Die Miete", das eher ein ökonomisches Buch als eine politische Broschüre ist und sofort Beachtung finden wird. Er spricht sich nun für einen vorübergehenden Zoll auf importiertes Mais aus, um den künstlich niedrigen Wert der Währung auszugleichen – „um den Teil unserer Preise loszuwerden, der zu großem Reichtum gehört, verbunden mit einem System von Beschränkungen." [513]

Er warnt die Regierung davor, einen solchen Schritt zu unternehmen, um einem bestimmten Gewerbe zu nützen, sondern nur, um der Öffentlichkeit zu helfen. Die Beweggründe sind dieselben, die von den Befürwortern des Schifffahrtsgesetzes immer wieder vorgetragen werden – nicht private Interessen, sondern die öffentliche Ordnung. Seit er seine *Beobachtungen schrieb,* hatten sich die Umstände geändert. Der plötzliche Frieden hatte die damals beispiellose Kombination aus einer schlechten Ernte und niedrigen Preisen mit sich gebracht; der Wert der Währung war schnell gefallen; und nicht zuletzt hatte Frankreich, das beste Getreideland Europas, in teuren Jahren damit begonnen, die Ausfuhr von Getreide zu verbieten. Wir müssen daher, sagt er, die hohe Landwirtschaft aufrechterhalten, die uns der Krieg gelehrt hat, indem wir die hohen Kriegspreise aufrechterhalten. Achtzig Schilling dürften angesichts der Grenze der verbotenen Einfuhr kein allzu hoher Preis sein.

Es scheint außergewöhnlich, dass nach der so klaren Erkenntnis, dass „Reichtum nicht in der Teuerung oder Billigkeit der üblichen Wertmaßstäbe besteht, sondern in der Menge der Produkte" und dass Exporte kein so gutes Kriterium für Reichtum sind wie die „Menge". der zu Hause konsumierten Produkte" [515] Malthus sollte die Steigerung des Überflusses durch künstliche Verteuerung empfehlen. Es ist für uns ein schwacher Trost, dass er nicht schlechter war als Brougham, der 1815 für das Maisgesetz und 1849 für die Unterstützung des Schifffahrtsgesetzes stimmte – und kaum schlechter als Ricardo, der eine vorübergehende Beschränkung für das Gesetz zuließ im Interesse der Pächter. [516] Noch besser ist, dass er eine Politik befürwortete, die seinen privaten Interessen als Inhaber eines Festgehalts und Eigentümer von drei Prozent zuwiderlief. [517] Aber bestenfalls ist die Atmosphäre dieser beiden Traktate ein wenig deprimierend.

Der Traktat zur Miete ist ermutigender. Es war das erste Ergebnis des größeren Werks über die *politische Ökonomie* (1820); und sein Inhalt wurde in den Vorlesungen des Professors in Haileybury vermittelt. Es erläutert die *Natur und den Fortschritt der Rente* mit Klarheit und Verständlichkeit, wenn auch ohne die Lebhaftigkeit von 1798. Malthus macht uns verständlich, dass wir uns zur Erklärung dieses oder eines anderen ökonomischen Gedankens so weit wie möglich an den Gebrauch der gewöhnlichen Sprache halten müssen. die Sprache klar denkender gewöhnlicher Männer. [518]

Für sie bedeutet Rente nicht, wie durch Ableitung, einfach Produktion oder Profit; noch, wie es für einen Franzosen heute und für Bailie Nicol Jarvie seinerzeit der Fall war, Zinsen für eine Schuld. Dabei handelt es sich um einen bestimmten Preis, der einem Vermieter für die Nutzung seines Grundstücks gezahlt wird. Aber eine solche Definition ist zu weit gefasst. Dabei kann es sich um den Erlös eines Monopols, einen Kapitalzins, eine staatliche Steuer, einen gesetzlichen Steuersatz, eine Maut oder eine Zahlung für erbrachte Dienstleistungen handeln. Wir müssen den Begriff etwas klarer definieren.

Es gibt einen bestimmten Teil des Einkommens eines Grundbesitzers und des Einkommens eines Bauernbesitzers, der einen anderen Ursprung und Charakter hat als der Rest und die besondere Aufmerksamkeit des Ökonomen erfordert, unabhängig davon, ob er allein den Namen Rente trägt oder nicht; das ist der Überschuss des Bodenertrags über die Produktionskosten und die aktuelle Profitrate hinaus. Stellen Sie diese in Geld dar; und nehmen wir an, dass der aktuelle Gewinn fünf Prozent beträgt. Nehmen wir an, dass ein Pächter 500 £ auf seiner Farm anlegt und durch die Ernte und die landwirtschaftlichen Produkte nicht nur 500 £ plus 25 £, sondern 600 £ erhält; die zusätzlichen 75 £, die, wenn sie von ihm einbehalten würden, im Vergleich zu dem unter Landwirten und Leuten ähnlicher Art üblichen Satz einen Mehrgewinn oder einen Mehrgewinn bedeuten würden, sind der Wert seiner Rente; und der Vermieter kann ihm das nehmen, ohne ihn zu verarmen. Die Rente ist der Teil des Ertrags, der übrig bleibt, nachdem alle Ausgaben des Landwirts zusammen mit dem laufenden Gewinn an ihn zurückgezahlt wurden. Aus zufälligen oder vorübergehenden Gründen können die Geldrenten für Land mehr oder weniger betragen; aber das ist der Punkt, zu dem sich die tatsächlichen Mieten bewegen werden. [519]

Was diesen Bericht betrifft, könnte es scheinen, dass Malthus' Beschreibung zu allgemein ist; Dazu gehören beispielsweise die zusätzlichen Gewinne eines Monopols oder eine Lizenzgebühr für die Nutzung eines Patents. und

Ricardos Definition „der Preis, der für die unzerstörbaren Kräfte des Bodens gezahlt wird" scheint eindeutiger zu sein. Aber Malthus ist eher zu spezifisch als zu allgemein. Er denkt nur an landwirtschaftliche Flächen, und zwar hauptsächlich als Nahrungsmittel für den Menschen. Auch wenn seine Beschreibung der Natur des Risses wenig zu der von Adam Smith beiträgt, [520] ist seine Darstellung ihrer Ursachen, die er selbst als erster erfasste, charakteristisch und eigenartig.

Erstens, sagt er, bringen fruchtbare [521] Böden Produkte hervor, die den Erzeuger mehr als nur ernähren. Dies lässt sich allgemeiner ausdrücken, als Malthus es ausgedrückt hat. Wenn Miete gezahlt werden soll, müssen die Mittel zur Zahlung vorhanden sein; Und das kann auch nicht der Fall sein, wenn die Produktion nur die Kosten abdeckt. Es kann jedoch eine Produktion geben, die über die reine Kostenerstattung hinausgeht, nicht nur in der Landwirtschaft, sondern in allen Gewerben. Das eigentliche Prinzip der Arbeitsteilung und der Trennung der Berufe impliziert, dass die Hingabe an einen Beruf die Menschen in der Produktion so geschickt macht, dass sie nicht nur für sich selbst sorgen, sondern auch über einen Überschuss an Mitteln verfügen, um ihre anderen Bedürfnisse und die Bedürfnisse anderer zu befriedigen. [522] Dieser Überschuss könnte bei besonders guten Handelsmöglichkeiten so viel über dem Überschuss eines gewöhnlichen Gewinns liegen, dass der Geber der Erleichterungen, der normalerweise der Grundbesitzer ist, den Löwenanteil davon erhalten könnte, und das immer noch Hinterlassen Sie, dass es dem Nutzer der Einrichtungen genauso gut geht wie seinen Nachbarn . Wenn andererseits kein solcher Überschuss erwirtschaftet werden kann, kann keine solche Miete gezahlt werden. Kurz gesagt, wenn die Miete von Geschäftsleuten in der Stadt oder auf dem Land gezahlt wird, bedeutet dies einen Mehrgewinn, und die Grundrente bedeutet einen Situationsvorteil.

Die zweite Ursache der Rente ist nach Malthus, der, wie wir uns erinnern, die Ursache für den Fortschritt der Renten sowie für ihr tatsächliches Volumen zu einem gegebenen Zeitpunkt betrachtet, [523] die Besonderheit des landwirtschaftlichen Bodens , dass die die Nachfrage steigt mit dem Angebot; in anderen Fällen ist die Nachfrage außerhalb des Angebots, aber in diesem Fall [524] erzeugt das Angebot seine Nachfrage. Wo Essen ist, gibt es auch Münder. Bei der Versorgung mit Nahrungsmitteln ist keine Überproduktion möglich. [525]

Hier ist der *Essay über die Miete mit dem Essay über die Bevölkerung* verbunden . Nach dem Bevölkerungsgesetz besteht die Tendenz darin, dass dort , wo zwei genug Nahrung für sechs produzieren, die anderen vier bald auftauchen werden; und so, denkt Malthus, macht der Bauer seine Kunden einfach dadurch, dass er seine Waren herstellt. So etwas würde, könnten wir hinzufügen, in einer vollständig entwickelten Genossenschaft passieren, in der die Hersteller einander verkaufen und voneinander kaufen würden. In gewissem Sinne gilt das sogar für alle Hersteller, wie sie jetzt sind, in dem Maße, in dem ihre Artikel annähernd notwendig sind; wenn sie das liefern, ohne das die Menschen nicht leben können, tragen sie viel dazu bei, Menschen ins Leben zu rufen. Malthus hielt dies jedoch für die landwirtschaftliche Produktion weitaus zutreffender als für jede andere. Er betrachtete Nahrung als das Wichtigste und dachte mit Adam Smith: „Wenn Nahrung vorhanden ist, ist es vergleichsweise einfach, die notwendige Kleidung und Unterkunft zu finden." [526] Vor diesem Hintergrund müssen wir uns nur daran erinnern, wie der *Essay über die Bevölkerung* zeigte, dass die Zunahme bloßer Nahrung nur in den unteren Stadien der Existenz eine Zunahme der Bevölkerung mit sich brachte; und so war die Tendenz des Angebots, seine eigene Nachfrage zu schaffen, nach eigenen Angaben des Autors nichts weiter als eine Tendenz. [527] Sein wirtschaftliches Denken wurde ein wenig durch seine Umstände beeinflusst. Die Abgeschiedenheit des englischen Lebens zu seiner Zeit hinderte ihn daran, sich vorzustellen, wie eine Nation sicher die Hälfte ihrer Nahrung aus dem Ausland beziehen könnte ; Was Adam Smith für zu gut gehalten hatte, um wahrscheinlich zu sein, [528] hielt er für zu gefährlich, um wünschenswert zu sein. Ob gut oder schlecht, es ist jetzt unsere Lage, und das Ergebnis ist erstens, dass das Nahrungsangebot nicht mehr im gleichen Maße oder in der gleichen Weise seine eigene Nachfrage erzeugt wie früher, und zweitens, dass unsere anderen Produktionen ausgeglichen sind wahrer als die Landwirtschaft, das Angebot, das seine eigene Nachfrage schafft, denn sie geben die Macht, die Lebensmittel zu kaufen, die neue Nachfrager ernähren. Die auf der Bodenoberfläche betriebene Produktion ist auf diese Weise zu einer stärkeren Ursache für den Fortschritt der Grundrenten geworden als die Produktion auf dem Boden selbst. Mit dieser Neuformulierung wird der zweite von Malthus' Grund für die Rente vielleicht etwas verständlicher.

Seine dritte Ursache ist, dass gutes Land knapp ist. Die Fruchtbarkeit der Länder ist unterschiedlich, und wie in einem neuen Land gibt es nicht genug der fruchtbarsten, um alle unsere Bedürfnisse zu befriedigen. Wenn die Produktion der minderwertigen Landwirtschaft absolut notwendig wird, wird die minderwertige Landwirtschaft zu einem Preis angebaut, der ausreicht, um die Kosten zu decken und dem Landwirt normale Gewinne zu bescheren. Aber was einfach ausreicht, um dies für ihn zu tun, wird viel mehr als das für alle Besitzer höherwertiger Ländereien bewirken, und alles, was noch viel mehr ist, kann von einem Vermieter als Miete genommen werden, ohne dass der Mieter im Vergleich zu seinen Nachbarn benachteiligt wird . Sobald dies in einem Land geschieht, werden dort die zusätzlichen Gewinne erscheinen, die von Ökonomen Rente genannt werden; und das Bevölkerungswachstum wird, indem es zu einer erhöhten Nachfrage nach Nahrungsmitteln und zu einem höheren Preis dafür führt, die

Bewirtschaftung minderwertigerer Ländereien oder eine teurere Bewirtschaftung der alten Ländereien zur Folge haben; und da wiederum die notwendigen neuen Vorräte ohne die eine oder andere dieser beiden Ressourcen nicht dauerhaft aufrechterhalten werden können, wird der Preis und damit die Rente ohne Erfindungen dauerhaft höher bleiben. Mit anderen Worten, diese dritte Ursache ist das „Gesetz der sinkenden Erträge".

Es ist dieses Gesetz der abnehmenden Erträge, das im Traktat von Sir Edward West, das im selben Jahr wie das von Malthus verfasst wurde, den größten Platz einnimmt. Wests Theorie der Rente lautet einfach: „Mit fortschreitender Verbesserung des Anbaus wird der Anbau von Rohprodukten immer teurer, oder mit anderen Worten, das Verhältnis des Nettoertrags des Landes zum Bruttoertrag nimmt ständig ab." [529] Er sieht, wie nahe Adam Smith diesem Punkt kam, als er sagte, dass im Verlauf der Kultivierung die Gesamtrente zunahm, ihr Verhältnis zum Produkt jedoch abnahm, so dass sie aus z. B. der Hälfte des Produkts *eins* wurde -dritte. [530] Er sieht, wie Malthus bereits 1798 gesehen hatte, [531] dass ohne dieses Gesetz die Bevölkerung auf ein paar fruchtbaren Ländern auf unbestimmte Zeit zunehmen könnte, anstatt sich über den Globus auszubreiten (West, S. 13), während aufgrund dieses Gesetzes Erfindungen in der Landwirtschaft sind nicht in der Lage, „die Notwendigkeit zu beseitigen, auf minderwertiges Land zurückzugreifen und Kapital mit vermindertem Vorteil auf bereits bebautem Land zu gewähren" (S. 50). Er treibt das Prinzip so weit, dass er allgemein sagt, dass alles, was die landwirtschaftliche Produktion steigert, die Kosten erhöht, während alles, was die Produktionsproduktion steigert, die Kosten senkt (S. 48), woraus er schließt, dass erstere sich im Ausland und letztere im Inland kümmern müssen, um die Verdrängung der englischen Landwirtschaft zu verhindern durch ausländische Konkurrenz. Da er kaum oder gar keinen Einfluss auf Malthus hatte, braucht sein Traktat nicht im Detail beachtet zu werden; Es genügt zu sagen, dass West in Stil und Arrangement überlegen ist, Malthus jedoch umfassender ist. West ist klarer und einfacher, weil er weniger einbezieht.

Wenn wir die drei Ursachen zusammen betrachten, sehen wir, dass sich die erste und die letzte auf die Statik und die zweite auf die Dynamik des Subjekts beziehen. Wir müssen uns daran erinnern, dass Malthus in erster Linie nicht auf den Wert, sondern auf die Menge des Produkts abzielt. Abgesehen von Wertfragen ist es nun möglich, dass es in einem Land Land gibt, das dem Sämann mehr einbringt, als er gesät hat; aber es könnte sich um einen gewöhnlichen Überschuss handeln, der von allen Produzenten in diesem Land gesichert wird, denn das Land könnte alle gleich fruchtbar sein, und die Produktion auf dem Land könnte die fruchtbarste Industrie sein. In diesem Fall gäbe es, selbst wenn das Land ein Staatsmonopol wäre und dem Produzenten die Gewinne durch eine Steuer entzogen werden könnten, nichts, was einer Rente im herkömmlichen Sinne entspricht. Sobald es jedoch Unterschiede in der Fruchtbarkeit und damit Unterschiede in der zu gleichen Kosten produzierten Menge gab, konnte man sagen, dass der Bauer, der die Differenz auf seiner Seite hatte, eine Rente hatte. Es ist dieser Überschuss, verbunden mit der Institution des Privateigentums, der laut Malthus Freizeit und geistigen Fortschritt und sogar großen materiellen Wohlstand ermöglicht. [532] Bei der Miete handelt es sich eigentlich um den zusätzlichen Gewinn und nicht um den dafür an den Vermieter gezahlten Gegenwert; Miete kann ohne Vermieter problemlos bestehen. „Es kann daher als unbestreitbare Wahrheit gelten, dass, wenn eine Nation einen beträchtlichen Grad an Reichtum und eine beträchtliche Bevölkerungsfülle erreicht, dies natürlich nicht ohne einen großen Rückgang sowohl der Kapitalgewinne als auch der Kapitalgewinne geschehen kann Der Arbeitslohn , die Aufteilung der Renten, als eine Art Fixierung auf Ländereien einer bestimmten Qualität, ist ein Gesetz, das ebenso unveränderlich ist wie die Wirkung des Schwerkraftprinzips. Und dass Renten weder ein bloßer Nominalwert noch ein Wert sind, der unnötigerweise und schädlich von einer Gruppe von Menschen auf eine andere übertragen wird, sondern ein höchst realer und wesentlicher Teil des Gesamtwerts des nationalen Eigentums und durch die Naturgesetze dort platziert, wo sie sind sind, auf dem Land, von wem auch immer es besessen ist, sei es der Grundbesitzer, die Krone oder der eigentliche Landwirt." [533]

Es ist die zweite Ursache , die die erste und dritte in der Weise in Gang setzt, dass die Renten entstehen, die wir tatsächlich in einem alten Land kennen. Die Fruchtbarkeit, die einen Ertrag über die Kosten hinaus sichert, ermöglicht zusätzliche Gewinne; die wachsende Bevölkerung, die den Produkten einen Wert verleiht, macht sie real; und die Abstufungen in der Fruchtbarkeit, wodurch eine gleichmäßige Wertsteigerung der Produkte bei verschiedenen Landwirten alles andere als gleichmäßige Zusatzgewinne schafft, verleihen den Zusatzgewinnen den eigentümlichen abgestuften Charakter, der für die Rente im ökonomischen Sinne des Wortes charakteristisch ist.

Malthus glaubte, in dieser Theorie der Rente die Wahrheit berücksichtigt zu haben, die in der Ansicht der französischen Ökonomen und Adam Smiths steckte, als sie davon sprachen, dass die Rente auf die Eigenschaften des Bodens und nicht auf ein gewöhnliches Monopol zurückzuführen sei. Seine Zeitgenossen gaben zu, dass er der erste klare Darleger des Themas gewesen sei. Sein bedeutendster Bruder, der Ökonom, fand jedoch, dass allgemeine Übereinstimmung durchaus mit betonter Divergenz in Details übereinstimmte, [534] nicht wunderbar bei einem Schriftsteller, der jede wirtschaftliche Frage als einen besonderen Fall des Wertproblems und nicht des Reichtums betrachtete.

Ricardo gibt zu, dass seine eigene Rententheorie lediglich eine Weiterentwicklung der Malthusianer ist. In einem Aufsatz über *den Einfluss eines niedrigen Maispreises auf die Aktiengewinne, der die Unzweckmäßigkeit von Einfuhrbeschränkungen aufzeigt* (1815), [535] veröffentlicht als Antwort auf die beiden oben erwähnten Traktate von Malthus, macht er dies ganz deutlich: und im Gegensatz zu seinen Schülern lobt er die Fähigkeiten seines Rivalen als Wirtschaftswissenschaftler herzlich. [536] Er stimmt der Definition (des *Tract on Rent*) zu, dass Pacht „der Teil des Wertes des Gesamterzeugnisses ist, der dem Eigentümer verbleibt, nachdem alle mit seinem Anbau verbundenen Ausgaben bezahlt wurden", einschließlich eines normalen Satzes des Gewinns für die Beschäftigten. [537]

Aber während Malthus davon ausgeht, dass sich die Rente um alles erhöht, was die Ausgaben in irgendeiner Form verringert, ist Ricardo der Ansicht, dass dies nur auf eine Weise geschehen kann, nämlich durch die erhöhten Kosten für die Beschaffung des letzten Teils der notwendigen Vorräte. Rechnerisch war klar, dass, wenn man vier Posten hatte, die die Gesamtausgaben für den Anbau ausmachten, alles, was einen der Posten *pro tanto reduzierte*, die Gesamtkosten reduzierte. [538] Dementsprechend sagte Malthus, dass die Rente durch eine solche Kapitalakkumulation erhöht werden könnte, die die Kapitalgewinne senkt, – durch eine Bevölkerungszunahme, die den Arbeitslohn senkt, – durch landwirtschaftliche Verbesserungen oder durch eine solche Erhöhung des Einkommens der Landwirte Anstrengungen, die die Zahl der benötigten Arbeitskräfte verringern , oder eine solche Erhöhung der Produktpreise aufgrund einer erhöhten Nachfrage, die die Differenz zwischen den Produktionskosten und dem Preis der Produkte erhöht. [539] Ricardo hingegen sagt, dass Gewinne niemals durch bloße Kapitalakkumulation oder Kapitalkonkurrenz reduziert werden können, sondern nur durch den zunehmend weniger fruchtbaren Charakter der Kapitalinvestitionen, die im Laufe der Akkumulation vorgenommen werden. Solange es fruchtbares Land gibt, das dem Kapital eine reiche Rendite abwirft, wird niemand eine schlechte Rendite akzeptieren. „Wenn im Zuge der Weiterentwicklung der Länder in Bezug auf Wohlstand und Bevölkerung mit jeder Kapitalvermehrung neue Teile fruchtbaren Landes zu diesen Ländern hinzugefügt werden könnten, würden die Gewinne niemals sinken und die Renten niemals steigen." [540] Unter den gegebenen Umständen häuft sich das Kapital bald über die Investitionen der Reichen hinaus an und muss die ärmeren übernehmen. Selbst in einer neuen Kolonie wird früher oder später ein Punkt erreicht, an dem fruchtbares Land der wachsenden Bevölkerung nicht mehr ausreichend Nahrung liefert, es sei denn, die Kosten steigen. [541] Wenn nun die Versorgung absolut erforderlich ist, wird der kostspieligste Teil davon, sei es durch eine Ausweitung der Bewirtschaftung auf ärmere Länder oder durch eine gründlichere Bewirtschaftung der reicheren Länder, den Preis für den gesamten Rest bestimmen , denn es kann nicht zwei Preise auf demselben Markt geben; und die Gewinne des Produzenten werden die Gewinne aller seiner Mitbewirtschafter bestimmen, denn es kann nicht zwei Profitraten im selben Geschäft geben. Darüber hinaus werden die Agrargewinne den Satz in anderen Betrieben bestimmen, denn in einer voll entwickelten Gesellschaft muss der Satz in den anderen in einem festen Verhältnis zum Satz in diesem Betrieb stehen, so dass das eine ohne das andere nicht materiell variieren kann. [542] Daher werden die höheren Kosten für den letzten Teil der notwendigen Nahrungsversorgung die Gewinne im Allgemeinen senken, dadurch die Spanne zusätzlicher Gewinne aus den reicheren Böden vergrößern und dadurch die Renten erhöhen.

Der Unterschied zwischen den beiden Männern besteht darin, dass Malthus nur eine Ursache hat, Ricardo jedoch nur eine: die erhöhten Anbaukosten. [543] Ricardo und seine Freunde haben sicherlich Anlass zur Wirkung gegeben. [544] Es sind natürlich in erster Linie die hohen Preise, die zum kostspieligen Anbau führen, und nicht *umgekehrt* , denn ohne die hohen Preise wären die Produkte des kostspieligen Anbaus nicht rentabel.

Malthus wurde vom Auswanderungsausschuss gefragt: „Eine Nebenwirkung des Rückgriffs auf einen Boden, der schlechter ist als der derzeit bebaute Boden, der mit dem Vorschlag zur Bewirtschaftung von Brachland einhergeht, wäre nicht auch eine Erhöhung der Pachtzinsen aller Grundbesitzer in ganz Großbritannien." Großbritannien und Irland?" – Er antwortete: „Ich denke nicht. Die Bewirtschaftung armer Ländereien ist nicht die Ursache für den Anstieg der Pachtzinsen; Der Anstieg des Produktpreises im Vergleich zu den Produktionskosten, der die Ursache für den Anstieg der Renten ist, findet zuerst statt, und dann führt dieser Anstieg zur Bewirtschaftung des ärmeren Landes. Das ist die Lehre, die ich ursprünglich dargelegt habe, und ich glaube, dass sie wahr ist; es wurde später von anderen geändert." [545]

Was andererseits die hohen Preise dauerhaft und nicht vorübergehend macht, ist die Tatsache, dass der für die Vollständigkeit des Angebots erforderliche Anbau nur kostspielig sein kann. [546] Es ist daher nicht falsch, den kostspieligen Anbau als eine Ursache für die Dauerhaftigkeit hoher Preise und damit hoher Renten zu betrachten. Aber Ricardo geht noch weiter und sieht darin die einzige Ursache.

Während des gesamten Fortschritts der Gesellschaft, sagt er, werden die Profite durch die Schwierigkeit oder Leichtigkeit der Nahrungsbeschaffung bestimmt; und: „Wenn die geringen Gewinne die Akkumulation nicht bremsen, gibt es kaum Grenzen für den Anstieg der Rente und den Rückgang des Profits." Nichts kann die allgemeine Profitrate erhöhen, außer die Verbilligung von Nahrungsmitteln; [547] wie durch Verbesserungen in der

Landwirtschaft, die, indem sie die gleiche Produktion mit weniger Arbeit sichern , vorübergehend die Profite erhöhen und die Renten senken. [548] Das Interesse des Grundbesitzers steht daher zu jeder Zeit im Gegensatz zu dem jeder anderen Klasse in der Gemeinschaft, [549] denn es bedeutet teure Lebensmittel, geringe Gewinne und hohe Mieten. Dennoch sind hohe Renten weder die Ursache für die teureren Lebensmittel noch für die geringen Profite, sondern sind ebenso wie diese die Auswirkung einer gemeinsamen Sache, einer kostspieligeren Bewirtschaftung. Die Auswirkung einer kostspieligen Lohnkultivierung könnte *auf den ersten Blick* als eine Erhöhung derselben erscheinen, denn die Löhne hängen vom Verhältnis des Arbeitskräfteangebots zur Nachfrage des Kapitals [550] nach ihnen ab, und unter der Annahme, dass es eine größere Nachfrage gab. Da aber die Ursache des Preisanstiegs in erster Linie ein Bevölkerungswachstum war, folgt daraus, dass die erhöhten Kosten für die Beschaffung der teuersten Maisvorräte nicht durch eine höhere Bezahlung alter Arbeiter , sondern durch die Beschäftigung neuer Arbeiter verursacht werden. Die Löhne werden wiederum weniger Mais kaufen, denn der Mais ist gestiegen. „Während der Maispreis um zehn Prozent steigt, werden die Löhne immer weniger als zehn Prozent steigen, aber die Miete wird immer stärker steigen; Die Lage des Arbeiters wird sich im Allgemeinen verschlechtern und die des Vermieters wird sich immer verbessern." [551] In seiner Stellungnahme zur Lohnlehre ist Ricardo 1815 vielleicht vorsichtiger als 1817 und sagt: „Wie die Erfahrung zeigt, übernehmen Kapital und Bevölkerung abwechselnd die Führung und die Löhne sind infolgedessen liberal oder dürftig. Hinsichtlich der Gewinne und der Löhne kann nichts positiv festgelegt werden." [552] Aber auch im Jahr 1817 ist seine Darstellung kaum strenger als die von Malthus selbst. Er ist weit davon entfernt, ein eisernes Gesetz zu erkennen, das die Löhne auf den „natürlichen Preis" oder das Nötigste senkt, dass er denkt, dass der Marktpreis für eine unbestimmte Zeit ständig über dem natürlichen Preis liegen könnte, und dass er den natürlichen Preis selbst als expansiv ansieht. Das gesamte Kapitel über Löhne [553] zeigt ein gerechtes Verständnis des *Essays über die Bevölkerung* . Wenn Ricardo jedoch in einem Sinne zu viel vom Bevölkerungsprinzip im Verhältnis zur Rente machte, so legte er in einem anderen Sinne zu wenig Wert darauf. Er sieht nicht, dass dies in einem fortschrittlichen Land der Tendenz von Verbesserungen in der Landwirtschaft entgegenwirkt, die Produkte zu verbilligen und dadurch die Renten zu senken; [554] Die landwirtschaftlichen Pachtzinsen sind seit 1846 hauptsächlich aufgrund der hohen Landwirtschaft gestiegen. Er gibt nicht zu, dass sich hohe oder niedrige Löhne auf die Rente auswirken können, weil er sie nur als relativ zu den Profiten ansieht und mit den Profiten einen Gesamtbetrag bildet, von dem nur die Proportionen variieren; Es ist jedoch schwer zu glauben, dass der Anstieg der landwirtschaftlichen Löhne seit etwa 1873 nicht dazu beigetragen hat, die Pachtzinsen der Bauern seit diesem

Datum niedrig zu halten. Wie sich jedoch herausstellt, hängt unsere Ansicht über die Macht oder Ohnmacht von gesunkenen Gewinnen oder gesunkenen Löhnen zur Erhöhung der Rente von unserer Ansicht über die Ursachen des Werts ab, und wie auch die Meinungsverschiedenheit der beiden Ökonomen über das Verhältnis von Löhnen zu Profiten sein könnte Obwohl sie den Anschein einer technischen Feinheit erwecken, können diese beiden Punkte der Gesamtsumme vorerst außer Acht gelassen werden.

Im Hinblick auf landwirtschaftliche Verbesserungen schien die Sache klarer zu sein, und die Beweise schienen alle für Ricardo und gegen Malthus zu sprechen. In einem Land, das bei Getreide hauptsächlich auf sich selbst angewiesen ist, scheint eine allgemeine Einführung von Verbesserungen die Lieferungen billiger zu machen, weil sie weniger kostspielig sind, und daher die Pachtzinsen zu senken, weil die Landwirte gezwungen werden, die Preise zu senken. Sogar Herr Mill hat sich zu diesem Zeitpunkt nicht vom Ricardianismus gelöst , [555] obwohl er sich weniger vorbehaltlos darüber äußert als Ricardo. Malthus hingegen, der die Rente weitgehend von der Fähigkeit des landwirtschaftlichen Angebots abhängt, seine eigene Nachfrage zu schaffen, geht dementsprechend davon aus, dass die Rente jederzeit mit der durch Verbesserungen verursachten Getreidezunahme Schritt hält, es sei denn, die Verbesserungen übertreffen sie Bevölkerung. Was Billigkeit in anderen Fällen bewirkt, besteht darin, einen Artikel einem bisher davon ausgeschlossenen Käuferkreis zugänglich zu machen. Jeder ist Käufer landwirtschaftlicher Produkte und niemand wird ausgeschlossen; aber die vorübergehende Billigkeit des Getreides schafft neue Käufer, indem es die Ehe einem größeren Kreis zugänglich macht.

Der Anstieg der Mieten resultiert tatsächlich aus dem Konflikt zweier wirtschaftlicher Tendenzen – der Tendenz ökonomischer Hilfsmittel, die Preise zu senken, und der Tendenz einer wachsenden Bevölkerung, sie zu erhöhen. Wenn Malthus' umfassendste Sicht auf die Bevölkerung wahr ist, dann führt eine Verbilligung der Nahrungsmittel unter einem zivilisierten Volk keineswegs zu einer entsprechenden Zunahme ihrer Zahl, und daher würde der Verlauf der Verbesserung bisher in Richtung einer Senkung der Preise und damit der Preise tendieren mieten. Wenn die Pachtzinsen allein vom Maispreis abhingen, müssten wirtschaftliche Hilfsmittel (darunter nicht nur die direkten Beihilfen für die Bodenbearbeitung, die direkt darauf angewendeten mechanischen und chemischen Erfindungen, sondern auch die indirekten Beihilfen, Freihandel, Eisenbahnen und Dampfschiffe) die Pachtzinsen sicherlich gesenkt haben die letzten hundert Jahre. Aber das Gegenteil ist der Fall, [556] vor allem deshalb, weil mit den Erzeugnissen einer Farm nicht mehr Weizen gemeint ist, sondern immer mehr Vieh und Milchprodukte, deren Preise im Gegensatz zu Mais in hundert Jahren nicht gefallen, sondern gestiegen sind tatsächlich gefallen. Diese

Produktionsvielfalt hat sich finanziell als Äquivalent zu dem erwiesen, was Malthus (vor siebzig Jahren) als Hauptursache für größere Zusatzgewinne für den Bauern und höhere Geldrenten für den Grundbesitzer ansah – die erhöhte Fruchtbarkeit des Bodens in Bezug auf Getreide usw ein gestiegener Preis hält damit Schritt.

Die Handelspolitik Englands ist zu dem geworden, was Malthus im letzten Teil des *Essays über die Bevölkerung* als eine Kombination aus Agrar- und Handelssystem beschreibt. Seine Ansichten zu diesem Thema änderten sich mit zunehmendem Alter. In der zweiten Auflage sagt er: [557] „Zwei Nationen könnten im Austauschwert der jährlichen Produkte ihres Landes und ihrer Arbeit genau mit der gleichen Geschwindigkeit zunehmen ; doch ... in dem, was sich hauptsächlich der Landwirtschaft gewidmet hatte, würden die Armen in größerem Überfluss leben und die Bevölkerung würde schnell wachsen; in dem, was sich hauptsächlich dem Handel gewidmet hatte, würden die Armen verhältnismäßig wenig davon profitieren, und infolgedessen würde die Bevölkerung entweder stationär bleiben oder nur sehr langsam wachsen." „In der Geschichte der Welt waren die Nationen, deren Reichtum hauptsächlich aus Industrie und Handel stammte, vollkommen vergängliche Wesen im Vergleich zu denen, deren Reichtum auf der Landwirtschaft beruhte. Es liegt in der Natur der Sache, dass ein Staat, der von den Einkünften anderer Länder lebt, allen Zufällen der Zeit und des Zufalls unendlich viel stärker ausgesetzt sein muss als einer, der seine eigenen Einkünfte produziert." [558] Es liegt seiner Meinung nach nicht an seinem Handel, sondern an seiner Landwirtschaft, dass England so reich an Ressourcen ist; Es ist nicht ungefährlich, dass unsere Handelspolitik Kapital von der Landwirtschaft in die Industrie und den Handel umgelenkt hat. Um die Mitte des 18. Jahrhunderts waren wir eine rein landwirtschaftlich geprägte Nation, und wir waren in Sicherheit, denn in einem Land, dessen Handel und Industrie durch die Verbesserung der Landwirtschaft zunahmen, ist kein Keim des Verfalls erkennbar. Aber jetzt ist alles anders; und es gibt Grund zu der Befürchtung, dass unser Wohlstand nur vorübergehend ist und wir nur durch die Depression anderer Nationen aufgestiegen sind. [559] Wenn die Nationen, die uns jetzt mit billigem Mais versorgen, wie wir gedeihen und ihre Bevölkerung vergrößern, bis der Mais für sie teuer wird, dann werden wir ruiniert sein. Die Übel des Mangels sind so schrecklich, dass es sich lohnt, die Landwirtschaft besonders zu fördern und, um sicher zu sein, genug zu haben, im Allgemeinen zu viel zu haben. [560] Sonst „werden wir den Wellen des Schicksals so ausgeliefert sein, dass uns nur ein Wunder davor bewahren kann, getroffen zu werden." [561] „Wenn England seine jährlichen Maiseinfuhren fortsetzt, kann es diesem Rückgang, der die natürliche und notwendige Folge übermäßigen kommerziellen Reichtums zu sein scheint, letztendlich nicht entkommen; und der wachsende Wohlstand der Länder, die es mit Mais versorgen, muss am Ende seine Bevölkerung, seinen

Reichtum und seine Macht verringern" – allerdings nicht in den nächsten zwanzig oder dreißig Jahren, sondern „in den nächsten zweihundert oder dreihundert Jahren". " [562] Im Jahr 1803 hatte Malthus viel mit dem Autor von *„Großbritannien unabhängig vom Handel"* gemeinsam , ganz zu schweigen von den französischen Ökonomen. Es kann nicht gesagt werden, dass er in späteren Jahren die Vorliebe für die Landwirtschaft völlig verloren hat . In der *Politischen Ökonomie* , in der er die letzten fünf Jahrhunderte englischer Arbeit und Löhne Revue passieren lässt, [563] versucht er, die Fälle wegzuerklären, in denen steigende Maispreise und ein „Zufluss von Goldbarren" offenbar die Lage des Arbeiters beeinträchtigt haben ; und es besteht kaum ein Zweifel, dass er indirekt auf einen Einwand gegen Corn Laws antwortete. Wenn es zu einer Abwertung der Währung kam, sei es durch amerikanische Entdeckungen oder durch die Aussetzung der Barzahlung, hat die Erholung davon (sagt er) dazu geführt, dass die Preise viel stärker gefallen sind als die Löhne, und das gilt auch (wir können daraus schließen), wenn die Preise hoch gehalten werden , Löhne werden folgen. Es kann bezweifelt werden, ob er die gesamten Konsequenzen einer solchen Behauptung im Lichte seiner eigenen Grundsätze des Freihandels abgewogen hatte. Professor Rogers [564] hatte die wertvolle Hilfe alter College-Berichte. Malthus hatte außer Eden, Arthur Young und den Berichten an die Landwirtschaftsbehörde kaum etwas zu bieten; und es ist zweifelhaft, ob er die Auswirkungen der Währungsabwertung Heinrichs VII. auf den Arbeiter vollständig verstand oder ob er die Analogie auf die Abwertung zu seiner Zeit anwenden konnte. [565] Aber im Großen und Ganzen wurde er mit den Jahren weniger physiokratisch. Er kam zu der Erkenntnis, dass ein rein landwirtschaftlich geprägtes Land in manchen Fällen, wie etwa in Amerika, für den Arbeiter das Beste sein könnte , in anderen Fällen, wie in Polen oder Irland, jedoch möglicherweise das Schlimmste, was für ihn möglich ist. Wenn wir hören, dass der Arbeiter in einem Land in einem Jahr fünfzehn und in einem anderen neun Viertel Weizen verdient, können wir nicht sicher sein, dass ersterer besser dran ist, bis wir den Wert anderer Dinge im Land im Vergleich zum Weizen kennen. Wenn Industriegüter im Vergleich dazu sehr teuer wären, dann würde der Lohn des Arbeiters außer in Nahrungsmitteln nur sehr wenig sinken, es sei denn in einem Fall wie Amerika, wo die Menge so groß ist, dass sie den geringen Wert des Maislohns ausgleicht. In Polen ist der Wert von Mais so niedrig und es gibt so wenig Kapital im Land, dass die hohen Maislöhne niedrige Reallöhne bedeuten und die Bevölkerung entweder stagniert oder nur sehr langsam wächst. Der Wohlstand eines Agrarlandes hängt also von anderen Ursachen ab als der Ausrichtung seiner Aufmerksamkeit auf einen bestimmten Agrarzweig, und ohne diese zu kennen, könnten wir ihn nicht ableiten oder vorhersagen. [566]

Malthus erreichte tatsächlich den Punkt, an dem er immer gerne ankam, den Mittelweg zwischen zwei extremen Ansichten. [567] Er würde weder eine rein landwirtschaftlich geprägte Nation, deren Gefahr der Mangel an Kapital sei, noch eine rein kommerzielle Nation, deren Gefahr der Mangel an Nahrungsmitteln sei, gutheißen. In einem rein kommerziellen Geschäft hängt alles von einer Überlegenheit in Industrie, Maschinerie und Handel ab, die naturgemäß nicht von Dauer sein kann. Nicht nur die ausländische, sondern auch die inländische Konkurrenz wird die Gewinne schmälern und dadurch, indem sie das Sparen und Unternehmertum behindert, die Nachfrage nach Arbeitskräften verringern und die Bevölkerung zum Stillstand bringen. Die Christenheit hat gesehen, wie Venedig, Brügge und Holland ihren Handel durch den Gewinn ihrer Nachbarn verloren haben . [568] Zu sagen, dass es den Nationen der Welt erlaubt sein sollte, ihren Handel ebenso frei zu entwickeln wie die Provinzen eines einzelnen Reiches, bedeutet seiner Meinung nach, die Realität politischer Hindernisse zu übersehen. Wenn England immer noch in die Königreiche der Heptarchie aufgeteilt wäre, könnte London nicht das sein, was es ist. Die Interessen einer Provinz und die eines unabhängigen Staates sind niemals dasselbe. [569] Für jemanden, der politische Spaltungen für unvermeidlich hält, kann es wenig Hoffnung auf einen universellen Freihandel geben. Malthus ist nicht in der Lage, sich der kosmopolitischen Sichtweise von Cobden anzuschließen, und er scheint nie zu begreifen, dass der Freihandel durch die Ignorierung politischer Barrieren diese wirklich schwächen könnte. Sein Ideal ist ein Staat, der Landwirtschaft und Handel zu gleichen Teilen vereint. [570] Der Wohlstand des letzteren impliziert den Zerfall des Feudalismus und die Errichtung einer sicheren Regierung; Mit der Sicherheit gehen eine spontane Ausweitung des Unternehmertums und eine stetige Nachfrage nach Arbeitskräften einher . Da die beiden großen Produzentenklassen einander einen Markt bieten, wird der Reichtum ständig wachsen, und zwar ohne die Gefahr einer plötzlichen Kontrolle durch einen ausländischen Einfluss. Der Wohlstand eines solchen Landes könnte (er glaubt) praktisch ewig anhalten , und wir könnten für unser eigenes Land die Frage von Bischof Berkeley nach seinem eigenen bejahen. [571] „Die Länder, die große Landressourcen mit einem wohlhabenden Handels- und Industriezustand vereinen und in denen der kommerzielle Teil der Bevölkerung den landwirtschaftlichen Teil nie wesentlich übersteigt, sind vor plötzlichen Rückschlägen äußerst sicher." Ihr zunehmender Reichtum scheint außerhalb der Reichweite aller gewöhnlichen Zufälle zu liegen, und es gibt keinen Grund zu der Annahme, dass ihr Reichtum und ihre Bevölkerung nicht über Hunderte, ja fast Tausende von Jahren weiter zunehmen werden." [572] Sie würden tatsächlich so weitermachen, bis sie die äußersten praktischen Grenzen der Bevölkerung erreichten, was unter dem System des Privateigentums einen Zustand des Landes bedeuten würde, der es „den letzten beschäftigten Arbeitern ermöglichen würde, den Unterhalt von wahrscheinlich so vielen zu gewährleisten " . als vier Personen", der Mann, seine Frau und zwei Kinder.

Sobald die Arbeit aufhört, mehr zu produzieren, lohnt es sich für den Arbeitgeber nicht mehr, den Lohn zu zahlen und die Arbeitskraft zu beschäftigen . Diese praktischen Grenzen sind weit entfernt von den Grenzen der Fähigkeit der Erde, Nahrungsmittel zu produzieren, und eine Regierung, die jedes Mitglied der Gesellschaft dazu zwingt, sich ganz der Beschaffung von Nahrungsmitteln und lebensnotwendigen Gütern zu widmen, würde es schaffen, diesen weiter entfernten Grenzen näher zu kommen, wenn auch zum Glück Kosten für alles, was wir unter Zivilisation verstehen. [573] Tatsächlich wird nicht einmal die praktische Grenze durch einen gleichmäßigen Rückgang der Profite und der Bevölkerung erreicht. Verschiedene, in unregelmäßigen Abständen wirkende Ursachen verhindern das Ereignis. Der Rückgang der allgemeinen Profite, die Einführung langfristiger Pachtverträge und großer landwirtschaftlicher Betriebe würden mehr Kapital in das Land bringen; Verbesserungen in der Landwirtschaft werden die Produktivität steigern, Erfindungen in der Manufaktur werden die Kosten für die Annehmlichkeiten des Landwirts senken und seine Löhne und Gewinne weiter steigern; die Öffnung eines ausländischen Marktes kann die Immobilienpreise erhöhen; Ein vorübergehender Anstieg des Wertes landwirtschaftlicher Erzeugnisse kann die Kapitalinvestitionen in die Landwirtschaft stimulieren. Daher kommt Malthus aus Gründen, die denen von Cliffe Leslie nicht unähnlich sind, [574] zu dem Schluss, dass die Gewinne zwar tendenziell sinken, diese Tendenz jedoch häufig unterdrückt wird. Obwohl in vielen seiner Aussagen immer noch viel Wahres steckt, ist die Schlussfolgerung, die er daraus zieht, [575] , dass wir durch ein vernünftiges System von Maiszöllen und Maisprämien den Lebensmittelpreis stabil halten und eine große Hausversorgung sicherstellen sollten jetzt ganz außergerichtlich. Die Preisschwankungen waren im Freihandel sehr moderat; und die Versorgung aus der einen oder anderen Richtung hat uns nie im Stich gelassen. Freihandel gehört nicht mehr zu unseren Problemen.

Es muss jedoch hinzugefügt werden, dass es keinen Grund gibt, warum die „praktischen Grenzen" nicht auch in einem väterlichen oder brüderlichen Sozialismus sowie im gegenwärtigen Gesellschaftssystem bestehen sollten. Selbst wenn die Industrie nicht von Einzelpersonen, sondern sozialistisch von der Regierung initiiert und geleitet würde, muss das einzige Motiv nicht darin bestehen, die bloße Zahl der Menschen und damit die bloße Gesamtmenge an Nahrungsmitteln, die für ein nacktes Leben benötigt werden, zu vergrößern. Das Motiv einer sozialistischen Regierung würde darin bestehen, allen ein hohes Maß an Komfort und nicht den bloßen Lebensunterhalt zu sichern; und daher bliebe die Gesellschaft um den Preis einer zahlenmäßigen Begrenzung immer noch von ihrer größtmöglichen Nahrungsmittelproduktion entfernt. Ob eine solche zahlenmäßige Begrenzung in der wiederhergestellten Gesellschaft wahrscheinlich ist, wird an anderer Stelle diskutiert. [576]

KAPITEL II.
DER ARBEITENDE MANN.

Wertmaß , 1823 – In welchem Sinne Arbeit ein Maß ist – Schwierigkeiten – Argumente des Traktats über den Wert – Maß im selben Land – Maß in verschiedenen Ländern – Maß in verschiedenen Zeiträumen im selben – Maß, wie es auf unterschiedliche Währungswerte angewendet wird – Die Royal Literary Society – Die *Definitionen* – Löhne – Das Minimum an sozialen Gütern, das sich vom Minimum an physischen Notwendigkeiten unterscheidet – Hohe Löhne, wie dauerhaft gemacht – Der „Wages Fund", dessen Erfindung und inwieweit eine Realität – „Die neue Schule des Politischen." Wirtschaft", seine drei Grundsätze – eine allgemeine Überschwemmung im möglichen Sinne.

Während sich die Broschüren „Rent and Corn" hauptsächlich mit Mutter Erde befassen, befasst sich das Traktat über das Maß des Wertes [577] hauptsächlich mit der Arbeit des Vaters. Die Suche nach einem gemeinsamen Wertmaß ist für Malthus kein rein akademisches Problem. Er hält eine solche Maßnahme für wünschenswert, da es bei jeder Untersuchung des Reichtums von Nationen wichtig ist, zwischen dem Aufstieg einer Ware und dem Niedergang einer anderen zu unterscheiden. Ersteres ist eine intrinsische Wertveränderung, die sich auf jeden Austausch auswirkt, an dem das Objekt beteiligt ist; Letzteres ist ein äußerer Faktor, der nur den einen Austausch des betreffenden Objekts mit dem veränderten Fremdobjekt betrifft. Unter Wert versteht man natürlich den wirtschaftlichen Wert oder „die Macht, im Gegenzug über andere Objekte zu verfügen", und nicht den Wert im (nicht ungewöhnlichen) weiteren Sinne, der Nützlichkeit bei der Befriedigung von Bedürfnissen. [578] Der wirtschaftliche Wert von irgendetwas, bezogen auf ein Objekt, das seinen Wert aus intrinsischen Gründen nie ändert, kann als „natürlicher oder absoluter Wert" dieser Sache bezeichnet werden, und das Objekt, mit dem es verglichen wurde, kann als „natürlicher oder absoluter Wert" bezeichnet werden „Maß" für den absoluten oder natürlichen Wert, mit anderen Worten für den Wert, den eine Sache erreichen muss, damit ihre Versorgung fortgesetzt werden kann. Während nicht nur Geld, sondern jedes beliebige Objekt für einen begrenzten Ort und eine begrenzte Zeit ein solches Maß für den Wert sein kann, ist nicht einmal Geld selbst ein gutes Maß für sehr unterschiedliche Orte oder für lange Zeiträume; und Mais, der auf lange Sicht besser ist, ist auf kurze Sicht schlechter.

Labour ist besser als beides, aber Labour ist zweideutig. Wir können den Wert von irgendetwas entweder an der Arbeit messen , die es uns bei seiner Herstellung gekostet hat, was uns Ricardos Sinn für den natürlichen Wert vermittelt, oder an der Arbeit, die es nach seiner Herstellung erwirbt. Adam Smith, [579] der die Arbeit sowohl dem Geld als auch dem Mais als Wertmaß vorzog , schwankte zwischen diesen beiden Bedeutungen der Begriffe. Malthus erklärt sich sofort gegen den ersten Sinn. Er sagt, dass Arbeit im Sinne von Kosten den Wert nicht vollständig bestimmt und ihn daher nicht messen kann, selbst für ähnliche Orte und Zeiten. Im Jahr 1820 war Malthus der Meinung, dass ein Mittelwert zwischen Mais und Arbeit ein besserer Wertmaßstab sei als die Arbeit selbst; aber seit 1823 vertrat er die Ansicht von Adam Smith [580] und vertrat die Auffassung, dass der Betrag der ungelernten gewöhnlichen Tagarbeit des Landarbeiters , den ein Ding kaufen oder besitzen wird, schon zu diesem Zeitpunkt ein gutes Maß für den Wert des Dings sei sehr unterschiedliche Orte und Zeiten. „Landwirtschaftliche Arbeit wird aus dem offensichtlichen Grund genommen, dass sie die häufigste Art der Arbeit ist , dass sie direkt die Nahrung des Arbeiters produziert und dass sie am unmittelbarsten mit den Abstufungen des Bodens und den notwendigen Schwankungen des Profits zusammenhängt. Bei Adam Smith, Herrn Ricardo und anderen politischen Ökonomen wird auch angenommen, dass andere Arten von Arbeit im Durchschnitt weiterhin das gleiche Verhältnis zur landwirtschaftlichen Arbeit haben .“ [581] Die körperliche Anstrengung des Arbeiters ändert sich nicht; Es ist derselbe Schweiß im Gesicht, das gleiche Opfer an physischer Kraft. Wenn zum Beispiel für Mais weniger Arbeit erforderlich ist als vor einem Jahrhundert, können wir sicher sein, dass dies nicht auf eine Veränderung der Arbeit , sondern des Mais zurückzuführen ist; und wir sollten daher nicht sagen, dass die Arbeit im Wert gestiegen ist, sondern dass das Getreide gefallen ist. Malthus' Suche nach einem dauerhaften Element im Veränderlichen hat ihn zur individuellen menschlichen Arbeit als ökonomischer Einheit geführt. Wenn der chinesische Arbeiter einen niedrigeren Lohn hat als der englische, dann liegt das nicht daran, dass seine Arbeit einen geringeren Wert hat, sondern daran, dass seine Bedarfsgüter einen höheren Wert haben. In den Vereinigten Staaten sind die Löhne nicht deshalb höher, weil die Arbeit einen höheren Wert hat, sondern weil die Notwendigkeiten einen geringeren Wert haben. [582] Wenn Fertigkeit in die Arbeit einfließt , ist die Einheit natürlich nicht dieselbe; Aber wenn wir nur die Ungelernten betrachten, finden wir eine Bestätigung von Malthus' Ansicht in der Erfahrung des älteren und des jüngeren Brassey als Arbeitgeber von Arbeitskräften , dass Quantität für Quantität „die Kosten der Arbeit [die Kosten dafür für den Arbeitgeber]“ sind. „ist überall gleich“ auf der Welt. [583] Die Maßnahme ist jedoch in Bezug auf Fachkräfte keineswegs außergerichtlich ; Der Sachunterschied kann als Gradunterschied angegeben werden. Wenn die Arbeit des Uhrmachers mit 10 *s bezahlt wird.* pro Tag und der durchschnittliche Landarbeiter nur bei 1 *s.* 8 *T.* , ersteres kann als gleichbedeutend mit sechs Tagen gewöhnlicher Arbeit angegeben werden . [584] Malthus hat eine Entschädigungsskala im Kopf, wie sie Adam Smith im zehnten Kapitel des ersten

Buches des *Wealth of Nations* darlegt . [585] Unannehmlichkeiten, Schwierigkeiten, Unbeständigkeit, Verantwortung und das Risiko des Scheiterns sind so viele Behinderungen, für die dem Arbeiter jeweils eine Entschädigung in Höhe seines Lohns gezahlt werden muss, was im Endeffekt so viele weitere Arbeitsstunden hinzufügt ; und jede höhere Klasse von Arbeitern muss die Einheit des gewöhnlichen Arbeiterlohns erhalten , zuzüglich der Entschädigungen. In der Praxis bedeutet dies, dass es nicht genügend Männer gibt, um die höherklassige Arbeit zu verrichten, es sei denn, der Lohn reicht aus, um die Behinderung auf sich zu nehmen. Es wird davon ausgegangen, dass diese Skala von Generation zu Generation durch Gewohnheiten und das „Gewirr des Marktes" angepasst wurde, bis in einer bestimmten Nachbarschaft jedes der verschiedenen Handwerksberufe einen definitiv anerkannten Platz in der Reihe einnimmt. [586]

Diese Argumentation erscheint weniger überzeugend, wenn man bedenkt, dass die Umrechnung von Fähigkeiten in Stunden an verschiedenen Orten unterschiedlich sein würde und dass die gemeinsame Arbeit , die die Einheit darstellt, in gleicher Weise variieren würde. Der Wertmaßstab würde nur für einen bestimmten Ort, eine bestimmte Zeit und ein bestimmtes Volk gelten. Um dieser Schwierigkeit zu entgehen, müssen wir den Unterschied zwischen der gemeinsamen Arbeit zu einer Zeit und an einem Ort und der gemeinsamen Arbeit zu einem anderen Zeitpunkt als selbst messbar betrachten und ihn berücksichtigen; Andernfalls müssen wir es für zu klein halten, um unsere Schlussfolgerungen zu beeinträchtigen, und es daher ganz vernachlässigen. Die gewöhnliche Arbeit auf ihre theoretisch einfachsten Begriffe zu reduzieren bedeutet, sie auf etwas zu reduzieren, das unterhalb unserer Erfahrung liegt; und es in den gegebenen Fällen auf das eigentlich Einfachste zu reduzieren, bedeutet, es in England auf eins, in Frankreich auf ein zweites, in Indien auf ein drittes und in Amerika auf ein viertes zu reduzieren. Es gibt Qualitätsunterschiede, die sich nicht mit Sicherheit in Quantitätsunterschiede auflösen lassen; Das sind die Unterschiede der Individuen, die Unterschiede der Nationen, die Unterschiede der Rassen. Man wird auch feststellen, dass die Rolle, die gewöhnliche Arbeitskräfte im Gegensatz zu qualifizierten Arbeitskräften und in der Landwirtschaft im Gegensatz zu Produktionsarbeitskräften spielen , von Land zu Land so unterschiedlich ist, dass wir, um die Arbeitskraft als Maß zu verwenden, andere benötigen sollten ergänzende Maßnahmen. Kurz gesagt: Wenn wir genug Daten hätten, um diese Maßnahme anzuwenden, müssten wir auch genug Daten haben, um darauf zu verzichten.

Möglicherweise war es die Kraft dieser Überlegungen, die Malthus im Laufe der Zeit dazu brachte, sich Ricardo etwas anzunähern, dessen Maßstab, soweit er einen hatte, nicht die gekaufte Arbeit war, sondern die Arbeit, die in die Kosten einging . Aber er hielt an der Substanz seiner Lehre fest, wie sie im Traktat zum Ausdruck kam; und seine Positionen waren im Einzelnen wie folgt:

Die Macht eines Objekts, einem anderen im Gegenzug Befehle zu erteilen, wird entweder durch eine Veränderung des Objekts selbst oder durch eine Veränderung des anderen Objekts beeinflusst. Wenn wir einen Fall finden würden, in dem sich das erste Objekt selbst nie verändert hätte, dann hätten wir in diesem ersten ein Maß für den natürlichen oder absoluten Wert im Gegensatz zum nominalen oder relativen Wert, d. *h . e.* ein Maß für den Wert eines Artikels, der die „Bedingungen seiner Lieferung" erfüllt und es ermöglicht, seine Produktion ohne Verlust für die Produzenten fortzusetzen. Mit „Versorgungsbedingungen" sind Ricardos „Produktionskosten" zuzüglich der gewöhnlichen Gewinne gemeint. Es ist keine Messung von Markt- oder relativen Werten möglich; und um ein Maß für den natürlichen Wert selbst zu haben, müssen wir zwei Postulate aufstellen: dass der natürliche Wert von „ Arbeit und Gewinn" (*sic*) abhängt, wenig oder gar nicht von der Rente, und dass der „Lohn" der Arbeit auch der „Wert" ist „der Arbeit " – was Arbeit bezahlt wird, ist auch das, was Arbeit einbringen wird. Es ist einfach, die Maßnahme dort anzuwenden, wo sie *nur ist* Es handelt sich um Arbeit , denn dann ist die Arbeit , die die Dinge *kosten* , ein ausreichendes Maß; Es wäre bei jeder Veränderung offensichtlich, dass die Dinge billiger und nicht die Arbeit teurer geworden waren. Aber in der heutigen Gesellschaft ist der Wert komplizierter; Arbeit ist zweifellos die Hauptquelle dafür, aber Gewinne sind eine sehr beträchtliche. [587] Die natürlichen Versorgungsbedingungen können jedoch in Form von Arbeit angegeben werden , so als ob Arbeit der einzige Bestandteil gewesen wäre . Dies würde uns ein Maß für dasselbe *Land* am selben Ort und zur selben Zeit geben. Die Gesamtarbeitsmenge , die ein Artikel kostet, zuzüglich der in Arbeitskraft ausgedrückten gewöhnlichen Profite, wäre dieselbe wie die Arbeitsmenge , die ein Artikel in seinem natürlichen Wert kaufen würde.

Im Falle *verschiedener* Länder sind die Schwierigkeiten gleichzeitig nicht ganz gleich. Der Austausch wird dort nicht durch die Arbeit , sondern durch die Geldpreise bestimmt ; und Geld hat in dem einen und dem anderen Land einen sehr unterschiedlichen Wert. Aber die Unterschiede im Geldwert in verschiedenen Ländern stehen im Verhältnis zu den unterschiedlichen Preisen der landwirtschaftlichen Arbeit – 1500 Arbeitstage zu 4 Tagen . pro Tag in Indien, um 2 *s.* in England bedeutet das 25 £ bzw. 150 £; und wenn jedem von ihnen festes Kapital im Wert von 300 Arbeitstagen vorgeschossen würde, während der in Arbeitstagen berechnete Profit zwanzig Prozent betrug. im einen Fall zehn, im anderen Fall wäre das Ergebnis ein Artikel, dessen Lieferbedingungen im einen Fall einen Geldpreis von 31 Pfd.St., im anderen von 168 Pfd.St. erfordern würden. Der Unterschied ist zweifellos auf die überlegene Effizienz der englischen Industrie und Fähigkeiten zurückzuführen, die es England ermöglicht, die Edelmetalle billiger zu kaufen, [588] aber die Kosten für die Beschaffung des Geldes würden uns nicht den wahren gegenwärtigen Wert des Geldes in England oder England verraten in Indien. Es ist nicht die Arbeit, die für das Gold aufgewendet wird, sondern die damit erworbene Arbeit , die uns hier helfen wird. In jedem einzelnen Land würden wir den natürlichen Wert des Geldes sowie von allem anderen daran messen, welche Arbeit es kaufen wird; Erkennen Sie den Unterschied zwischen dem Wert des Geldes im einen und seinem Wert im anderen Fall anhand der Differenz zwischen der Arbeitsmenge, die es im einen Fall kauft, und der Menge, die es im anderen Fall kauft. [589]

Im Falle *verschiedener Perioden im selben Land* können wir, obwohl wir nicht, wie im Fall zweier verschiedener Länder, über den Test eines tatsächlichen Austauschs verfügen, dennoch die Arbeit als Maß verwenden. Wir müssen die höheren Gewinne der früheren Periode berücksichtigen; und nach dem (Ricardianischen) Prinzip, dass Gewinne und Löhne umgekehrt variieren, sind die Gewinne zwar gestiegen, obwohl die Maislöhne gestiegen sind, und der Gesamtwert des Produkts, gemessen an seiner Kaufkraft, muss derselbe sein, [590] der gekaufte Die Arbeit stellt dann die produzierende Arbeit plus die damalige Profitrate dar. Aus Ricardos Dogma scheint (für Malthus) direkt zu folgen, dass der Wert der Arbeit konstant ist. [591] Wenn wir die Arbeitskraft, die sie kaufen, als den besten Maßstab für den Wert der Edelmetalle nehmen, wie auch für alles andere, haben wir Licht auf eine der dringendsten Fragen der Zeit (im Jahr 1823), nämlich die Ursachen für die Wertveränderung von Geld. Die Ursachen betreffen nicht die Arbeit , sondern das Geld, und es gibt zweierlei Art. Der erste beschreibt Malthus als eine primäre oder notwendige Ursache, nämlich die Schwankung der Gewinne in Abhängigkeit von der (Ricardianischen) Theorie der Verflechtung von Löhnen und Gewinnen und der (Malthusianischen) Theorie des Verhältnisses von Gewinnen zur Rente. Teuerer Mais aufgrund des schwierigen Anbaus würde die Gewinne verringern und den Wert des Geldes verändern, aber nur im Verhältnis zu Rohprodukten, nicht im Verhältnis zu Industrieprodukten, oder zumindest (aufgrund der Auswirkungen von Ricardos Prinzip der umgekehrten Variation von Löhnen und Gewinnen).) nicht im gleichen Ausmaß. Aber die zweite, eine „sekundäre und zufällige" Klasse von Ursachen, betrifft sowohl Roh- als auch Industriegüter und reicht oft aus, um die Auswirkungen der primären Ursache völlig in den Schatten zu stellen; [592] – es ist die allgemeine Handelssituation eines Landes, „die Fruchtbarkeit und Nähe der Minen, die unterschiedliche Effizienz der Arbeit in verschiedenen Ländern, die Fülle oder Knappheit exportierbarer Waren und der Zustand von Nachfrage und Angebot." Waren und Arbeit im Vergleich zu den Edelmetallen. [593] Die Effizienz der Arbeit und ein florierender Handel, mit einer daraus resultierenden großen Nachfrage nach Mais und Arbeitskräften , tragen oft stärker dazu bei, Goldbarren billig zu machen, als landwirtschaftliche Produktivität und hohe Gewinne, die Goldbarren teuer und Mais billig machen. Während des Krieges – sagen wir von 1790 bis 1814 – hatten wir ein Beispiel dafür, und seit dem Krieg – sagen wir von 1814 bis 1823 – hatten wir ein klares Beispiel für das Gegenteil, meint er. [594]

Zwei ausführliche Aufsätze über das Maß des Werts aus den Jahren 1825 und 1827 zeigen, dass Malthus dazu neigte, seine Differenzen mit Ricardo zu vernachlässigen. [595] Sie waren enge Freunde; ihre Diskussionen hatten keine Bitterkeit; und um die Worte eines von ihnen zu verwenden: „Beide waren so sehr auf die Wahrheit bedacht, dass sie früher oder später zugestimmt hätten." [596] Diese Papiere sind eine Erfüllung seiner Pflicht, nicht (wie wir vermuten könnten) als Mitglied der Royal Society oder als Mitglied des Political Economy Club, [597] sondern als Mitglied der Royal Society of Literature. [598] „Der Zweig der Literatur" [*sic*], „über den es seine Pflicht sein soll, mindestens einmal im Jahr mit der Gesellschaft zu kommunizieren", wird als „politische Ökonomie und Statistik" beschrieben. [599] In diesen Arbeiten würdigt er seine literarischen Fähigkeiten kaum. Ihre Komposition ist aufwändig und ohne Ornamente. Die erste befasst sich *mit dem Maß der für die Warenversorgung notwendigen Bedingungen* ; und die These ist, dass „die natürlichen und notwendigen Bedingungen der Versorgung aller Waren", die keine Monopole sind, durch die Arbeit repräsentiert und gemessen werden, die sie im Durchschnitt erfordern, und durch nichts anderes. Der zweite Teil befasst sich *mit der Bedeutung, die am häufigsten und richtigsten mit dem Begriff „Wert der Waren" verbunden wird* . und die These ist, dass, wenn Wert ohne ein qualifizierendes Adjektiv oder einen Verweis auf ein spezielles Äquivalent in einem möglichen Austausch verwendet wird, [600] sich der Begriff auf die „Lieferbedingungen" bezieht. Wenn wir zum Beispiel sagen, dass etwas zu einem Preis verkauft wird, der weit über seinem wahren Wert liegt, meinen wir weit über seinem Selbstkostenpreis, einschließlich der durchschnittlichen Gewinnrate, die der Hersteller erzielen muss, wenn er von seinem Selbstwert leben will Handel. Die beiden Abhandlungen zusammen bilden eine Art indirekten Beweis für die Position, die im Traktat über das *Maß des Werts* (1823) und in den relevanten Teilen der zweiten Auflage der *Politischen Ökonomie* (1836) eingenommen wird, und können kurz so dargelegt werden : – Die durch einen Artikel erforderliche Arbeit ist im Allgemeinen das Maß für die Kosten dieses Artikels; – aber die Kosten dieses Artikels sind im Allgemeinen das, was die Leute unter seinem Wert verstehen; – daher ist die durch einen Artikel erforderliche Arbeit das Maß für den Wert dieses Artikels im gewöhnlichen Sinne der Welt.

Der zweite Aufsatz wurde zur gleichen Zeit wie „ *Definitionen in der politischen Ökonomie"* *verfasst* und veranschaulicht die dort festgelegte Regel, indem er vorschreibt, wenn möglich, die Bedeutung einzuhalten, die ökonomische

Begriffe im Munde des einfachen Volkes haben. [601] Die *Definitionen* wiederholen zum Beispiel aus (oder mit) dem zweiten Artikel: „Wenn kein zweites Objekt spezifiziert ist, bezieht sich der Wert der Ware natürlich auf die Ursachen", die „die Einschätzung, in der sie gehalten wird", bestimmen. und das Objekt, das es misst." [602] „Der natürliche Wert einer Ware an jedem Ort und zu jeder Zeit" ist „die Schätzung, in der sie gehalten wird, wenn sie sich in ihrem natürlichen und gewöhnlichen Zustand befindet", wie sie „durch die elementaren Kosten ihrer Produktion bestimmt wird" oder in mit anderen Worten, durch „die Bedingungen seiner Lieferung". Und das Maß für den natürlichen Wert einer Ware an jedem Ort und zu jeder Zeit ist „die Menge an Arbeit, gegen die sie an diesem Ort und zu dieser Zeit eingetauscht wird, wenn sie sich in ihrem natürlichen und gewöhnlichen Zustand befindet." [603]

Als literarische Produktion ist das für die Öffentlichkeit geschriebene Buch den für Literaten verfassten Aufsätzen überlegen. Neben dem ersten *Essay on Population liefern* die kritischen Teile der *Definitionen* die angenehmsten Beispiele für den Stil des Autors. Die beiden oben erwähnten Arbeiten sind vor allem deshalb wichtig, weil sie die Bedeutung zeigen, die Malthus im Gegensatz zu Ricardo der Frage nach einem Wertmaß beimaß. [604] Ein zeitgenössischer Schriftsteller sagte sehr glücklich, dass Ricardos Fehler darin bestand, zu viel zu verallgemeinern, und Malthus darin, zu wenig zu verallgemeinern. Malthus, fügte er hinzu, sei ein scharfer Beobachter, aber schlecht in der Analyse; er ist „so sehr mit Einzelheiten beschäftigt, dass er jenen induktiven Prozess vernachlässigt, der die individuelle Erfahrung über die Unendlichkeit der Dinge erstreckt" und Wissen in Wissenschaft umwandelt. „Wie Herr Ricardo dargelegt hat, besitzt die politische Ökonomie eine Regelmäßigkeit und Einfachheit, die über das hinausgeht, was in der Natur existiert; Wie Herr Malthus es dargelegt hat, ist es ein Chaos ursprünglicher, aber unzusammenhängender Elemente." [605] Dagegen ist die Aussage eines neueren deutschen Schriftstellers ganz anders. Malthus, erzählt er uns, ähnelt Ricardo in seiner düsteren Sicht auf das menschliche Leben und der offenen Darstellung unangenehmer Tatsachen. Ihre Namen werden oft miteinander in Verbindung gebracht, und zweifellos sind beide Kinder ihrer Zeit. Aber ihre Neigungen waren wirklich unterschiedlich. Ricardo hat bestimmte Ideen seiner Zeit in ihrer engsten, klarsten und schärfsten Form aufgegriffen und sie ganz im Interesse des Kapitals angewandt. Malthus ist weitaus weniger eng. Sein Einfluss auf die Wirtschaftswissenschaften war viel geringer als der von Ricardo; aber man wird feststellen, dass er „bei weitem der suggestivere und weniger voreingenommene von beiden" ist, und wenn er mehr Gegner fand, dann deshalb, weil er weniger verstanden und weniger gelesen wurde. [606] Die lebhaften *Dialoge* [607] von De Quincey tragen nichts zur Diskussion über den Wert bei; aber sie zeigen, wie vollständig Ricardo das Ohr der literarischen Welt gewonnen hatte und wie wenig Mühe sich die

Gegner von Malthus gaben, ihm Gerechtigkeit widerfahren zu lassen. Malthus reduzierte das Problem auf viele Elemente; Ricardo zu wenigen; und Letzteres war sicherlich leichter zu verstehen, wurde aber leicht als wahrscheinlicher dargestellt, dass es wahr sei. Einfachheit ist in einem solchen Fall eine tückische Tugend; und das scheinbare Chaos könnte der Wahrheit viel näher gekommen sein als der scheinbare Kosmos, wenn es im letzteren einen verborgenen Fehler und im ersteren ein latentes Prinzip der Vereinigung gegeben hätte. Ob er nun stichhaltig ist oder nicht, ein solches Prinzip kann in den abstraktesten Diskussionen von Malthus verfolgt werden. Wir werden feststellen, dass dies zutrifft, wenn wir seine Ansichten mit denen Ricardos über die Natur und die Ursachen des Wertes selbst sowie die Preisbewegungen vergleichen. Wir können es sogar in diesen Diskussionen über das Maß des Werts erkennen. Die Messung aller Werte anhand der individuellen menschlichen Arbeit steht im Einklang mit der endgültigen Sichtweise des Autors auf die Bevölkerung, in der alles von der individuellen Verantwortung abhängt. [608] Die Hauptschwäche dieser Position besteht vielleicht darin, dass er mit ungelernter Arbeit immer landwirtschaftliche Arbeit meint und nicht ausreichend erkennt, dass es im verarbeitenden Gewerbe Englands möglicherweise einfacher geworden ist, ungelernte Arbeitskräfte an qualifizierten Arbeitskräften zu messen als letztere an ersteren. Die Schwierigkeit traf Robert Owen, als er in seinen *Labor Exchanges* [609] nicht nur versuchte, alle Werte auf ein gemeinsames Maß in der Arbeit zu reduzieren, sondern die Arbeit zu einem Tauschmittel zu machen , für das sie sicherlich schlechter geeignet ist als Geld.

Arbeit als etwas, das durch Löhne belohnt wird, hat einen offensichtlicheren Zusammenhang mit den Prinzipien des *Essays über die Bevölkerung* als Arbeit als Maß aller Werte. Auch in diesem Fall handelt es sich um ungelernte landwirtschaftliche Arbeitskräfte . Die erste „Bedingung für die Versorgung" dieser Arbeit sind die lebensnotwendigen Güter in solchen Mengen, die es den Arbeitern ermöglichen , ihre Zahl aufrechtzuerhalten oder sie je nach Fall zu erhöhen [610] . Wäre nur ersteres der Fall, wäre der Preis der Arbeit nicht, wie Ricardo sagt, der „natürliche", sondern tatsächlich ein höchst unnatürlicher Preis, denn er würde bedeuten, dass das Land, das ihn gibt, an der endgültigen Grenze seiner Ressourcen angelangt ist. [611] Notwendigkeiten sind jedoch kein einfaches oder gar festes Element. Wenn wir möchten, können wir sie natürlich auch in Mais messen; Aber sie bestehen nicht nur aus dem absolut Notwendigsten, dem Stab des Lebens, sondern auch aus anderen absolut notwendigen Dingen, aus Unterkunft und Kleidung und vielen „Annehmlichkeiten", die zu Notwendigkeiten geworden sind, da sie für ein gesundes Leben unerlässlich sind, wie Seife und Schuhe und Kerzenlicht. Es ist erfreulicherweise zu einer Binsenweisheit geworden, dass die Lebensbedürfnisse kein fester, sondern ein expandierender Faktor sind. Auch wenn der Wettbewerb immer dazu führen würde, die Löhne auf ein „Minimum der gesellschaftlichen Notwendigkeiten" zu drücken, [612] gesellschaftliche Güter gehen immer über die tierischen Bedürfnisse hinaus; unsere niedrigsten Bettler sind im Ärmsten überflüssig; und „die einfachsten sozialen Notwendigkeiten" scheinen im Laufe der Zeit wahrscheinlich einen hohen Standard an Komfort zu bedeuten. Die Anhebung des Minimums an sozialen Notwendigkeiten ist der Weg, die Löhne wirklich, allgemein und fast unwiderruflich zu erhöhen. [613] Malthus selbst erklärt, dass „es die Verbreitung des Luxus" in diesem Sinne des Wortes „unter der Masse des Volkes und nicht ein Übermaß davon in einigen wenigen" sei, die sowohl für die Nation als auch für die Nation von Vorteil zu sein scheint Reichtum und nationales Glück. Paleys Ideal des nationalen Wohlstands, „ein mühsames, sparsames Volk, das den Anforderungen einer opulenten, luxuriösen Nation nachkommt", wird von ihm nachdrücklich erforscht. Der Luxus der wenigen Reichen, sagt er, belästigt den Fleiß der Armen, indem er mit der Mode schwanke; Aber der Luxus der Armen ist, wenn er sich in ihrem allgemeinen Lebensstandard niederschlägt, nicht nur die beste Art der Kontrolle der Bevölkerung, sondern auch die beständigste Förderung des allgemeinen Handels. [614] Er scheint angenommen zu haben, dass die Erhöhung des Lebensstandards ebenso wie der Fortschritt der Nationen in der Zivilisation durch die glückliche Verbesserung eines zufälligen Vorteils, durch die Beibehaltung hoher Löhne, wenn sie einmal gesichert waren, bewirkt wurde eines regen Handels in der üblichen Art und Weise des Wettbewerbs; Kurz gesagt, den Arbeitern gelang es, eine einmal *de facto vorgenommene* Veränderung dauerhaft und *de jure* für die bewirkte Zeit herbeizuführen. [615] „Als unsere Arbeitslöhne für Weizen zu Beginn des letzten Jahrhunderts hoch waren, schien es, dass sie nicht nur für den Unterhalt weiterer Familien eingesetzt wurden, sondern für die Verbesserung der allgemeinen Lebensbedingungen der Menschen. " des Lebens." [616] Malthus war, ohne es zu wissen, sicherlich der Vater der Theorie eines Lohnfonds. Die Theorie besagt, dass die Durchschnittslöhne der arbeitenden Klassen zu einem bestimmten Zeitpunkt im Verhältnis zu der großen oder kleinen Menge des zirkulierenden Kapitals, das für die Zahlung der Löhne aufgewendet wird, hoch oder niedrig sind, oder, wie es manchmal (knapper und ungenauer) ausgedrückt wird: , hängen die Löhne vom „Verhältnis von Bevölkerung zu Kapital" ab. Dies bedeutet möglicherweise nichts weiter als die arithmetische Binsenweisheit, dass wir den Durchschnittslohn immer ermitteln können, indem wir die erhaltene Gesamtsumme durch die Gesamtzahl der Empfänger dividieren; und der Quotient wäre nur in dem Sinne unveränderlich, in dem man im Nachhinein sagen könnte, dass alle anderen Tatsachen dies seien. Gewöhnlich wird darunter jedoch verstanden, dass die erste Gesamtsumme zu keinem gegebenen Zeitpunkt größer oder kleiner sein konnte, als sie tatsächlich war, da sie durch die Umstände unveränderlich festgelegt wurde [617] und daher der Lohnzahlung „gewidmet" oder „bestimmt" war . Der einfachste Test dieser Theorie ist ihre Anwendung auf den Fall eines einzelnen einzelnen Kapitalisten und seiner Lohnzahlungen. Angenommen, er hat ein Kapital von 10.000 £, davon 5.000 £ fest und 5.000 £ im Umlauf; und nehmen wir an, dass Letzteres nur den Lohn (und nicht den Hauptlohn) bedeutet und an einhundert Männer gezahlt wird; – 50 £ pro Jahr sind der durchschnittliche Lohn der hundert Männer; und nach der Theorie konnte es angesichts der gewöhnlichen Profitrate und des „Wunsches nach Akkumulation" zu der Zeit und am Ort unmöglich weder mehr noch weniger gewesen sein. Aber da die Gewinne nicht bedingungslos sind, sind es auch die Löhne nicht; Es ist denkbar, dass der Kapitalist, um sein Geschäft zu retten, es in schlechten Zeiten mit Verlust am Laufen hält und Löhne auf Kosten der Gewinne und auf Kosten seiner persönlichen Vergnügungen zahlt. [618] Er steht oft vor der Wahl, mehr für Einrichtungsgegenstände, mehr für neue Hände oder mehr für die Weiterbeschäftigung der alten Hände auszugeben. Auch wenn die Löhne, insbesondere in England, oft zunächst aus dem Kapital vorgeschossen werden, sind sie in Wahrheit immer dazu bestimmt, aus dem Bruttoertrag bezahlt zu werden, und das ist in jedem gesunden Geschäft auch tatsächlich der Fall. Der Arbeiter und der Arbeitgeber schließen ihren Vertrag im Voraus ab und erwarten voneinander, dass sie sich daran halten, egal, ob der Gewinn groß oder gering ist; Der Lohn hängt also direkt von diesem Vertrag und indirekt von dem ab, was auf Seiten des Herrn das Mittel zur Vertragserfüllung ist, dem Preis des hergestellten Artikels. Der Preis des Artikels ist der Reallohnfonds; [619] und daher muss der Lohnfonds so flexibel sein wie die Marktpreise und die tatsächlichen Löhne so veränderlich wie die Kräfte, Gewohnheiten und Wünsche der beiden Vertragsparteien.

Die Theorie eines Lohnfonds wurde auf der Grundlage der Tatsachen einer völlig außergewöhnlichen Zeit und auf der Grundlage zweier falsch angewandter Wahrheiten entwickelt: der Doktrin von Malthus (über die Bevölkerung) in ihrer unausgereiftesten Form und der von Ricardo (über den Wert) in ihrer unausgereiftesten Form abstrakt. JR MacCulloch scheint der Erste gewesen zu sein, der beides zusammenführte, um ein strenges Lohngesetz abzuleiten. „Der Marktlohnsatz", sagt er, „hängt ausschließlich von dem Verhältnis ab, das das Kapital des Landes oder die Mittel zur Beschäftigung von Arbeitskräften zur Zahl der Arbeiter haben ." Es gibt daher offensichtlich nur einen Weg, die Lage der großen Mehrheit der Gemeinschaft oder der Arbeiterklasse wirklich zu verbessern , und zwar durch die Erhöhung des Verhältnisses von Kapital zur Bevölkerung", was die Arbeiter ihrerseits nur erreichen können Verringerung des Angebots an Arbeitskräften . [620]

Sogar Frau Marcet , eine gefügige Ricardianerin, hatte den Fall sorgfältiger dargelegt. „ Die auszuführende *Arbeit ist die unmittelbare Ursache der Nachfrage nach* Arbeitskräften ; aber wie groß oder wichtig auch immer die Arbeit ist, die ein Mann unternehmen möchte, die Ausführung derselben muss immer durch die Größe seines Kapitals begrenzt sein, *d . h . e.* durch die Mittel, die er für den Unterhalt oder die Bezahlung seiner Arbeiter besitzt ." [621] Sie gibt vor, die angenommene Lehre ihrer Zeit darzulegen. MacCullochs Darstellung ist viel strenger. Wenn er von den „Fonds für die Zahlung von Löhnen" spricht, meint er „den Teil des Kapitals oder Reichtums eines Landes, der den Arbeitgebern zur Verfügung steht. " *beabsichtigen* oder *bereit sind , für den Kauf von* Arbeitskräften Geld auszugeben ." Es „kann zu einer Zeit größer sein als zu einer anderen. Aber wie groß es auch sein mag, es ist offensichtlich die einzige Quelle, aus der ein Teil des Arbeitslohns stammen kann. Es gibt keinen anderen Fonds, aus dem die Arbeiter als solche auch nur einen einzigen Schilling beziehen könnten. Daraus folgt, dass der durchschnittliche Lohnsatz oder der Anteil des nationalen Kapitals, der für den Einsatz der Arbeit verwendet wird , die im Durchschnitt jedem Arbeiter zusteht , ganz und gar von seiner Höhe im Vergleich zur Zahl derer abhängen muss, unter denen er vorhanden ist geteilt werden." [622] Weder MacCulloch, noch James Mill, noch John Mill in seinen frühen Schriften, noch offenbar einer der Verfasser der Theorie pflegten zu beschreiben, dass der Fonds „bedingungslos" der Zahlung von Löhnen gewidmet sei, obwohl John Mill Indem er die Position erneut formuliert, nachdem er sie aufgegeben hatte, gibt er uns dies zu verstehen. [623] So etwas wie unbedingte Entschlossenheit wird jedoch in allen Überlegungen der Schule vorausgesetzt. Adam Smiths häufige Verwendung der Begriffe „für diesen oder jenen Zweck bestimmte Mittel" oder „bestimmte Mittel" könnte leicht missverstanden werden. Sicherlich meinen sie auf seinen Seiten keinen unbeugsamen Zwang. Er sagt, dass die Nachfrage derjenigen, die von Löhnen leben, nur im Verhältnis zur Zunahme der „Mittel" steigen kann, die für die Zahlung von Löhnen „bestimmt" sind, wobei diese Mittel (fügt er hinzu) entweder die überschüssigen Einnahmen eines müßigen, wohlhabenden Mannes sind der „natürlich" jede Ergänzung dazu nutzen wird, um seinen Personalbestand an Hausangestellten zu vergrößern, oder das erhöhte Kapital des Kapitalisten, der sie ebenso „natürlich" nutzen wird, um mehr Arbeiter zu beschäftigen. [624] Das Wort „bestimmt" ist für ihn so weit davon entfernt, irgendeine eiserne Notwendigkeit zu implizieren, dass es einfach „beabsichtigt" bedeutet; und die Absicht kann vereitelt oder geändert werden. Er spricht von den „Fonds, die für den Konsum bestimmt sind" der Industrieklasse [625] und vom „Fonds für den Lebensunterhalt" der Städter [626], womit einfach ihre Nahrung gemeint ist; er spricht sogar von den Mitteln, die für die Reparatur der Hauptstraßen in Frankreich bestimmt sind. [627] Sogar die starke Passage in Buch I, Kap. viii. „Die Nachfrage nach denen, die von Löhnen leben, steigt zwangsläufig mit der Zunahme der Einnahmen und des Kapitals eines jeden Landes und kann ohne sie unmöglich wachsen", bleibt der Doktrin eines starren Lohnfonds weit entfernt. Adam Smith behauptet nie, dass der Lohnfonds unelastisch sei und dass die Löhne zu keinem Zeitpunkt höher oder niedriger gewesen sein könnten, als sie tatsächlich waren. Die Lehre wird selten weiter zurückverfolgt als bis zu Malthus; und es kann nicht nachgewiesen werden, dass Malthus diese Doktrin vertrat. Unter ausdrücklicher Bezugnahme auf die zuletzt zitierte Passage aus dem Buch „ *Wealth of Nations* " sagt er: „Man wird feststellen, dass die Mittel zur Aufrechterhaltung der Arbeit nicht notwendigerweise mit der Zunahme des Reichtums zunehmen und sehr selten im Verhältnis dazu zunehmen, und." dass der Zustand der unteren Klassen der Gesellschaft nicht ausschließlich von der Erhöhung der Mittel zur Aufrechterhaltung der Arbeit oder der Fähigkeit zur Unterstützung einer größeren Zahl von Arbeitern abhängt " (*Essay* , 7. Auflage, III. xiii. 368). Der Zustand der Arbeiterklasse hing seiner Ansicht nach zum Teil davon ab, wie schnell die „Mittel zur Aufrechterhaltung der Arbeit " [628] oder, wie er es zunächst ausdrückte, „ *die Ressourcen des Landes* " [629] und Die Nachfrage nach Arbeitskräften steige und hänge zum Teil von den „Gewohnheiten der Menschen" ab. Zu ihren Gewohnheiten sollten wir ihre Bildung und ihre Fähigkeit, sich untereinander zu vereinen, und die daraus resultierende Stärke im Kampf mit den Herren, um den Marktlohn zu erreichen oder zu erhöhen, zählen. Von Ricardo unterschied er sich sowohl in der Frage des Lohns als auch in der Frage des Wertes sehr. Ricardo betrachtete den Selbstkostenpreis als den natürlichen Wert eines Artikels und den bloßen Lebensunterhalt als den natürlichen Arbeitslohn . Malthus konnte weder das eine noch das andere tun.

Die Streitfragen zwischen den beiden Ökonomen werden nirgendwo so gut und so ruhig dargelegt wie in einem von Malthus (einige Monate nach Ricardos Tod) im *Quarterly Review verfassten Aufsatz* [630] , in dem er sich mit MacCullochs Abhandlung über *politische Ökonomie befasst* . [631] In diesem Artikel gibt Malthus vor, die politische Ökonomie von Ricardo, James Mill und den meisten ökonomischen Autoren in der *Encyclopædia* als einen neuen und falschen Ansatz zu betrachten. Der Autor soll es als eines der besten Wirtschaftspapiere angesehen haben, die er je geschrieben hat; [632] und neben anderen Tugenden zeichnet es sich durch vollkommene Höflichkeit und Respekt gegenüber den kritisierten Personen aus. Ihr System, sagt er, [633] sei dem der französischen Ökonomen bemerkenswert ähnlich. Sie „waren gleichermaßen Männer von unbestreitbarem Genie, von höchster Ehre und Integrität und von den einfachsten, bescheidensten und liebenswürdigsten Manieren. Ihre Systeme zeichneten sich gleichermaßen durch ihre Diskrepanz zu gängigen Vorstellungen, die scheinbare Nähe ihrer Überlegungen und die mathematische Präzision ihrer Berechnungen und Schlussfolgerungen aus, die auf ihren angenommenen Daten beruhten. Diese Qualitäten in den Systemen und ihren Gründern, zusammen mit dem so oft von Lesern mit mäßigen Fähigkeiten verspürten Wunsch, zu verstehen, was von kompetenten Richtern als schwierig angesehen wird, erhöhten die Zahl ihrer ergebenen Anhänger in einem solchen Maße, dass in Frankreich es umfasste fast alle fähigen Männer, die geneigt waren, sich mit solchen Themen zu befassen, und in England sogar einen sehr großen Teil davon.

„Der spezifische Fehler der französischen Ökonomen bestand darin, dass sie den Reichtum und seine Quellen so eng betrachteten, dass sie die Ergebnisse der verarbeitenden Industrie und der Handelsindustrie nicht berücksichtigten.

„Der spezifische Fehler der neuen Schule in England besteht darin, dass sie eine so eingeschränkte Wertauffassung eingenommen hat, *dass* sie die Ergebnisse von Nachfrage und Angebot sowie der relativen Fülle und Konkurrenz des Kapitals nicht berücksichtigt.

„Tatsachen und Erfahrungen haben im Laufe einiger Jahre die Ökonomen Frankreichs nach und nach von der fehlerhaften und unanwendbaren Theorie von Quesnay zur gerechteren und praktischeren Theorie von Adam Smith bekehrt; und da wir völlig davon überzeugt sind, dass im System der neuen Schule in England ein ebenso grundlegender und wichtiger Fehler enthalten ist wie im System der französischen Ökonomen, können wir nur hoffen und erwarten, dass ähnliche Ursachen mit der Zeit auch in unserem System auftreten werden Das eigene Land hat ähnliche Auswirkungen auf die Korrektur von Fehlern und die Feststellung der Wahrheit.“

Die neue Schule hat laut Malthus drei Hauptprinzipien. Das erste ist, dass der Wert durch die Arbeitsmenge bestimmt wird, deren Herstellung eine Sache kostet , das zweite, dass Angebot und Nachfrage in der Regel keinen Einfluss auf die Werte haben, und das dritte, dass die Fruchtbarkeit des Bodens und nicht die Konkurrenz die Werte regelt Gewinnrate. Die neue Schule geht davon aus, dass Gewinne so wenig Einfluss auf den Preis eines Artikels haben, dass sie bei der Berechnung der Wertursachen möglicherweise völlig vernachlässigt werden. Aber (sagt Malthus) der Wert einer Steinmauer wäre fast ausschließlich der Arbeit zu verdanken , und der Wert eines Fasses mit altem Wein, das zwanzig oder dreißig Jahre lang aufbewahrt wurde, wäre größtenteils dem Gewinn zu verdanken. In einer Steinmauer im Wert von 50 £ würde viel mehr Arbeit „verarbeitet“ als in altem Wein im Wert von 50 £. Es reicht nicht aus zu antworten, dass Gewinne lediglich angesammelte Löhne seien. Sagen Sie auch, dass fünf ein anderer Name für vier ist. Ricardo selbst führte viele Einschränkungen in seine eigene Aussage ein, dass der Wert auf die Arbeit zurückzuführen sei . Das Prinzip (gestand er) sei durch den Einsatz von Maschinen und die ungleiche Haltbarkeit des Kapitals verändert worden. [634]

Malthus erkennt die Wahrheit von Ricardos Dogma an, dass Gewinne und Löhne nur auf Kosten des anderen steigen können, und er wendet diesen Grundsatz Ricardos sogar auf neue Weise auf die Tatsachen der Wirtschaftskrise an, die seit dem Frieden vorherrschte. [635] Es wurde allgemein zugegeben, dass es zu einer geringeren Nachfrage nach Arbeitskräften und zu einem starken Rückgang der Löhne gekommen sei, aber es wurde auch zugegeben, dass die Gewinne viel stärker gesunken seien; so dass die Löhne, obwohl sie brutto niedriger waren, einen höheren Anteil am Gewinn hatten als zuvor. Der Grund dafür war, dass die Konkurrenz der Arbeiter zwar groß war, die Konkurrenz der Kapitalisten mit den Kapitalisten jedoch noch größer war. Das Ergebnis war ein allgemeiner Preisverfall; Die Löhne waren zwar relativ höher, aber absolut geringer, und die Nachfrage nach Arbeitskräften wäre größer gewesen, wenn die Preise gestiegen wären und der Kapitalist höhere Erträge aus seinem Kapital erzielt hätte. Malthus würde nicht weiter gehen, und die Ricardsche Doktrin muss anders angewendet werden, um die Doktrin eines Lohnfonds zu ergeben. Es wurde etwa wie folgt angewendet: – Der Wettbewerb drückt die Preise auf die Produktionskosten; das bedeutet, dass die Gesamtsumme der Gewinne und Löhne zu keinem Zeitpunkt höher sein kann, als sie tatsächlich ist, und dass beides durch die Konkurrenz auf ein Minimum beschränkt wird; Die Herren konnten keine höheren Löhne zahlen, ohne ihre Gewinne einzuschränken, und die Männer konnten keine niedrigeren Löhne bekommen, ohne zu verhungern oder sich auf die Suche nach einer anderen Beschäftigung zu machen. Malthus wendet seine Lehren nicht so an. Für ihn sind es nicht die Produktionskosten, die die Gesamtsumme der Löhne und Gewinne bestimmen, sondern die Nachfrage nach dem produzierten Ding; nicht die Arbeit, die für eine Sache aufgewendet wird, sondern die Arbeit , die andere bereit sind, dafür zu geben; und die Ursache des Wertes sind nicht die Kosten, sondern die Nachfrage, die mit dem Angebot zusammenwirkt. Ricardo, der seine Theorien lieber auf den natürlichen Wert beschränkt, lässt zu, dass der Zustand von Nachfrage und Angebot den Marktwert über den Selbstkostenpreis erhöht oder ihn unter diesen senkt; und er sieht nicht, wie ernsthaft seine eigenen Qualifikationen [636] die Wahrheit seiner Werttheorie beeinträchtigen, selbst wenn der Wert „natürlich" ist. [637] Andererseits ist es wahr, dass die Versorgung zu einem bestimmten Zeitpunkt eine Versorgung ist, die nur aufrechterhalten werden kann, wenn der Selbstkostenpreis zurückgezahlt wird. Der Selbstkostenpreis wäre sicherlich das Minimum, unter dem die Preise nicht dauerhaft unterschritten werden könnten. Aber für Ricardo sind die Arbeitskosten sowohl die formale als auch die materielle Ursache eines Wertes; Für Malthus ist es nur das Material und nur ein Teil davon, eine bloße *unabdingbare Voraussetzung* , während das Effiziente die Nachfrage und das Endgültige der Konsum des Artikels durch seinen letzten Käufer oder Benutzer ist.

Der dritte Hauptgrundsatz der neuen Schule, sagt Malthus, ist, dass die Profitrate in einem Land von der Fruchtbarkeit des dortigen Bodens abhängt und nicht, wie Adam Smith meinte, von der Konkurrenz des Kapitals mit dem Kapital um Beschäftigung. Demgegenüber behauptet Malthus, dass zwischen der Produktivität der Industrie und der Profitrate kein notwendiger (wenn auch häufiger) Zusammenhang bestehe, schon gar nicht zwischen letzterer und der Produktivität einer einzelnen Industrie, etwa der Landwirtschaft. Die Gewinne hängen von dem Anteil des Gesamtprodukts ab, der „die Vorschüsse des Kapitalisten ersetzt"; aber dieses Verhältnis kann das gleiche bleiben, wenn die Produktivität der Industrie sehr unterschiedlich ist. In den vergangenen acht oder neun Jahren, sagen wir von 1815 bis 1824, war die Produktion sicherlich nicht kostspielig. Mais war billig gewesen, und die Verluste der Bauern hatten dazu geführt, dass die Hochlandwirtschaft und insbesondere der Zwangsanbau der teuren Jahre eingestellt wurden. Die Produktion war daher mit deutlich geringeren Arbeitskosten verbunden . Aber die Gewinne waren nicht höher, sondern viel niedriger. Der Überfluss an Produkten und der Wettbewerb der Produzenten hatten zu einem Wertverlust der Produkte geführt, so dass es dem Arbeiter möglich war , einen größeren Anteil von dem zu erhalten, was er produzierte, obwohl seine Arbeit nicht produktiver geworden war. Ricardo berücksichtigt den Einfluss der Preise sowohl auf die Löhne als auch auf die Gewinne nicht ausreichend.

Tatsächlich hatte es eine Überproduktion und ein allgemeines Überangebot gegeben. James Mills *Elemente der politischen Ökonomie* [638] enthalten eine sorgfältige Demonstration, dass allgemeine Überschwemmungen unmöglich sind. Es handelte sich nachdrücklich um eine kontroverse Passage, und auf den Seiten von John Mill wirkt sie wie ein Anachronismus. Alles hing von der Bedeutung von „allgemein" ab. Wenn es universell bedeutete, war der Fall unmöglich. Es ist unglaublich, dass ausnahmslos alle etwas zu verkaufen haben und nicht den Wunsch haben, etwas zu kaufen. Etwas zum Verkauf anzubieten, muss an sich den Wunsch mit sich bringen, etwas anderes damit zu kaufen, entweder direkt oder gegen Geld. Selbst eine sehr nahe Annäherung an die Universalität ist nicht leicht zu verstehen; und es würde einfach bedeuten, dass eine schlechte Organisation der Weltmärkte Käufer und Verkäufer daran gehindert hat, einander zu erreichen, und verhindert hat, dass Waren dorthin gelangen, wo sie gesucht werden, und zwar zu dem Zeitpunkt, zu dem sie gebraucht werden; es würde bedeuten, dass nicht die Krankheit, sondern das Ausmaß und der Grad davon unvorstellbar waren. [639]

KAPITEL III.
ALLGEMEINE ÜBERFÜLLUNG.

Französischer Krieg und englischer Handel – Englische Währung – Goldbarrenkomitee – Beschränkungen sind nicht die einzige Ursache für hohe Preise – Ricardo über die Währung – Über die Preise – Sagen wir über Überschwemmungen – Englischer Handel ab 1824 – Hohe und niedrige Löhne – Einige Irrtümer von Malthus.

Die Diskussion über „General Gluts" war lediglich eine Phase der Diskussionen über „Value"; und die Bedeutung solcher Diskussionen in der politischen Ökonomie vor sechzig Jahren war weitgehend auf die besonderen Auswirkungen eines zwanzigjährigen Krieges mit Frankreich auf Handel und Preise zurückzuführen. Die Theorien der Ökonomen wurden gerade zu der Zeit am abstraktesten, als die gerechtfertigten Verallgemeinerungen am stärksten durch abnormale Bedingungen auf die Probe gestellt wurden. Selbst wenn man der industriellen Revolution, die durch den *„Wohlstand der Nationen"* angekündigt wurde, freien Lauf gelassen hätte, hätten die neuen Produktionsbedingungen neue wirtschaftliche Fragen aufgeworfen; und sie konnten es nicht versäumen, sich bis zu einem gewissen Grad dem Thema Wert zuzuwenden, das Adam Smith keineswegs erschöpft hatte. Es gab jedoch keinen kostenlosen Kurs. 1793 erklärte Frankreich England den Krieg. Im selben Jahr war Pitt gezwungen, englischen Kaufleuten ein Darlehen öffentlicher Gelder anzubieten, um eine Finanzkrise zu heilen. Dann folgten unter der langen Tory-Vorherrschaft hohe Steuern, repressive Gesetze und etwas, das einem Klassenkrieg näher kam als alles, was in England zuvor oder seitdem bekannt war.

Die Auswirkungen der ersten zehn Jahre des französischen Krieges (1793 bis 1802) waren allem Anschein nach eher positiv als schlecht. Großbritannien selbst war im Gegensatz zu den anderen kriegführenden Ländern immer intakt, und die Arbeit der britischen Hersteller konnte weitergehen, als ob auf dem Kontinent nichts Ungewöhnliches geschehen würde. Unsere Seebeherrschung, ganz zu schweigen von der Eroberung neuer Länder, verschaffte uns Handel, den andere verloren hatten, und machte die Aufhebung des französischen Handelsvertrags und den Verlust des niederländischen Handels wieder gut. Im Jahr 1806 wurde die Situation weniger angenehm. Die Berliner und Mailänder Dekrete, die uns aus fast allen Ländern Europas ausschlossen, die Vergeltungsbeschlüsse des Rates und die daraus resultierende Entfremdung Amerikas fügten dem englischen Handel echten Schaden zu. Gerade die damit geweckte Erwartung einer möglichen Knappheit bestimmter Güter ließ die Preise steigen; und trug zusammen mit der tatsächlichen Knappheit zu einer akuten Handelsstörung bei, die auf dem Kontinent etwa fünf Jahre und in Amerika weitere drei Jahre dauerte (1807–12, 1807–15). In Südamerika wurden uns neue Märkte eröffnet; und der aufgestaute kommerzielle Unternehmungsgeist unserer Landsleute entlud sich in dieser Richtung, unter völliger Missachtung der Bedürfnisse der Verbraucher in diesem Viertel. [640] Dasselbe geschah, mit noch mehr Grund, in den Jahren 1814 und 1815. Als der Frieden wiederhergestellt war, glaubte man, dass der ganze Kontinent begierig darauf sein müsse, unsere Güter zu haben, nachdem er so lange ohne sie gewesen war; und wir schickten sie großzügig überall hin, ohne auf Befehle zu warten. Bedauerlicherweise war der Rest Europas durch den Krieg erschöpft, was seine Produktion verringert hatte; und solche Produkte, die sie uns im Austausch für unsere Erzeugnisse anbieten konnten, nahmen wir selten ohne Steuern. Das Essen, das wir am meisten von ihnen wollten, hielten wir sorgfältig bis zum letzten Moment fern. [641] Etwas, das dem „einfachen System der natürlichen Freiheit" unähnlicher wäre, konnte man sich nicht vorstellen; und das Ergebnis schien sicherlich eine Überproduktion unsererseits zu sein; es war auf jeden Fall eine Herrschaft niedriger Preise und einer tiefen Handelsdepression. Das war noch nicht alles. Seit 1797 hatten wir eine Papierwährung mit ungewissem Wert. In diesem Jahr gewährte die Bank von England, deren Emissionsabteilung damals noch nicht von ihrer Bankabteilung getrennt war, der Regierung Vorschüsse, im Gegenzug wurde sie von der unmittelbaren Verpflichtung befreit, den Inhabern ihrer Banknoten Gold zu zahlen. Solange die Emissionen moderat waren, behielten die Banknoten ihren Wert; Dies war jedoch eine Zeit, in der wirtschaftliche Ersatzstoffe für die Währung, Schecks, Wechsel und County-Banknoten, den Anteil der Banknoten der Bank an den gesamten Handelstransaktionen verringerten. und die Fähigkeit der Bank, den öffentlichen Bedarf ohne das natürliche Sicherheitsventil der Konvertierbarkeit zu berechnen, wurde immer schwächer; Der Umlauf enthielt bald überflüssiges Papier, was die gesamte Währung in Mitleidenschaft zog. Unter diesen Umständen erlangten Diskussionen über Währungen ein Interesse, das sie abstrakt nie hätten erreichen können; und sie führten zu Maßnahmen von äußerst praktischem und dauerhaftem Nutzen. Ricardos Traktat *„The High Price of Gold Bullion a Proof of the Depreciation of Ban-Notes"* (1809) bereitete den Weg für den Bullion Committee des Unterhauses (1810) und durch ihn für unser eigenes Bank Charter Act (1844). Malthus spielte eine ruhigere Rolle. Seine wichtigsten Schriften zum Thema Währung waren zwei Zeitschriftenartikel, einer im *Edinburgh Review* vom Februar 1811 [642] und ein weiterer im *Quarterly Review* vom April 1823.

Der erste Teil von *The Depreciation of Paper Currency* ist eine Rezension von Broschüren der führenden Befürworter und Angreifer der Grundsätze des Berichts des Bullion Committee. Das Komitee hatte drei Themen untersucht: den hohen Goldpreis, den Zustand der Währung und den

Zustand der Devisen. Was das erste betrifft, stellten sie fest, dass eine Unze Standardgold in der Münzstätte in 3,17 Pfund Sterling umgerechnet wurde . 10½ *Tage*. (diese Summe war also der Münzpreis für Goldbarren), konnte die genannte Unze in den Jahren 1806–1808 von der Münzstätte nicht für weniger als 4 £ in Banknoten gekauft werden, und im Jahr 1809 nicht für weniger als 4 £ 10 *s* . Der Marktpreis war insoweit über den Münzpreis für Goldbarren gestiegen. Zum zweiten stellten sie fest, dass Guineen nicht mehr im Umlauf waren und praktisch durch kleine Banknoten zwischen 1 und 5 Pfund ersetzt wurden. Was schließlich den dritten Punkt betrifft, stellten sie fest, dass die Börsen seit Ende 1808 für England immer ungünstiger geworden waren , bis sie 1809/10 bei Hamburg neun, bei Amsterdam sieben und bei Paris mehr als vierzehn Prozent betrugen. unter Par. Nach der Befragung von Zeugen und der Prüfung ihrer Beweise gelangte das Komitee zu dem Schluss, „dass es derzeit einen Überschuss an Papier in diesem Land gibt, dessen eindeutigstes Symptom der sehr hohe Goldpreis und daneben der niedrige Zustand ist." der Kontinentalbörsen; dass dieser Überschuss auf den Mangel an ausreichender Kontrolle und Kontrolle bei den Papierausgaben der Bank of England und ursprünglich auf die Aussetzung der Barzahlungen zurückzuführen ist, die die natürliche und wahre Kontrolle beseitigte." Die Auswirkungen waren sehr schwerwiegend, insbesondere auf die Löhne der einfachen Landarbeiter (Bericht , S. 73); und der Ausschuss empfiehlt eine rasche Rückkehr zum Prinzip der Barzahlungen, unabhängig davon, ob sich die Nation im Frieden oder im Krieg befindet, obwohl Vorsicht geboten ist, dass dies schrittweise innerhalb von zwei Jahren geschieht . Es geschah nicht in zwei Jahren, sondern in mehr als zehn Jahren, nämlich am 1. Mai 1821, [643] Das Parlament stimmte der Änderung erst 1819 zu. [644] Cobbetts Unterfangen (das auf einem Rost gegrillt werden sollte, als die Bank einzahlte). Gold) schien vollkommen sicher zu sein.

Sowohl Malthus als auch Ricardo stimmten dem Bericht des Bullion Committee zu. Ricardo ist in gewisser Weise tatsächlich der Vater davon. Malthus (in der *Edin. Review*) spricht eindringlich von der schlechten Politik und Ungerechtigkeit der Fortsetzung der Suspendierung, und er verschont weder die Bank von England und ihr schelmisches Monopol [645] noch die „Praktiker" und ihre engen Ansichten. [646] Dennoch wirft er Ricardo hier wie anderswo vor, dass seine Aussagen zu absolut seien. Malthus' Fehler geht in die entgegengesetzte Richtung; er qualifiziert sich zu sehr. [647] Er ist der Meinung, dass Ricardo zu weit gegangen ist, indem er alle Bewegungen der Börsen auf übermäßige oder fehlerhafte Währung zurückführte; Ein rein kommerzieller Überschuss der Importe gegenüber den Exporten könnte seiner Meinung nach die gleichen Auswirkungen haben, und selbst bei den hohen Goldpreisen waren es die kommerziellen Schwierigkeiten, die den Beginn der Währungsabwertung auslösten. Ricardo, der in einem langen Anhang antwortet, [648] antwortet im Wesentlichen, dass Geld in jedem Fall von dort, wo es billiger ist, dorthin geht, wo es teurer ist, und daher von dort, wo die Währung an Wert verloren hat, dorthin, wo sie gewonnen hat Es. Dies entspricht jedoch kaum der Behauptung von Malthus, dass die wirksame Ursache, obwohl sie die Währung beeinflusst, nicht in allen Fällen die Währung selbst ist und im Falle einer ungleichen Handelsbilanz, wie vorübergehend sie auch sein mag, die Ursache für den Export der Währung ist Geld ist eher der Überfluss an Gütern im Ausland als der Mangel an Geld dort; – anders wäre es, wenn die erste Ursache in der Währung selbst läge. Der Rest des Artikels enthält wenig Neues für die Leser der *Politischen Ökonomie* , und der Hinweis auf eine mögliche Überproduktion ist vor allem als Zeichen der Autorschaft wertvoll und zeigt, dass die Ansichten des Autors sich festigten. Die persönliche Bekanntschaft von Malthus mit Ricardo geht wahrscheinlich auf das Erscheinen dieses Artikels zurück; [649] und sie diskutierten und korrespondierten weiterhin in vollkommener Freundschaft, bis zu Ricardos Tod im September 1823. [650]

Seine Freundschaft mit den Edinburgh Reviewers blieb ungebrochen; und als er in der *Quarterly Review schrieb* , war es die *Review,* nicht der Autor, der sich geändert hatte. Was die Finanzen betrifft, so war der *Quarterly Review tatsächlich* durch Cannings Einfluss vor Unzulänglichkeiten bewahrt worden, [651] und ein Artikel über Tooke's *Prices* braucht keine Politik zu haben.

Es besteht kaum ein Zweifel daran, dass Thomas Tooke [652] Recht hatte, als er die Differenz zwischen dem Münzpreis und dem Marktpreis von Goldbarren als vollständiges Maß für die Auswirkung dieser Abwertung auf die Preise ansah, während der Rest des Anstiegs darauf zurückzuführen war große Nachfrage bei geringem Angebot, die in der Regel stark übertrieben und in ihren schlimmsten Formen rein lokal ist. Er wies darauf hin, dass es tatsächlich keinen Zufall zwischen der Verringerung oder Ausweitung ihrer Emissionen durch die Bank und dem Rückgang oder Anstieg der Preise auf dem Markt außerhalb gebe. Die Preise stiegen beispielsweise in den Jahren 1795 und 1796, als der Umlauf der Bank nicht erweitert, sondern verkleinert worden war, um der Handelskrise zu begegnen; und im Jahr 1798, als die Emissionen der Bank größer waren, fielen die Preise tatsächlich auf das Niveau von 1793. Darüber hinaus sanken einige Preise, wenn sie stiegen, andere. Als in den Jahren 1799 und 1800 die Preise für Lebensmittel stiegen, sanken die Preise für Kolonialwaren. Die entscheidende Ursache (so argumentiert Tooke) war nicht die Ausgabe vieler oder weniger Banknoten, sondern Knappheit und Überfluss, insbesondere die Fülle einer guten Ernte und die Knappheit einer schlechten Ernte. Auch die Löhne schwankten eher durch die Ernten als durch die Währung, jedoch nicht so sehr durch die Veränderungen im allgemeinen Handel; Es wäre nicht richtig zu sagen, dass die hohen oder niedrigen Preise hohe oder niedrige Löhne hervorbrachten, sondern was das eine hervorbrachte, brachte das andere hervor. Der

Rückschlag der Spekulationen, die dem Frieden folgten, brachte beide zusammen zu Fall; es gab nicht nur ein Überangebot an Gütern, sondern auch an Arbeitskräften; und da waren die ausgemusterten Männer der Armee, die die Zahl der Arbeitslosen ansteigen ließen. Die Ludditen-Ausbrüche gegen Maschinen, die den Händen die Arbeit wegnahmen, hatten im Jahr 1812 während des Krieges einen bemerkenswerten Anfang genommen; 1816, im Jahr nach dem Frieden, begannen sie erneut mit größerer Gewalt. Die Diskussionen von Say und Malthus über Überproduktion und die Überlegungen von Ricardo (1817) und James Mill (1821) über Löhne und den Lohnfonds sind ebenso echte Kommentare zu diesen Ereignissen wie der Brief von Cobbett an die Ludditen [653] oder die Bände von Tooke on Prices.

Malthus hat die Arbeit von Tooke geschickt genutzt, um seine eigenen wirtschaftlichen Positionen zu unterstützen. In einer Rezension im *Quarterly* für April 1823 [654] (Seiten 214 *ff.*) versucht er zu zeigen, dass Mr. Tookes Schlussfolgerungen zu den Höchst- und Tiefstpreisen der letzten dreißig Jahre die folgenden allgemeinen Aussagen belegen: – Erstens, diese Werte und daher hängen die Preise vom Angebot im Verhältnis zur Nachfrage ab und werden nur von der zur Produktion von Gütern erforderlichen Arbeit (*d . h.* von dem, was Ricardo als Hauptwertursache ansieht) beeinflusst, soweit diese Arbeit die Hauptbedingung ihres Angebots ist ; zweitens, dass Angebot und Nachfrage hauptsächlich von den Jahreszeiten beeinflusst werden und dass der Krieg unter den anderen Ursachen zwar das Angebot begrenzen, aber kaum eine Nachfrage hervorrufen kann; Drittens: Wenn die Nachfrage das Angebot übersteigt, ist der Handel lebhaft, wenn das Angebot die Nachfrage übersteigt, ist der Handel langweilig. und dass schließlich ein länger anhaltender Mangel oder ein länger anhaltender Überschuss dieser Art einen Rückgang oder eine Steigerung im Wert der Edelmetalle mit sich bringt. [655] Malthus geht jedoch mit dem Bullion Committee weiter als Tooke. Obwohl ihm in der Goldbarrenfrage die gegnerischen Parteien, Bosanquet und Ricardo, einer vorgefassten Theorie verpflichtet zu sein schienen, [656] war der Bericht selbst „freier von diesem Fehler der vorgefassten Meinung als jedes andere Werk, das zu diesem Thema erschienen war“; [657] und er stimmte damit überein, dass es am Ende der Restriktionsperiode einen größeren Anstieg der Preise und Löhne gegeben hatte, als durch die schlechten Jahreszeiten, die Nachfrage nach Männern und den Unterschied zwischen Papier und Gold erklärt werden konnte . Er ist altmodisch genug, um zu glauben, dass es trotz der Konvertierbarkeit zu Überemissionen und Abwertungen sowie zu Spekulationen auf Papierbasis kommen könnte. Seine Argumentation zu diesem Punkt ist kaum stichhaltig. Es beruht auf einer falschen Anwendung des Axioms, dass bei Bedarfsgütern ein sehr kleiner Mangel in der Versorgung einen sehr großen Anstieg des Preises nach sich zieht , *z. B.* dass Weizen von 100 auf 200 Prozent steigen kann. wenn der

Mangel an Ernten nicht mehr als 15 oder 30 beträgt. [658] Die Gewinne der englischen Bauern zwischen 1793 und 1815 müssen daher enorm gewesen sein; und Malthus hat, obwohl er die Landwirtschaft über die Manufaktur stellt, diese hohen Gewinne des Einzelnen berücksichtigt, als er die Sache des landwirtschaftlichen Interesses gegenüber der Öffentlichkeit beurteilte. [659] Aber im Zusammenhang mit der Währung spricht er tatsächlich so, als ob diese Gewinne ein öffentlicher Vorteil wären; Er sieht nicht, dass es sich dabei um eine bloße Übertragung von öffentlichem Vermögen und nicht um eine Hinzufügung dazu handelte. Der Bauer, sagt er, sei offensichtlich „in der Lage, eine viel größere Menge an Industrie in Gang zu setzen als zuvor", zumindest bis die Löhne gestiegen seien. „Die spezifischen Mittel, die für die Aufrechterhaltung der Arbeit bestimmt sind , werden durch diese glückliche Bereitstellung der Natur in ihrer Effizienz gesteigert, obwohl sie mengenmäßig verringert sind." Arbeiter bekommen mehr Beschäftigung, und es gibt „einen Wohlstandsschub für die produzierenden Klassen". [660]

Dies ist eine Annäherung an einen schlimmeren Trugschluss als der Lohnfonds. Das archaische Denken ist umso unglücklicher, weil der Denker es für einen guten Zweck nutzt. Jean Baptiste Say [661] hatte gelehrt, dass jede erhöhte oder verringerte Nachfrage von einem erhöhten oder verringerten Angebot abhänge, und argumentierte daher mit James Mill und Ricardo, dass eine allgemeine oder vielmehr universelle Überflutung unmöglich sei. Da Waren [662] immer dazu bestimmt sind, gegen Waren ausgetauscht zu werden, stellt die eine Hälfte einen Markt für die andere Hälfte dar; und da somit die Produktion (die die Kaufmittel bereitstellt) die einzige Quelle der Nachfrage ist (sofern die Nachfrage wirksam ist), beweist ein Überschuss im Angebot eines Artikels lediglich einen Mangel im Angebot eines anderen Artikels und wird zu Unrecht so genannt Überproduktion. Während nämlich der Konsum einen Artikel vom Markt wegnimmt, bringt die Produktion einen Artikel auf den Markt und erhöht dadurch *pro tanto* die Nachfrage, indem sie die Kaufmittel erhöht. James Mills treffende Demonstration dieser Doktrin [663] wäre ziemlich schlüssig, wenn wir Nachfrage und Angebot erstens so definieren würden, dass sie einander einschließen, und zweitens allgemein als allgemeingültig ansehen würden. Die Antwort von Malthus selbst lautet, dass Güter nicht immer gegen Güter getauscht werden, sondern häufig, vielleicht am häufigsten, gegen Arbeit . Say entgegnet, dass er seinerseits einen Begriff („Produkte") verwendet habe, der sowohl Waren als auch Dienstleistungen umfasse und dass letztere immer der eigentliche Gegenstand eines Austauschs seien. [664] Malthus bringt es besser auf den Punkt, wenn er seinen Gegnern vorwirft, dass sie Waren wie mathematische Symbole behandeln und nicht als Gegenstände des menschlichen Konsums, deren gesamter Charakter menschlichen Bedürfnissen zu verdanken ist. [665] Aber seine Argumente konnten auch in den Räumlichkeiten seiner Gegner überzeugend dargelegt werden. Zugegebenermaßen ist die Arbeitsteilung durch die Größe des Marktes begrenzt; [666] Erlauben Sie, dass die beste Lösung für die Beschränkung darin besteht, den Markt zu erweitern, und nicht darin, die Arbeitsteilung zu verringern – dennoch wird die Ausweitung der Arbeitsteilung *angesichts* der Beschränkung des Marktes zu einer Überproduktion führen . Malthus behauptete lediglich, dass dies sowohl in sehr vielen Fällen als auch in einigen wenigen Fällen passieren könne; Say kam der Behauptung so nahe, wie er es wagte, dass es überhaupt nicht passieren könne.

Auch bei der Frage eines Marktes geht es nicht nur um Zahlen, sondern um Bedürfnisse. Eine Teppichfabrik zum Beispiel hätte unter einem Volk, das nackte Böden bevorzugte, keinen Markt, unabhängig von der Zahl und sogar dem Reichtum der Menschen. Say wird Malthus in diesem Zusammenhang nicht vollständig gerecht. Seiner Meinung nach kann der Autor des *„Essay on Population"* nicht konsequent an die Möglichkeit einer großen Produktfülle bei gleichzeitig gleichbleibender Zahl sparsamer Konsumenten glauben. Aber Malthus hatte zugegeben, dass es in einem Fall, dem Fall der Nahrung, keine Überproduktion geben könne, [667] da der Mangel in diesem Fall konstant sei, wohingegen Ricardo seltsamerweise glaubt, dass Nahrung der einzige Gegenstand ist, bei dem dies der Fall sein könnte ein Überangebot sein. „Wenn jeder Mensch auf den Gebrauch von Luxusgütern verzichten und sich nur auf die Anhäufung konzentrieren würde, könnte eine Menge lebensnotwendiger Güter produziert werden, für die kein unmittelbarer Konsum möglich wäre. Von derart begrenzten Warenmengen kann es zweifellos zu einem weltweiten Überangebot kommen, und infolgedessen besteht möglicherweise weder eine Nachfrage nach einer zusätzlichen Menge dieser Waren noch Gewinne durch den Einsatz von mehr Kapital. Wenn die Menschen aufhören würden zu konsumieren, würden sie aufhören zu produzieren. Dieses Eingeständnis stellt das allgemeine Prinzip nicht in Frage, denn es besteht keine Wahrscheinlichkeit für einen solchen Zufall, wie er vermutet; – es gibt eine Grenze für das Verlangen nach Nahrung, aber es gibt keine Grenze für das Verlangen nach anderen guten Dingen. [668] Ricardo geht hier davon aus, dass die Unersättlichkeit menschlicher Wünsche stets ausgereift ist, statt dass sie in vielleicht drei Vierteln der Welt eine unentwickelte Möglichkeit darstellt. Solange wir nicht wissen, dass die Möglichkeit Wirklichkeit geworden ist, können wir nicht davon ausgehen, dass alles, was wir produzieren, gewollt sein wird. Malthus ging weder mit Sympathie noch mit voller Intelligenz auf den Geist des modernen Handels ein. Aber er erkennt, dass die große Manufaktur mit ihrer Ergänzung des spekulativen Handels genau so erfolgreich sein oder scheitern muss, wie sie ihre Märkte richtig oder falsch beurteilt hat, denn sie wartet nicht mehr wie die alte englische Kleinproduktion auf Befehle – sie antizipiert, wirbt und überredet sie. Er glaubt, dass das Erwachen der unersättlichen Bedürfnisse des Menschen uns durch die Schaffung eines hohen Lebensstandards tendenziell vor Überbevölkerung und Überproduktion schützen wird . Die Vorliebe für Luxus, egal welche positiven Vorteile sie aus pädagogischer oder künstlerischer Sicht mit sich bringt, bringt zumindest diesen wirtschaftlichen Vorteil mit sich. [669]

Lieblingsidee der goldenen Mitte auf den Lohn anwendet . Die „zur Bezahlung der Löhne bestimmten Mittel" können, so sagt er, entweder durch hohe Preise oder durch große Produktion zu niedrigen Preisen erhöht werden, also durch Wertsteigerung ohne Mengensteigerung oder durch Mengensteigerung ohne Wertsteigerung. Letzteres ist der sicherere Weg, liegt aber auf dem Weg zum „Überangebot". Der wünschenswerteste Plan ist die Vereinigung beider. „Es gibt irgendwo einen glücklichen Mittelwert, bei dem unter den tatsächlichen Ressourcen eines Landes sowohl der Wohlstandszuwachs als auch die Nachfrage nach Arbeitskräften ein Maximum erreichen können. Eine Vorliebe für Annehmlichkeiten und Annehmlichkeiten führt nicht nur tendenziell zu einer stetigeren Nachfrage nach Arbeitskräften als eine Vorliebe für persönliche Dienstleistungen, sondern durch die Verbilligung von Manufakturen und Produkten des Außenhandels, einschließlich vieler lebensnotwendiger Güter der arbeitenden Klassen, vergrößert sie tatsächlich die Grenzen der effektiven Arbeitsnachfrage und macht sie für längere Zeit wirksam." [670] Hätte jemand dagegen argumentiert, dass eine Nachfrage nach Gütern keine Nachfrage nach Arbeit sei , sondern der Arbeit einfach eine neue Richtung gebe, so Mill, hätte Malthus wahrscheinlich geantwortet, dass die neue Richtung von entscheidender Bedeutung sei. denn der darin begonnene Handel könnte ein Handel mit Waren sein, der weiter verbreitet ist, und daher länger und stabiler dauern könnte als der alte Handel.

Wir sehen, dass Malthus in seinen Ansichten zu diesem Thema, die er recht langwierig und unnötig ausführlich dargelegt hat, ständig an die Beziehungen von Produktion und Verteilung zum Konsum sowie untereinander gedacht hat, denn die Lage der Menschen war immer wichtiger ihn als den Zustand der betreffenden Artikel. Aber er gab seinen Gefühlen nie so weit nach, Sismondis reaktionäre Ideen über die Auswirkungen der Maschinerie auf die Arbeiter zu übernehmen. [671] Niemals hat er die Übel der Arbeitsteilung so eindringlich beschrieben wie die von Adam Smith. [672] Er geht kaum weiter als Ricardo, der in einer bekannten Passage sagt: „Die gleiche Ursache, die das Nettoeinkommen des Landes erhöhen kann, kann gleichzeitig die Bevölkerung entlassen und die Lage des Arbeiters verschlechtern . " „Denn die gesamte Steigerung könnte möglicherweise dem festen und nicht dem zirkulierenden Kapital, den Maschinen und Gebäuden statt den Löhnen gewidmet werden. [673] Ricardos Eingeständnis, dass er falsch lag, als er dies nicht früher erkannte, lässt uns fragen (wie es die Menschen in Deutschland schon damals wegen ähnlicher Bekenntnisse ihrer Philosophen taten), ob seine Demonstrationen zutreffender sind als gewöhnliche Überlegungen. Seine Ökonomenkollegen behaupteten nie, sie seien unfehlbar. Adam Smith gab seine Verteidigung der Wuchergesetze auf . [674] Malthus änderte seine ersten Ansichten zur Bevölkerung, ganz zu schweigen vom Wertmaß. [675] Mill gab den Lohnfonds auf. Nur die kleinen Ökonomen blieben am Ende stolz dort, wo sie am Anfang waren. James Mill weigerte sich, Ricardo in seinem Eingeständnis zu folgen, dass es zu einer Überproduktion von Nahrungsmitteln kommen könne, und MacCulloch lehnte es ab, ihm in dem oben zitierten Eingeständnis zu folgen, dass die Steigerung des Wohlstands in festes Kapital statt in Löhne fließen könnte. [676] Die orthodoxe Wirtschaft wurde am abstraktesten, als ihre Lehren nach dem Tod von Ricardo im Jahr 1823 in die Hände der Kleinen Propheten übergingen.

In den letzten zehn Jahren seines Lebens nahm Malthus keine ernsthafte Änderung seiner wirtschaftlichen Ansichten vor und näherte sich den Ricardianern nicht mehr . Es waren Jahre, in denen Ökonomen und politische Reformer nicht gelernt hatten, so harmonisch zusammenzuarbeiten, wie sie es nach seinem Tod tun sollten. Huskissons Änderungen in der Handelspolitik bereiteten in hohen Kreisen den Weg für den Freihandel. Die 1826 eingeführte Staffelung der Getreidezölle deutete im Großen und Ganzen in die gleiche Richtung. Aber die Agitation der bescheideneren Klassen für politische Freiheit, die durch einen beträchtlichen Fortschritt in der Volksbildung gefestigt und durch den Einfluss von Cobbett im Rahmen der Gesetze gehalten wurde, [678] ging in gewisser Weise weiter; und es wird in Erinnerung bleiben, wie sich der Chartismus von der Anti-Corn-Law League distanzierte. Ein Mann könnte ein fortgeschrittener Ökonom und Sozialreformer und ein Reaktionär in der Politik sein. Im Jahr 1824, als Gewerkschaften zum ersten Mal gesetzlich zugelassen wurden und die Fabrikgesetze noch zu unvollkommen waren, um den Schwachen eine faire Chance gegen die Starken zu geben, war der „natürliche Zustand der Dinge", die freie Entwicklung individueller und nationaler Fähigkeiten, der Fall nicht existieren; und Malthus, der sie sehr vermisste, wäre sehr erstaunt gewesen, zu hören, dass seine Lehren, wie die Ricardos, eine Rechtfertigung der Dinge waren, wie sie sind. Nicht nur die berüchtigte Tatsache, dass er gegen Ricardo war, sondern auch seine Ansichten zur Handelspolitik sprechen gegen diesen Gedanken. [679] Beim Frieden herrschten viele Irrtümer über die Löhne. Das neue Getreidegesetz von 1815 hatte die aggressive Politik der landwirtschaftlichen Interessen eingeleitet, die offen gesagt versuchten , durch Gesetze eine gelegentliche Knappheit in eine dauerhafte umzuwandeln und die Preise auf 80 % *zu halten.* ein Viertel. Nicht wenige falsche Freunde des Arbeiters empfahlen ihm, das Gesetz zu befolgen und sein Brot teuer zu machen, denn dann, sagten sie, würde sein Lohn erhöht werden. Viele Fabrikanten hingegen erklärten, dass das Interesse des Landes an niedrigen Löhnen und zu diesem Zweck an billigen Lebensmitteln und einer großen Bevölkerung liege. Malthus war mit keinem von beiden dabei. Seine teilweise Zustimmung zum neuen Getreidegesetz beruhte zweifellos auf falschen Gründen; aber er vertrat keine derart falschen Ansichten über die Löhne. Seine Meinung wurde in allen seinen Schriften ausdrücklich zum Ausdruck gebracht, auch wenn sie aus seinen allgemeinen Ansichten über die Bevölkerung nicht deutlich genug hervorging. Er sagt zum Beispiel: „Wenn ein Land nur reich werden kann, indem es einen erfolgreichen Wettlauf um niedrige Löhne durchführt, sollte ich bereit sein, sofort zu sagen: ‚Geht solchen Reichtümern zugrunde!'" [680] „Es ist am wünschenswertesten, ^{dass} die Arbeiter Der Unterricht sollte gut bezahlt werden, und zwar aus einem viel wichtigeren Grund als jedem anderen, der sich auf Reichtum beziehen kann, nämlich dem Glück der großen Masse der Gesellschaft." [681] Auf die Frage: „Halten Sie es aus nationaler Sicht, selbst wenn man zugibt, dass der niedrige Lohnsatz ein Vorteil für den Kapitalisten ist, für angemessen, dass die Arbeitskräfte dauerhaft in einem Zustand gehalten werden, der an Not grenzt ? " um den Schaden zu vermeiden, der dem Volksvermögen durch eine Senkung der Profitrate entstehen könnte?" Er antwortete: „Ich würde sagen, das passt auf keinen Fall; Ich betrachte die arbeitenden Klassen als den größten Teil der Nation und daher ist ihr allgemeiner Zustand der wichtigste von allen." [682]

Er glaubt jedoch, dass der Wechsel von niedrigen zu hohen Löhnen möglicherweise die Gewinne so stark schmälern könnte, dass der Handel unrentabel wird. Möglicherweise müssen wir etwas von unserem kommerziellen Wohlstand opfern. Er kann sich nicht auf die Vorstellung einer Gesellschaft einlassen, in der die Gesamtheit der Arbeiter als Verbraucher einen ausreichenden Markt für dieselbe Körperschaft als Produzenten darstellen würde. Er kann sich der Vorstellung nicht entledigen, dass eine Gruppe unproduktiver Konsumenten eine gesellschaftliche Notwendigkeit sei, um der Produktion durch die Entwicklung der Bedürfnisse, die die Manufakturen befriedigen sollen, einen Anreiz zu geben. Es scheint leicht zu beantworten, dass diese unproduktiven Verbraucher ihre Erzeugnisse nur mit anderen Produkten bezahlen können, wann immer sie diese beziehen, und es scheint keinen Grund zu geben, warum ihre Produzenten diese nicht beziehen sollten. [683] Wenn die Arbeiter selbst die Bedürfnisse hätten und sie durch ihre eigene Arbeit decken würden, würden alle Ergebnisse, die Malthus wünscht, ohne hässliche Klassenunterschiede und mit deutlicher Verbesserung der Lage der Arbeiter erzielt. Zumindest seine Ziele waren gut. Die unverzichtbare Freizeit würde gesichert, wenn die Arbeitszeit verkürzt würde, wie er es wünschte. „Ich habe immer gedacht und gespürt, dass viele Arbeiter in diesem Land zu hart für ihre Gesundheit, ihr Glück und ihre intellektuelle Verbesserung arbeiten." [684] Der allgemeine Reichtum muss daher gegebenenfalls dem allgemeinen Glück geopfert werden. Fabrikgesetze, die verhindern würden, dass Kinder zu jung oder zu lange arbeiten [685], befürwortet er uneingeschränkt; Obwohl solche Fabrikgesetze die Arbeit von Erwachsenen behindern würden, betrachtet er eine Ungerechtigkeit gegenüber den Arbeitern selbst und einen hoffnungslosen Eingriff in „die Prinzipien des Wettbewerbs, eines der allgemeinsten Prinzipien, nach denen die Geschäfte der Gesellschaft geführt werden". [686] Die Rettung der arbeitenden Klassen muss von ihnen selbst kommen, von ihrem „gleichzeitigen Entschluss, weniger Stunden am Tag zu arbeiten". Aber Gewerkschaften, wie wir sie heute kennen, waren damals noch nicht entstanden; und er spricht mit großem Zögern von einer zukünftigen Verbesserung der Arbeiterklasse in Bezug auf Wissen, Komfort und Selbstbeherrschung .

Wir haben gesehen, dass die Ökonomie von Malthus, sei es in Bezug auf die Grundbesitzer, die Arbeitgeber oder die Arbeiter, keineswegs mit der Ökonomie von Ricardo und seiner Schule identisch ist, die in der ersten Hälfte des Jahres die herrschende und orthodoxe Doktrin war das neunzehnte Jahrhundert.

Es wäre weder schmeichelhaft noch wahr, den Unterschied der Logik des Gefühls zuzuschreiben; Aber es ist wahr, dass Malthus durch sein ausgeprägtes Gespür für die Übel der Armut ständig große Mengen an Tatsachen vor Augen hatte, die Ricardo scheinbar bereit war zu vergessen, und dass der Weg, den er einschlug, wenn auch vor langer Zeit verborgen und vergessen, ihn in einige wichtige Punkte führte weg vom *Laissez-faire* und hin zu den Lehren unserer Zeit, in denen der durch ihre Regierung agierenden Gesellschaft eine originäre und nicht nur eine regulierende Handlung in Sachen Industrie und Wohlstand gestattet wird.

Wenn wir den Thread des Aufsatzes fortsetzen, werden wir feststellen, dass das Verhältnis der Gesellschaft zu ihren mittellosen Armen für Malthus nicht wie für Ricardo eine Frage der Besteuerung und Finanzen ist, sondern ein Problem der Moral und der Politik, das nur gelöst werden konnte klare Sicht auf das Verhältnis des Bürgers zum Gemeinwesen.

KAPITEL IV.
DER BETTLER.

Anordnung des Aufsatzes – Das mächtige Fest der Natur – Traktat über hohe Lebensmittelpreise *– Ich kann nicht, deshalb sollte ich nicht – Arme Gesetze verurteilt – Die Armee Friedrichs des Großen – Milderung der schlechten Auswirkungen des Armen Gesetzes – Schritt zur Abschaffung – Neues Armen Gesetz.*

wurden die Kapitel über Handelspolitik und die Getreidegesetze [688] im dritten Buch des *Essay on Population bereits erwähnt.* Während sich das erste und zweite Buch des Aufsatzes mit der Lage der Bevölkerung in Vergangenheit und Gegenwart befassen sollten, soll sich das dritte Buch mit den „verschiedenen Lösungssystemen, die in der Gesellschaft vorgeschlagen wurden oder sich durchgesetzt haben" zur Heilung befassen die Übel, die sich aus dem Bevölkerungsprinzip ergeben, während sich der Vierte auf die Zukunftsaussichten der Gesellschaft und die Möglichkeit bezieht, die fraglichen Übel zu beseitigen. Diese Einteilung des Themas konnte nicht sehr streng eingehalten werden. Die „vorgeschlagenen Systeme" waren zweifellos in den meisten Fällen bloße Theorien und konnten für sich betrachtet werden; Aber zu den „herrschenden Systemen" gehörten Gesetze wie die Korngesetze und die Armengesetze, die sich direkt auf die gegenwärtigen Gewohnheiten und den Reichtum der Menschen auswirkten und durchaus im zweiten Buch berücksichtigt werden könnten. Das vierte Buch hätte logischerweise Teil des dritten sein können, denn es ergänzt lediglich die „vorgeschlagenen Systeme" um den Vorschlag von Malthus selbst. Die Anordnung ist an sich nicht so perfekt oder wird von ihrem Autor nicht so genau respektiert, dass wir Reue empfinden müssten, wenn wir sie missachtet hätten. Die frühesten Kapitel des dritten Buches (i . und ii.) sind im Wesentlichen die Widerlegung von Godwin, Wallace, Condorcet, wie sie 1798 erschienen, mit einem Nachwort (Kapitel iii.) über Owen und Spence, das am besten berücksichtigt werden wird an einem anderen Ort. [689] Vom Stil her sind sie wahrscheinlich die besten im Buch.

Nach einem Kapitel (iv.) über die Auswanderung [690] folgen drei Kapitel über die Armengesetze, die zusammen mit Kap. viii. des vierten Buches, das sich mit Plänen für ihre Abschaffung befasst. Von allen Anwendungen der Lehren von Malthus war ihre Anwendung auf den Pauperismus zu dieser Zeit wahrscheinlich von größtem öffentlichem Interesse. Schon der erste Aufsatz hatte deutlichen Bezug zu Pitts Poor Bill; Der nächste Beitrag des Autors befasste sich mit der Frage der Pfarrhilfe; und diese drei Kapitel im späteren *Essay über die Bevölkerung* haben die öffentliche Meinung und die Gesetzgebung über die mittellosen Armen fast ebenso stark beeinflusst, wie der *Reichtum der Nationen die* Handelspolitik beeinflusst hat. Malthus ist nicht nur der Vater des neuen Armengesetzes, sondern aller unserer modernen Wohltätigkeitsvereine.

Das Thema lässt sich am besten mit den Worten eines berühmten Gleichnisses einleiten, das Malthus, nachdem er es einmal verwendet hatte, später nie vergessen durfte: [691] – „Ein Mann, der in eine bereits besessene Welt hineingeboren wird, wenn er von seinen Eltern nicht für den Lebensunterhalt sorgen kann, an wen er eine berechtigte Forderung hat, und wenn die Gesellschaft seine Arbeit nicht will , hat er keinen Anspruch *auf* das kleinste Maß an Nahrung und hat tatsächlich nichts damit zu tun, dort zu sein, wo er ist. Beim gewaltigen Fest der Natur gibt es für ihn keinen freien Platz. Sie sagt ihm, er solle gehen und wird ihre eigenen Befehle schnell ausführen, wenn er nicht auf das Mitgefühl einiger ihrer Gäste setzt. Wenn diese Gäste aufstehen und ihm Platz machen, erscheinen sofort andere Eindringlinge, die den gleichen Gefallen fordern . Der Bericht über eine Versorgung für alle, die kommen, füllt den Saal mit zahlreichen Klägern. Die Ordnung und Harmonie des Festes wird gestört, der Überfluss, der zuvor herrschte, wird in Knappheit verwandelt; und das Glück der Gäste wird durch den Anblick des Elends und der Abhängigkeit in allen Teilen des Saals und durch die lärmende Aufdringlichkeit derer zerstört, die zu Recht wütend sind, weil sie nicht die Versorgung finden, die sie erwartet hatten. Zu spät erkennen die Gäste ihren Fehler, als sie den strengen Befehlen der großen Gastgeberin des Festes an alle Eindringlinge entgegentraten, die wünschte, dass alle ihre Gäste reichlich hätten, und wusste, dass sie nicht für eine unbegrenzte Anzahl sorgen konnte, und lehnte dies menschlich ab um Neuankömmlinge aufzunehmen, wenn ihr Tisch bereits voll war." [692]

unserer Nachbarn wurde selten so malerisch dargestellt. Die Figur selbst war nicht neu. Lucretius hatte geschrieben: –

„ Cur non, ut plenus vitæ conviva, recedis? " [693]

und Fenton, in Popes [694] bekannten Zeilen:

„Aus dem gemäßigten Fest der Natur erhob sich zufrieden,

Dem Himmel sei gedankt, dass er gelebt hat und gestorben ist."

Doch die neue Anwendung fand großen Anklang bei der Öffentlichkeit. Sir William Pulteney und Windham sollen vor allem von der konservativen Moral begeistert gewesen sein. [695] Malthus könnte den Hinweis darauf aus einer Passage in Paleys *Moral and Political Philosophy erhalten haben* . Paley kritisierte eine Rechtfertigung des Privateigentums, die auf dem Recht jedes Menschen beruhte, von den Dingen, die Gott zum Nutzen aller geschaffen hat, zu nehmen, was er will, so wie es auch der Fall ist, wenn den Grundbesitzern (den freien und unabhängigen Wählern) eine Unterhaltung gewährt wird ?) eines Landkreises sehen wir, wie sie hereinkommen und jeder isst und trinkt, was er möchte, ohne die Zustimmung der anderen Gäste einzuholen. Der Vergleich, sagt Paley, sei nicht perfekt, denn bei einem Freeholder-Fest darf niemand seine Taschen füllen oder etwas wegwerfen, „vor allem, wenn er dadurch die Gäste am unteren Ende des Tisches zwickt." [696]

Sogar die Freunde von Malthus fanden die Passage zu düster; und wie jeder bemerkte, [697] wurde es nach 1803 nicht beibehalten. Es enthält jedoch mindestens zwei Positionen, die nie zurückgenommen wurden: – dass die Armen Erleichterung nicht als Recht, sondern nur als Gefälligkeit beanspruchen können , und das Die Armenfürsorge kann nur einen Mann erheben, indem sie einen anderen deprimiert. Die letztgenannte Position lässt sich aus dem 1800 verfassten Traktat „Der *hohe Preis der Lebensmittel"* *veranschaulichen* . Das Hauptziel des Traktats bestand darin, zu zeigen, dass der Preis zu extravagant hoch war, um auf den Mangel zurückzuführen zu sein, der zugegebenermaßen nur ein Viertel betrug. Aber der Autor beleuchtet seine eigenen allgemeinen Lehren. [698] Er argumentiert im Wesentlichen, dass eine Entlastung in Geld bedeutet, dass die entlasteten Personen ihre normale Konsumrate auf Kosten der übrigen aufrechterhalten können. Die Antwort hierauf liegt auf der Hand: – Die Genügsamkeit der Vorräte ist nicht so genau berechnet, noch ist ihre Menge so festgelegt, dass sie nicht aus heimischen oder ausländischen Vorräten erhöht werden kann – und den Reichen Geld für die Armen zu entziehen, Die Erhöhung der Gesamtausgaben des Landes für lebensnotwendige Güter und die Erhöhung der Gesamtausgaben des Landes für lebensnotwendige Güter könnte lediglich darin bestehen, den Importstrom in den Kanal der lebensnotwendigen Güter umzuleiten und zu einer größeren Verwendung von anderen Nahrungsmitteln als Brot zu führen. Unter den damaligen Bedingungen waren die Ansichten des Autors jedoch nicht unnatürlich. Bei seiner Rückkehr aus Schweden im Jahr 1800 stellte er fest, dass in England wie anderswo Knappheit herrschte, die Preise jedoch viel höher waren als in anderen Ländern. Dies waren die Tage, als Oberster Richter Kenyon und eine Jury die veralteten Gesetze gegen Vorbeugung und Beleidigung durchsetzten. [699] Malthus hatte seinen Adam Smith nicht so sinnlos gelesen, dass er einem solchen Vorgehen zustimmen konnte; Ein Großteil seiner Broschüre war lediglich eine Anwendung der Prinzipien des *Reichtums der Nationen auf einen bestimmten Fall* (Buch IV, Kap. V.). [700] Er konnte auch nicht der Vorstellung zustimmen, dass die Papierwährung alles getan habe. [701] Als er sich seiner Pfarrarbeit in Surrey widmete, beobachtete er den Verlauf der Ereignisse. Was sich dort und vermutlich anderswo abspielte, sagte er, sei Folgendes gewesen: – Während die Knappheit zunahm, beklagten sich die Armen bei den Richtern, dass ihr

Lohn zu niedrig sei, um Brot zu den gegenwärtigen Preisen zu kaufen; Daraufhin erkundigten sich die Richter, mit welchem niedrigsten Lohn sie es hätten kaufen können, und gewährten dann „sehr menschlich, und ich bin keineswegs unangemessen" der Pfarrei entsprechende Erleichterungen. [702] Aber wie das Wasser aus der Mündung des Tantalus entglitt das Korn dem Griff der Armen; Die Preise stiegen noch einen Schritt weiter, und die Erleichterung musste den Preisen folgen.

Dementsprechend stiegen die Kurse vielerorts von vier auf vierzehn Schilling pro Pfund. Durch die doppelte Belastung durch teure Lebensmittel und hohe Steuersätze bekamen vielleicht fünf oder sechs Millionen der reicheren Klassen mit Sicherheit die Prise der Knappheit zu spüren, die andernfalls beispielsweise von zwei Millionen der Ärmsten ertragen worden wäre, die gestorben wären darunter. [703] In diesem Fall haben die Armengesetze dem Land einen besonderen Dienst erwiesen. Dies geschah jedoch dadurch, dass man von den ersten Gästen etwas nahm, um es den aufdringlichen Eindringlingen zu geben, und konnte keine allgemeine Lobrede auf die Armengesetze rechtfertigen. Der gesamte Ansatz des *Essay on Population* war gegen solche Institutionen gerichtet; und „zwei Jahre Nachdenken", sagt der Autor des *Essays*, „haben stark dazu beigetragen, mich von der Wahrheit des dort vertretenen Prinzips und davon zu überzeugen, dass es die wahre Ursache für die anhaltende Depression und Armut der unteren Gesellschaftsschichten ist." , von der völligen Unzulänglichkeit aller gegenwärtigen Einrichtungen zu ihren Gunsten , sie zu entlasten, und von der [Gewissheit], dass solche Zeiten der Not, wie wir sie in letzter Zeit erlebt haben, regelmäßig wiederkehren." [704] Im ersten Aufsatz hatte er sich nicht nur energisch gegen Pitts neues Armengesetz ausgesprochen, sondern auch gegen alle rechtlichen Erleichterungen, und zwar unter anderem mit der Begründung, dass dadurch die Lebensmittelpreise über das Maß hinaus anstiegen, bis zu dem die Knappheit gestiegen wäre es abgesehen von Störungen. [705]

Der zweite war ein stärkerer Grund: In der Sprache Kants war der (mit wenig Einschränkung [706]) von den englischen Armengesetzen zugelassene Anspruch ein Anspruch, der nicht ohne Widerspruch allgemeingültig gemacht werden konnte. Wenn jeder von dem vermeintlichen Recht Gebrauch machen würde, Erleichterung zu verlangen, könnte keine Gemeinschaft die vermeintliche Pflicht erfüllen, sie zu gewähren. [707] Wenn es hätte erfüllt werden können, meint Malthus, hätte die Verpflichtung Bestand gehabt; und anstatt zu erklären: „Ich kann nicht, also sollte ich nicht", hätte er gestanden: „Ich kann, also sollte ich." [708] Im vorliegenden Fall stimmt er mit Sir Frederick Eden darin überein, dass die Gewährung von Rechtsbehelfen undurchführbar und daher keine Pflicht ist, und dass „im Großen und Ganzen die Summe des Guten, das von einer obligatorischen

Aufrechterhaltung der … zu erwarten ist." Die Armen werden durch die Summe des Bösen, die sie unweigerlich hervorbringen wird, bei weitem übertroffen." [709] Es linderte das individuelle Leiden auf Kosten der Verallgemeinerung des Leidens. Sie schuf die Armen, die sie ernährte, denn sie führte dazu, dass Männer mit der Gewissheit der Pfarrhilfe heirateten. Dadurch erhöhte sich die Bevölkerung, ohne dass die Ernährung des Landes zunahm, und der alte Geist der Unabhängigkeit wurde weitgehend zerstört. „So schwer es im Einzelfall auch erscheinen mag, abhängige Armut sollte als eine Schande angesehen werden." [710] Hohe Löhne, Unabhängigkeit und moralische Zurückhaltung sind besser als niedrige Löhne mit einem Pfarrzuschuss und einer armen Familie. „Ich bin davon überzeugt, dass, wenn es die Armengesetze in diesem Land nie gegeben hätte, die Gesamtzufriedenheit der einfachen Leute viel größer gewesen wäre, als sie es jetzt ist, auch wenn es vielleicht noch ein paar weitere Fälle sehr schwerer Not gegeben hätte." " [711] Das war sein Glaube bis zum Ende. [712]

Eine Allegorie dieser Dinge findet sich in Dr. John Moores Beschreibung der Armee Friedrichs des Großen. Dr. Moore sah, wie ein Mann verprügelt wurde, weil er ein paar Sekunden zu spät seinen Ladestock zurückgelegt hatte; und die Beamten sagten ihm, dass sie alle gleich bestraft hätten, da sie vorsätzliche Fehler nicht von versehentlichen unterscheiden konnten, und das Ergebnis sei ausgezeichnet gewesen; Alle Männer waren in Alarmbereitschaft und es wurden insgesamt weniger Fehler begangen. Früher war es an Feldtagen üblich, dass Dragonern der Hut abgeblasen und von ihren Pferden geworfen wurde. Schließlich gab ein General den Befehl, jeden Mann zu bestrafen , dem einer dieser Unfälle widerfuhr; Seitdem hat kaum jemand seinen Hut verloren oder ist vom Pferd gefallen. Dr. Moore hörte von einem armen Husaren, der bei der letzten Untersuchung von seinem Pferd gefallen war und dafür bestraft werden sollte, sobald er das Krankenhaus verlassen konnte. Das schien schwierig, aber der König von Preußen glaubte, er könne nur hoffen, seine Armee den anderen überlegen zu machen, indem er ihre Disziplin verbesserte, ihre Offiziere durch Ehre und Schande und ihre Gefreiten durch körperliche Züchtigung ausbildete; Er war der Ansicht, dass das gelegentliche Leiden eines unschuldigen Individuums einer Armee weniger schadet als die Duldung von Fahrlässigkeit, was die Fahrlässigkeit größer macht. [713] Was die rechtliche Erleichterung betrifft, würde Malthus die gleiche kriegerische Strenge empfehlen und versuchen, die Menschen vor der Armut zu warnen, indem er sie die Disziplin ihrer Folgen tragen lässt. Es gibt noch andere Punkte, in denen die Allegorie auf das „einfache System der natürlichen Freiheit" zutrifft; Die Disziplin des industriellen Wettbewerbs ist sicherlich in mancher Hinsicht ebenso streng wie die Disziplin einer Armee. Andererseits besteht die Gesellschaft nicht aus ausgewählten starken Männern, sondern umfasst auch die Schwachen, und ihre Gefreiten sollen ihre Befehle nicht von einem

Kommandanten entgegennehmen, sondern „für sich selbst sorgen". Die Gesellschaft im Sozialismus mag einer Armee ähneln, nicht aber die Gesellschaft im Individualismus. Malthus hätte daher die Analogie abgelehnt. Er gelangt zu seinen Schlussfolgerungen nicht aufgrund einer vorgefassten Theorie des Staates, sondern indem er die schlechten Folgen der weit verbreiteten vorgefassten Theorie beobachtet, dass jeder Bürger, wenn er mittellos ist, ein Recht darauf hat, vom Staat unterstützt zu werden. Er kommt zu dem Schluss, dass in der Tat, wenn materielle Erleichterungen als Pflicht gewährt und als Anspruch geltend gemacht wurden, die Auswirkungen auf den Empfänger eindeutig schlecht waren; Das Gesetz der Armen wird durch die Erfahrung verurteilt.

Dennoch gibt er zu, dass die Schlechtigkeit des Gesetzes weitgehend durch die Nachlässigkeit seiner Umsetzung ausgeglichen wurde. Der Versuch, den Arbeitern in allen Handelsstaaten einen festen Lohnsatz zu sichern, wurde in England nicht wirklich unternommen, wie es das elisabethanische Armengesetz vorsah. Die Dürftigkeit der tatsächlich gewährten Erleichterung sowie die Unverschämtheit der beteiligten Beamten bei der Gewährung haben das Gefühl völliger Sicherheit gestört, was nach Ansicht von Malthus in einem solchen Fall fatal gewesen wäre. „Der Wunsch, unseren Zustand zu verbessern, und die Angst, ihn noch schlimmer zu machen, ist wie die *vis mediatrix naturæ* in der Physik die *vis mediatrix reipublicæ* in der Politik und wirkt den Störungen, die aus engen menschlichen Institutionen entstehen, ständig entgegen." Das Armengesetz wurde so unvollkommen umgesetzt, dass es unter den Arbeitern noch Raum für Klugheitsmotive ließ ; Sie können nicht mit der vollständigen Versorgung ihrer Familien rechnen, wenn sie leichtsinnig heiraten, und einige von ihnen halten immer noch Vorsicht für geboten. Darüber hinaus weigern sich die Reichen aus Angst vor dem Armengesetz oft, Hütten zu bauen, damit ihre Bewohner nicht in Armut geraten. [714] Drittens leben arme Kinder ebenso wie Findelkinder nicht lange. [715]

In seinem *Brief an Samuel Whitbread, Abgeordneter, zu seinem vorgeschlagenen Gesetz zur Änderung der Armengesetze* (1807) räumt Malthus ein, dass die Abschaffung erst erfolgen darf, wenn die öffentliche Meinung dafür reif ist; aber er empfiehlt eine Gesetzgebung in Richtung der Abschaffung, um die Köpfe aller Klassen auf die letzten Schritte vorzubereiten und den Arbeiterklassen die Täuschung des gegenwärtigen Segens vor Augen zu führen. Arme Gesetze, sagt er, seien eine Besonderheit Englands, und ihr Fehlen in anderen Ländern scheine nicht die Auswirkungen zu haben, die von ihrer Abschaffung hier erwartet würden. Als Antwort auf Malthus könnte man darauf hinweisen, dass die Armengesetze nicht ausschließlich England vorbehalten sind, sondern in Dänemark und anderswo vorkommen. [716] Zweitens, wie MacCulloch in einem an Malthus gerichteten Brief an Macvey

Napier argumentiert, [717] ist Großbritannien besonders Schwankungen im Handel ausgesetzt, beispielsweise aufgrund der Änderungen der Außenzölle, und daher dort Es gibt mehr Fälle plötzlicher und unvermeidlicher Not, die einer Regelung wie der des Armengesetzes bedürfen. Drittens ist es auch schwer zu erkennen, wie wir das Betteln rechtswidrig machen können, wenn wir den Zugang zu Rechtsbehelfen unmöglich machen, [718] ebenso wenig wie wir logischerweise Bildung zur Pflicht machen können, während wir auf der Zahlung von Gebühren bestehen. Viertens ist eine wahllose private Wohltätigkeitsorganisation wahrscheinlich schädlicher als eine diskriminierende öffentliche Wohltätigkeitsorganisation. Malthus war jedoch nicht gegen jede Erleichterung, sondern nur gegen sie, wenn sie als Recht geltend gemacht wurde; und er war sich völlig bewusst, dass die Risiken des englischen Arbeiters größer waren als die seiner kontinentalen Brüder. Alles, was er wollte, war, dem Arbeiter die Möglichkeit zu geben, jenes Gefühl der persönlichen Verantwortung auszuleben, aus dem das Armengesetz ihn herauslockte. Er wusste ganz genau, dass die Aufhebung des Armengesetzes keinen guten Zweck haben würde, wenn die Öffentlichkeit nicht über die bösen Praktiken aufgeklärt worden wäre. Er schlug daher eine schrittweise Änderung vor, deren Kern darin bestehen sollte, jedem armen Mann jegliches Recht auf Unterstützung auf öffentliche Kosten zu verweigern; Kinder haben ein Recht auf Unterstützung durch ihre Eltern, nicht jedoch durch die Öffentlichkeit. [719] Es solle ein Gesetz verabschiedet werden, sagte er und erklärte, dass kein eheliches Kind, das aus einer Ehe geboren wurde, die ein Jahr nach Inkrafttreten des Gesetzes geschlossen wurde, und kein uneheliches Kind, das zwei Jahre danach geboren wurde, jemals Anspruch auf Pfarrbeihilfe haben solle. „Und um eine allgemeinere Kenntnis dieses Gesetzes zu vermitteln und es stärker in den Köpfen der unteren Bevölkerungsschichten zu verankern, sollte der Geistliche jeder Gemeinde vor der feierlichen Trauung den Parteien eine kurze Ansprache vorlesen , in dem die starke Verpflichtung jedes Mannes zum Ausdruck gebracht wird, für seine eigenen Kinder zu sorgen; die Unangemessenheit und sogar Unmoral, zu heiraten, ohne eine faire Aussicht darauf zu haben; die Übel, die sich für die Armen selbst ergeben hatten, aus dem Versuch, durch öffentliche Institutionen bei der Erfüllung einer Pflicht zu helfen, die ausschließlich den Eltern obliegen sollte, und der sich schließlich abzeichnenden absoluten Notwendigkeit, alles aufzugeben Institutionen, weil sie Wirkungen hervorrufen, die den beabsichtigten völlig entgegengesetzt sind. Dies wäre eine faire, deutliche und präzise Mitteilung, die kein Mensch missverstehen kann, und würde die heranwachsende Generation sofort aus ihrer elenden und hilflosen Abhängigkeit von der Regierung und den Reichen befreien, ohne einzelne Personen zu sehr zu belasten." [720] Sowohl ihre Verärgerung gegenüber der Oberschicht als auch ihre Hilflosigkeit bei der Entwicklung von Hilfsmitteln in Zeiten der Not sind auf „das erbärmliche System, zu viel zu regieren" zurückzuführen. Wenn die Armen einst durch die Abschaffung der Armengesetze und eine angemessene Kenntnis ihrer tatsächlichen Situation gelehrt würden, sich mehr auf sich selbst zu verlassen, könnten wir sicher sein, dass sie an Ressourcen fruchtbar genug sein würden und dass die Übel, die absolut vorhanden waren, beseitigt würden Sie würden die Standhaftigkeit der Menschen und die Resignation der Christen unwiederbringlich ertragen." [721] So komisch das Bild eines Geistlichen auch sein mag, der im Anschluss an den sehr unmalthusianischen Trauungsgottesdienst eine solche moralische Predigt hält, wie sie hier empfohlen wird, ist das Prinzip der Empfehlung nüchterner Sinn und hat das Wohlwollen späterer Philanthropen weitgehend beeinflusst. Dr. Chalmers wandte es in seinem Parochial System an, das ein bewundernswerter Ersatz für das Armengesetz auf der (leider unwahren) Hypothese der Abwesenheit von Sekten gewesen wäre. Die Mendicity Society (aus dem Jahr 1815) und die Charity Organization (aus dem Jahr 1869) bauen auf demselben Fundament auf.

Das neue Armengesetz von 1834 unterschied sich von Malthus dadurch, dass es das Recht auf Erleichterung nicht verweigerte und dennoch die Fiktion aufrechterhielt, dass das Gesetz von Elizabeth gut sei und wir davon degeneriert seien. [722] Aber es gewährte das Recht nur den Bedürftigen, [723] und verweigerte den bloß Armen und Behinderten jede Lohnhilfe; und es verwirklichte den Grundsatz, dass abhängige Armut (in den Worten von Malthus) als schändlich angesehen und unangenehm gemacht werden sollte. „Jeder gespendete Penny, der die Lage eines Armen besser machen kann als die eines unabhängigen Arbeiters , ist eine Prämie für Trägheit und Laster." „In dem Maße, in dem sich die Lage einer armen Klasse über die Lage der unabhängigen Arbeiter erhöht , verschlechtert sich die Lage der unabhängigen Klasse." [724] Wenn dies bedeutete, dass die Armenfürsorge einen Wettlauf mit dem durchschnittlichen Arbeitslohn laufen und dabei immer einen Schritt hinter ihm bleiben sollte , könnte man argumentieren, dass ein armer Mensch in guten Zeiten zu viel Trost und in schlechten Zeiten zu wenig Essen bekommen würde. Aber die Schande der Abhängigkeit und das Unbehagen des Zwanges sind die Abschreckungsmittel, die Malthus selbst am meisten im Sinn hat.

Ohne die im *„Essay on Population"* angestoßenen *Diskussionen* ist es sehr zweifelhaft, ob die öffentliche Meinung im Jahr 1834 so weit fortgeschritten gewesen wäre, dass ein Gesetzentwurf, der auf solchen Grundsätzen basiert, überhaupt in Kraft treten könnte. Die Abschaffung der Outdoor-Hilfe für Behinderte war nichts weniger als eine Revolution. Es hatte ein Leben lang ökonomischer Lehre, Tadel und Korrektur bedurft, um unsere Bürger und in gewissem Maße auch die Nation davon zu überzeugen, dass der Weg der Strenge zugleich der Weg der Gerechtigkeit, der Barmherzigkeit und des

Eigennutzes war. Die Geschichte des englischen Armenrechts ist ein ausreichender Beweis dafür, dass Männer nicht instinktiv ihren eigenen Interessen folgen. Es lag im Interesse des Zinszahlers, [725] es sei denn, er war Arbeitgeber, dass die Erleichterung sparsam gewährt wurde; und es wurde großzügig gegeben. Es war das Interesse des armen Mannes, sparsam und nüchtern zu sein; und in der Regel war er keiner von beiden. Es gab keine Hoffnung auf Reformen, bis sowohl Reiche als auch Arme ein tieferes Bewusstsein für ihre persönliche Verantwortung für die späteren Auswirkungen ihrer eigenen Handlungen lernten, seien sie nun unklug, wohlwollend oder rücksichtslos egoistisch. Das klare Bewusstsein persönlicher Verantwortung scheint Malthus die Seele und das Zentrum jeder gesunden Reform zu sein. In diesem Sinne würde er zumindest sagen, dass Tugend Wissen ist.

Seine Gedanken über die Gesellschaft verbinden sich an dieser Stelle mit seinen Gedanken über den Platz und die Pflicht des Menschen in der Welt. Seine Psychologie und Ethik, so kurz sie auch skizziert sind, werfen Licht auf seine Soziologie und Ökonomie und müssen berücksichtigt werden, bevor wir seine Position in der Sozialphilosophie einschätzen können. Dies wird uns durch den größten Teil des vierten Buches des Aufsatzes führen und die kritischen Kapitel verlassen, bis wir uns mit den Kritikern als Ganzem befassen.

Buch III.
Moralische und politische Philosophie.

Kardinallehren der malthusianischen Ethik – Anwendung auf den Heiratswunsch – Stellung des Menschen auf der Erde – Kritik der Moralphilosophie – Teleologie und Nützlichkeit – Wohlwollen und Selbstliebe – Malthus und Paley – Größtes Glück – Irdisches Paradies – Malthus und die Französische Revolution – Malthus ist kein politischer Reaktionär – Nicht dem *Laissez-faire verpflichtet* – Seine Modifikationen dieser Doktrin – Utilitarismus *plus* Nationalität – Erleben Sie ebenso das Rätsel wie die Interpretation – Der Staat als Organismus – Politische Ideale vor und nach 1846.

Die Moralphilosophie von Malthus geht wie die von Aristoteles von einer Teleologie aus.

Die Natur macht nichts umsonst. Jeder Wunsch hat seinen richtigen Platz und seine richtige Befriedigung, wenn wir sie finden können. Die Leidenschaften sind die Materialien, aus denen Glück entsteht; und sie sind daher zu regeln und zu harmonisieren; Sie dürfen nicht ausgelöscht oder auch nur in ihrer Intensität abgeschwächt werden. [726] Es gibt eine Möglichkeit, die Wünsche so zu befriedigen, dass sie ein allgemeines Gleichgewicht der Konsequenzen zugunsten des Glücks erzeugen; und es gibt einen umgekehrten Weg mit entgegengesetzten Auswirkungen. Ersteres ist offensichtlich der Weg der Natur, denn Nützlichkeit ist der einzige Leitfaden für unser Verhalten, den wir neben der Heiligen Schrift haben. [727] Wir dürfen keine Impulse ausrotten; aber wir dürfen keinem so weit folgen, „dass wir uns auf ein anderes Gesetz [*sic*] stürzen , das gleichermaßen unsere Aufmerksamkeit erfordert." Was die goldene Mitte ist und was zu viel oder zu wenig ist, können wir nur durch unsere eigene Erfahrung und die Erfahrung anderer über die Konsequenzen von Handlungen wissen. [728] Die Natur zeigt uns die Unrichtigkeit einer Handlung, indem sie eine Reihe schmerzhafter Konsequenzen mit sich bringt. Krankheiten sind keine „unvermeidlichen Folgen der Vorsehung", sondern „Anzeichen dafür, dass wir gegen einige Naturgesetze verstoßen haben". Die Pest in Konstantinopel und in anderen Städten des Ostens ist eine ständige Mahnung dieser Art an die Einwohner. Die menschliche Verfassung kann einen solchen Zustand des Schmutzes und der Erstarrung nicht ertragen; und da Schmutz, erbärmliche Armut und Trägheit im höchsten Maße dem Glück und der Tugend abträglich sind , [729] scheint es eine wohlwollende Regelung zu sein, dass ein solcher Zustand aufgrund der Naturgesetze Krankheit und Tod hervorrufen sollte, als Vorbild für andere, die es zu meiden gilt Spaltung am selben Felsen." [730] So wie Epidemien auf schlechte Ernährung, ungesunde

Häuser oder schlechte Entwässerung hinweisen und wie Verdauungsstörungen auf übermäßiges Essen folgen, so ist das Elend, das auf eine zu große Zunahme der Zahl folgt, einfach das Naturgesetz, das vor dem Gesetzesbrecher zurückschreckt. [731] In diesem Fall hat es einer längeren Erfahrung bedurft, den Menschen das für das Glück günstigste und damit für sie richtige Verhalten beizubringen. Aber selbst das beste Essen, die beste Kleidung und die beste Unterkunft wurden nicht auf einmal gelehrt; und das Prinzip der Lektion ist offensichtlich in allen Fällen das gleiche.

Wenn man also sagt, dass der Wunsch nach einer Ehe eingeschränkt und reguliert werden soll, heißt das nicht, ihn als Ausnahme zu behandeln oder seine Natürlichkeit zu leugnen. Es gibt eine erlaubte und eine unregelmäßige Befriedigung sogar von Hunger und Durst; und das Unregelmäßige wird sowohl durch die Natur als auch, wenn es beispielsweise die Form eines Diebstahls annimmt, durch menschliche Gesetze bestraft. Die Gesellschaft konnte eine solche Strafe nur mit der Begründung verhängen, dass die bestrafte Handlung dazu neigte, das allgemeine Glück zu beeinträchtigen. Die Tat des Hungrigen, der ein Brot stiehlt, unterscheidet sich von der Tat des Hungrigen, der sich selbst ein Brot nimmt, nur durch ihre Folgen. Wenn alle Brote stehlen würden, gäbe es am Ende weniger Brote für alle. [732] Wir müssen das gleiche Kriterium auf die unregelmäßige Befriedigung aller anderen Wünsche anwenden.

Nach dem Verlangen nach Nahrung ist der Wunsch nach einer Ehe der stärkste und allgemeinste unserer Wünsche. „Wenn wir die ständige und harte Arbeit des größten Teils der Menschheit betrachten, kann es unmöglich sein, nicht zwangsläufig den Eindruck zu erwecken, dass die Quellen des menschlichen Glücks auf grausamste Weise verringert würden, wenn die Aussicht auf eine gute Mahlzeit, ein warmes Haus, und ein gemütliches Kaminfeuer am Abend waren keine Anreize, die lebendig genug waren, um den Mühen und Entbehrungen des Tages Interesse und Fröhlichkeit zu verleihen." [733] Dieses Verlangen verleiht einem Menschen Charakterstärke in dem Maße, wie das Tierische in ihm verborgen bleibt und nicht sichtbar ist, und in dem Maße, wie seine Befriedigung durch Anstrengung und möglicherweise durch Warten erlangt wird. Um das zu tun, was Jakob für Rahel tat, muss ein Mann über eine gewisse Charakterstärke verfügen. Die meisten von uns, so Malthus, verdanken den konkreten Plan, den es in unserem Leben gibt, der Existenz eines solch zentralen Objekts der Zuneigung. [734] Malthus selbst heiratete offenbar erst am Vorabend seiner Professur am East India College, fast ein Jahr nach der Niederschrift dieser Passagen. Noch im Jahr 1798 schrieb er: „Vielleicht gibt es kaum einen Mann, der einmal die wahren Freuden tugendhafter Liebe erlebt hat, so groß seine intellektuellen Freuden auch gewesen sein mögen, der nicht auf diese Zeit als den sonnigen Punkt seines ganzen Lebens zurückblickt. wo seine

Fantasie sich gerne sonnt, an die er sich mit größtem Bedauern erinnert und über die er nachdenkt und die er am liebsten noch einmal durchleben würde." [735] Eine solche Passage, obwohl sie zusammen mit anderen Sprachblüten in den späteren Ausgaben des Aufsatzes verschwand, zeigt uns, dass Malthus, obwohl weiser, nicht kälter als seine Mitmenschen war und seine Fakten auch aus der Erfahrung bezog als Beobachtung der betreffenden Angelegenheiten. [736]

Wenn wir die Absicht des Schöpfers annehmen, die Erde zu erneuern, können wir im kosmischen Gemeinwesen einen Grund für die Stärke dieses Heiratswunsches erkennen. Wenn die Fruchtbarkeit fruchtbarer Böden so groß gewesen wäre wie die Fähigkeit zur Bevölkerungsvermehrung, hätte es für die Menschen keinen Anreiz gegeben, die ärmeren Böden zu bebauen oder die weniger attraktiven Teile der Erdoberfläche aufzusuchen; Der Fleiß und der Einfallsreichtum der Menschen hätten sich ihren ersten Anreiz gewünscht. [737] So wie es ist, führt die Ungleichheit der beiden Mächte zu einer Überausdehnung der Welt; Aus Angst vor den Übeln, die daraus entstehen, werden die Menschen dazu gebracht, eine Überfüllung zu vermeiden. Die Pflichten des Menschen variieren je nach seiner Situation; und da diese nicht einheitlich, sondern unendlich vielfältig sind, bleiben alle seine Kräfte im Spiel. Diese Sprache könnte uns zweifeln lassen, ob die letztendliche Ursache in der Entwicklung des Menschen oder einfach in der Wiederauffüllung der Erde liegt. Wenn man den ersten Aufsatz als Beweis zulässt, ist es klar, dass der Mensch (mit welcher Gerechtigkeit auch immer) zum obersten Zweck der Erde gemacht wird, obwohl sein eigener oberster Zweck dort nicht verwirklicht werden soll. [738]

Die natürliche Theologie von Malthus und Paley ist die Grundlage ihrer Ethik. Es war die englische Ethik des letzten Jahrhunderts, nicht nur vor Kant, sondern auch vor Bentham. Es gibt Anzeichen dafür, dass Malthus in seinen Ansichten über die Metaphysik und die „moralischen Gefühle" [739] lieber auf Tucker als auf Paley zurückgriff, wenn er konnte. Abraham Tucker [740] (der „Edward Search", der 1756 mit „ *Light of Nature* "begann und es 1774 blind beendete) lebte fast fünfzig Jahre lang [741] auf Betchworth Castle in der Nähe von Dorking. Es ist möglich, dass Daniel Malthus, obwohl der jüngere Mann, Tucker gekannt hat, als sich die nahen Nachbarn heutzutage besser kannten als heute. Sie waren beide Oxford-Männer, kleine Besitzer, exzentrisch, literarisch und gern philosophierend. Ob durch seinen Vater zu Hause oder durch Paley am College, es ist sicher, dass Malthus schon früh das *Licht der Natur studierte* und einen Großteil seiner Lehren übernahm. Bevor er in der Öffentlichkeit als Autor auftrat, hatte er sich einige feste philosophische Überzeugungen gebildet, die (welcher Wert auch immer sie haben mochten) ihm zumindest die Freiheit für andere Arbeiten ließen und ihn in Bezug auf die Probleme der Philosophie mit sich selbst in Frieden hielten.

Die weitgehende Übereinstimmung seiner Ansichten mit den Lehren der *moralischen und politischen Philosophie* trug zweifellos dazu bei, dass Malthus dem allgemeinen Vorurteil gegen „Pigeon Paley" [742] ausgesetzt war, dem Verteidiger der Dinge, wie sie sind, und Prediger der Zufriedenheit hungernder Arbeiter . Als Paley ein offener Konvertit zum *Essay on Population wurde* , glaubte die Öffentlichkeit zweifellos, dass sich ihre Vermutungen bestätigten. Aber Malthus und Paley sind sich nicht als Schüler und Meister einig, sondern höchstens als Schüler desselben Meisters. Malthus versucht, seine eigene Philosophie zu erarbeiten. [743]

Es lässt viele Kritikpunkte zu. In seiner Ethik scheint er keine eindeutige Analyse oder Klassifizierung der Leidenschaften vorgenommen zu haben. Er geht davon aus, dass die Leidenschaften auf der einen und die Vernunft auf der anderen Seite stehen, und dass es zwischen beiden keinen Mittelbegriff gibt außer dem Plan Gottes, der durch die Leidenschaften der Menschen wie durch die äußere Natur verwirklicht wird und der (es bleibt uns überlassen, daraus zu schließen) in gewisser Weise der menschlichen Vernunft ähnlich, denn die menschliche Vernunft kann es herausfinden. Der Impuls des Wohlwollens zum Beispiel soll, wie alle unsere natürlichen Leidenschaften, „allgemein" (womit er vage zu meinen scheint) „und in gewissem Maße wahllos und blind" sein; und wie die Impulse der Liebe, des Zorns, des Ehrgeizes, des Verlangens nach Essen und Trinken oder jeder anderen unserer „natürlichen Neigungen" müssen sie durch Erfahrung reguliert und häufig auf die Probe gestellt werden, ob sie nützlich sind, sonst wird sie ihre eigenen zunichte machen Zweck. [744] Mit anderen Worten: Malthus behandelt alle menschlichen Impulse, als wären sie Begierden, aufeinander abgestimmt, primär und unlösbar. Alle Wünsche sind gleichermaßen natürlich und werden abstrakt betrachtet als gleich tugendhaft angesehen, [745] wenn auch nicht gleich stark und daher auf den ersten Blick nicht gleichermaßen geeignet, den Zweck ihres Schöpfers zu erfüllen.

Die Vernunft des Menschen muss daher die Vernunft seines Schöpfers bei der Umsetzung der Teleologie seiner Leidenschaften sowie der Teleologie der Natur selbst unterstützen. [746] Das „offensichtliche Ziel" (oder die offensichtliche Endursache) zum Beispiel des Wunsches nach einer Ehe ist der Fortbestand der Rasse und die Fürsorge für die Schwachen und nicht nur das Glück der beiden am meisten betroffenen Personen. [747] Um ein anderes Beispiel zu nennen: Das Ziel des Impulses des Wohlwollens besteht darin, die Summe des menschlichen Glücks zu vergrößern, indem die Menschheit zusammengehalten wird. [748] Selbstliebe wird zu einem stärkeren Motiv gemacht als Wohlwollen für einen weisen und vollkommen bestimmbaren Zweck. Die Ermittlung des Zwecks stellt jedoch eine Schwierigkeit dar.

Wenn wir anerkennen, dass wir den Willen Gottes tun sollten, wie können wir ihn dann entdecken?

Als Antwort auf diese Frage wird uns gesagt, dass die Absicht des Schöpfers, das Wohl seiner Geschöpfe zu bewirken, teilweise aus der Schrift und teilweise aus der Erfahrung hervorgeht; und es ist diese so manifestierte Absicht, die wir unbedingt fördern müssen. Was auf Seiten Gottes Teleologie ist, ist auf Seiten des Menschen Nützlichkeit; Der Nutzen ist das herrschende Prinzip der Moral. Da es sich nicht um eine Leidenschaft handelt, kann es nicht selbst zum Handeln führen. Aber es regelt die Leidenschaft, und zwar so kraftvoll, dass alle unsere wichtigsten Gesetze und Bräuche, wie die Institution des Eigentums und die Institution der Ehe, lediglich verschleierte Formen davon sind. [749] Als Tiere folgen wir den Geboten der Natur, was ungehinderte Leidenschaft bedeuten würde; Aber als vernünftige Wesen haben wir die stärkste Verpflichtung, uns um die Folgen unserer Taten zu kümmern, und wenn diese für uns selbst oder andere böse sind, können wir zu Recht schlussfolgern, dass eine solche Art, diesen Leidenschaften nachzugeben, „unserem Zustand oder unserem Zustand nicht entspricht". im Einklang mit dem Willen Gottes." Als moralische Akteure ist es daher eindeutig unsere Pflicht, die Nachsicht unserer Leidenschaften in diese besonderen Richtungen einzuschränken, damit wir durch sorgfältige Prüfung ihrer Konsequenzen und durch häufiges Testen ihrer Nützlichkeit allmählich die Gewohnheit entwickeln, sie zu befriedigen sie nur auf eine Weise, die, ohne mit dem Bösen behaftet zu sein, eindeutig „zur Summe des menschlichen Glücks beitragen und den offensichtlichen Zweck des Schöpfers erfüllen wird". [750] Alle Moralkodizes, die die Unterwerfung der Leidenschaften unter die Vernunft festlegten, sind (glaubt Malthus) in Wirklichkeit auf dieser Grundlage aufgebaut, ob ihre Verkünder sich dessen bewusst waren oder nicht. „Es ist der einzige Test, durch den wir unabhängig vom offenbarten Willen Gottes wissen können, ob einer Leidenschaft nachgegeben werden sollte oder nicht, und ist daher das sicherste Kriterium moderner Regeln, die aus dem Licht der Natur gewonnen werden können." Mit anderen Worten, unsere theologischen Postulate führen uns dazu, unsere Leidenschaften zu kontrollieren, um nicht nur unser eigenes individuelles Glück, sondern „die größte Summe menschlichen Glücks" zu sichern. Und die Tendenz einer Handlung, das allgemeine Glück zu fördern oder zu verringern, ist unser einziges Kriterium für ihre Moral. [751]

Daraus folgt direkt, dass wir eine differenzierte Nächstenliebe praktizieren sollten, die denjenigen segnet, der gibt , und denjenigen, der nimmt. Es gibt das, was Bastiat eine Harmonie zwischen beiden nennen würde. [752]

In diesem Fall verstärkt die Natur tatsächlich den Nutzen, indem sie beim Menschen die Leidenschaft der Selbstliebe stärker macht als die Leidenschaft des Wohlwollens. Jeder Mensch strebt in erster Linie nach seinem eigenen

Glück, und es ist das Beste, dass er dies auch tut. Es ist das Beste, dass jeder Mensch zunächst seine eigene Erlösung erarbeitet und sich seiner eigenen Verantwortung bewusst ist. Nicht nur die Nächstenliebe, sondern auch die moralische Reformation muss zu Hause beginnen. Wohlwollen ohne Weisheit ist noch schädlicher als bloße Selbstliebe, die nicht mit dem „abscheulichen Laster des Egoismus" gleichzusetzen ist, sondern einfach mit persönlichem Ehrgeiz, der Person, für die sie persönlich ist, in der Regel auch Kinder und Eltern, und tatsächlich eine ganze Welt neben dem einzelnen Atom oder „dividuellen Selbst". [753] Wenn der Wunsch, anderen etwas zu geben, ebenso leidenschaftlich gewesen wäre wie der Wunsch, uns selbst zu geben, wäre die Menschheit der Aufgabe, für alle ihre möglichen Mitglieder zu sorgen, nicht gewachsen. Aber weil es unmöglich ist, für alle zu sorgen, besteht bei allen die Tendenz, zuerst für sich selbst zu sorgen; Und obwohl wir bedenken, dass das egoistische Element in diesem Gefühl bei einem Menschen umso geringer werden sollte, je reicher er wird und sich seine eigenen Bedürfnisse weniger schämen, müssen wir doch anerkennen, dass seine Existenz einer klugen Vorsorge für das allgemeine Glück zu verdanken ist . [754] Malthus bestreitet gleichzeitig nicht, dass Wohlwollen immer das schwächere Motiv ist und ständig durch Lehre, Zurechtweisung und Zurechtweisung gestärkt werden muss. Es sollte immer als „große moralische Pflicht" angesehen werden, unseren Mitmenschen in Not beizustehen. [755]

Mit diesen ethischen Ansichten konnte Malthus leicht dem Einwand entgegnen, dass die allgemeine Übernahme der in seinem *Essay über die Bevölkerung empfohlenen moralischen Zurückhaltung* die Zahl der Menschen zu stark verringern würde. Er (oder sein Sprecher) antwortet [756], dass wir uns genauso gut davor fürchten könnten, Wohlwollen zu lehren, damit wir die Menschen nicht zu sehr auf ihre Privatinteressen achten. „In einem solchen Fall gibt es einen mittleren Punkt der Vollkommenheit, den wir ständig anzustreben haben; und der Umstand, dass dieser Punkt von allen Seiten mit Gefahren umgeben ist, entspricht nur der Analogie aller ethischen Erfahrungen." Die Gefahr, die Menschen zu großzügig oder zu mitfühlend zu machen, ist ebenso groß wie die Gefahr, „die Welt zu entvölkern, indem man sie zu sehr zu Geschöpfen der Vernunft macht und der Klugheit zu viel Macht über die natürlichen Leidenschaften und Zuneigungen gibt." Der vorherrschende Fehler im Spiel des Lebens besteht nicht darin, dass wir die Preise aus übermäßiger Schüchternheit verpassen, sondern darin, dass wir in unserer eifrigen und zuversichtlichen Erwartung, sie zu gewinnen, den wahren Stand der Chancen übersehen. [757] Von allen Einwänden, die jemals gegen einen Moralisten vorgebracht wurden, der anbot, Menschen gegen die Leidenschaften zu bewaffnen, die sie überall ins Elend verführen, ist der schmeichelhafteste, aber zweifellos auch der chimärischste, dass seine Gründe so stark sind, dass, wenn Erlaubte man ihm, sie zu zerstreuen, würde die Leidenschaft völlig ausgelöscht und die Aktivität sowie die Freuden des Menschen zusammen mit seinen Lastern ausgelöscht werden." [758]

In seiner Sicht auf die Leidenschaften und moralischen Gefühle ist Malthus eindeutig ein Mann des 18. Jahrhunderts und im Großen und Ganzen mehr mit Paley als mit jedem anderen Moralisten nach Tucker. Es gibt Divergenzpunkte. Angesichts seiner Kosmologie hätte er Paleys Definition von Tugend, „der Menschheit Gutes tun im Gehorsam gegenüber dem Willen Gottes und um des ewigen Glücks willen", nicht vollständig zustimmen können. [759] Er mag gesehen haben, wie daraus folgte, dass ein einsamer Mann keine Pflichten hatte, dass ein Heide keine Macht hatte, das Richtige zu tun, dass der moralische Imperativ hypothetisch war und dass er keine Kraft für jeden hatte, der seiner zukünftigen Glückseligkeit entsagte. Zumindest begnügt er sich damit, zuzustimmen, dass „der Wille Gottes eindeutig allgemeines Glück ist, wie wir sowohl durch die Heilige Schrift als auch durch das Licht der Natur entdecken"; [760] und: „Vorausgesetzt, wir entdecken es, spielt es keine Rolle, mit welchen Mitteln" – es gibt klare Zeichen der Absicht in der Welt, die zeigen, dass ihr Schöpfer das Glück seiner Geschöpfe gewollt hat; und was Er wollte, sollten sie auch tun.

Mit anderen Worten, das ethische System beider ist ein Utilitarismus, der in seinem Motiv eng und persönlich ist (das private Glück des Einzelnen in einer anderen Welt), aber in seinem Ziel weit gefasst und katholisch ist (das allgemeine Glück der Menschen in der gegenwärtigen Welt).). Es ist, als ob Gott uns veranlasst hätte, jetzt das Glück anderer Menschen zu fördern, indem er uns sagte, dass er im Gegenzug nach und nach auch unser eigenes Glück fördern würde. Es gibt Anzeichen dafür, dass Malthus eine umfassendere Sichtweise einnahm und mehr an die Entwicklung der menschlichen Fähigkeiten dachte [als] an die bloße Befriedigung von Wünschen, sowohl in dieser als auch in der nächsten Welt; aber er bricht nirgends deutlich mit Paley, und seine Einteilung der Leidenschaften in Selbstliebe (oder Klugheit) und Wohlwollen ist direkt von diesem Theologen übernommen. [762]

Durch die Unbestimmtheit ihrer Ausdrucksweise, wenn sie von der allgemeinen Summe des Glücks sprachen, vermieden die älteren Utilitaristen einige der Schwierigkeiten, mit denen ihre Nachfolger konfrontiert waren. Abgesehen von der Schwierigkeit, Glück und eine Summe von Glück zu definieren, [763] besteht die Schwierigkeit, das genaue Ausmaß der Allgemeinheit festzulegen. Die Tendenz des Utilitarismus in den Händen Benthams ging in Richtung Gleichheit und der Abschaffung von Privilegien; jeder soll als einer gelten, niemand als mehr als einer. Aber sowohl bei ihm als auch bei den älteren Mitgliedern darf bezweifelt werden, ob die Doktrin nicht tendenziell der Mehrheit auf Kosten der Minderheit zugute kam.

Wir stellen fest, dass Malthus denkt [764], dass es, wenn es die Armengesetze nie gegeben hätte, „vielleicht noch ein paar Fälle sehr schwerer Not gegeben hätte", aber „die Gesamtmasse des Glücks unter den einfachen Leuten wäre viel größer gewesen, als sie ist." derzeit." Mit anderen Worten: Was er wollte, war insgesamt das „größte Maß an Glück", was auch immer ein „Maß" an Glück bedeuten mag. Malthus hätte sich wahrscheinlich geweigert, die Formel von Bentham zu verwenden, „das größte Glück der größten Zahl"; er hätte den ersten Punkt, das Glück, über alle Maßen wichtiger angesehen als den zweiten. [765] Er hatte so etwas von Paley abgelehnt. „Ich kann Erzdiakon Paley nicht zustimmen, der sagt, dass das Ausmaß des Glücks in einem Land am besten an der Zahl seiner Menschen gemessen werden kann. Eine wachsende Bevölkerung ist das sicherste Zeichen für das Glück und den Wohlstand eines Staates; aber die tatsächliche Bevölkerung ist möglicherweise nur ein Zeichen des vergangenen Glücks." [766] Malthus hätte zum Beispiel nicht gewollt, dass das schottische Hochland wieder in seinen alten Zustand zurückversetzt würde, in dem es mehr Menschen gab als heute, die in grobem Komfort lebten, aber auch mehr Menschen prekärer Armut ausgesetzt waren. [767]

Andererseits ist es sicher (trotz eines weit verbreiteten Vorurteils), dass Malthus sowohl die große Zahl als auch das große Glück wünschte, und dass seine theologischen Ansichten ganz natürlich dazu führten, dass er für jeden von vielen Menschen ein wenig Glück vorzog ein tolles Angebot für jeden von ein paar. Er „wünscht sich eine große tatsächliche Bevölkerung und einen Zustand der Gesellschaft, in dem bittere Armut und Abhängigkeit vergleichsweise wenig bekannt sind" [768] – zwei vollkommen kompatible Anforderungen, die, wenn sie zusammen verwirklicht würden, zu dem führen würden, was man Malthus' sekundäres oder irdisches System nennen könnte Paradies, das nicht über banaler Kritik erhaben ist.

Dieses irdische Paradies ist, selbst nach Meinung unseres Autors, das Ziel, das in unseren Reformplänen am deutlichsten betroffen ist. Seine Vorstellung von einer Gesellschaft, in der moralische Zurückhaltung vollkommen ist, lädt zu der Bemerkung ein, dass das Hauptziel der Gesellschaft nicht die bloße Beseitigung des Bösen sein kann; Es muss sich um die Schaffung eines Guten handeln, wobei Ersteres höchstens eine unabdingbare Voraussetzung *für* Letzteres ist. Darüber hinaus bedeutet moralische Zurückhaltung nicht die Beseitigung aller, sondern nur eines Übels; und es tötet nur eine Ursache der Armut. Eine vollständige Reformation muss nicht nur alle Übel beseitigen, sondern alle drei Zweige der Sozialwirtschaft – die Schaffung, das Teilen und die Nutzung von Reichtum – positiv ändern und umgestalten, nicht nur einen oder sogar zwei davon. Jeder utopische Plan sollte anhand der Frage geprüft werden: Reformiert er alle drei oder nur einen oder zwei der drei? Die

Vernachlässigung des dritten könnte alles verderben. Ein Plan, der alle drei betrifft, muss jedoch so etwas wie eine Religion in sich haben. Angesichts dieser Vorbehalte ist Malthus' Bild von der bevorstehenden guten Zeit sehr wertvoll und interessant. [769]

Im Gegensatz zu Godwin verlässt er sich auf die gewöhnlichen Motive der Menschen, die er als Formen einer aufgeklärten Selbstliebe betrachtet. Selbstliebe ist die Triebfeder der sozialen Maschine; [770] Aber Selbstliebe ist kein niedriges Motiv, wenn sich das Selbst so weit ausdehnt, dass es andere Selbste einschließt. Kommerzieller Ehrgeiz, gefördert durch politische Freiheit und ungehindert durch Armengesetze, führt auf natürliche Weise zu Wohlstand. [771] Das Glück des Ganzen soll aus dem Glück der Einzelnen entstehen und zunächst bei ihnen beginnen. Er „sieht in allen Formen des Denkens und Arbeitens den Kampf um Leben und Tod einzelner Menschen." [772] „Es ist keine Zusammenarbeit erforderlich. Jeder Schritt verrät es. Wer seine Pflicht treu erfüllt, wird die vollen Früchte davon ernten, egal wie viele andere scheitern. Diese Pflicht ist selbst dem bescheidensten Menschen verständlich. Es geht lediglich darum, dass er keine Wesen auf die Welt bringen darf, für die er keine Mittel zur Unterstützung finden kann. Wenn dieses Thema erst einmal aus der Dunkelheit geklärt ist, die durch Pfarrgesetze und private Wohltätigkeit darüber geworfen wird, muss jeder Mensch die stärkste Überzeugung von einer solchen Verpflichtung verspüren. Wenn er seine Kinder nicht ernähren kann, müssen sie verhungern; und wenn er heiratet , obwohl die Wahrscheinlichkeit groß ist, dass er nicht in der Lage sein wird, seine Kinder zu ernähren, ist er aller Übel schuldig, die er dadurch über sich selbst, seine Frau und seine Nachkommen bringt. Es liegt eindeutig in seinem Interesse und wird in hohem Maße dazu beitragen, sein Glück zu fördern, von einer Heirat abzuhalten, bis er durch Fleiß und Sparsamkeit in der Lage ist, die Kinder zu ernähren, die er vernünftigerweise von seiner Ehe erwarten kann; und da er in der Zwischenzeit seine Leidenschaften nicht befriedigen kann, ohne einen ausdrücklichen Befehl Gottes zu verletzen, und ein großes Risiko eingeht, sich selbst oder einigen seiner Mitgeschöpfe zu schaden, werden ihm Erwägungen seines eigenen Interesses und seines Glücks die starke Verpflichtung auferlegen zu einem moralischen Verhalten, solange er unverheiratet bleibt." [773] Unter der Annahme, dass die Leidenschaft auf diese Weise kontrolliert wird, würden wir eine ganz andere Szene als die Gegenwart sehen. „Die Zeit der verzögerten Befriedigung würde durch die Ansparung von Einkünften überwunden werden, die über den Bedürfnissen eines einzelnen Mannes lagen." Sparkassen und befreundete Vereine hätten ihre perfekte Arbeit; und „in einem natürlichen Zustand der Gesellschaft wären solche Institutionen mit Hilfe wohltätiger privater Wohltätigkeitsorganisationen wahrscheinlich alle notwendigen Mittel, um die bestmöglichen Ergebnisse zu erzielen." [774] Die Zahl der Menschen würde ständig innerhalb der Grenzen der Nahrung bleiben, obwohl sie ständig deren Zunahme folgte; der reale Wert der Löhne würde auf möglichst dauerhafte Weise erhöht; „Alle bittere Armut würde aus der Gesellschaft entfernt oder zumindest auf einige wenige beschränkt werden, die in Unglück geraten waren, gegen das weder Klugheit noch Voraussicht helfen konnten." [775] Den Armen muss bewusst gemacht werden, dass „sie selbst die Ursache ihrer eigenen Armut sind". [776] Während Malthus gegenüber Godwin darauf beharrt, dass nicht Institutionen und Gesetze, sondern wir selbst schuld seien, teilt er dennoch mit Godwin den Wunsch, die Zahl der Institutionen zu verringern; und würde als erste Reform mindestens ein widerwärtiges Gesetz aufheben.

Das Verhältnis von Malthus zur Französischen Revolution und ihren englischen Anhängern lässt sich in der Tat nicht in einem Satz ausdrücken. Es wurde gesagt, dass man ihn nicht mit Fug und Recht als Reaktionär bezeichnen könne; [777] und tatsächlich ist er nicht nur ein Kritiker von Godwin und Condorcet, sondern wird auch in gewissem Maße von denselben Ideen beeinflusst, die sie beeinflusst haben. Der *Essay über die Bevölkerung* ist durchgehend von einem stillschweigenden oder offenen Hinweis auf die Menschenrechte geprägt, ein von der amerikanischen Republik aus Frankreich übernommenes Schlagwort, das bei der Revolution wieder wiederhergestellt werden sollte . Paines Buch über die *Rechte des Menschen* als Antwort auf Burkes *Reflexionen über die Französische Revolution* war weithin gelesen worden, bevor es von der englischen Regierung unterdrückt wurde. und Godwin und Mackintosh [778] wurden nicht zum Schweigen gebracht. Malthus selbst, als Whig, verunglimpft die Menschenrechte nicht, wenn sie politische Freiheit und Gleichheit bedeuteten, sondern nur, wenn sie das Recht auf Unterstützung durch den Nächsten einschlossen, wie Abbé Raynal und einige andere Schriftsteller der Whig behauptet hatten Revolution. [779] Da die gleiche Behauptung praktisch vom englischen Armengesetz aufgestellt wurde, das ehrwürdige konservative Vorurteile auf seiner Seite hatte, war der Widerstand unseres Autors dagegen kein Beweis dafür, dass seine Politik reaktionär war. Seine wirtschaftlichen Vorfahren und seine politischen Ansichten verbanden ihn mit der Französischen Revolution. In seinem Ideenreichtum und seinen gewohnten Kategorien konnte er sich nicht weit von den französischen Ökonomen entfernen, die den Jakobinern den Weg bereitet hatten. Adam Smith selbst hatte ihren Einfluss gespürt. Obwohl er den edlen Wilden und den Zustand der Natur kritisiert hatte, [780] hegte er selbst eine anhaltende Vorliebe für die Landwirtschaft gegenüber der Manufaktur; und er selbst sprach von einem „natürlichen" Preis, einem „natürlichen" Fortschritt des Reichtums, einem „natürlichen" Lohnsatz und einer „natürlichen Freiheit". Für ihn wie für die französischen Schriftsteller bedeutete die Natur [781] , was von selbst wachsen würde, wenn die Menschen nicht eingreifen würden – die Schwierigkeit besteht darin, dass die Einmischung ebenfalls von selbst zu wachsen scheint und es unmöglich ist, den notwendigen Schutz vom Bösen zu trennen Interferenz. Malthus behält die Phraseologie bei und nähert sich der Personifizierung noch näher an. Die Natur weist uns auf bestimmte Verhaltensweisen hin. [782] Wenn wir die Gesetze der Natur brechen, wird sie uns bestrafen. Beim gewaltigen Fest der Natur gibt es keine Deckung für den überflüssigen Neuankömmling. Die Armengesetze verstoßen gegen die Natur; Sie stören menschliches Handeln in einem Fall, in dem es sich spontan durch gewöhnliche Motive des Eigeninteresses korrigieren würde; Wenn die Männer wüssten, dass sie nicht mit der Unterstützung der Pfarrei rechnen können, würden sie sich wahrscheinlich selbst helfen. Unabhängig davon, ob das Argument viel oder wenig wert ist, ist seine Stärke aufgrund dieser Zahl nicht größer; und seine Verwendung zeigt, dass Malthus den metaphysischen Aberglauben seiner Zeit nicht überwunden hatte. Doch manchmal wird ihm vorgeworfen, er sei seinem Alter nicht nur nicht voraus gewesen, sondern deutlich hinter ihm zurückgeblieben; und das ist sicherlich falsch.

In der Politik war er ebenso wenig reaktionär wie sein Gegner, der zwar „im Prinzip ein Republikaner, aber in der Praxis ein Whig" war. [783] Er folgte eher Fox als Burke und verlor wegen der Revolution weder den Kopf noch die Beherrschung. „Malthus wird sich als Friedensstifter erweisen", schrieb Southey 1808. [784] Er war ein treuer Freund der katholischen Emanzipation. Er erkannte die Torheit, im Fall von Godwin und Paine alles Böse der Regierung und im Fall von Cobbett alles Böse der Besteuerung und den Finanzmitteln zuzuschreiben; [785] aber er ist einer mit ihnen allen in der Abneigung gegen stehende Heere und ist mehr beunruhigt über die überheblichen Maßnahmen der Regierung gegen Aufruhr als über den angeblichen Aufruhr selbst. Eines der bemerkenswertesten Kapitel in der zweiten Auflage des Aufsatzes [786] befasst sich mit „den Auswirkungen der Kenntnis der Hauptursache der Armut auf die bürgerliche Freiheit". Sein Hauptargument ist, dass es dort, wo es viel Not und Elend gibt, auch viel Unzufriedenheit und Aufruhr geben wird, und dass es dort, wo es viele der beiden Letzteren gibt, auch viel Zwang und Despotismus geben wird. Das Wissen um die Hauptursache der Armut durch die Beseitigung der Not würde der Regierung zumindest keine Entschuldigung für Tyrannei geben. „Der Druck der Not auf die unteren Volksschichten, zusammen mit der Gewohnheit, diese Not ihren Herrschern zuzuschreiben, scheint mir der Fels der Verteidigung, die Burg, der Schutzgeist des Despotismus zu sein." Es bietet dem Tyrannen den fatalen und unwiderlegbaren Einwand der Notwendigkeit. Das ist der Grund dafür, dass jede freie Regierung ständig zur Zerstörung neigt und dass ihre ernannten Wächter von Tag zu Tag weniger eifersüchtig auf die Übergriffe der Macht werden." [787] Man hatte dem französischen Volk gesagt, dass sein Unglück auf seine Herrscher zurückzuführen sei; Sie stürzten ihre Herrscher, und als sie feststellten, dass ihre Not nicht beseitigt war, opferten sie die neuen Herrscher. und dieser

Prozess hätte sich auf unbestimmte Zeit fortgesetzt, wenn nicht festgestellt worden wäre, dass der Despotismus der Anarchie vorzuziehen wäre. In England „hat die Regierung der letzten zwanzig Jahre [788] keine große Liebe zum Frieden oder zur Freiheit gezeigt", und die Landherren haben sich offenbar der Regierung unter der Bedingung ergeben, dass sie vor dem Pöbel geschützt werden. [789] Ein paar weitere Knappheiten wie 1800 könnten solche Erschütterungen auslösen und zu einer so strengen Unterdrückung führen, dass die britische Verfassung enden würde, wie Hume es vorhergesagt hatte, [[790] in „der absoluten Monarchie, dem einfachsten Tod, der wahren *Euthanasie* der britischen Verfassung". " Der „Tendenz des Mobs, Tyrannei zu erzeugen" kann nur durch die Subversion nicht der Tyrannen, sondern des Mobs entgegengewirkt werden. Das Ergebnis wäre ein dürres und drahtiges Volk, schwach in der Offensive, aber stark in der Verteidigung ; Es gäbe Freiheit im Inland und Frieden im Ausland. [791]

Natürlich betrachtet Malthus das „Wissen um die Hauptursache der Armut" nicht als die einzige Lektion, die es wert ist, gelernt zu werden. Er teilt den wachsenden Enthusiasmus aller Freunde des Volkes für die Volksbildung [792] und hält die Argumente der Torys gegen die Unterweisung der ärmeren Klassen „nicht nur für illiberal, sondern im höchsten Maße schwach, wenn nicht wirklich unaufrichtig". [793] „Ein gebildetes und gut informiertes Volk würde sich viel weniger wahrscheinlich von hetzerischen Schriften verführen lassen und wäre viel besser in der Lage, die falschen Deklamationen interessierter und ehrgeiziger Demagogen zu erkennen, als ein unwissendes Volk." [794] Diese Worte wurden 1803 geschrieben, vier Jahre bevor Whitbread seinen Antrag zu Schulen und Sparkassen stellte, und dreizehn Jahre vor Broughams Bildungsausschuss. [795] Tatsächlich war Malthus in der Politik ein fortschrittlicher Whig, der seiner Partei in den Ideen sozialer Reformen voraus war. Dies geht aus der folgenden Passage hervor, die nur eine von vielen ist, die seine umfassende Sicht auf sein Thema zeigen. Er sagt, in den meisten Ländern scheine es unter den Armen so etwas wie „einen Grad des Elends zu geben, einen Punkt, unterhalb dessen sie nicht mehr heiraten werden". „Dieser Standard ist in verschiedenen Ländern unterschiedlich und wird durch verschiedene zusammentreffende Umstände von Boden, Klima, Regierung, Wissensgrad, Zivilisation usw. gebildet." Sie wird durch Freiheit, die Sicherheit des Eigentums, die Verbreitung von Wissen und die Vorliebe für die Annehmlichkeiten und Annehmlichkeiten des Lebens gefördert. Es wird durch Despotismus und Ignoranz gemindert. „Um die Lage der arbeitenden Klassen der Gesellschaft zu verbessern, sollte es unser Ziel sein, diesen Standard so hoch wie möglich zu heben, indem wir einen Geist der Unabhängigkeit, einen anständigen Stolz und eine Vorliebe für Sauberkeit und Komfort kultivieren. Es wurde bereits betont, dass eine gute Regierung die Klugheitsgewohnheiten und die persönliche Seriosität der unteren Klassen der Gesellschaft stärkt; Aber sicherlich wird dieser Effekt ohne ein gutes Bildungssystem immer unvollständig sein, und tatsächlich kann man sagen, dass keine Regierung an Perfektion herankommen kann, die nicht für die Unterweisung des Volkes sorgt. Die Vorteile der Bildung gehören zu denen, die ohne zahlenmäßige Beschränkung genossen werden können; und da es in der Macht der Regierungen liegt, diese Vorteile zu gewähren, ist es zweifellos ihre Pflicht, dies zu tun." [796]

Der Geschichtssinn unseres Autors bewahrte ihn vor den Vorurteilen Ricardos zugunsten des Laissez *-faire* . Autoren gehen jedoch zu weit, wenn sie erklären, dass unbegrenzter Wettbewerb dem Geist seiner Arbeit widerspreche, und behaupten, er habe den Einfluss von Institutionen nur deshalb unterschätzt, um die Institutionen seines Landes vor übereilten Reformen zu bewahren. [797] Er wusste, dass die Gesellschaft nicht auf wirtschaftlichen Prinzipien wuchs ; Anstatt mit der Nichteinmischung zu beginnen und die Einmischung nach und nach dort auszuweiten, wo sie für notwendig erachtet wurde, begann man mit der Einmischung überall und lockerte die Einmischung nach und nach dort, wo man sie für möglich und wünschenswert hielt. Wir haben mit Status und väterlicher Regierung begonnen und sind zu Verträgen und *Laissez-faire* vorgedrungen ; aber wir haben sie nie erreicht, denn so wie die Menschen jetzt sind, können wir nicht ohne Schaden für das Gemeinwohl weitermachen. Aber es schien Malthus, dass die Erfahrung die Notwendigkeit ebenso deutlich gezeigt hatte wie die Gefahren der natürlichen Freiheit; die Geschichte hatte zum Beispiel klar gezeigt, dass die materielle Hilfe für die Armen, die von der Regierung nie aufgegeben worden war, am besten hätte sein können der Privataktion überlassen. Die extreme Ansicht wäre gewesen, dass es nicht die Pflicht eines jeden im Allgemeinen, sondern die eines jeden im Besonderen sei, eine Verantwortung, der sich niemand entziehen könne. Aber obwohl Malthus oft so spricht, als ob die Last vor allem bei den Verwandten und privaten Freunden eines Mannes liegen sollte, teilt er nicht Adam Smiths Abneigung gegen Vereine und hätte wahrscheinlich erkannt, dass Arbeitsteilung in der Wohltätigkeit ebenso notwendig ist wie in der Industrie . Dennoch scheint ihm die Verteilung materieller Hilfe, selbst wenn sie von einer Organisation von Männern verwaltet wird, die aufgrund ihrer Natur und ihrer Wahl speziell für diese Arbeit geeignet sind, niemals ein Fall zu sein, in dem die Gesellschaft den Armen helfen kann, ohne ihre Unabhängigkeit und ihre Charakterstärke in gewissem Maße zu beeinträchtigen . In Sachen Wohltätigkeit steht er eindeutig auf der Seite der natürlichen Freiheit und des Individualismus.

Aber auch in anderer Richtung hat er Zugeständnisse gemacht, die den unbegrenzten Wettbewerb der natürlichen Freiheit ernsthaft verändern. Er gibt zuallererst zu, dass der Kampf ums Dasein, wenn es sich um den Kampf ums bloße Leben handelt, nicht zum Fortschritt führt; [798] und er gibt daher zweitens zu, dass der Staat positiv in das „System der natürlichen Freiheit" eingreifen sollte, um die Bürger zu erziehen, [799] und den Armen medizinische Hilfe zu gewähren, [800] um die Auswanderung zu unterstützen, [801] und sogar Männern, die eine Familie mit mehr als sechs Kindern haben, direkte finanzielle Erleichterungen zu gewähren, [802] – sowie negativ, um den Außenhandel einzuschränken, wenn er der Öffentlichkeit mehr schadet als nützt an die Händler [803] und den heimischen Handel einzuschränken, wenn es um Kinderarbeit geht . [804]

Ein Kritiker könnte fragen, mit welchem Prinzip er diese Zugeständnisse rechtfertigt; oder er könnte andeuten, dass er sie überhaupt nicht nach einem bewussten Prinzip erlässt, sondern im Geiste eines Richters, der ein Gesetz anwendet, von dem er weiß, dass es schlecht ist, der aber lieber ständig Ausnahmen macht, als ein neues Gesetz vorzuschlagen; – andernfalls könnte er es tun Gibt es eine Regel, die so vielen Ausnahmen standhält?

Man könnte entgegnen, dass Malthus nirgends eine Abhandlung über politische Philosophie schreibt und seine Ansichten aus vereinzelten Hinweisen abgeleitet werden müssen, aber daraus folgt nicht, dass er nicht bewusst oder unbewusst über ein Leitprinzip verfügte. Seine verschiedenen Eingeständnisse stehen in einem gewissen logischen Zusammenhang. Es ist zweifelhafter, ob ihr Verbindungsprinzip einem modernen Leser, dessen Fragen zur politischen Philosophie ihm von Comte und den modernen Sozialisten gestellt wurden, angemessen erscheinen wird.

Das erste Eingeständnis ist umso bedeutsamer, als Malthus sich dabei weigert, die damals (durch das Armengesetz) tatsächlich ergriffenen Mittel zu billigen, um das Niveau der schwächsten Bürger anzuheben und sie so für ihren Kampf zu rüsten. Wenn das Fehlen einer Regelung ein Übel war, so war die bestehende Regelung kaum ein geringeres. Es war schlecht für die Gesellschaft, mit Brot und Butter Hilfe zu leisten, denn das war ein Geschenk an ausgewachsene Männer und Frauen, die nicht wirklich schwach, aber durchaus bereit waren, träge zu sein. Eine Gabe der Bildung hingegen wird seiner Meinung nach denjenigen gegeben, die wirklich nicht in der Lage sind, sich selbst zu helfen und sich ihrer Kräfte wirklich nicht bewusst sind. [805] Es macht die Schwachen stark und neigt dazu, Trägheit zu beseitigen, nicht zu erzeugen. [806] In gleicher Weise unterstützen Fabrikgesetze die Schwachen und nicht die Trägheit, während die (seltenen) Eingriffe in den Freihandel, die Gewährung medizinischer Hilfe, die besondere Hilfe für kinderreiche Familien und die Hilfe für irische Bauern dies tun Allesamt spezielle Heilmittel für Fälle, in denen von den Betroffenen nicht erwartet werden konnte, dass sie die Not vorhersehen und dagegen vorsorgen konnten, und die daher eher an Umständen als an Trägheit litten. Malthus vertritt stets die Ansicht, dass Sicherheit ein größerer Segen sei als Reichtum selbst und Unsicherheit ein schlimmeres Übel als Armut. Die

Umstände, die Unsicherheit hervorrufen, waren seiner Meinung nach daher die belastendsten; Sie machten die individuelle Anstrengung zunichte.

Seine Kritiker hätten geantwortet: „In allen Fällen, die Sie als Rechtfertigung für einen Eingriff angeführt haben, hätte ein vollkommen aufgeklärtes Eigeninteresse gegen das Missgeschick gesorgt; und eine Erleichterung jeglicher Art wäre letztlich gleichbedeutend mit einer Erleichterung in Form von Brot und Butter, denn so weit es geht, ermöglicht sie, dass entweder dem Mann oder seinen Eltern mehr für Brot und Butter übrig bleibt, und das ist es auch eine Erleichterung, die Trägheit fördert." Er könnte jedoch entgegnen, dass (selbst wenn wir die praktische Möglichkeit einer solchen vollkommenen Erleuchtung anerkennen) direkte Linderung die Trägheit viel mehr anspricht als indirekte, [807] und das Wohl des Indirekten kann dies oft tun, das Wohl des Direkten jedoch nur sehr selten , überwiegen das Böse. Er hätte hinzugefügt, dass er selbst die direkte Erleichterung in Brot und Butter nicht aufgrund irgendeiner Theorie ablehnte, sondern aufgrund ihrer bekannten Tendenz zum Bösen – und wenn es aufgrund der Natur der Menschen und Dinge möglich gewesen wäre, sie beizubehalten Hätte er die Versprechen des Armengesetzes nicht eingehalten, hätte er seine Stimme dafür gegeben. Er engagierte sich nur deshalb für den Freihandel selbst, weil und nur soweit die Erfahrung dafür spricht . Sein einziges Axiom in der politischen Philosophie war, dass das Ende der Politik das größte Glück für die große Masse des Volkes sei; und seine einzige Regel zur Sicherung dieses Ziels war die Beobachtung dessen, was es erfahrungsgemäß tatsächlich sicherte.

Andererseits geht aus seinen eigenen Schriften nichts klarer hervor, als dass die Sprache der Erfahrung einen Großteil ihrer Bedeutung ihrem Interpreten verdankt; und wir fragen: „Was waren seine Interpretationsprinzipien?"

Die Antwort ist, dass er trotz der Affinität zwischen dem Utilitarismus in der Moral und dem Individualismus in der Politik versuchte, das erste ohne das zweite beizubehalten. Er verstand, dass moralische Güte in der Tendenz von Handlungen bestehe, ein Gleichgewicht zwischen Freuden und Schmerzen herzustellen; Doch wie wir gesehen haben, entsprach sein Nutzen bei näherer Betrachtung eher der Vorstellung von Selbstentfaltung als einfach einer Summe von Freuden, unabhängig von ihrer Qualität. An diesem Punkt erhob ihn der starke Einfluss, den das Familienleben auf seine Fantasie ausübte, über die Vorstellung, dass das Hauptziel das individuelle Glück isolierter Einheiten sein könnte, und zeigte ihm, dass die wirkliche Einheit eine Gruppe war. Der Staat ist für Malthus wie für Aristoteles eine Ansammlung von Familien, obwohl er sehr klar anerkennt, dass es neben der Verbindung von Hausbesitzer zu Hausbesitzer durch die gemeinsame Unterwerfung unter die Gesetze auch das gemeinsame Band der Nationalität, eine Gefühlsgemeinschaft, eine Partnerschaft vergangener Traditionen, gegenwärtiger Privilegien und zukünftiger Hoffnungen. [808] Es ist eine der offensichtlichsten Tatsachen der Erfahrung, dass Menschen oft durch ihre Verbundenheit mit ihrem Land und ihren Landsleuten dazu verleitet werden, ihren weltlichen Interessen zuwiderzulaufen. [809]

den Charakter hervorheben . [810] Aus dieser Sicht ist es nicht weit von der Wahrheit entfernt, eine bekannte Beschreibung des modernen Judentums zu parodieren und die politische Philosophie von Malthus als Utilitarismus *plus* Nationalität zu beschreiben. Der Individualismus von Malthus wird durch die besonderen Institutionen und besonderen Interessen der englischen Nation begrenzt. [811] In seiner Geistesgeschichte ging der Betonung des Individuums eine starke Betonung des Staates voraus; und selbst nach seiner reifen Ansicht ist der Staat in seinem Eingriff in die Bürger nur durch seine Befugnisse, ihnen Gutes zu tun, begrenzt. Aber er vertritt mit Adam Smith und den anderen Ökonomen die Auffassung, dass die Befugnisse, ihnen Gutes zu tun, sehr viel geringer sind als nach der alten Vorstellung vom Staat als einer Art Familie. Die Pflichten eines Staates gegenüber den Bürgern sind enger als die eines Vaters gegenüber seinen Kindern, denn was der Vater für seine Kinder tun kann und muss, kann der Staat für seine Bürger nicht mit der gleichen Sicherheit wie deren Unabhängigkeit tun. Es bleibt jedoch wahr, dass das Verhältnis von Staat zu Bürger nicht das Handelsverhältnis einer Vertragspartei mit einer anderen ist; Es handelt sich um eine Beziehung vor dem Handel und gibt allen Verträgen die Gültigkeit, die sie haben.

Wenn Malthus selbst gebeten worden wäre, seine Abkehr vom allgemeinen Prinzip der natürlichen Freiheit mit seinem allgemeinen Festhalten daran in Einklang zu bringen, hätte er etwa die folgende geantwortet: „Von Anfang an, als ich 1798 schrieb, kam es mir so vor dass die Maßnahmen der Regierung weder eine so durchweg schlechte Wirkung haben könnten, wie Godwin annahm, noch so durchweg gut, wie Pitts Gesetzentwurf andeutete. Wenn es, wie Godwin es wünscht, keine Regierung, sondern nur ein gezüchtigtes *Laissez-faire* gäbe , würde die unkultivierte menschliche Natur völlig ausreichen, um Elend und Sünde zurückzubringen. [812] Aber die Züchtigung des *Laissez-faire* könnte meiner Meinung nach nicht ohne die Regierung stattfinden, denn es ist eine der eigentlichsten Aufgaben der Regierung, die von Einzelpersonen nicht ausreichend wahrgenommen werden kann, dem Volk die Bildung zu bieten, die es eigentlich tun soll züchtigen. Auch wenn diese Vorkehrungen getroffen wurden, wird die Bildung ihre volle Wirkung nicht entfalten, wenn sie nicht die besonderen Lehren berücksichtigt, die es mir mehr als jedem anderen Menschen zu verdanken hat, sie der Öffentlichkeit nahezubringen. Mit einer solchen Ausbildung wird es Hoffnung auf Besseres geben. Die Dinge, wie sie sind, und der Kampf ums Dasein, wie er jetzt unter den hilflosen Klassen geführt wird, können mir ebenso wenig gefallen wie Godwin. Es ist ein Kampf, der zu keinem Fortschritt führt. Aber im Gegensatz zu Godwin bin ich nicht der Meinung, dass die Regierung notwendigerweise die Not verursacht; und ich betrachte es sicherlich als den notwendigen Motor, um die Not durch Bildung letztendlich zu beseitigen und ihre Auswirkungen durch Einschränkungen für die Gegenwart abzumildern. Schon allein als Bildungsmotor muss die väterliche Regierung ein dauerhafter Faktor der Gesellschaft sein. Wo ein öffentliches Bedürfnis durch individuelles Handeln gut gedeckt wurde, sollte ich es den Händen von Einzelpersonen überlassen; aber nicht anders. Ich habe gegen das Armengesetz nicht deshalb Einspruch erhoben, weil es an die Stelle privater Maßnahmen trat, sondern weil seine eigene Aktion schädlich war. Ich sollte jeden Fall auf seine Begründetheit prüfen und mich von den bekannten Ergebnissen der bestehenden Richtlinien leiten lassen, einzugreifen oder nicht einzugreifen."

Damit hätte Malthus zweifellos seine eigene Konsequenz gerechtfertigt. Aber der moderne Leser könnte Malthus zu Recht antworten, dass wir oft sowohl Tendenzen als auch Ergebnisse beurteilen müssen und die Erfahrung dann zu einem unsicheren Leitfaden wird; er könnte sich darüber beschweren, dass Malthus selbst manchmal dazu verleitet wird, beide nach einem halb anerkannten ergänzenden Prinzip des Klassengleichgewichts und der Sicherheit des Mittelwerts zu beurteilen, das in einer für die Volksrechte sehr ungünstigen Weise angewendet werden kann . Er könnte argumentieren, dass der scheinbare Erfolg einer Institution möglicherweise auf einer gleichzeitigen Ursache beruhte, die ihre Mängel beseitigte, und dass wir nicht immer aus Erfahrung mit ihr über ihre Vorzüge urteilen können. Wie kann uns Erfahrung helfen, wenn wir nicht den Schlüssel zu ihrer Interpretation haben? Ohne einen solchen Schlüssel wären nichts so falsch wie Fakten außer Zahlen. In der menschlichen Politik ist bloßes Überleben selten der Test der Fitness.

Wenn wir den Staat mit einem Organismus vergleichen und unser Gleichnis in eine Urteilsregel umwandeln, können wir sagen: Wenn jeder Teil seine Funktion hat und zur Effizienz des Ganzen beiträgt, ist der Staatskörper gut; Wenn dies bei einem Teil nicht der Fall ist, ist ein Arzt oder Chirurg erforderlich. Diese Zahl scheint uns einen Schlüssel für die Interpretation sozialer Erfahrung zu geben; aber leider braucht die Figur selbst einen Interpreten. [813] Wenn wir den Organismus als die ideale Vereinigung von Mitgliedern in einem Körper interpretieren, hört er auf, ein Gleichnis zu sein, denn der Körperstaat ist nicht nur wie diese Vereinigung, er ist das beste Beispiel dafür. Denn im Staatskörper ist das allgemeine Leben die Quelle aller individuellen Energien, und gleichzeitig zahlen die einzelnen Mitglieder fortwährend ihre Schulden zurück, und zwar durch aktive Sympathie und bewusste Vereinigung mit dem Gemeinwesen, dem das Gemeinwesen seinerseits etwas schuldet all seine kollektive Energie; Der Bürger ist nichts ohne seinen Staat, oder der Staat ohne seine Bürger. Dies dient dazu, die Figur nützlich zu machen, indem man sie mit dem vorfigurierten Ding tauscht. Solange in beiden die gleiche Idee erfasst ist, braucht uns ihre Beziehung in der Rhetorik nicht zu berühren.

Eine solche Vorstellung vom Staat würde uns über die Zugeständnisse von Malthus hinaus zu einigen Forderungen wie den folgenden führen: – Für jeden Besitz muss der Bürger in der Lage sein, einen Dienst an seinen Landsleuten nachzuweisen, und es muss gelehrt und erwartet werden, dass er dies auch tut sein Eigentum treuhänderisch für das Gemeinwohl, damit der Staatskörper kein unnützes Glied hat. In dem Maße, in dem privater Besitz ein Monopol mit sich bringt, sollte seine Nutzung im öffentlichen Interesse eifersüchtig eingeschränkt werden, was im Extremfall dazu führen würde, dass er möglichst reibungslos vom privaten Eigentümer an den Staat entzogen wird. Bildungsgesetze, Gesundheitsgesetze und Fabrikgesetze sollten strikt und allgemein durchgesetzt werden, nicht zum Wohle der Eltern, Erziehungsberechtigten und Arbeitgeber oder überhaupt zum Wohle der Betroffenen selbst, sondern zum Wohle der Gemeinschaft, in Ordnung dass im Kampf ums Dasein jeder Teilnehmer fair als leistungsfähiger Bürger mit voller geistiger und körperlicher Beherrschung beginnen sollte. Im Übrigen sollten Sicherheit und Ordnung das Schlagwort des Staates sein, wobei dem kommerziellen und industriellen Unternehmertum, der wissenschaftlichen Forschung und der spekulativen Diskussion freie Bahn gelassen werden sollte, damit der Fortschritt auf die sicherste aller Arten, durch moralische und ethische Grundsätze, erzielt werden kann geistige Entwicklung der einzelnen Bürger, die bald in ihren Institutionen zum Ausdruck kommen wird. Da diese Postulate, die zur Hälfte von den alten Ökonomen und zur Hälfte von den neuen Reformern stammen, auf dem Weg zur Verwirklichung sind und eine industrielle Zusammenarbeit in Aussicht steht, brauchen wir nicht an der Zukunft der Menschheit in unserem Teil der Erde zu verzweifeln.

Verteidigung , der Gerechtigkeit und solchen öffentlichen Arbeiten gewinnbringend sei, die es nicht sein könnten so gut gemacht von Einzelpersonen. Bei aller Achtung vor der Nation betrachtet Malthus soziale Probleme zu sehr aus der Perspektive des Einzelnen. Er spricht beispielsweise viel über die positive Wirkung des häuslichen Ideals auf den einzelnen Menschen und über die Ideale des persönlichen Wohlstands in der Welt, die beide auf der Sicherheit des Eigentums und der Handlungsfreiheit basieren. Er spricht wenig über die Pflicht des Bürgers gegenüber der Gemeinschaft und über die Gegenleistung, die er ihr für seine Sicherheit und Freiheit schuldet. Der Bürger auf seinem Bild scheint nichts als Pflichten gegenüber seiner Familie und nichts als Ansprüche gegenüber dem Staat zu haben. Der Bürger geht im Hausbesitzer verloren. Er begnügt sich damit, in

Ruhe gelassen zu werden, und erkennt seine Identität mit der gesetzgebenden Gewalt und seine Verpflichtung, Dienst mit Dienst zu vergelten, nicht positiv und aktiv an. Die spätere politische Philosophie würde die Gegenansprüche der Gemeinschaft an den Bürger drängen. Es würde zum Beispiel verlangen, dass er sein Land weder verwüsten noch sein Wild schützen darf, wenn eine dieser Praktiken dem Gemeinwohl zuwiderläuft. Dabei wäre zu bedenken, dass die Besitzer großer Vermögen der Öffentlichkeit mehr zu ihrem Schutz schulden als die Besitzer kleinerer und eine höhere Steuerlast tragen sollten. Es würde den Menschen nicht überlassen, mit ihren eigenen Dingen zu tun, was sie wollten. [814]

Im Hinblick auf die untersten Klassen, die man kaum als Bürger bezeichnen kann, weil sie in hoffnungsloser Schwäche um bloßes Brot kämpfen, scheint Malthus nie zu begreifen, dass sein eigenes Eingeständnis ihrer Ohnmacht, sich zu erheben, viel mehr als die bloße Einführung einer Schulpflicht rechtfertigen muss für ihre Kinder oder sogar Mechanikerinstitute für sich selbst. Dies würde die Annahme solcher Maßnahmen rechtfertigen, die dafür sorgen, dass ihre Umgebung ihnen einen höheren Lebensstandard bietet und erhält. Es würde Maßnahmen „lokaler Option" sanktionieren, um die Ansteckung mit gefährlichen moralischen Krankheiten zu verhindern; und es würde den Eigentümern von Häusern die Verpflichtung auferlegen, sie bewohnbar und gesund zu machen. Es würde den Pächtern in Städten und auf dem Land per Gesetz ein sicheres Eigentum verschaffen, wenn unsichere Gewohnheitsverhältnisse sie dazu veranlasst hatten, Arbeitskräfte für ihre Grundstücke aufzuwenden.

Die älteren Ökonomen hatten die berechtigte Vorstellung, dass die Sicherheit im Besitz die erste Voraussetzung für den industriellen Fortschritt sei; Sie erkannten jedoch nicht, dass genau dieses Prinzip sehr starke Einschränkungen bei der Nutzung von Eigentum rechtfertigen würde und dass die Einschränkungen immer größer werden würden, je näher das Eigentum dem Charakter eines Monopols käme; Sie erkannten nicht, dass es im öffentlichen Interesse ebenso notwendig sein könnte, Hirschwälder zu verbieten wie unhygienische Behausungen abzureißen oder Impfungen durchzusetzen.

Der Grund dafür war, dass es in England lange Zeit eine schwierige Aufgabe für die Reformatoren war, die negative Freiheit des Alleinseins, die Freiheit des Handels, der Presse und der Kommunalverwaltung durch die Abschaffung der Privilegien zu sichern. Cobdens Versuch, die Politik in die Ökonomie umzuwandeln, war in seiner Generation zeitlich gut abgestimmt und fruchtbar; und die Manchester-Schule hat auch in unserer Zeit noch eine Rolle zu spielen. Die besondere Aufgabe politischer Reformen in der Zukunft besteht jedoch darin, die positive Freiheit zu erreichen, „das Maximum an Macht für alle Mitglieder der menschlichen Gesellschaft gleichermaßen, das Beste aus sich herauszuholen." [815] Von diesem Programm hatten weder Malthus noch irgendein Schriftsteller seiner Zeit eine klare Vorstellung. Er selbst hatte keinen Anspruch auf die Vision eines Sehers; und der Horizont seiner Gegner war nie weiter als sein eigener.

Essay zurückzukehren und sich seinen Gegnern zu stellen. Wir verfügen nun über ausreichende Kenntnisse der Ökonomie und Philosophie von Malthus, um mit ihm unter falschen Vorstellungen sympathisieren zu können oder zumindest zu verstehen, welchen Anschein ein Einwand für ihn erwecken würde. Nicht, dass wir ein vollständiges Bild des Mannes oder auch nur einen Überblick über seine gesamte geistige Ausstattung hätten, die über diese *curta supellex hinausgeht* ; aber wir sehen genug, um die Sache des *Aufsatzes* nach seinen Werten zu beurteilen, ohne durch das Leben und den Charakter des Autors positiv oder negativ beeinflusst zu werden.

Buch IV.
DIE KRITIKEN.

Drei Fragen an die Kritiker – Parr und *Gedanken zu Parr* – Kanzelphilosophie – Godwins Segen im Jahr 1801 – Der Fluch im Jahr 1820 – Theologie – Der Befehl an Noah – Die Verhältnisse – Bevölkerung „unbeständig" – ST Coleridge unter den Ökonomen – James Grahame – Empsons Klassifikation der Kritiker – Weyland und Arthur Young – „ Kann nicht, also sollte nicht" – Spences *Plan* und Owens – *Fortschritt und Armut* – *Das Kapital* – Herbert Spencer – Klassifikation der Kritiker – Ethik des Herdes und der Welt – Zweck und Mittel von Malthus .

Die Kritiker von Malthus hatten drei Fragen vor sich: Ergeben sich die Schlussfolgerungen von Malthus aus seinen Prämissen? Zeichnet er sie selbst? Sind sie tatsächlich wahr? Die Antworten lassen sich am besten durch einen kurzen Überblick über die Hauptkritiker geben, mit denen Malthus zu seinen Lebzeiten konkurrierte, und über diejenigen, die seit seinem Tod am heftigsten mit seinen Anhängern konkurrierten.

In gewisser Weise beginnt und endet der *Essay on Population mit Godwin, denn er beginnt und endet mit der Frage der menschlichen Perfektionierbarkeit.* Die Beziehungen zwischen Malthus und Godwin sind sozusagen die Geschichte, auf der das Stück basiert.

Godwins *Political Justice* wurde 1793 geschrieben, sein *Enquirer* 1797 und Malthus' *Essay* 1798. Andere hielten den Ball am Laufen. Am Osterdienstag des Jahres 1800 hielt Dr. Samuel Parr im Christ's Hospital vor der Corporation of London eine Jubiläumspredigt. Er wählte seinen Text aus Galater 6. 10: „Da wir nun Gelegenheit haben, lasst uns allen Menschen Gutes tun, besonders denen, die zum Haus des Glaubens gehören." Wie Butlers Predigten in der Rolls Chapel war der Diskurs eigentlich eine Abhandlung über Moralphilosophie. Es begann mit der Gegenüberstellung des egoistischen und des wohlwollenden Ethiksystems und erklärte beide für fehlerhaft. Wenn der eine weniger Schaden angerichtet hat, hat der andere weniger Gutes getan, als man hätte erwarten können, denn das hängt mit der neuen Doktrin der universellen Philanthropie zusammen. Die neue Doktrin ist falsch, weil die örtliche Nachbarschaft aller Menschen unmöglich ist, *vi terminorum* , und eine Ausweitung der Gefühle, die normalerweise zwischen örtlichen Nachbarn vorherrschen , diese Gefühle nur dünn und wässrig machen würde. [816] Die Verpflichtungen des Menschen können nicht über seine Kräfte hinaus ausgedehnt werden; Er hat keine Macht und daher keine Verpflichtung, allen Menschen Gutes zu tun. [817] Die Liebe zum Universum im engeren Sinne des Wortes Liebe kann nur dem allmächtigen Wesen gehören, dem die Sorge um das Universum obliegt. Als Menschen müssen wir nur darauf achten, dass unser Wohlwollen von Seiner Qualität ist und sich wie Seines auf die Undankbaren und Bösen erstreckt. Aber ein universeller Philanthrop übertreibt und verhätschelt diese eine besondere Form der Pflicht zum Wohlwollen auf Kosten der übrigen und vergisst Pflichten, die ihm am nächsten liegen, gegenüber Verwandten, Freunden und Nachbarn ; Er vernachlässigt die alltäglichen Pflichten des Lebens zugunsten des Ungewöhnlichen und Fantasievollen. Ganz anders ist „der ruhige Wunsch nach allgemeinem Glück“, der diejenigen, die uns nahe stehen, noch näher bringt und uns dazu bringt, die wohlwollenden Einrichtungen wie das Christ's Hospital, die sich vor unserer Haustür befinden, zu schätzen und zu unterstützen.

Die Zuhörer der Predigt konnten keinen Zweifel daran haben, an wen sie gerichtet war; und die Fußnoten der veröffentlichten Version enthielten große Zitate aus dem *Essay on Population* und große direkte Belobigungen seines Autors, was die indirekte Kritik an Godwin in der Predigt umso schärfer machte.

Das Philosophieren auf der Kanzel war damals keine Seltenheit; es wurde seit Butlers Tagen von Dr. Ezra Styles [818] im Jahr 1761 praktiziert ; und Dr. Richard Price hatte die Kanzel eines Dissidenten genutzt, um seine enthusiastischen Ansichten über die zukünftige Verbesserung der Menschheit (1787) und die Liebe zu unserem Land (1789) zu äußern. [819] Burke hatte ihn dafür in seinen *Reflexionen angeprangert* ; [820] Aber wenn Parr einige Jahre später auf der anderen Seite dasselbe tun konnte, kann es keine große Einzigartigkeit gewesen sein. Parrs Predigt war Gegenstand von Sydney Smiths erstem Artikel in der *Edinburgh Review* (Oktober 1802); aber sein wirtschaftliches Interesse beruht auf seiner Wirkung auf Godwin. Godwin war kurz zuvor von Sir James Mackintosh, einem ehemaligen Freund und politischen Verbündeten, in seinem 1799 in Lincoln's Inn Hall gehaltenen *Diskurs über das Gesetz der Natur und der Nationen angegriffen worden;* aber Dr. Parrs Tadel waren strenger. Parr könnte durch eine beleidigende Beschreibung des Klerus im *Enquirer* [821] verärgert gewesen sein, der durch „eine beständige Unbeweglichkeit des Verständnisses, fehlgeschlagenes Lernen, künstliche Manieren, infantile Vorurteile und arrogante Unfehlbarkeit“ gekennzeichnet sei. Da alle anderen Berufe gleichermaßen stark missbraucht wurden, musste man sich den Vorwurf nicht zu Herzen nehmen. Der Brief von Malthus an Godwin, der nach der Veröffentlichung des *Enquirer geschrieben wurde* , ist voller Höflichkeit. Zu dieser Zeit und auch noch einige Jahre danach herrschte zwischen den beiden Schriftstellern nichts als guter Wille. Als Godwin 1801 seine Briefe an seine drei Kritiker in einem Buch [822] unter dem Titel „ *Thoughts on Dr. Parr's Spital Predigt“* *zusammenfasste* , mit Anmerkungen zu Mackintosh und dem Autor des „ *Essay on Population“* , war er nur gegen die beiden verbittert ehemalig. Er war überrascht über die „anmaßende Verachtung" von Mackintosh und über die „Bösartigkeit" von Dr. Parr. Wenn er einige seiner Ansichten geändert hatte, geschah das nicht aus Rücksicht auf ihre Kritik. Über den *Essay über die Bevölkerung* „und den Geist, in dem er geschrieben ist", kann er „niemals mit ungeheucheltem Respekt sprechen"; Er behauptet lediglich, dass es seine Schlussfolgerungen und nicht seine Prämissen angreifen soll. [823] Parr hatte es als einen vollständigen Beweis dafür gefeiert, dass Godwins Plan der Gleichheit nicht funktionieren würde, und viele bessere Männer hatten das Gefühl, dass ihnen der Mund verschlossen war, und hatten Godwin angefleht, für sie zu sprechen. Godwin stimmt diesen *Gedanken zu* . Wenn er aufrichtig sagte: „Ich gestehe, ich konnte nicht erkennen, dass der Aufsatz irgendeine praktische Bedeutung für meine eigenen Hoffnungen hatte" (S. 55), muss er sich in dem Zustand befunden haben, in dem der Enquirer *war* schreibt dem Geistlichen zu: „Er lebt inmitten der Beweise und ist dafür unempfindlich. Er denkt täglich über Widersprüche nach und findet sie konsistent. Er hört sich Argumente an, die jeden unparteiischen Zuhörer überzeugen würden, und wundert sich über deren Sinnlosigkeit. Er wagt es nie, sich einer unvoreingenommenen Betrachtung anzuvertrauen. Er beginnt mit Ungeduld und Angst vor dem möglichen Ergebnis." Malthus hingegen verhielt sich, obwohl er Befehle erteilte, ganz anders als der Geistliche des *Enquirer* , denn Godwin selbst sagt uns: „Er hat sich weder bemüht , Hass noch Verachtung gegen mich und meine Lehren zu schüren; er hat die Fragen zwischen uns so diskutiert, als wären sie nie zum Thema einer politischen Partei und der Fraktionsintrigen gemacht worden; er hat so argumentiert, als ob er kein anderes Ziel im Auge hätte als die Untersuchung von Beweisen und die Entwicklung der Wahrheit" (S. 55 ft.). Darüber hinaus hat er „die Theorie der politischen Ökonomie ebenso unbestreitbar bereichert wie jeder andere Schriftsteller seit einem Jahrhundert." Ich glaube, dass die großen Vorschläge und Umrisse seiner Arbeit nicht weniger schlüssig und sicher sein werden, als sie neu sind. Ich selbst kann es mir nicht verkneifen, stolz darauf zu sein, dass ich durch meine Schriften den Anlass gegeben und den Ansporn gegeben habe, eine so wertvolle Abhandlung zu verfassen" (S. 56). Ein Zugeständnis konnte sicherlich nicht weitergehen. Godwin gibt sogar die arithmetischen und geometrischen Verhältnisse zu. [824] Seine Kritik bezieht sich ausschließlich auf die Schecks, die (man erinnere sich) nur die Schecks des ersten Aufsatzes waren, auf das Laster, das Elend und die Angst davor. Sollen Regierungen künftig die Übel einer übermäßigen Bevölkerungszahl verhindern, indem sie diese unansehnlichen Gegenmittel fördern? Und ist jeder Plan zur Verbesserung des Schicksals der Menschen zum Scheitern verurteilt? Nein, der „Autor des Aufsatzes" hat eine zu geringe Vorstellung von den Ressourcen des menschlichen Geistes; Es ist kein schlüssiges Argument gegen einen Plan, wenn man sagt, dass er, wenn er einmal verwirklicht ist, wahrscheinlich nicht von Dauer sein wird. [825] Er misst der Tatsache nicht genügend Gewicht bei, dass beispielsweise in England „Besonnenheit und Stolz" frühe Ehen verhindern und aus späten kleinere Familien entstehen. In einem Zustand allgemeiner Verbesserung gäbe es nicht weniger, sondern mehr dieser Gefühle, und eine ähnliche Wirkung würde in größerem Maße eintreten. [826]

Dass diese Argumentation überzeugend war, geht aus der Art und Weise hervor, wie Malthus sie empfing, als er sie ihm einige Monate nach der Veröffentlichung des Aufsatzes in einem Brief mitteilte. Er antwortete, dass die fragliche „Besonnenheit", wenn sie in Godwins neuer Gesellschaft existierte, einen Blick auf die Hauptchance bedeuten würde; es würde bedeuten, dass ein Mann seine Position stärkt und mehr als das Minimum an Notwendigen erreicht; Wenn Sie dies verhindern, was wird dann aus Ihrer Freiheit? Wenn Sie dies nicht tun, was wird dann aus Ihrer Gleichheit und Ihrem Reichtum? Zweitens hätte die Vorsicht zur Folge, dass die Bevölkerung nicht die größtmögliche, sondern sich weitgehend innerhalb der Nahrungsgrenzen bewegen würde; und doch wenden Sie sich gegen die gegenwärtige Gesellschaft, weil ihre Regelungen die „größtmögliche Bevölkerungszahl" verhindern. Wenn wir in all unseren politischen Theorien das Böse, das ihnen tatsächlich zuzuschreiben ist, auf bestimmte Institutionen zurückführen wollen, müssen wir das Böse, das bekanntermaßen auf andere Ursachen zurückzuführen ist, abziehen. „Allein das Eingeständnis, dass Vorsicht geboten ist, um das Elend einer überlasteten Bevölkerung zu verhindern, entzieht den öffentlichen Institutionen die Schuld dem Verhalten Einzelner." Und es ist sicher, dass fast unter der schlechtesten Regierungsform, wo es eine erträgliche Freiheit des Wettbewerbs gab, die Rasse der Arbeiter , indem sie nicht heiratete und folglich ihre Zahl verringerte, ihre Lage sofort verbessern könnte, und unter der allerbesten Form Als Regierungsbeamte würden sie durch eine Heirat und eine starke Vergrößerung ihrer Zahl ihre Lage sofort verschlimmern." [827]

Das war zweifellos ein Punkt gegen Godwin, aber es war auch ein Punkt gegen Malthus selbst. Der Aufsatz in seiner ersten Form hatte der „Vorsicht" nicht ausreichend Rechnung getragen; und die Einführung moralischer Zurückhaltung in der zweiten Auflage könnte von Godwins Freunden sehr plausibel Godwin selbst zugeschrieben worden sein, trotz der ausführlichen Antwort auf die *Gedanken* in einem Kapitel, das später weggelassen wurde. [828] Godwin sagte ihm später, dass er kein Recht habe, ein neues Element in seine Lösung des Problems einzuführen und so zu tun, als sei es dieselbe Lösung wie zuvor; [829] Wenn er seine Prämissen änderte, sollte er seine Schlussfolgerung ändern. Worauf Malthus hätte antworten können, dass seine Schlussfolgerung, auch wenn sie geändert wird, ihren Wert als Argument gegen Godwin behält. Zunächst wurde die Tendenz, die Zahl bis zur Nahrung zu steigern, als ein für den Fortschritt verhängnisvolles Hindernis beschrieben; Jetzt ist es tatsächlich ein Hindernis, dem man sich stellen und das man überwinden muss, aber es ist nicht für den Fortschritt, sondern nur für die Gleichheit fatal. Godwin selbst hatte es zunächst für ein völlig imaginäres Hindernis gehalten, das von den Reformern vorerst ignoriert werden könnte; und seine Lehre von der Klugheit kommt einem Eingeständnis gleich, dass sich seine Ansicht darüber geändert hat.

Godwin selbst war sich seines Frontwechsels nicht bewusst; Als siebtes von dreizehn Kindern hielt er die Angelegenheit möglicherweise für persönlich; und alle Zugeständnisse, die er 1801 gemacht hatte, zog er 1820 zurück. In diesem Jahr veröffentlichte er zusammen mit David Booth, dem geduldigen Autor des *English Analytical Dictionary*, *um seine Statistiken zu ordnen und für seine Berechnungen zu bürgen, eine ausführliche Antwort auf den Essay on Population*. Die Politiker, die politischen Ökonomen, der Großteil der Presse und die Öffentlichkeit hatten die malthusianischen Lehren akzeptiert, obwohl die Bekehrung der Öffentlichkeit nicht tiefer war als die zum Freihandel, und die Staatsmänner waren bis auf wenige Ausnahmen nicht betrübt darüber Kapital aus der „Abscheulichkeit" der Lehren, wann immer die „anerkannte Wahrheit" dieser Lehren ihnen nicht dienlich sein würde. Dennoch schien es wahr, dass die Zeit für Malthus abgelaufen war und Godwin in Vergessenheit geraten war. Sydney Smiths Behauptung, [830] „Malthus hat sich die Mühe gemacht, ihn zu widerlegen, und wir hören nichts mehr von Mr. Godwin", ist nicht weit von der Wahrheit entfernt. Malthus hatte seine Widerlegung überlebt und Godwin seinen Ruf. Pitt, Paley und Copleston waren bei Malthus; Er hatte unter Historikern Hallam überholt, unter Wirtschaftswissenschaftlern James Mill, Senior und Ricardo, unter Politikern Brougham, Mackintosh und sogar Whitbread. Southey, Hazlitt und Cobbett waren kein ausreichendes Make-Gewicht. Hazlitt erkennt in seiner *Antwort* auf den *Essay on Population* (in Briefen, von denen einige in Cobbetts *Pol. Register*, 1807 erschienen) die Popularität an, sagt jedoch ihren Niedergang voraus. [831] Es scheint klar, dass zumindest in gebildeten Kreisen die Sichtweise von Malthus bereits 1820 das war, was sie 1829 war, „die populäre Sichtweise", [832] was, ʷⁱᵉ Darwin lange erlebte, durchaus mit großer Unbeliebtheit in vereinbar ist bestimmte Viertel. Es gibt keinen besseren Beweis für diese Popularität als die widerwillige Aussage von Godwin selbst in seinem neuen Buch. [833] Ende 1819 hatte Brougham im Unterhaus das Malthus-Prinzip als „eines der solidesten Prinzipien der politischen Ökonomie" bezeichnet und gesagt, es sei melancholisch zu beobachten, wie die Presse es auskundschaftete und seine Verteidiger beschimpfte. [834] Die Presse war jedoch gespalten. Die *Edinburgh Review* hatte sich von Anfang an auf die Seite von Malthus gestellt. Das *Quarterly* hatte mit heftiger Feindseligkeit begonnen (Dez. 1812, S. 320 *ff.*); hatte seinen Ton im Laufe der Zeit milder gemacht (Dez. 1813, S. 157 *ff.*, und Okt. 1814, S. 154–5);

hatte mit Zögern und Zweifel gesprochen (Okt. 1816, S. 50 *ff.*); und hatte sich schließlich vollständig ergeben (Juli 1817, S. 369 *ff.*) und gestand, dass es „viel einfacher sei, Herrn Malthus nicht zu glauben, als ihn zu widerlegen" (S. 396), und nutzte anschließend seine Doktrin zur Stützung der Dinge als Sie bedauern nur, dass Malthus selbst nicht etwas entschiedener dasselbe getan hätte (S. 402–403). Wie wir gesehen haben, wurde Malthus schließlich, nachdem er Beiträge für das *Edinburgh geleistet hatte* , Mitarbeiter des *Quarterly* . Der Wandel der öffentlichen Meinung, der durch die Bekehrung des *Quarterly zum Ausdruck kam* , verschärfte die Angriffe der unbekehrten Feinde noch mehr. Aber es brachte ihnen keine neuen Argumente.

In Godwins *Untersuchung zur Bevölkerung* gibt es im Wesentlichen vier Argumente (wenn wir bloße Epigramme wie „ein Mann ist sicherer, dass er Vorfahren hat, als dass er Nachkommen haben wird" vernachlässigen): – Malthus hat seine Position geändert; die Welt ist nicht bevölkert; die Verhältnisse sind nicht so, wie er es darstellt; und die Erfahrung ist gegen ihn. Den ersten haben wir bereits besprochen. Die Verwendung des zweiten Begriffs impliziert ein Missverständnis der malthusianischen Position, da sie die Unterscheidung zwischen tatsächlichen und möglichen Nahrungsvorräten ignoriert und nicht zulässt, dass ein Mensch durch vier Wände „eingesperrt" wird, es sei denn, er berührt sie. [835] Godwin korrigiert das Argument nicht, indem er es mit dem gegen das Christentum vorgebrachten Einwand vergleicht – „die Welt ist noch nicht christianisiert"; noch weniger, indem er sich auf das Christentum selbst berief und Malthus mit den Texten verspottete: „Wächse und vermehre dich", „Glücklich ist der Mann, der seinen Köcher voll davon hat", „ein wenig niedriger gemacht als die Engel", „vierzig Söhne und dreißig." „In den letzten Tagen werden einige vom Glauben abfallen und ihnen verbieten zu heiraten." [836] Malthus wurde 1807 von einer puritanischen oder Covenanting-Broschüre mit dem Titel „Eine Vorladung des Erwachens oder die böse Tendenz und Gefahr der spekulativen Philosophie, veranschaulicht in Mr. [Sir John] Leslies Untersuchung über die Natur der Hitze "angegriffen Mr. Malthus' *Essay on Population* und in dem spekulativen System des Gewohnheitsrechts, das derzeit in diesen Königreichen verwaltet wird. [837] Der Hauptteil dieses Buches war sogar noch bemerkenswerter als sein Titel, denn es hatte Malthus nicht nur der Heterodoxie, sondern auch des Atheismus schuldig bewiesen. „ Jedem , der den *Essay über Bevölkerung* aufmerksam liest, ist klar , dass sein Autor nicht an die Existenz Gottes glaubt, sondern ihn manchmal durch das Prinzip der Bevölkerung, manchmal durch das der Notwendigkeit ersetzt." Sadler erklärte viele Jahre später im gleichen Sinne, dass „die Beleidigungen, die die Theorie von Malthus Gott entgegenbringt, und die Verletzungen, die sie dem Menschen zufügt, von keinem von beiden ertragen werden." [838]

Lassen Sie Pfarrer Malthus ein für allemal seine Übereinstimmung mit dem religiösen Lehrbuch seiner Kirche erläutern. Vor der den Menschen gegebenen Anweisung, sich zu vermehren und zu vermehren, kommen, sagt Malthus, alle moralischen und physikalischen Gesetze, ohne die sie nicht wachsen oder sich vermehren können. Angenommen, der Befehl hätte darin bestanden, nicht Menschen, sondern Gemüse zu vermehren und zu vermehren; Dies konnte nicht bedeuten: „Säe die Saat in der Luft, über dem Meer oder auf steinigem Boden aus", sondern: „Ergreife alle Mittel, die durch bereits bestehende Gesetze erforderlich sind, um das beste Wachstum von Gemüse zu gewährleisten." Der Mann würde dem Befehl am besten gehorchen, der den Boden vorbereiten und für die Bewässerung und Bebauung sorgen sollte, wo diese Dinge vorher fehlten. Dem Befehl, die Menschen zu vermehren und zu vermehren, wird also am besten derjenige gehorchen, der den Menschen Nahrung bereitet, wo es vorher keine gab, und nicht der, der sie rücksichtslos ohne eine solche Versorgung in die Welt bringt . „Ich glaube, es ist die Absicht des Schöpfers, dass die Erde wieder aufgefüllt wird, aber sicherlich mit einer gesunden, tugendhaften und glücklichen Bevölkerung, nicht mit einer ungesunden, bösartigen und elenden. Und wenn wir in dem Bemühen , dem Befehl zur Vermehrung und Vermehrung zu gehorchen, ihn nur mit Wesen der letztgenannten Art bevölkern und entsprechend leiden, haben wir kein Recht, die Gerechtigkeit des Befehls anzuklagen, sondern unsere irrationale Art, ihn auszuführen." [839] Er hätte hinzufügen können, dass jede andere Interpretation der Passage in Genesis bedeutet, die Umstände zu vergessen, unter denen die Worte gesprochen wurden. Die Sintflut hatte gerade alle Erdenbewohner bis auf eine Familie dahingerafft, und zwar ausdrücklich unter dem Vorwand der Bosheit; und wenn eine böse Wiederauffüllung nicht wünschenswert wäre, wäre eine unglückliche oder arme Person bestenfalls um einen Grad weniger wünschenswert. Wenn wir die Frage also rein von außen betrachten, können wir in den Schriften von Pfarrer Malthus nichts finden, was mit seiner kirchlichen Orthodoxie unvereinbar wäre; und wir können kaum glauben, dass der frei denkende Godwin seinen Einwand sehr ernst meinte.

Malthus selbst antwortet darauf als eine Anklage, die häufig von anderen gegen ihn erhoben wird, ohne sich speziell auf Godwin zu beziehen. Zum größten Teil ignoriert er Godwins Buch über die Bevölkerung als bloße Rhetorik und Skurrilität. [840] Godwin hatte jedoch mehr als zwei Jahre harter Arbeit in das Schreiben investiert; [841] und sein Biograph betrachten es als das letzte Werk seiner besten Tage. Er stellte neben Booth auch seinen Sohn William und seinen Freund Henry Blanch Rosser ein, um ihm zu helfen. Sein ganzer Geist war mit Booths Berechnungen und seinen eigenen Schlussfolgerungen daraus beschäftigt. Er selbst „konnte nicht eine Stunde lang einer Berechnung nachgehen, ohne dass ihm schlecht wurde." [842] Wenn Booth hinter ihm zurückblieb , war er unglücklich. Er stand am frühen

Morgen auf, um eine Idee aufzuschreiben, und war danach den Rest des Tages krank. Mit dem Ergebnis seiner Arbeit ist er jedoch zufrieden . Er glaubt, dass sein Kapitel über das geometrische Verhältnis seine Freunde begeistern und seine Feinde in Erstaunen versetzen wird. Auf jeden Fall ist sein Trost, dass die „Wahrheit" siegen wird und dass, ob durch ihn oder einen anderen, „das System von Malthus nie wieder auferstehen kann und die Welt von dieser verfluchten Entschuldigung zugunsten von Laster, Elend und Hartherzigkeit befreit wird." und Unterdrückung" [843] und die Welt wird sehen, dass „kein Bedarf an Abhilfemaßnahmen besteht", denn die Zahl der Menschen hat nie in der von Malthus beschriebenen Weise zugenommen und kann auch nie zunehmen. [844] Einige seiner jüngeren Freunde [845] glaubten, er sei erfolgreich; und das Buch wurde im Unterhaus als schlüssige Widerlegung von Malthus erwähnt, insbesondere im Hinblick auf die Verhältnisse. [846] Es bleibt jedoch die Tatsache, dass der arme Godwin nicht nur kein Brot und keine Butter damit verdiente, [847] sondern dass er auch niemanden bekehrte, dessen Meinung in einer solchen Angelegenheit von Bedeutung war. Obwohl Mackintosh wieder Frieden mit seinem alten Freund hat, kann er, als er ihm im September 1821 schreibt, seine Arbeit nicht loben; hält seinen Ton sogar für intolerant; und wird nur sagen, dass er in den malthusianischen Lehren nichts sieht, was mit der Perfektibilität unvereinbar wäre. Gleichzeitig legt er großen Wert darauf, die Urheberschaft der Notiz in der *Edinburgh Review* vom Juli 1821 zu leugnen, der die Höflichkeit fehlte, die Godwin gebührt, obwohl sie nicht die Skurrilität der frühesten Rezension über ihn wiedergab. [849] Die Unschlüssigkeit des Buches, selbst aus der Sicht der Gegner von Malthus, zeigt sich aus dem Strom neuer Widerlegungen, der keine Pause machte.

Auch die Frage der Verhältnisse war nicht geklärt. Godwin hatte seine Diskussion darüber als den wichtigsten Teil seines Buches angesehen. Es liefert uns sein drittes wesentliches Argument gegen Malthus. Godwin greift [850] einen scheinbar weit verbreiteten Vorwurf auf, dass der Essayist einen Quartband geschrieben habe, um zu beweisen, dass die Bevölkerung in einem geometrischen und die Nahrung in einem arithmetischen Verhältnis zunimmt. Der Essayist hatte bereits 1806 geantwortet [851], dass der erste Satz bewiesen sei, sobald die Tatsachen über Amerika bestätigt seien, und der zweite Satz selbstverständlich sei; In seinem Buch ging es weniger darum, die Verhältnisse zu beweisen, als vielmehr darum, ihre Wirkungen nachzuzeichnen. Seine Autoritäten waren, wie er Godwin später erzählte, [852] Dr. Price, Styles, Benjamin Franklin, Euler und Sir William Petty, ergänzt durch Zahlen von Short und Süssmilch sowie die Volkszählungen der Vereinigten Staaten und Englands, und für Prinzipien, von Adam Smith und Hume. Wir haben bereits [853] gesehen, wie weit das Gleichnis der geometrischen und arithmetischen Verhältnisse getrieben werden sollte. Godwin meint, dies zu entlarven, indem er argumentiert, dass die Bevölkerungszunahme niemals ganz genau geometrisch sein kann [854] (was Malthus zugeben würde) – dass Amerika eine Ausnahme war [855] (angesichts der Maxime, dass die Ausnahme die Regel prüft). ,-dass, um anzunehmen, dass sich die Bevölkerung in den Vereinigten Staaten verdoppelt, wir müssen annehmen, dass es in Bezug auf die Geburten in der Alten Welt dasselbe tut (mit anderen Worten, Tatsache ist dasselbe wie Tendenz),-dass die normale Zunahme ist nicht die von Amerika, sondern die von Schweden, [856] In diesem Fall (würde Malthus antworten) muss die normale Erhöhung eine sein, die angesichts sehr strenger Beschränkungen erfolgt. Auf den Vorwurf, den geliehenen Wasserkocher beschädigt zu haben, hatte die alte Irin drei Antworten: „ Er war zerbrochen, als ich ihn bekam; es war ganz, als ich es zurückgab; Ich hatte es nie. Godwins Ansichten über die amerikanischen Kolonien schwankten also zwischen drei widersprüchlichen Thesen: Die starke Zunahme der Zahl ist natürlich (oder spontan), aber die der Nahrung ist noch größer; [857] Der starke Anstieg ist nicht natürlich, sondern auf Einwanderung zurückzuführen; [858] Es gab überhaupt keinen großen Anstieg. [859] Dem Leser werden drei alternative Argumente präsentiert, und es spielt kaum eine Rolle, ob er davon überzeugt ist, dass die Bevölkerung überhaupt keine Kontrollen erfordert, [860] und dass es sich um eine unbeständige handelt, wenn man ihn am Ende nur mit Godwin dazu überreden lässt, zu glauben Prinzip. [861] In der Geschichte, sagt Godwin, scheint es nach Anfällen zu laufen; und solche unregelmäßigen Wirkungen können keine einheitliche Ursache haben. Man könnte erwidern, dass die Schwerkraft im gleichen Sinne unbeständig ist, denn wir scheinen sie zu brechen, indem wir sowohl Treppen hinauf als auch hinuntergehen, indem wir sowohl einen Siphon als auch einen Wasserkrug benutzen oder indem wir einen Tropfen Tinte mit Löschmitteln trocknen. statt es in das Papier einsinken zu lassen. In diesen Fällen wird die Unbeständigkeit jedoch nie auf das Fehlen einer Ursache zurückgeführt, sondern auf das Vorhandensein von mehr als einer Ursache. An okkulte Gesetze zu glauben, die je nach den Umständen variieren, wie Godwin es zu tun scheint, bedeutet, an überhaupt keine Gesetze zu glauben. Die einzige Konstanz wäre die konstante Wahrscheinlichkeit von Wundern. [862] Freidenker hatten sich noch nicht mit der Ordnungspartei in der Physik identifiziert; und vielleicht führte Godwin seine Abneigung gegen das Gesetz einfach noch einen Schritt weiter aus. Nachdem er es auf die Politik (1793) und den Stil (1797) angewendet hatte, wandte er es nun auf die Natur an (1820). Er hat bewusst ein ganzes Heer von Fakten außerhalb des Bereichs der Wissenschaft platziert. Es war ein Glück für ihn, dass er nicht mehr in der Rolle eines Ökonomen auftrat, sondern Booth die Aufgabe überließ, dem Edinburgher Rezensenten zu antworten. [863]

Wenn die Wirtschaftskritik bei Godwin, dem politischen Philosophen, schwach ausgeprägt war, so war sie bei Coleridge, dem philosophierenden Dichter, noch schwächer. Die Hauptkritikpunkte an Coleridge [864] sind in handschriftlichen Randkommentaren enthalten, die mit Feder und Bleistift auf seinem Exemplar der zweiten (Quarto-)Ausgabe des Essays (1803) geschrieben wurden, das sich jetzt im British Museum befindet. Als Malthus (im Vorwort, S. VI) schreibt, dass, wenn er sich auf allgemeine Ansichten beschränkt hätte, sein Hauptprinzip so unumstößlich gewesen wäre, dass er sich in einer uneinnehmbaren Festung hätte verschanzen können, bricht Coleridge ein: „Wenn der Autor durch das Hauptprinzip …" bedeutet sowohl die *Tatsache* [865] (d . h. dass die Bevölkerung ungebremst unendlich mehr Nahrung haben sollte) als auch die Schlussfolgerung aus der Tatsache, d. *h* . *e.* Da die Menschheit *daher* nicht auf unbestimmte Zeit verbesserungsfähig ist, würde eine Bombenpistole die uneinnehmbare Festung zerstören. Wenn nur die Tatsache gemeint ist, ist die Behauptung völlig bedeutungslos, im ersteren Fall dampft sie , im letzteren ein Dampf ." (Und auf S. vii:) „Sind wir jetzt ein Quarto zu haben, das uns lehrt, dass großes Elend und großes Laster aus der Armut entstehen und dass es überall dort Armut in ihrer schlimmsten Form geben muss, wo es mehr Münder als Brote und mehr Köpfe als Gehirne gibt?"

Dies kann einfach als das Argument von Hazlitt verstanden werden, der „nicht sah, was es zu beweisen gab" – das Prinzip von Malthus ist eine Binsenweisheit. Selbst als Coleridge die Aussage der Ratios (auf S. 8) kommentiert, stimmt er ihr nach einiger Kritik an der „Geschwätzigkeit und sinnlosen Wiederholung" des Aufsatzes weiterhin zu. Er würde das Ganze neu formulieren, um es durch „ein Verhältnis zu ersetzen, das niemand in seinem Sinn für etwas anderes als axiomatisch halten würde, nämlich: Angenommen, die Menschheit beläuft sich auf eine Milliarde . " Teilen Sie die Quadratha der Nahrungsmittelproduktionsfläche durch 500.000.000, also so viel für jedes Ehepaar. Schätzen Sie dieses Kontingent so hoch, wie Sie möchten, und wenn Sie so wollen, sogar auf tausend oder sogar zehntausend Acres pro Familie. Nehmen wir eine Bevölkerung ohne Kontrolle und nehmen wir den durchschnittlichen Zuwachs von zwei Familien im Alter von fünf Jahren (was irrational gering ist, wenn man davon ausgeht, dass die Menschheit gesund ist und jeder Mann mit einundzwanzig Jahren eine Frau von achtzehn Jahren heiratet), und in zwölf Generationen würde der Zuwachs betragen 48.828.125. Was nun eine denkbare Steigerung der Produktion oder eine Verbesserung der Produktivität der tausend oder zehntausend Acres betrifft, so ist es lächerlich, überhaupt an Produktion zu denken, da nachweisbar ist, dass dies entweder bereits in dieser zwölften Generation oder sicherlich in a der *Fall* ist Noch ein paar Generationen später (die genaue Aussage überlasse ich Schuljungen, da ich Cockers Arithmetik nicht kenne und die Anzahl der Quadratfuß pro Acre vergessen habe) würde die Landquote den Nachkommen der ersten Agrarbesitzer keinen Stehplatz bieten. Machen Sie am besten gleich die Summe. Ermitteln Sie die Anzahl der Quadratmeilen auf der Erde (an Land) und teilen Sie die

Zahl durch 500.000. Ich selbst war nutzlos weitschweifig und habe mich im Ringen mit dem Mann in den Drang verspürt, Worte auszusprechen." Er führt weiter aus, dass, wenn jeder Mann heiraten und eine Familie gründen würde und jedes seiner Kinder dasselbe tun würde, ihre Nachkommen bald einen Stehplatz benötigen würden, und wenn alle Schecks abgeschafft würden, würde dies natürlich *viel* passieren Schneller. „Jeder Schüler, der Rechnen bis hin zum Zinseszins gelernt hat, wird seine jüngere Schwester sowohl durch die Tatsache als auch durch die genaue Anzahl der Jahre, in denen dies geschehen würde, in Erstaunen versetzen. Möge andererseits die Produktivität der Erde über die Hoffnungen des visionärsten Landwirts hinaus gesteigert werden, so nehmen die Produktionen dennoch Raum ein. Wenn die derzeitige Rübenernte ein Fünftel der Fläche des Rübenfeldes einnimmt, kann der Zuwachs nie mehr als das Fünffache betragen, und wenn man davon ausgeht, dass zwei für einen gepflanzt werden, kann der Zuwachs immer noch nicht mehr als zehn betragen; Wenn man also annimmt, dass eine kleine Insel von nur einem Hektar Fläche ein Fünftel ihrer absoluten Fläche einnimmt und ausreicht, um zwei Männer und zwei Frauen zu ernähren, dann würden vier Generationen ihre *Möglichkeiten*, sie mit Nahrung zu versorgen, überfordern; und wir können kühn behaupten, dass eine so selbstverständliche Wahrheit niemals übersehen oder auch nur stillschweigend widersprochen wurde. Welchen Beweis hat Herr Malthus gebracht? Welchen Beweis kann er vorbringen, dass irgendein Schriftsteller oder Theoretiker diese Tatsache übersehen hat, die (mit Ehrfurcht sei gesagt) nicht auf den Allmächtigen selbst zutreffen würde, als Er das schreckliche Gebot „Wachstum und Vermehrung" verkündete?"

Aus einigen der im Verlauf dieser Kommentare fallengelassenen Sätze sollten wir schließen, dass sie die Vorbereitung für eine formelle Rezension des Buches durch Coleridge selbst darstellten. Es ist daher äußerst rätselhaft, die gesamten Kommentare fast wörtlich und Buchstabe für Buchstabe in einer Rezension [866] abgedruckt zu finden, die bisher von allen (einschließlich Southey) als Southeys Rezension angesehen wurde. Dies gilt für das nachfolgende MS. Notizen, die erfreulicherweise kürzer sind. Coleridge wirft Malthus vor (S. 11), dass er die Worte „Tugend" und „Laster" verwendet, ohne sie zu definieren, und übersieht dabei offenbar die Fußnote unter seinen Augen (S. 11 n.), in der es heißt: „Die allgemeine Konsequenz von Laster ist Elend, und das." Konsequenz ist der genaue Grund, warum eine Handlung als bösartig bezeichnet wird." [867] Coleridge sagt in Bezug auf die Liste der Unregelmäßigkeiten im vorletzten Absatz der Seite (11): „Dass dies und alle diese Laster im gegenwärtigen Zustand der Gesellschaft sind, wer bezweifelt das?" Das galt auch für den Zölibat im patriarchalischen Zeitalter. Laster und Tugend bestehen in der Übereinstimmung der Gewohnheiten eines Menschen mit seiner Vernunft und seinem Gewissen, und diese können nur einen moralischen Leitfaden haben, den Nutzen oder die Tugend [868] und das

Glück rationaler Wesen. Wir erwähnen dies nicht unter der kläglichen Vorstellung, dass jeder Zustand der Gesellschaft diese Handlungen in die Lage versetzen würde, mit Gewissen und Tugend ausgeführt zu werden, sondern um die völlige Unbedachtheit dieser Spekulation aufzuzeigen." Dann, nach einigen Bemerkungen zu den Neuen Malthusianern (wie sie jetzt genannt werden würden), fährt er fort: „Alles, was bis zur dreihundertfünfundfünfzigsten Seite [869] folgt , könnte ein unterhaltsames Durcheinander von Zitaten aus Reisebüchern usw. sein. aber sicherlich sehr unverschämt in einem philosophischen Werk. Gott segne mich, dreihundertvierzig Seiten – zu welchem Zweck! Ein philosophisches Werk kann keinen legitimen Zweck haben außer Beweis und Illustration und dreihundertfünfzig Seiten, um ein Axiom zu beweisen! um eine selbstverständliche Wahrheit zu veranschaulichen! Es ist weder mehr noch weniger als Buchmacherei!" Er denkt jedoch, dass das, was Malthus über Condorcet schrieb, auf ihn selbst zutrifft. Obwohl sein Paradoxon sehr absurd ist, muss es widerlegt werden, sonst wird er denken, die Toleranz seiner Zeitgenossen sei auf ihre geistige Unterlegenheit und seine eigene Erhabenheit des Intellekts zurückzuführen. [870] Die übrigen Randnotizen haben hauptsächlich Interjektionscharakter, [871] viele davon sind nicht sehr raffiniert. Malthus selbst verfällt nie der Grobheit; aber seine Gegner vermeiden es selten, und Coleridge (oder Southey) ist keine Ausnahme von der Regel. [872] Ohne das Interesse, das selbst den törichten Worten eines großen Mannes beigemessen wird, hätte es sich nicht gelohnt, seinen *Obiter Scripta* zu einer Angelegenheit wiederzubeleben , die außerhalb seines Wissens liegt.

Ein paar Worte sind in Bezug auf Grahame und Weyland notwendig , die das Hauptthema des langen zweiten Anhangs späterer Ausgaben des Aufsatzes bilden. Grahames Vorwürfe verdankten ihre ganze Kraft der allgemeinen Unkenntnis der tatsächlichen Schriften von Malthus selbst. [873] Herr Malthus betrachtet Hungersnot als das wohlwollende Heilmittel der Natur gegen Nahrungsmangel; Herr Malthus glaubt, dass die Natur den Menschen lehrt, Krankheiten zu erfinden (S. 100), um eine Überbevölkerung zu verhindern; Herr Malthus betrachtet Laster und Elend im Allgemeinen als wohlwollende Heilmittel gegen die Überbevölkerung und ist der Meinung, dass sie eher gefördert werden sollten als anders (S. 100). Malthus seinerseits bedauert die Tatsache, dass dieser letzte Vorwurf „in verschiedenen Kreisen seit vierzehn Jahren" (oder seit seinem Quartaufsatz von 1803) aktuell ist, und denkt, dass er ihn durchaus ignorieren könnte. „Laster und Elend und nur diese sind die Übel, gegen die ich vor allem kämpfen wollte. Ich habe ausdrücklich moralische Zurückhaltung als ihr vernünftiges und richtiges Heilmittel vorgeschlagen", ein ausreichender Beweis dafür, dass er sie als die Krankheit ansah. [874] Grahame selbst bestreitet nicht die Tendenz zur Vermehrung über das Essen hinaus (S. 102), hält aber die Auswanderung für ein ausreichendes Heilmittel (S. 104).

Empson [875] klassifiziert die Gegner von Malthus spielerisch und sagt, dass es einige gibt, die „aus purer Dummheit, wie Mr. Grahame", oder aus sentimentalem Entsetzen, wie Southey, [876] Coleridge und Bishop Huntingford , nicht verstehen wollen ; [877] oder weil sie sich, wie Sadler [878] und Godwin, die Price und Muret folgten , [879] vorstellen, dass das Bevölkerungsgesetz je nach den Umständen variiert; oder weil sie eigene Gesetze erfinden, wie Anderson, Owen und Poulett Scrope ; [880] oder weil sie, wie Weyland , [881] die Prämissen von Malthus sowie die Schlussfolgerung leugnen. Weyland genießt wie Grahame die Ehre einer besonderen Widerlegung durch Malthus. Er gibt zu, dass Malthus in seinem Aufsatz sein Thema von der Ebene einer oberflächlichen akademischen Diskussion auf die Ebene einer wissenschaftlichen Untersuchung gehoben hat, und sein Buch ist der Ausgangspunkt für jede spätere Untersuchung. Er gibt zu, dass seine Anordnung klar und seine Argumentation fair ist und dass er es einem Gegner ermöglicht, die Frage sofort in ihrer Begründetheit zu diskutieren. Wenn man seine Prämissen zulässt, sagt Weyland , können wir seine Schlussfolgerung nicht leugnen; aber seine Prämisse ist falsch, die davon ausgeht, dass die höchste bekannte Wachstumsrate in einem bestimmten Zustand der Gesellschaft die natürliche oder spontane Rate insgesamt ist; [882] Wir können die Größe von Chang oder des Hale-Kindes nicht als natürlichen Maßstab für die Größe aller nehmen. Darauf antwortet Malthus: Wenn wir in irgendeinem Land beobachtet hätten, dass alle Menschen, die klein waren, Gewichte auf dem Kopf trugen und die Menschen, die groß waren, nicht, müssten wir daraus schließen, dass die Gewichte etwas mit der Körpergröße zu tun hätten. – und wenn wir also feststellen, dass das Wachstum eines Volkes in dem Verhältnis schnell oder langsam erfolgt, wie der Druck bestimmter Wachstumskontrollen stark oder gering ist, können wir nicht anders, als zu glauben, dass die Geschwindigkeit am schnellsten wäre, wenn es keine Kontrollen gäbe alle. Mit Weyland im Sinne seines ersten Kardinalsatzes [883] zu sagen, dass „die Bevölkerung eine natürliche Tendenz hat, sich in jeder Abstufung, die die Gesellschaft durchläuft, an die Kräfte des Bodens zu halten, um ihm seinen Lebensunterhalt zu sichern", bedeutet, „dass" zu sagen Jeder Mensch hat eine natürliche Tendenz, im Gefängnis zu bleiben, der notwendigerweise durch vier starke Mauern darin eingesperrt ist." Man könnte genauso gut schlussfolgern, dass die Kiefer des dicht besiedelten norwegischen Waldes nicht dazu neigt, seitliche Äste zu haben, denn tatsächlich gibt es keinen Platz dafür. [884]

Weyland geht davon aus, dass sich die Bevölkerung ohne jede moralische Einschränkung in dem Maße an die Nahrungsgrenzen halten wird, wie sie einen hohen Stand der Moral, Religion und politischen Freiheit erreicht. [885]

Malthus hingegen würde sagen, dass ohne moralische Zurückhaltung selbst Moral, Religion und politische Freiheit ein Volk nicht vor dem Elend retten können; [886] und seinerseits war das Ziel, das ihm beim Schreiben stets im Vordergrund stand, „die Lage zu verbessern und das Glück der unteren Klassen der Gesellschaft zu steigern". [887]

Ein Argument von Weyland [888] hat einiges Gewicht. Mit einem reichen Boden, einer guten Landwirtschaft und reichlich Nahrung könnte der Großteil der Bevölkerung eines Landes durch die natürliche Arbeitsteilung in der Produktion beschäftigt sein, und ihre ungesunde Lebensweise in den Städten könnte die Bevölkerung so stark einschränken, dass sie weit davon entfernt ist Halten Sie sich an das Niveau des Essens. Malthus antwortet, dass dieser Fall selten vorkomme, da die Bevölkerung unserer Städte schnell zugenommen habe, aber so wie es sei, habe er dies im zweiten Satz seines zweiten Satzes berücksichtigt: „Die Bevölkerung nimmt unweigerlich dort zu, wo die Mittel zum Lebensunterhalt zunehmen, es sei *denn durch einige sehr wirkungsvolle und offensichtliche Kontrollen verhindert werden* ." [889]

Es gibt zwei weitere Kritiker, auf die Malthus ausführlich antwortet: der eine ist der Visionär Owen, der in Empsons Klassifikation eingeschlossen ist, der andere der praktische Mann Arthur Young, der sich nicht so leicht klassifizieren lässt. „Ich meine", sagt letzterer, „sich nur mit Fakten zu befassen, glücklich, wenn ich sie rein und frei von Vorurteilen entdecken kann." [890] Da dies sowohl seine Praxis als auch sein Beruf war, kann man leicht glauben, dass er in seinen umfangreichen Aufzeichnungen über fünfzig Jahre Reisen und Experimentieren [891] genug Seile gesponnen hat, um sich zu erhängen. Es sollte hinzugefügt werden, dass er, wie Godwin, das Privileg in Anspruch nimmt, inkonsequent zu sein. Nichts könnte deutlicher sein, als dass er in seinen *Reisen in Frankreich* die Übel der Überbevölkerung erkannte. [892] Doch im Jahr 1800 empfiehlt er in seinem *Werk „Frage der Knappheit klar formuliert und Abhilfemaßnahmen berücksichtigt"* als Abhilfe, dass jedem Landarbeiter , der drei Kinder hat, eine Kuh und ein halber Morgen Kartoffelland zur Verfügung gestellt werden. [893] Mit anderen Worten, er würde den englischen Lebensstandard auf den gewöhnlichen irischen, Milch und Kartoffeln, reduzieren. Malthus antwortet, indem er Gründe nennt, warum Menschen „lieb leben" sollten, und indem er Arthur Young an seine eigenen Kommentare zu den Verhandlungen der Nationalversammlung erinnert. Die Nationalversammlung erkannte ihre Pflicht an, Hilfe zu gewähren, wollte aber ein englisches Armengesetz vermeiden und stellte jährlich fünfzig Millionen Francs für die Unterstützung der Armen bereit. Wenn es wirklich eine Pflicht gewesen wäre, schrieb Arthur Young (in seinen *Reisen*), hätte die Notwendigkeit sie möglicherweise dazu veranlasst, die Erleichterung auf einhundert, zweihundert oder dreihundert Millionen usw. auszudehnen, „in der gleichen erbärmlichen Entwicklung wie bisher." fand in England statt." [894] Malthus brauchte kaum zu den *Reisen* zurückzukehren , da Young selbst in seinen späteren Schriften gestand, dass sein Plan nicht auf große Städte anwendbar sei, und obwohl er immer noch an seinem Rechtsanspruch festhielt, gestand er, dass sein Glaube ohne Bedeutung sein müsse Werke; mit anderen Worten, er nahm das Recht in Anspruch, inkonsistent zu sein. Aber er stellte weiterhin Malthus' Axiom in Frage, dass das, was nicht sein kann, nicht sein sollte; und er meint, wenn ein Mann heiratet, ohne die Mittel zum Unterhalt einer Familie zu haben, kann er der Gesellschaft zu Recht die Schuld dafür geben, dass sie ihm die Mittel nicht zur Verfügung stellt. Er argumentiert auch, dass Malthus für den Erfolg seines Plans vollkommene Keuschheit bei den Unverheirateten voraussetzt. Malthus ging eigentlich nur davon aus, dass die Übel, die in einem zivilisierten Land im Durchschnitt der vorsichtigen Kontrolle unterliegen, geringer sind als die Übel vorzeitiger Sterblichkeit und anderer Leiden, die der umgekehrte Weg mit sich bringt; er spricht sich nicht gegen, sondern für Maßnahmen aus, die die Lage der Armen auch nur in begrenztem Umfang verbessern; und er verlangt nur, dass jeder derartige Plan nicht durch seinen ersten Erfolg geprüft wird, denn kaum ein Plan dieser Art ist zunächst erfolglos, sondern durch seine Wirkung auf eine neue Generation. [895]

Dieser Test könnte auf Systeme wie das von Owen und spätere Systeme desselben Modells angewendet werden. Malthus geht vielleicht zu energisch mit ihnen um. Apropos Owens System der Arbeits- und Gütergemeinschaft und Spences *Plan für Pfarrpartnerschaften im Land* [896] („das einzige Heilmittel für die Not und Unterdrückung des Volkes", das Land soll „die Farm des Volkes" sein) antwortet er, dass es zwei „entscheidende Argumente gegen Systeme der Gleichheit" gibt: erstens die Unfähigkeit eines Gleichheitsstaates, angemessene Motive für Anstrengungen zu liefern, da der Antrieb der Notwendigkeit fehlt, und zweitens die Tendenz der Bevölkerung, zu wachsen schneller als der Lebensunterhalt. Als Antwort muss gesagt werden, dass es einen Sozialismus ohne Kommunismus geben könnte; es könnte sogar einen Kommunismus ohne absolute Gleichheit geben, der Müßiggänger und Fleißige gleichsetzen würde; Es könnte zu einer Annäherung der sozialen Extreme kommen, die Arm und Reich einander näherbringt und den ersteren nicht schwächere, sondern stärkere Motive für Anstrengungen gibt; Schließlich ist es keineswegs unvorstellbar, dass mindestens die Hälfte dieses Ergebnisses, wie Godwin es wünschte, durch die Tat der Reichen selbst zustande kommen könnte, was auch bedeutet, wie Malthus es wünschte, denn es würde einem starken Gefühl persönlicher Verpflichtung entspringen . Es lässt sich nicht leugnen, dass Malthus bei der Verwendung des fraglichen Arguments sein eigenes Eingeständnis zu vergessen scheint, dass der Ansporn der Notwendigkeit weder auf die untersten noch auf die höchsten Klassen Wirkung zeigt. [897] Darüber hinaus gebe es, so räumt er ein, Fälle, *z. B.* bei den mährischen Gemeinden, in denen

Industrie und Gütergemeinschaft nebeneinander bestanden hätten. „Man kann sagen, dass, wenn man zulässt, dass der Reiz der Ungleichheit der Bedingungen notwendig war, um den Menschen aus der Trägheit und Apathie des Wilden zur Aktivität und Intelligenz des zivilisierten Lebens zu erheben, daraus nicht folgt, dass dasselbe fortbesteht Ein Anreiz sollte notwendig sein, wenn diese Aktivität und Energie des Geistes einmal erreicht ist." [898]

Das zweite seiner Argumente gegen Owen ist natürlich sein überzeugenderes und charakteristischeres. Wie wir gesehen haben, verliert die Einbeziehung moralischer Zurückhaltung in die Bevölkerungskontrollen nicht ihren Sinn. Gegen ihn wurde argumentiert, dass sein eigenes Ideal einer Gesellschaft, in der moralische Zurückhaltung allgemein vorherrschte, genau das beinhalten würde, was notwendig ist, um Systeme wie das von Godwin und Owen dauerhaft zu ermöglichen. [899] Die Bemerkung, dass Malthus sich Godwin annähert, je mehr moralische Zurückhaltung in der Welt vorherrscht, hat einen Hauch von Schlüssigkeit. Aber Malthus glaubt, dass Gleichheit und Gemeinschaft das Motiv moralischer Zurückhaltung zerstören würden. Die Leidenschaften würden immer noch vorhanden sein, und kein Mensch wäre in der Lage, sie zu zügeln; Die Zurückhaltung wäre im Interesse der gesamten Gesellschaft, nicht jedoch des Einzelnen selbst, da die Auswirkungen nicht von ihm selbst, sondern von der gesamten Gesellschaft getragen werden müssten. Zweifellos sollte das Wohl der gesamten Gesellschaft ein ausreichender Grund sein; aber es würde jetzt bei sehr wenigen Männern so sein; und wenn es nicht bei allen Menschen der Fall wäre, wäre das Ergebnis eine Bevölkerungsausweitung, mit den Folgen, die Malthus beschrieben hat. Owen ist sich dessen bewusst und schlägt künstliche Kontrollen vor, die es Männern ermöglichen, ihre Wünsche ohne die üblichen Konsequenzen zu befriedigen und auf jede Willensanstrengung zu verzichten. Malthus hingegen würde die gesamte Verantwortung und Bürde dem Einzelnen aufbürden, was seiner Ansicht nach unmöglich ist, ohne dem Einzelnen sein Privateigentum zuzugestehen. [900] Keine weitere Rechtfertigung der Dinge, wie sie sind, ist bei Malthus zu finden; und weit davon entfernt, reaktionär zu sein, waren seine Prinzipien (mit all ihren Einschränkungen) wahrscheinlich der fortschrittlichste Individualismus, der jemals in diesen Tagen gepredigt wurde. Sie werden unter Berücksichtigung der Tatsachen übernommen, die der Öffentlichkeit in unserer Zeit von Schriftstellern, die für unsere Generation das sind, was Godwin, Spence und Owen für ihre waren, erneut anschaulich vor Augen geführt wurden.

Dugald Stewart zu glauben, dass utopische Pläne wie die Melodien einer Drehorgel seien, die in melancholischen Abständen von Zeitalter zu Zeitalter mit verdammender Wiederholung wiederkehren. [901] Aber wenn sich die Gesellschaft selbst nicht im Kreis bewegt, werden die Utopien einander nicht mehr und nicht weniger ähneln als die Zustände der Gesellschaft, die sie ersetzen würden. Unsere eigenen Sozialisten können daher kaum mit einem Federstrich abgewiesen werden, der sie mit Menschen gleichsetzt, die ihnen und einander so seltsam unähnlich sind, wie Plato, Ball, More, die Männer der Fünften Monarchie, die Levellers, Godwin und Spence und Owen . Malthus lehnt sie tatsächlich nicht so ab. Er bringt nicht nur sein eigenes Argument vor, sondern untersucht auch Owens Versuch, damit umzugehen. [902]

Seit Malthus musste sich jede vollständige Reform auf die eine oder andere Weise mit der von ihm behandelten Frage auseinandersetzen; aber er ließ den anderen wenig zu tun. Von den beiden bedeutendsten Plänen unserer Zeit für den Wiederaufbau der Gesellschaft beinhaltet einer, der von Herrn Henry George, einen unbewussten Rückgriff auf die alten Waffen von Godwin, Sadler und anderen Gegnern von Malthus; „*Fortschritt und Armut*"enthält kein Argument, das bei diesen Autoren nicht zu finden wäre. Die Vermutung über eine „feste Menge menschlichen Lebens auf der Erde" (Hrsg. 1881, S. 97) ist kaum ein Argument. Es kann mit dem verglichen werden, was St. G. Mivart [903] als Grundlage des Darwinismus angibt. „Aufgrund der Tendenz zur geometrischen Vermehrung aller Arten von Tieren und Pflanzen muss jedes Individuum einen sehr harten Kampf ums Dasein ertragen, während die gesamte Tier- und Pflanzenpopulation (mit Ausnahme des Menschen und seiner Kräfte) nahezu stationär bleibt." Der Grund, warum Herr Mivart den Menschen ausnahm, scheint der Grund zu sein, warum Herr George ihn einbezog. Die direkteren Argumente des Letzteren gegen Malthus lauten wie folgt: – Erstens liegt die Schwierigkeit in der Zukunft (S. 85); – Zweitens verlagert Malthus die Verantwortung vom Menschen auf den Schöpfer (S. 87); – Drittens rechtfertigt Malthus die *Status quo* und pariert die Forderung nach Reformen (S. 88); – Viertens führt Malthus die übermäßige Zunahme der Zahlen auf eine allgemeine Tendenz der menschlichen Natur zurück, während sie in Wirklichkeit auf die Schlechtigkeit unserer Institutionen in alten Ländern, wie in Indien und Indien, zurückzuführen ist Irland (S. 101– 114) oder die sehr geringe Bevölkerungsdichte in New (S. 92); – Fünftens unterscheidet Malthus nicht zwischen Tendenz zur Zunahme und tatsächlicher Zunahme und wird daher durch die Tatsache widerlegt, dass dies in der Welt nicht der Fall ist noch bevölkert (S. 94). Sechstens wird uns gesagt, dass, wenn es ein solches Gesetz wie das Malthusianergesetz gegeben hätte, es früher und umfassender anerkannt worden wäre (S. 98); – dass Familien oft aussterben (S. 99), und das ist auch der Fall sicherer, dass wir Vorfahren haben, als dass wir Nachkommen haben werden; [904] – dass eine bessere Industrie eine größere Bevölkerung halten würde (S. 107); – Malthus sagt, dass Laster und Elend notwendig sind (S. 109); – Malthus sieht nicht, dass Gemüse und Tiere schneller wachsen als die Bevölkerung (S. 115).) – oder dass die Vermehrung des Menschen auch die Vermehrung seiner

Nahrung mit sich bringt (S. 116), denn eine Arbeitsteilung führt dazu, dass der Mensch mehr produziert, als er verbraucht (S. 126), und daher sind die bevölkerungsreichsten Länder immer die reichsten (S. 128); – Malthus vergisst, dass die Welt weit ist (S. 119) – und dass die Tendenz zur Steigerung durch die Entwicklung des Intellekts [905] – und durch die Erhöhung des Komfortstandards (S. 121, 123); – er vergisst, dass „die Fähigkeit der Bevölkerung, die Lebensnotwendigkeiten zu produzieren, nicht an den Lebensnotwendigkeiten gemessen werden darf", die sie tatsächlich produziert, sondern an ihrer Fähigkeit, Reichtum in allen Formen zu produzieren (S. 127) ;-Malthus wird nicht erkennen, dass zwanzig Menschen dort, wo die Natur kärglich ist (*z. B.* auf einem kahlen Felsen?), mehr als das Zwanzigfache von dem hervorbringen, was ein Mann schaffen wird, wo die Natur reichlich ist (S. 134); – und die malthusianische Theorie „führt Mangel auf die Abnahme der Produktivkraft zurück" (S. 134); – schließlich kennt Malthus „das wahre Gesetz der Bevölkerung" nicht, nämlich dass „die Tendenz zur Zunahme statt zur Existenz besteht". immer einheitlich, ist dort stark, wo eine größere Bevölkerung mehr Komfort bieten würde und wo die Ewigkeit der Rasse durch die durch widrige Bedingungen verursachte Sterblichkeit bedroht ist, schwächt sich jedoch ab, sobald die höhere Entwicklung des Individuums und die Ewigkeit der Rasse möglich werden ist gewährleistet" (S. 123). Was an dieser Sichtweise des wahren Bevölkerungsgesetzes richtig ist, haben Mr. George und Mr. Herbert Spencer gemeinsam; [906] Was falsch ist, ist ihm und Godwin gemeinsam. [907]

Die Sichtweise von Karl Marx, [908] dem Propheten der Internationale und des modernen Wirtschaftssozialismus, basiert auf viel solideren Grundlagen. Es ist eine Folge seiner Sicht des Kapitals. Das allgemeine Gesetz der Kapitalakkumulation in der heutigen Zeit der großen Manufakturen und Maschinen beinhaltet nicht nur eine fortschreitende Erhöhung der Kapitalmenge, was alles war, was Adam Smith in Betracht zog, sondern auch eine qualitative Veränderung im Verhältnis zwischen fixem Kapital, z als Maschinerie, und der Umlauf, der in Löhnen bezahlt wird. Um es mit den Worten des Autors zu sagen: Der Fortschritt der Akkumulation bringt eine relative Abnahme des variablen Anteils des Kapitals und eine relative Zunahme seines konstanten Anteils mit sich. Ständig ersetzen neue Maschinen die Arbeitskräfte , ohne dass es einen wirklichen Ausgleich durch erhöhte Nachfrage gibt, sei es sofort oder auf lange Sicht. Das konstante Element erhöht sich auf Kosten der Variablen; und dies kann nur zur fortschreitenden Produktion einer Bevölkerung führen, die im Verhältnis zum Kapital einen Überschuss oder Überfluss darstellt, eine Überbevölkerung; – die Ursache, die das Nettoeinkommen des Landes erhöht und gleichzeitig die Bevölkerung überflüssig macht und verschlechtert den Zustand des Arbeiters . [909] Weit davon entfernt, die Existenz dieser überflüssigen Klasse zu beklagen, sind die Kapitalisten auf sie angewiesen, [910] als Reserve ihrer Armee. Sie vertrauen auf seine billigen Arbeitskräfte , um sie vor der Depression zu bewahren, die in unseren Tagen (wenn auch nie zuvor) mit unfehlbarer Regelmäßigkeit nach einem regen Handel und einer Krise auftritt. Wenn die Hände nicht immer für sie da wären, könnten sie den glücklichen Moment einer wiederbelebenden Nachfrage nach ihren Waren nicht sofort nutzen. „Malthus mit seinen engen Ansichten versteht die Überbevölkerung als absolut an sich überflüssig und nicht nur im Verhältnis zum Kapital; aber selbst er erkennt, dass Überbevölkerung eine Notwendigkeit der modernen Industrie ist." [911] Zum Beweis dieser Aussagen zitiert er die Worte von Malthus (*Pol. Econ.* , Hrsg. 1836, S. 215, [912] 319, 320): – „Vorsichtsgewohnheiten in Bezug auf die Ehe wurden in erheblichem Maße unter den Menschen verbreitet." Die arbeitenden Klassen eines Landes, die hauptsächlich auf Industrie und Handel angewiesen sind, könnten ihm schaden." ... „Aufgrund der Natur einer Bevölkerung kann aufgrund einer bestimmten Nachfrage kein Zuwachs an Arbeitern auf den Markt gebracht werden. bis nach Ablauf von sechzehn oder achtzehn Jahren; und die Umwandlung von Einnahmen in Kapital durch Sparen kann viel schneller erfolgen; Ein Land unterliegt immer einem schnelleren Anstieg der Mittel zur Aufrechterhaltung der Arbeitskraft als dem Bevölkerungswachstum."

Die Antwort auf diese Vorwürfe lautet erstens, dass Malthus immer erkannte, dass Überbevölkerung relativ sei, im Verhältnis zur tatsächlichen Nahrung; [913] zweitens, dass er die Überbevölkerung *nicht als notwendig erkannte;* es geschah tatsächlich, aber er glaubte, dass es verschwinden würde, wenn die Arbeiter tun würden, was er von ihnen wünschte; [914] – und drittens wird der erste von Marx zitierte Satz aus der „ *Politischen Ökonomie* "durch den zweiten erklärt, den er nicht zitiert: „In einem Land mit fruchtbarem Land wären solche Gewohnheiten der größte aller denkbaren Segen." ." Malthus vergleicht kommerzielle mit landwirtschaftlichen Ländern und äußert sich nicht zur allgemeinen Frage der Löhne; und andere Passagen in seinen Schriften [915] zeigen, dass er die hohen Löhne, die sich aus klugen Gewohnheiten ergaben, als einen öffentlichen Gewinn ansah, der mehr als einen Ausgleich für die Profitverluste der Kapitalisten darstellte. Sogar Marx selbst gibt widerwillig zu, dass Malthus in Bezug auf die für die Arbeiter wünschenswerten Arbeitsstunden humaner war als Ricardo . [916] Viertens stellt die zweite Hälfte des Zitats (beginnend mit den Worten „Aus der Natur einer Bevölkerung") zunächst eine offensichtliche Tatsache dar, auf die ein Kind hätte hinweisen können, und dann eine umstrittene Aussage, die dies nicht vorhersagt eine Überbevölkerung, aber das Gegenteil davon.

Marx versucht die Hoffnungslosigkeit der Lage des Arbeiters aufzuzeigen ; und er ist zu scharfsinnig, um nicht zu wissen, dass seine Demonstration ernsthaft geschwächt würde, wenn er die Wahrheit der malthusianischen

Doktrin und die bloße Möglichkeit der Übernahme kluger Gewohnheiten durch die Arbeiter zugeben würde . Dies ist der wahre Grund seiner erbitterten Angriffe auf den Essay. Er sagt darüber: [917] „Wenn ich sage, dass Edens Werk über die Armen das einzige wichtige Werk eines Schülers von Adam Smith im 18. Jahrhundert war, erinnere ich mich vielleicht an den Aufsatz von Malthus." Aber dieses Buch in seiner ersten Form (und in den späteren Ausgaben wurde nichts anderes getan, als geliehenes Material hinzuzufügen und anzupassen) ist nichts anderes als ein Plagiat von Sir James Steuart , Townsend, Franklin, Wallace, voller Schuljungen-Oberflächlichkeit und klerikaler Deklamation und enthält kein einziges Originalsatz. Übrigens hatte Malthus, obwohl er Geistlicher der Kirche von England war, den klösterlichen Eid des Zölibats[!] abgelegt, denn dies ist eine der Bedingungen für ein Stipendium an der protestantischen Universität Cambridge. „ Socios collegiorum maritos esse non erlaubentimus, sed statim postquam quis uxorem duxerit, socius collegii desinat esse " (*Berichte der Cambridge University Commission* , S. 172). Durch diesen Umstand unterscheidet sich Malthus positiv von den anderen protestantischen Geistlichen, die die katholische Regel des Zölibats aufgegeben haben.... [918] Mit Ausnahme von Ortes [919] , dem venezianischen Mönch, einem originellen und klugen Schriftsteller, sind die meisten Schriftsteller „Bei der Bevölkerung handelt es sich um protestantische Geistliche", ein Kontrast zu der Zeit, als politische Ökonomen allesamt Philosophen waren, fährt er fort. Marx vertritt [920] die allgemeine Ansicht, dass Malthus als Geistlicher der Sklave des Toryismus und der herrschenden Klassen war und daher bereit, ein Prinzip zu übernehmen, das die Überbevölkerung eher auf die ewigen Naturgesetze als auf die historischen Gesetze zurückführte (auch natürlich) der kapitalistischen Produktion. Marx sieht nicht, dass die fraglichen „ewigen Gesetze" nicht zu Überbevölkerung führen, es sei denn, die Gebote von Malthus werden missachtet; und zeigt nie, wie abgesehen von diesen Geboten die Überbevölkerung in der erneuerten Gesellschaft selbst verhindert werden kann, die nicht nur das Land, sondern alle Produktionsinstrumente verstaatlicht hat. Würden die Gewohnheiten der Menschen durch diesen Schritt der Verstaatlichung so verändert werden, dass der Mangel an gewöhnlichen kommerziellen Motiven nicht mehr spürbar wäre? [921] Würde das Jahrtausend des Sozialismus nicht, wie das des Christentums, für seine erste Einführung eine religiöse Bekehrung im größten Ausmaß voraussetzen, ganz zu schweigen von seinem Fortbestehen? Die produktive Zusammenarbeit würde das Kapital mit größerer Sicherheit verstaatlichen, wenn sie für ihre Schaffung von der spontanen Aktion der Arbeiter und für ihren Erfolg von ihrer Intelligenz und Klugheit abhängig wäre. und es würde das Postulat des Sozialismus nicht unmöglich machen, dass eine leidenschaftslose Selbstlosigkeit, die heutzutage keiner von Hunderttausenden an den Tag legt, sofort zur unveränderlichen täglichen

Regel aller ohne Ausnahme werden soll. Aber wenn die Kooperation Malthus vernachlässigt, wird ihre Arbeit kaum erledigt, sondern rückgängig gemacht.

Man könnte annehmen, dass es Ursachen gibt, die die Überbevölkerung unter den Arbeiterklassen selbst unter dem gegenwärtigen System der Trennung von Kapital und Arbeit beseitigen werden . Es ist eine Doktrin der „feingeistigeren Menschen", die auf bemerkenswerten biologischen Analogien beruht und besagt, dass die allgemeine Entwicklung des Intellekts in der Rasse die Leidenschaft für die Ehe schwächen und die Notwendigkeit jeglicher Kontrolle überflüssig machen wird; [922] – die Ausübung der Energien der Konzentration oder „Individuation" entwickelt diese Energien auf Kosten der Energien der Diffusion oder „Genesis" – das Individuum wird in sich selbst gestärkt, auf Kosten seiner Fähigkeit, neue Individuen zu schaffen. Ganz abgesehen von der unangenehmen Tatsache, dass dieses Prinzip den Druck am meisten in den Klassen verringern würde, in denen eine Verringerung derzeit am wenigsten und am wenigsten dort, wo sie am nötigsten ist, am meisten erforderlich wäre, hätte Malthus wahrscheinlich erstens darauf hingewiesen, dass, wenn der Appetit nicht völlig abgetötet wird, Keine physiologische Kontrolle kann eine gewisse Kontrolle des Willens über die Leidenschaft ersetzen – und zweitens wird die intellektuelle Entwicklung die Bevölkerung mit größerer Sicherheit dadurch kontrollieren, dass sie die Menschen ihrer Verantwortung bewusst macht und ihre Fähigkeit zur Zurückhaltung stärkt, als indem sie die zu zügelnde Leidenschaft schwächt. Der Verfechter dieser Theorie ist von allen Menschen derjenige, der den Menschen am wenigsten beibringt, dass sie durch den Fortschritt ihrer Rasse zivilisiert werden können, ohne sich die Mühe machen zu müssen, sich individuell zu zivilisieren. Aber seine Theorie gibt die falsche Anwendung zu; und wenn die Falschanwender sagen , wir sollten die Wahrheit sagen, ohne Angst vor Konsequenzen zu haben, müssen wir antworten, dass in diesem Fall die Konsequenzen Teil der Wahrheit sind. Andererseits hätte Malthus Theoretikern wie WR Greg, die unbekannte physiologische Gesetze vorschlagen, die als spontane Kontrolle dienen könnten, wie Condorcet geantwortet: [923]

„Was können wir außer dem, was wir wissen, begründen?"

Dieser kurze Überblick über typische Kritiker und Kommentatoren kann durch eine Klassifizierung der ersteren vervollständigt werden, die neben anderen Vorteilen einen Überblick über die wichtigsten Diskussionspunkte aus der Vogelperspektive bietet. Empson klassifizierte die Gegner von Malthus nach ihren Motiven, [924] ein Vorgehen, das weder ihnen noch dem Aufsatz selbst gegenüber fair war. Es ist ihnen gegenüber nicht fair, denn in der Regel berufen sich die Kritiker auf Argumente und müssen danach beurteilt werden, was sie vorbringen, und nicht nach ihrem guten oder bösen Willen, ihrer Weisheit oder Torheit, die sie vorbringen; und dem Aufsatz gegenüber nicht fair, denn nur wenige Bücher haben ihren Rezensenten so viel zu verdanken.

Die Positionen der Kritiker lassen sich wie folgt klassifizieren:

I. Manche sagen, die Doktrin des Aufsatzes sei eine Binsenweisheit. [925]

II. Andere geben zu, dass es unbeantwortbar ist, behalten aber ihren philosophischen Glauben an die zukünftige Entdeckung eines gegensätzlichen Prinzips bei. [926]

III. Andere bemängeln die Einzelheiten der Lehre, entweder (a) in Bezug auf die Wachstumsverhältnisse, und behaupten, dass keine Tendenz zu einem geometrischen Anstieg der Bevölkerung nachgewiesen wurde, sondern etwas viel weniger Schnelles, sogar (einige sagen) ein Rückgang Verhältnis, [927] – und dass keine bloße arithmetische Zunahme der Nahrung nachgewiesen wurde, sondern etwas viel schnelleres, [928] – oder (b) in Bezug auf die Kontrollen der Bevölkerung, mit der Behauptung, dass keine Kontrollen notwendig seien, [929] – dass Laster und Elend manchmal die Bevölkerung vermehren, statt sie einzudämmen, [930] – dass die Einbeziehung moralischer Zurückhaltung die ursprüngliche Doktrin verdummen würde, [931] – dass moralische Zurückhaltung manchmal ebenso großes Übel mit sich bringt wie übermäßige Zahlen, sowohl auf persönlicher Ebene in der Praxis davon und aus der Predigt davon an andere, [932] – dass wichtige Kontrollen unterlassen wurden, wobei die Hauptkontrollen Misswirtschaft, [933] schlechte Gesetze, [934] übermäßige Ernährung, [935] intellektuelle Entwicklung, [936] und die von Owen. [937]

Darüber hinaus gibt es eine *apriorische* Kritik, die entweder (I.) kirchlicher Natur ist, [938] indem behauptet wird, dass Malthus der Bibel oder einer anderen Autorität widerspricht, – (II.) theologischer, [939] dass er die Vorsehung leugnet, oder (III.) doktrinär, [940] dass er natürliche Rechte und die vorher festgelegte Harmonie moralischer und wirtschaftlicher Gesetze sowie den Instinkt der Gleichheit leugnet, – oder (IV.) ethisch und populär, [941] dem er zuwiderläuft der moralische Sinn und das natürliche Wohlwollen der Menschen und die kosmopolitische Moral. Diese Argumente wurden bereits berücksichtigt. Der vierte von ihnen hat in seinem letzten Zweig den Anschein von Wahrheit, denn Malthus hat sich sicherlich weniger für die kosmopolitischen als für die häuslichen und bürgerlichen Tugenden eingesetzt. Er möchte die Grundlagen fest legen und den Bau anderen überlassen. Weltoffene Moral kann selten die Grundlage sein. Im Kaiserreich mag das Christentum das Volk und der Stoizismus die Philosophen zu einer breiteren Moral erhoben haben, ohne die engeren zu schulen, so dass die Konvertiten zu besseren Mitgliedern ihrer eigenen kleinen Gemeinschaften wurden, indem sie Mitglieder des Gemeinwesens der Heiligen und Heiligen wurden Bürger der großen Welt. Aber es scheint Malthus, dass in der heutigen Welt die vielen Bedingungen für einen stetigen moralischen Fortschritt am besten gewährleistet sind, wenn die häuslichen und bürgerlichen Tugenden den kosmopolitischen Vorrang haben. Wir dürfen keine Gesetze für eine Welt der Helden erlassen, sondern für Menschen, wie wir sie kennen; und ein angenehmes häusliches Leben (β ιος τέλειος) muss der gemeinsame Weg zum Guten in einer Gesellschaft gewöhnlicher Menschen sein. Wenn Armut kein Übel wäre, wäre Unhöflichkeit kein Laster. Aber extreme Armut [942] ist ein echtes Hindernis für das Gute. In den scheinbaren Ausnahmen, wie in der freiwilligen Armut des heiligen Franziskus, fehlt das größte Übel, denn es gibt keinen Kampf um das nackte Leben. Diesen Kampf abzuschaffen und den Menschen zu helfen, Trost zu finden, bedeutet in gewissem Maße, den Menschen zum Guten zu verhelfen; und es war das Ende, für das Malthus arbeitete . Der sicherste und solideste Weg, dies zu erreichen, lag seiner Meinung nach darin, jedem Menschen ein starkes Bewusstsein für seine Verantwortung für seine Taten und seine Macht über sein eigenes Schicksal zu vermitteln. Um eine Nation zu reformieren, müssen wir ihre Mitglieder reformieren, die, wenn sie trotz ihrer Institutionen zunächst gut sind, ihre Institutionen schließlich dem Modell ihrer eigenen Güte anpassen. Menschen als Geschöpfe der Gesellschaft zu betrachten und die Gesellschaft für ihren Charakter verantwortlich zu machen, hieße seiner Meinung nach, die Ordnung der Natur zu verkennen. Die Gesellschaft kann ihre Verantwortung nur bei ihren einzelnen Mitgliedern spüren; und kein Mitglied davon kann seine eigene Seele durch die Reinheit eines kollektiven oder repräsentativen Gewissens befreien.

Die Lehre von Malthus ist daher ein starker Appell an die persönliche Verantwortung. Er wollte die Menschen willensstark machen, um ihre tierischen Bedürfnisse ihrer Vorstellung von persönlichem Wohl und persönlicher Güte zu unterwerfen, die sich seiner Meinung nach immer zum Gemeinwohl und zur Güte aller entwickeln würde. Wer an die Allmacht äußerer Umstände und an die Machtlosigkeit des menschlichen Willens glaubt, sie oder den menschlichen Charakter zu verändern, mag Malthus über den Rand des Mitleids hinauswerfen. Aber jeder kann in den Geist von Malthus eindringen und sein Werk verstehen, der die Härte des Kampfes zwischen Fleisch und Geist kennt und dennoch an die Macht der Ideen glaubt, das Leben der Menschen zu verändern, und der nicht nur daran glaubt Strenge der Naturgesetze, sondern in der Macht des Menschen, die Natur zu besiegen, indem er ihr gehorcht.

BUCH V.
BIOGRAPHIE.

Abstammung – Frühe Bildung – Graves und Wakefield – Kurs in Cambridge – Korrespondenz mit seinem Vater – Studienwechsel – Die *Krise* und die Kurie – Wirkung des Aufsatzes auf seinen Autor – Frühe und späte Stile – Leben von 1799 bis 1834 – *Ingrata Patria?* – East India College – Vorlesungen des Professors – *Hic Jacet* .

Die wenigen Fakten, die über das Leben von Malthus bekannt sind, bringen uns ihm näher als in seinen Schriften und zeigen uns, wie gut seine Vorgeschichte und sein Umfeld insgesamt für seine Arbeit geeignet waren. Unsere wichtigsten Autoritäten sind Bischof Otters biografisches Vorwort zur zweiten Auflage von „ *Political Economy* " *unseres Autors* , das 1836 posthum veröffentlicht wurde, und Professor Empsons Hinweis auf das Buch in der *Edinburgh Review* vom Januar 1837. [943] Otter war der Studienkollege und das Leben -langer Freund von Malthus; Empson war sein Kollege in Haileybury. Die Informationen, die sie uns geben, sind zwar dürftig, aber vertrauenswürdig; und glücklicherweise kann es durch Hinweise aus anderen Richtungen ergänzt werden.

Sein Vater, Daniel Malthus, wurde 1730 geboren und besuchte das Queen's College in Oxford im Jahr 1747, [944] im Jahr, als Adam Smith von Balliol nach Schottland zurückkehrte. Er ging ohne Abschluss, nicht wegen der Statuten, denn er unterzeichnete sie bei der Immatrikulation, [945] oder aus Dr. Johnsons Gründen der Armut, denn er war ein Gentleman-Bürger, sondern wahrscheinlich aus Verachtung für die Auszeichnung selbst. [946] Sein Geist war aktiv und offen, und er scheint literarische Freundschaften geschlossen zu haben, die seinem Sohn später zugute kamen. In den Ferien blieb er gern oben in Oxford, arbeitete auf seine eigene Weise hart an seinen eigenen Studien und traf sich nur mit ausgewählten Freunden. In späteren Jahren schrieb er an seinen Sohn: „Früher fand ich Oxford nicht weniger angenehm und schon gar nicht weniger nützlich, weil es von einem Teil seiner Gesellschaft entlastet wurde; Ich kann mir vorstellen, dass Sie dasselbe über Cambridge sagen werden." [947] Nachdem er die Universität verlassen hatte, heiratete er und zog nach Surrey, in ein ruhiges Landhaus auf dem Weg von Dorking nach Guildford, das noch immer unter seinem alten Namen Rookery bekannt ist. Über seinen ältesten Sohn, der den Namen seines Großvaters Sydenham annahm, [948] wissen wir wenig, außer dass er zu gegebener Zeit heiratete und zwei Söhne, Sydenham und Charles, sowie eine Tochter Mary hatte. Mary starb 1881 in ihrem zweiundachtzigsten Lebensjahr ledig, Charles 1821 in seinem fünfzehnten, ihr Vater 1821 in seinem achtundsechzigsten. Sydenham, der Neffe unseres Autors, der 1869 starb, war Eigentümer von Dalton Hill, Albury, wo bis vor kurzem noch Mitglieder seiner Familie lebten; sein Sohn, Oberstleutnant. Sydenham Malthus, CB, vom 94. Regiment, diente vor einigen Jahren mit Auszeichnung im Zulu-Krieg.

Daniels zweiter Sohn, Thomas Robert, allgemein bekannt als Robert, wurde am 14. Februar 1766 in der Rookery geboren, dem Jahr, als Rousseau nach England kam. Seine Mutter scheint vor ihrem Mann gestorben zu sein; Sie wird in unseren dürftigen Biografien nicht erwähnt. [949] Sein Vater, der von den Lehren des Émile überzeugt war und aufgrund seiner Oxford-Erfahrung keineswegs voreingenommen war, zugunsten der gewöhnlichen konventionellen Ausbildung der englischen Jugend, scheint seine Söhne auf keinerlei öffentliche Schule geschickt zu haben, und aller Wahrscheinlichkeit nach hat er sie in den ersten acht oder neun Jahren ihres Lebens zu Hause unter seinen eigenen Augen großgezogen. Wir können uns daher vorstellen, dass Robert seine Kindheit ohne Entbehrungen, wenn auch ohne Luxus, im Haus eines englischen Landedelmanns von mäßigem Vermögen verbrachte, der sich Büchern und Botanik, dem Philosophieren am Kamin und am Berg [950] und der Verbesserung widmete seines Hauses und seines Grundstücks – ein Mann voller Leben und Originalität, gesegnet mit kräftiger Gesundheit, der an den Spaziergängen und Spielen seiner Jungen teilnahm. [951] In seinem ruhigen kleinen Tal fiel es Daniel Malthus leicht, sich eine Tausendjährige Halle der Zukunft vorzustellen, die für alle anderen bereitstand , nach dem Vorbild seiner eigenen Kolonie, ohne schlimmere Unterbrechung als die Türme, die dort jede Nacht krächzten auf dem Hügel über ihm. Aus der Beschreibung seines Sohnes [952] und seinen eigenen Briefen schließen wir, dass er einer der besten aufgeklärten Anhänger der Natur war. Er kannte Rousseau persönlich und wurde sein Testamentsvollstrecker; [953] aber sie waren sich in ihren Ansichten ähnlicher als im Charakter; Daniel Malthus hatte eine tiefere Ader der Ehrfurcht und eine stärkere Neigung, die Theorie in die Praxis umzusetzen. [954] Die Nachbarn hielten ihn für einen liebenswürdigen und klugen Mann, der eine Zierde für seine Gemeinde darstellte, aber ausgesprochen exzentrisch, denn er hatte nur wenige Freunde und liebte die Gesellschaft seiner eigenen Familie und der seiner Kinder am meisten. [955] Er war besser als seine Kollegen in der französischen und deutschen Literatur bewandert, sonst hätte man ihm kaum zugetraut, dass er „ *Paul et Virginie* "von D' Ermenonville übersetzt hätte *Essay über Landschaft* und die *Leiden des Werther* . Wir haben die Autorität von Robert, der sagt, dass er, obwohl er keine Übersetzungen schrieb, viele Stücke schrieb, die sehr erfolgreich, aber immer anonym waren. [956] Trotz des großen Talents seines Sohnes verfügte er nicht wie sein Sohn über die Fähigkeit, sich nachhaltig intellektuell anzustrengen.

Er erkannte früh das Versprechen des Jungen und gab ihm eine Erziehung, die von Roberts Hauptbiographen als unregelmäßig und oberflächlich verurteilt wird, in der jedoch eine Methode steckte. Er glaubte, dass Söhne immer das sind, was ihre Väter in ihrem Alter waren, mit den gleichen Fehlern und Tugenden; und die Männer, deren Einfluss für ihn am größten gewesen wäre, würden seiner Meinung nach die besten Lehrer für Robert sein. Gleichzeitig glaubte er mit der „Émile", dass eine Art *Laissez-faire die beste Politik in* der Kindererziehung sei; man sollte sie wachsen lassen und ihre eigenen Augen, Hände und Köpfe für sich selbst nutzen. Im Alter von neun oder zehn Jahren, etwa im Jahr 1776, wurde Robert daher an Herrn Richard Graves, Rektor von Claverton in der Nähe von Bath , übergeben, wo er zusammen mit einigen anderen Jungen nur wenig, aber vor allem Latein und gutes Benehmen lernte von ihnen älter als er. Graves, der einige Jahre älter als Daniel war, war mit dem Dichter Shenstone am Pembroke College in Oxford vertraut, „einer Gesellschaft, die ein halbes Jahrhundert lang" (nach Johnsons teilweiser Aussage) „herausragend für englische Poesie und elegante Literatur war". Aus seinem Roman „ *The Spiritual Quixote, or the Summer's Ramble of Mr. Geoffry* ". *Wildgoose* , [957] wir sollten ihn nicht für den besten Führer für aufrichtige Jugendliche halten. Das Buch ist eine derbe und beleidigende Satire auf Whitfield und Wesley; [958] und zeigt, dass Graves als Geistlicher Laurence Sterne ähnlicher ist als Dr. Primrose. „Don Roberto", wie der Lehrer seinen Schüler nannte, liebte jedoch mehr Spaß und Streit als seine Bücher, und im reifen Alter von zehn Jahren dürfte er sich weder um das Universum noch um klerikale Konsequenz gekümmert haben. Von Graves aus gelangte er [959] in die Hände eines viel besseren Mannes, Gilbert Wakefield, eines Geistlichen, der gegen die Artikel rebelliert hatte, zum Dissidenten wurde und klassischer Leiter einer Akademie in Warrington wurde, die 1779 gegründet wurde, „um einen Kurs anzubieten." liberale Bildung für die Söhne Andersdenkender und insbesondere für abweichende Minister." [960] Ungefähr ein Drittel der Jungen an der Warrington Academy waren Söhne von Mitgliedern der Church of England, die wie Daniel Malthus liberale Ansichten vertraten und sich wünschten, dass ihre Söhne dies auch tun würden. Wakefield vertrat entschiedene Ansichten zur Bildung; und sie standen in enger Übereinstimmung mit Daniel und dem Émile. „Der größte Dienst des Unterrichts", sagte er, „besteht für jeden Jugendlichen darin, ihn in der Ausübung seiner eigenen Kräfte zu lehren, ihn durch den schrittweisen Prozess, in dem er seinen eigenen Weg sieht und sichert, auf den Hügel des Wissens zu führen, und." freut sich über das Bewusstsein seiner eigenen Fähigkeiten und seines eigenen Könnens. Es ist zu erwarten, dass nur Welpen und Wissenschaftler durch einen anderen Prozess entstehen." [961] Der beste Dienst des Tutors besteht darin, den Schüler auf die besten Autoren hinzuweisen und ihm Ratschläge (keine Vorlesungen) zu geben, wenn er sie möchte. In Wakefields Ansicht lag sowohl Selbstverleugnung als auch Weisheit, denn in einem Fall zeigte der Schüler zumindest sein Können, indem er von der Meinung seines Lehrers abwich.

Wakefield, selbst ein Gefährte Jesu, [962] verschaffte Malthus Zugang zu diesem College und leitete seine Studien, bis er sich dort am 17. Dezember 1784 als Rentner (oder gewöhnlicher Bürger) immatrikulierte und 1785 seinen Wohnsitz antrat. [963] Robert schätzte ihn sehr. Zwanzig Jahre später beschrieb er ihn [964] als einen Mann „von strengster und unnachgiebigster Integrität", der nicht nur die Aussicht auf Vorzug, sondern sogar Gelegenheiten zum Nutzen aufgab, anstatt die Wahrheit zu leugnen und sein Gewissen zu beleidigen – ein Mann heiß und maßlos in öffentlichen Kontroversen, [965] aber bescheiden und freundlich in der Gesellschaft, der seine Meinung nie vertritt, bis sie herausgefordert wird, und auch nicht versucht, sie zu bekehren, sondern andere zu einem unabhängigen Studium der Tatsachen zu drängen – schließlich ein Genie, das durch seine Grenzen eingeschränkt wird seine eigene Gelehrsamkeit und sein gutes Gedächtnis, ohne sich die Zeit und Mühe zu nehmen, sich in seinen Schriften gerecht zu werden. Obwohl Wakefield ein Gegner der neununddreißig Artikel war, glaubte er fest an das Christentum und griff Paines *Zeitalter der Vernunft* in einem groben Stil an, der in starkem Kontrast zu den nüchternen Bemerkungen von Malthus zu Paines *Menschenrechten steht* .

Bis 1785 hatten daher sein Vater und Wakefield den größten Anteil an der Ausbildung von Malthus; und ihr Einfluss zeigte sich gerade darin, dass die Meinungen von Malthus nicht von ihnen festgelegt wurden. Seine Meinung sollte er selbst bilden; und da er den Ehrgeiz eines Schülers, Preise zu gewinnen, nie gelernt hatte, [966] fand er am College nicht nur Zeit für das, was ihm den besten Abschluss bescheren würde, sondern für jedes Studium, das ihn interessierte, insbesondere Geschichte, Poesie und moderne Sprachen, wie z seine späteren Jahre für italienische Literatur. Frend , Autor eines politischen Traktats, „*Peace and Union*" , *das ihm die* Ehre einer Strafverfolgung einbrachte , [967] war sein College-Dozent und lobte ihn. [968] Es spricht viel für seine mathematischen Fähigkeiten, dass er trotz seiner breiten allgemeinen Belesenheit den neunten Platz unter den Streitern seines Jahrgangs, 1788, einnahm könnte, wie Paley, den Rang eines Senior Wranglers erreicht haben . [969] Nach dem Tripos schlug er vor, nach einem eigenen Plan in Cambridge und zu Hause zu studieren. Sein Vater hatte ihn, gestützt auf die falsche Analogie seiner eigenen Erfahrung, vor dem abstrakten Studium wissenschaftlicher und mathematischer Prinzipien ohne deren Anwendung gewarnt; er dürfe keine „merkwürdigen Stiche an einem Stück Lumpen machen"; Er muss ein praktischer Landvermesser, Mechaniker und Navigator werden. Der Sohn hatte geantwortet, dass nach dem Tripos genügend Zeit bliebe, um die Anträge zu stellen, und dass in drei Jahren nur wenig Zeit blieb, um die Prinzipien zu studieren. Aber danach: „Wenn Sie mir die Erlaubnis geben, meine eigenen Lesepläne für die nächsten zwei Jahre fortzusetzen (ich unterwerfe mich Ihrem Urteil), verspreche ich Ihnen, dass Sie nach Ablauf dieser Zeit ein anständiger

Naturphilosoph sein werden, und nicht nur ein paar Prinzipien zu kennen, sondern diese Prinzipien auch auf eine Vielzahl nützlicher Probleme anwenden zu können." [970] In Wirklichkeit hatte er nicht die Neigung seines Vaters zu abstrakten Spekulationen, sondern war (wie er selbst sagt) eher „auf dem College dafür bekannt, dass er darüber sprach, was tatsächlich in der Natur existiert oder tatsächlich in die Praxis umgesetzt werden kann". [971]

Obwohl der Sohn bei dieser persönlichen Kontroverse das Beste hatte, hätte er gut daran getan, auf die Briefe seines Vaters in dem Geist zu antworten, in dem sie geschrieben waren; Zumindest in einem Fall beklagt sich sein Vater, dass Robert ihn „zurück in sich selbst getrieben" habe. Aber das kam selten vor. Sein Vater beschreibt ihn als einen bewundernswerten Begleiter, mitfühlend und großzügig, der alle um ihn herum locker und amüsant machte. [972] Er war zu Hause ein Favorit . Als die Familie 1787 von der Rookery in Dorking zum Cottage [973] in Albury umzog, wurde ihm gesagt: „Sie müssen Ihren Weg zu uns über Ziegel und Ziegel finden und sich mit fünf in einem Bett und einigen von uns unter Hecken treffen." , aber alle sagen, sie werden Platz für Robert machen." Es war Roberts eigenes warmes Herz, das ihn dazu veranlasste, die Jahre seiner Freizeit nach dem Tripos Studien zu widmen, die sich von denen seines ersten Plans völlig unterschieden. Soziale Probleme konkurrierten mit wissenschaftlichen Problemen um seine Aufmerksamkeit.

1797 machte er seinen Master. Im selben Jahr erhielt er ein Stipendium an seinem College; schrieb die *Krise* , veröffentlichte sie aber auf Anraten seines Vaters nicht ; [974] und übernahm eine Pfarrstelle in der Nähe von Albury. Wenn die *Krise* nichts weiter bewirkte, so zeigte sie doch, wie sich die Aufmerksamkeit des Mannes auf die Themen richtete, die ihn im Laufe seines Lebens beschäftigten, und wie sich sein Charakter von fröhlich zu ernst wandelte. Für einen Leser des späteren *Essays* oder der *Politischen Ökonomie ist es schwierig* , sich vorzustellen, dass der Autor jemals im Herzen sehr fröhlich oder leichtsinnig gewesen sein könnte; und es besteht eine noch größere Distanz zwischen dem kämpferischen Don Roberto, der nie lange ohne ein blaues Auge bleibt, und der ernsten, sanften Gastgeberin von Miss Martineau am East India College. Der Stilwechsel zwischen seinen frühen und seinen späteren Schriften war auf einen echten Charakterwandel zurückzuführen, der durch die Konzentration seiner Gedanken auf das Problem der Armut hervorgerufen wurde. Der Erfolg des ersten *Essay on Population* [975] bestimmte für ihn das Werk seines Lebens. Er sollte der Welt eine vernachlässigte Wahrheit klar vor Augen führen; und er widmete sich ganz dieser Aufgabe und forcierte seine Nachforschungen nicht nur durch das Studium der Autoritäten und Fakten zu Hause, [976] , sondern auch durch seine eigenen [977] und die Reisen seiner Freunde [978] sowie durch Gespräche und Korrespondenz mit allen, die dort waren würde ihm in der Konferenz wahrscheinlich alles geben. [979] Er opferte ihm, glücklich oder unglücklich, seinen jugendlichen Schwung und die Frische seines Stils, obwohl seine Ansichten in Spekulationen vom Pessimismus in einen gemäßigten Optimismus übergingen und er nie zu alt im Geiste war, um einen Fehler zu verlernen.

In seinen reifen Schriften ist die Komposition weniger fehlerhaft als die Diktion, die sicherlich zu Johnsonianisch ist. Die Komposition ist etwas kahl und oft diffus; aber die Bedeutung jedes Satzes ist immer klar, und beim sparsamen Schreiben ist das die erste Tugend. Bei einer Vorstellungskraft möchten wir vielleicht, dass in jedem Satz die größtmögliche Anzahl der großartigsten Ideen steckt. aber eine wissenschaftliche Abhandlung befasst sich häufiger mit einer einzelnen Wahrheit in ihrer vollen Entfaltung; und die ständige Wiederholung derselben Phrasen in unterschiedlichen Zusammenhängen ist im Verhältnis zur Gründlichkeit der Diskussion unvermeidlich. Eine große Sprachvielfalt würde entweder beim Autor Verwirrung im Denken hervorrufen oder beim Leser zu Verwirrung führen. Es ist daher nicht verwunderlich, dass Malthus im Wesentlichen dasselbe mit nahezu denselben Worten sagt, unabhängig davon, ob er seine Ansichten zur Bevölkerung direkt in einem Buch zu diesem Thema darlegt oder sie in einem Buch über politische Ökonomie in ihren wirtschaftlichen Kontext stellt oder sie beiläufig in einer Corn Law-Broschüre oder *einem Quarterly*- Artikel zu berühren oder Fragen dazu vor einem Commons-Ausschuss zu beantworten. Seine zahlreichen Metaphern im ersten Aufsatz [980] hatten lediglich zu Missverständnissen geführt; und er verzichtete bewusst auf gutes Schreiben zugunsten von hohem Denken und auf gegenwärtige Popularität für dauerhaften Nutzen. [981]

Der erste Aufsatz war der Wendepunkt in seinem literarischen Leben. Mit Ausnahme der Broschüren über das Haileybury College sind alle seine späteren Schriften sparsam. Seine persönliche Geschichte war, da sie ereignislos war, wie eine Zeit langweiliger Annalen, vermutlich glücklich. Das schöne Porträt von Linnell [982] , aufgenommen in seinem hohen Alter, vermittelt einen angenehmen Eindruck, nicht nur von Milde und Festigkeit, sondern auch von heiterer Zufriedenheit, ohne jede Spur von körperlichem Leiden oder körperlichen Mängeln, obwohl es sicher ist, dass er sie hatte Letzteres. [983] Persönlich war er groß und „elegant gebaut". [984] 1799 ist das Jahr seiner ersten Kontinentalreise. [985] Im Januar 1800 starb sein Vater im Alter von siebzig Jahren. Im selben Jahr erschien der Traktat „ *Der hohe Preis der Vorräte* ". Im Jahr 1802 war Malthus erneut auf dem Kontinent. [986] Im Juni 1803 veröffentlichte er den zweiten (oder Quarto-)Aufsatz, der offenbar von seinen Freunden lange erwartet wurde und einer Passage in Edward Clarkes „ *Reisen* " entstammt. „Es tut mir leid", schreibt ihm Clarke am 16. März 1802 aus Konstantinopel,

„dass Sie Ihre Pflichtverletzung gestehen, weil Sie kein Buch geschrieben haben." Aber Sie haben sich mit der Presse beschäftigt, weil ich im Palast gehört habe, dass Sie eine neue Ausgabe Ihrer *Bevölkerung veröffentlicht* haben, und außerdem wurde mir dort schon letztes Jahr versichert, dass Sie ein Werk über die Knappheit von geschrieben haben Mais. Wie deckt sich das mit Ihrer Erklärung? Vielleicht ist es eine Broschüre und daher streng genommen kein ‚Buch'." [987]

Gerücht von Lord Elgin und Lord Elgin von Pitt selbst gehört hatte , denn Pitt hatte Cambridge am Vorabend der Auflösung nach dem Frieden von Amiens besucht. Am 16. Dezember 1801 war er beim Gedenkessen in der Trinity College Hall anwesend. [988] Der Besuch wird von Otter beschrieben: [989] „Es kam vor, dass Herr Pitt zu dieser Zeit auf einer Art Werbebesuch an der Universität war ... Bei einem Abendessen in der Jesus Lodge in Begleitung einiger junger Reisender ." , insbesondere Mr. Malthus usw., wurde er dazu gebracht, in einem sehr lockeren Gespräch über Sir Sidney Smith, das Massaker in Jaffa, das Pacha von Acre, Clarke, Carlisle usw. nachzulassen " Obwohl sich der Vortrag hauptsächlich um Poesie und Außenpolitik drehte, könnte es durchaus auch um Wirtschaftsthemen gegangen sein; und das persönliche Treffen könnte dazu beigetragen haben, dass Malthus seine Ernennung zum Professor für Geschichte und politische Ökonomie am Haileybury College erhielt. Mit oder ohne Pitt erfolgte die Ernennung 1805; und in Anbetracht dessen konnte Malthus am 13. März 1804 seine Ehe mit Harriet Eckersall (Tochter von John Eckersall aus Claverton House, St. Catherine's, in der Nähe von Bath) vollziehen , mit der er wahrscheinlich seit einigen Jahren verlobt war. [991] 1806 veröffentlichte er die dritte Auflage des Aufsatzes (in zwei Bänden), 1807 die vierte Auflage und auch den Brief an Samuel Whitbread zu seinem Gesetzentwurf zur Änderung der Armengesetze. Wenn es wahr ist, dass er Owen in New Lanark besuchte, muss dies im Laufe der nächsten sieben Jahre geschehen sein. [992] Von seiner Feder ist aus dieser Zeit nichts unterschrieben, außer einem Brief an Lord Grenville zur Verteidigung des East India College; [993] , aber in den Jahren 1814 und 1815 verfasste er die „ *Observations on the Corn Laws* ", „The *Grounds of an Opinion on the Policy of Restriction Importation* " und „*The Nature and Progress of Rent* ". Im Jahr 1807 war er mit Horner in Wales gewesen und hatte Horner, als sie gemeinsam von Raglan nach Abergavenny gingen , mit seiner Idee beeindruckt, dass die Menschen „lieb leben" sollten; [994] und 1817 besuchte er Kerry und Westmeath. Im selben Jahr, 1817, veröffentlichte er die fünfte Auflage seines Aufsatzes. 1818 würde für ihn als das Jahr in Erinnerung bleiben, in dem Mackintosh als Nachfolger von Herrn Christian als Professor für allgemeine Politik und Recht zu ihm nach Haileybury kam. Im Jahr 1819 tritt Malthus als Fellow der Royal Society auf, obwohl ihn diese Ehre nicht dazu verleitet, sich wieder der Naturwissenschaft zu widmen. [995] Im Jahr 1820 erschien die erste Ausgabe der *Politischen Ökonomie* . Im Jahr

1821 gründete Thomas Tooke, der Autor von *High and Low Prices* , den
Political Economy Club, James Mill entwarf die Regeln. Malthus, Grote und
Ricardo gehörten zu seinen Mitgliedern; und die Überlebenden sollen sich
noch gut an die „vernichtende Kritik" von James Mill an den Reden von
Malthus erinnern. [996]

1823 ist das Jahr des Traktats über das *Maß des Werts* und des *vierteljährlichen*
Artikels über Tooke; 1824 des Artikels über Bevölkerung im *Supplement zur*
Encyclopædia Britannica und des Artikels über die New Political Economy im
Quarterly Review . [997] Im Jahr 1825 verlor er eine Tochter und reiste für seine
eigene Gesundheit und die seiner Frau auf den Kontinent. In diesem Jahr
schrieb er seine erste Arbeit für die Royal Society of Literature, deren
Associate er zwei Jahre zuvor geworden war; und in diesem Jahr trat Empson
in Haileybury an die Stelle von Mackintosh. Im Jahr 1826 erschien die sechste
Auflage des Aufsatzes, die letzte zu seinen Lebzeiten. Im Jahr 1827 finden
wir ihn vor dem Auswanderungsausschuss, und wir haben aus seiner Feder
die „ *Definitions in Political Economy* "und den zweiten Beitrag, der für die Royal
Society of Literature verfasst wurde. Im Jahr 1829 wechselten er und W.
Nassau Senior Briefe, die dieser seinen *Lectures on Population beifügte* . 1830
verfasste er die *Summary View* , die keine neuen Anstrengungen erforderte.
Tatsächlich scheint er seine gesamte Zeit damit verbracht zu haben, seine
Politische Ökonomie im Lichte seiner öffentlichen und privaten Gespräche mit
Ricardo zu überarbeiten, obwohl er die neue Ausgabe nicht mehr selbst
drucken konnte. Kurz vor seinem Tod sagte er zu jemandem , der ihn wegen
seiner Verzögerung zurechtwies: „Meine Ansichten liegen vor der
Öffentlichkeit. Wenn ich etwas ändern soll, kann ich kaum mehr tun, als die
Sprache zu ändern, und ich weiß nicht, ob ich sie zum Besseren ändern
sollte" (Empson, *lc* , S. 472). Er war einer der ersten Fellows der Statistical
Society, die im März 1834 gegründet wurde, und ihr erster Jahresbericht
enthält eine lobende Lobrede auf ihn und seine Arbeit; aber er erlebte nicht
mehr, dass er an den Vorgängen viel Anteil nehmen konnte. Er starb am
Montag, dem 29. Dezember 1834, plötzlich an einer Herzerkrankung, als er
Mr. Eckersall in St. Catherine's besuchte , wo er Weihnachten mit seiner Frau
und seiner Familie verbrachte. Er ist in der Abteikirche von Bath im
Nordschiff des Kirchenschiffs begraben. Von seinen drei Kindern
überlebten ihn zwei, von denen eines, eine Tochter, noch lebt. [998]

Brougham bestreitet in einem Brief an Macvey Napier (31. Januar 1837) die
Wahrheit einer Behauptung von Empson, dass Lords Lansdowne und
Holland versucht hätten, den Vorzug für Malthus zu erreichen, aber
gescheitert seien; im Gegenteil, er habe selbst, sagt er, Malthus einen
Lebensunterhalt angeboten, aber Malthus habe ihn zugunsten seines Sohnes
Henry abgelehnt, [999] „der ihn bekommen hat, und ich glaube, er hat ihn
jetzt." Henry wurde jedoch erst 1835, dem Jahr nach dem Tod seines Vaters

, Pfarrer von Effingham (in der Nähe von Leatherhead in Surrey) oder von Donnington (in der Nähe von Chichester in Sussex) bis 1837, dem Jahr, in dem Brougham schrieb. Die zweite Ernennung könnte auf Empsons Vorwurf oder Otters Einfluss zurückzuführen sein. Henry starb im August 1882 im Alter von sechsundsiebzig Jahren. Da er zwischen den beiden Pfarreien bis zu vier Pfarrer gleichzeitig hatte, scheinen die gemeinsamen Gehälter der beiden, die sich auf 672 Pfund beliefen, ein geringes Einkommen zu sein. [1000] Sein Vater selbst erzählte Gallois , dem französischen Publizisten, im Jahr 1820, dass alle seine Werke ihm bis dahin nicht mehr als 1000 Pfund eingebracht hätten. Gallois wiederholte dies gegenüber dem Dichter Moore und bemerkte hinterlistig, dass in England Poesie offenbar besser bezahlt werde als nützliches Lernen. [1001] Es gibt keinen Grund zu der Annahme, dass Malthus durch den zweiten Aufsatz [1002] oder durch irgendetwas anderes reich geworden sei . Er ist nicht den richtigen Weg gegangen, um reich zu werden. Er hätte zweifellos den Vorzug der Kirche erhalten können, wenn er es wie Paley getan hätte. Am Ende seiner Tage war er, selbst wenn er es gewollt hätte, ein zu milder Parteigänger, um den amtierenden Whigs eine *Grata Persona zu sein;* Er hatte der Reform von 1832 zugestimmt, jedoch ohne Begeisterung, da er ein lebhafteres Interesse an sozialen als an politischen Veränderungen hatte. Aber die Welt hat ihn schließlich freundlich behandelt. Von weltlichem Trost hatte er nach 1805 genug; und er war völlig zufrieden mit seinem Schicksal am East India College, und das hatte auch seinen Grund. Es verschaffte ihm fast dreißig Jahre Freizeit, die Godwin zu Recht als den wahren Reichtum des Lebens angesehen hatte.

Die Stelle hatte ihre Sorgen, denn das College war ein pädagogisches Experiment. Generalgouverneur Wellesley [1004] hatte vorgeschlagen, in Fort William, Kalkutta, ein College für die allgemeine Ausbildung der Beamten des Unternehmens sowie für ihren Spezialunterricht in orientalischen Sprachen zu gründen. Er wies darauf hin, dass ihre Funktionen – richterlich, administrativ und diplomatisch – sich nun völlig von ihren Namen als Schriftsteller, Faktor und Kaufmann unterschieden und dass sie etwas Höheres brauchten als die kaufmännische Ausbildung, die damals alles war, was von ihnen verlangt wurde. Die Direktoren der East India Company erfüllten seinen Wunsch und erlaubten dem Fort William College, die Fortbildung in Sprachen durchzuführen; Sie waren jedoch der Meinung, dass die allgemeine Ausbildung vermittelt werden sollte, bevor die Kadetten England verließen, und verabschiedeten Ende 1805 einen Plan, zu diesem Zweck ein College in Haileybury in der Nähe von Hertford zu errichten. Anstatt sofort nach Indien zu gehen, sollten die zukünftigen Beamten Indiens bei ihrer Nominierung zwei oder drei Jahre in Haileybury verbringen und zunächst *eine* allgemeine Ausbildung nach dem Vorbild von Oxford und Cambridge und *anschließend* eine Sonderausbildung erhalten Bereiten Sie sie auf ihre Aufgaben in ihrer Provinz vor. [1005] Der Professor für „Geschichte und politische Ökonomie" und der Professor für „General Polity and the Laws of England" galten als Anbieter sowohl der allgemeinen als auch der besonderen Art der Ausbildung. „Da das Studium des Rechts und der politischen Ökonomie" (so heißt es in dem Schema) „einen wesentlichen Teil des allgemeinen Bildungssystems bilden soll, wird es erforderlich sein, in den Vorlesungen zu diesen Themen besonderes Augenmerk auf die Erklärung zu legen." der politischen und kommerziellen Beziehungen zwischen Indien und Großbritannien." [1006] Die beiden Professoren mussten „(1) eine Vorlesungsreihe über allgemeine Geschichte sowie über die Geschichte und Statistik der modernen Nationen Europas halten, (2) eine Vorlesungsreihe über politische Ökonomie, (3) eine Vorlesungsreihe über …" allgemeines Gemeinwesen, über die Gesetze Englands und die Grundsätze der britischen Verfassung." [1007] Die anderen Fächer waren Klassische Philologie, orientalische Sprachen, Mathematik und Naturphilosophie. Das College-Studium dauerte in der Regel zwei Jahre und bestand jedes Jahr aus zwei Semestern von jeweils etwa fünf Monaten (Februar bis Juni, August bis Dezember); und es gab regelmäßige Prüfungen, Ehrenlisten und Preise. Das Alter der Schüler reichte von fünfzehn bis zweiundzwanzig Jahren, und jedes Jahr kamen etwa vierzig hinzu. Malthus hatte selten eine Klasse über zwölf oder vierzehn, und zwar alle im späteren Jahr ihres Studiums. [1008]

Die allgemeine Disziplin der Klassen und die Überwachung bzw. der Mangel an Überwachung der Schüler in ihren Privaträumen entsprachen eher dem Vorbild eines unreformierten Oxford College als dem einer öffentlichen Schule. [1009] An die Stelle der Angst des Schülers vor Bestrafung sollten das Gefühl der persönlichen Verantwortung und die Gewohnheiten der Selbstverwaltung treten. Unglücklicherweise nutzten die Jungen allzu oft die Abwesenheit der alten aus, bevor sie die neuen Motive lernten. [1010]

Ungefähr die Hälfte der Professoren war ein geistlicher Orden und verrichtete ihren Dienst in der College-Kapelle. Wenn Malthus mit den anderen an der Reihe war, müssen wir bei seinem geistlichen Biographen nicht annehmen, dass er das Amt vergrößert hat. Seine Predigten würden immer ernst sein; Sie könnten oft zu lang sein. Seine Vorlesungen an Wochentagen hätten für unreife Jugendliche nicht besonders faszinierend sein können, wenn er sie nicht dem ersten Aufsatz mit seinem feinen Schreibstil ähnlicher gemacht hätte als den späteren Büchern mit ihren schlichten, ungeschminkten Argumenten, zumal der Vortragende einen leichten Sprachfehler hatte. [1011] Acht Jahre Unterricht überzeugten ihn davon, dass politische Ökonomie nicht, wie er einst dachte, zu schwer für Jungen von sechzehn oder siebzehn Jahren sei; „sie konnten es nicht nur verstehen", sagte er, „sondern sie dachten es nicht einmal." langweilig." [1012] Wir können hoffen, dass es so war; aber im Hinblick auf den gesamten Fall ist es wahrscheinlich, dass die Arbeit unseres Autors , sowohl im

Klassenzimmer als auch außerhalb, alles andere als leicht war und dass die Angenehmheit des Lebens mit einem großen Anteil an Unbehagen erkauft wurde.

Die physische Umgebung war alles, was man sich nur wünschen konnte. „Wir sind hier so ländlich und ruhig, dass es keinen größeren Kontrast [zu London] geben kann. Dieses Haus liegt in einer Gruppe hoher Sträucher und junger Bäume, mit einem kleinen Stück glatten Rasen, das zu einem hellen Teich abfällt, in dem alte Trauerweiden ihre Haare tauchen und Reihen junger Birnbäume ihre blühenden Gesichter bewundern. Tatsächlich gab es noch nie so einen Blitz aus schattenspendenden, hochhängenden Blumen, wie wir ihn um uns herum haben; und fast alles von diesem reinen, silbernen, schneeweißen Brautton; und wir leben, wie Campbells süße Gertrude, „wie unter einer Galaxie überhängender Süßigkeiten mit weißen Blüten." Es gibt junge Rosskastanien mit Blüten, die einen halben Meter lang sind, frischen, in Büscheln stehenden weißen Flieder, hohe Schneeballrosen, ausladende Birn- und Kirschbäume, niedrige Dickichte blühender Schlehen und Scharen saftig aussehender freistehender Dornen, die ganz mit Dornen bedeckt sind duftende Maiblumen, halb offen wie filigranes Elfenbein und halb geschlossen wie indische Perlen, und alles so frisch und taufrisch seit den milchigen Regenschauern von gestern; und es hallte von Nachtigallen, Drosseln und Feldlerchen wider, die hoch oben über ihnen zwischen den blendenden, langsam dahinsegelnden Wolken schrillten. Ohne Namen zu nennen, ich weiß und fühle so viel wie Sie können, mit Ihren Trossachs, Loch Lomonds und Inverarys . aber sehr süß und frühlingshaft und beruhigend und passend genug, um alle Erinnerungen an das heiße, wimmelnde, wirbelnde und geschäftige London aus allen guten Köpfen zu verbannen." [1013]

Ebenso erfreulich ist ein Einblick in das tägliche Leben in Haileybury, den Miss Martineau gewährt, die ihn 1833 gesehen hat. Malthus betrachtete sie als eine seiner besten Erklärerinnen; Erzählungen hatten seine Ansichten genau so dargestellt, wie er es sich gewünscht hätte;" – und er gab sich alle Mühe, sie in London aufzusuchen und sie aufs College zu bringen. [1014] „Es war ein herrlicher Besuch, und die üppig bepflanzte Grafschaft Herts war eine willkommene Abwechslung zum Londoner Straßenlärm im August ... Mein Zimmer war groß und luftig, mit einem Erkerfenster und einer bezaubernden Aussicht." ." [1015] Sie fand einen Schreibtisch, Bücher und alles, was sie für ihre Arbeit brauchte. Ihre Unterhalter hatten aus ihren Büchern erraten, dass sie, wie Malthus selbst, gern reitet ; und sie fand ihr Reitkleid und ihre Peitsche bereit. Das Hauptvergnügen schien die Erkundung der grünen Gassen rund um Amwell , Ware und Hertford zu Pferd in Gruppen von fünf oder sechs Personen gewesen zu sein. „Die gedämpften Scherze und äußerlichen Huldigungen und gelegentlichen

Aufstände der jungen Männer, das Bogenschießen der jungen Damen, die neugierige Höflichkeit des persischen Professors [Ibrahim], die hervorragende Gelehrsamkeit und eifrige Gelehrsamkeit des Rektors [1017] Le Bas und vieles mehr Die altmodischen Höflichkeiten der Sommerabendpartys sind mittlerweile allgegenwärtig, außer als nette Bilder in den Innengalerien derer, die den Ort kannten und zu denen ich dankbar bin, einer gewesen zu sein."

Als sie Haileybury erneut besuchte, war Malthus weg; Professor Jones saß auf seinem Stuhl und Empson in seinem Haus, wahrscheinlich eines der bequemsten in einem Gebäude, das zwar kleiner, aber viel malerischer war als die heutige Schule. [1018]

Die „gelegentlichen Aufstände der jungen Männer" waren von Anfang an ein Merkmal des Kollegiums. Sydney Smith schreibt im Juni 1810 an Lord Holland, als davon die Rede war, Mackintosh zum Professor in Haileybury zu ernennen: „Die Zeit, die Professoren zu vernichten, ist jetzt nahe; Halten Sie Mackintosh im Holland House ruhig, bis alles vorbei ist. [1019] und an Whishaw im Januar 1818, als die Ernennung vorgenommen worden war: „Seine Situation in Hertford wird ihm sehr gut passen, Schläge und Prellungen immer ausgenommen." Er sollte „Kieselgeld", wie es in der Fachsprache heißt, oder eine jährliche Rente für den Fall, dass er durch das Bewerfen der Studenten arbeitsunfähig wird, vorsehen. Übrigens: Wäre es für die Professoren nicht ratsam, den Umgang mit der Schlinge (*balearia habena*) zu erlernen? Es würde ihnen einen großen Vorteil gegenüber den Studenten verschaffen." [1020] Die Lapidationen waren wahrscheinlich nicht schlimmer als ähnliche Szenen an unseren englischen und schottischen Universitäten, die den Kredit dieser Institutionen noch nicht zerstört haben. Doch die Gegner des Kollegiums beklagten weit mehr als die Ungehorsamshaltung der Studenten. Lord Grenville hatte es (im April 1813) angegriffen, mit der Begründung, es trenne die künftigen Beamten vom normalen Leben der Engländer und verhindere, dass sie sich von „englischen Manieren, englischen Bindungen, englischen Prinzipien usw." anstecken lassen Ich schäme mich nicht, englische Vorurteile zu sagen." [1021] Malthus, der nach London gereist war, um Grenvilles Rede im House of Lords zu hören, wurde Verfechter des Kollegiums und hatte keine Schwierigkeiten, diesem Angriff zu begegnen. Die von ihm 1817 dargelegte Verteidigung der Professoren [1022] bestand darin, dass der Plan des Kollegiums in der Theorie gut sei und sich in der Praxis als gut erwiesen habe. Die Insubordination war auf die Abhängigkeit des Lehrpersonals von den Direktoren der Gesellschaft zurückzuführen, die den Lehrern (bis dahin) ihr bestes Mittel zur Disziplinierung, die Möglichkeit des Ausschlusses, vorenthalten hatten.

Die Wahrscheinlichkeit, dass die Studenten unenglisch wurden, war genauso gering wie bei Armee- oder Marinekadetten. und es war viel weniger wahrscheinlich, dass sie in Haileybury eine Kaste bildeten, als wenn sie auf ein indisches College geschickt worden wären. Die Einzelheiten dieser erloschenen Kontroverse brauchen uns nicht aufzuhalten. Es genügt zu sagen, dass Malthus seine Rolle mit großem Elan und etwas von seiner frühen Lebhaftigkeit erfüllte. Im besten Fall, das muss man zugeben, war das College ein Kompromiss; und die unvermeidlichen Schwierigkeiten der Situation reichten völlig aus, um den Mut der Lehrer auf die Probe zu stellen. Die Kadetten des ersten Jahrgangs konnten fünfzehn oder achtzehn sein, und es gab keine natürliche Aristokratie älterer Jungen, die die jüngeren Jungen kontrollieren konnte. Diejenigen im jüngeren Alter ähnelten körperlich und geistig eher Schuljungen als Studenten und waren für das quasi unabhängige Leben der Letzteren noch nicht geeignet. Viele waren überhaupt nicht bereit, nach Indien zu gehen, und es waren ihre Eltern oder Erziehungsberechtigten, die die Ausweisung der Unverbesserlichen wirklich fürchteten. Aber es war besser, die Untauglichen in England abzulehnen, wo sie andere Möglichkeiten finden konnten, als in Indien, wo sie keine finden konnten; und es war besser, ihre Ausbildung dort fortzusetzen, wo das Klima, die Kosten sowie die moralischen, sozialen und intellektuellen Vorteile ihrem Alter und ihrem Schülerstand entsprachen. „In dem System, wie es damals war, fehlt kaum eine andere Änderung, als dass eine Ernennung im Geiste und in der Wahrheit, nicht in bloßen Worten, als ein Preis betrachtet werden sollte, um den es zu kämpfen gilt, und nicht als ein bereits besessenes Eigentum, [1023] , die möglicherweise verloren gehen. Wenn die Direktoren jedes Jahr ein Fünftel über die endgültig ausscheidende Zahl hinaus ernennen würden und die vier Fünftel der Takt des gesamten Gremiums sein würden, dann wären die Ernennungen wirklich Preise, um die man kämpfen muss, und die Auswirkungen wären es auch bewundernswert sein. Jede Anstellung an der Hochschule wäre dann weniger wert; aber ihre Zahl würde größer sein, und die Schirmherrschaft würde kaum darunter leiden. Ein Direktor könnte dann tatsächlich nicht in der Lage sein, einen unqualifizierten Sohn auszusenden. Aber ist es angemessen, dass er es tun sollte? Dies ist eine berechtigte Frage für die Prüfung durch den Gesetzgeber und die britische Öffentlichkeit." [1024] Zumindest in diesen Angelegenheiten war Malthus kein Reaktionär.

Trotz Joseph Hume und seinen anderen Feinden überlebte das College sein halbes Jahrhundert und starb laut den Seiten des *India Registers* bis zum Tod der Gesellschaft im Jahr 1858 nicht aus. Sein Monopol war einige Zeit zuvor verschwunden . Ein Gesetz von 1827 sah theoretisch die Prüfung und Ernennung indischer Beamter vor, die nicht am Hertford College studiert hatten. 1833 wurde der von Malthus empfohlene begrenzte Wettbewerb vorgesehen. [1025] 1855 kam das Ende. Das Unternehmen wurde „von der Verpflichtung entbunden, das College aufrechtzuerhalten"; die Herrschaft des offenen Wettbewerbs, die durch Macaulays Bericht (November 1854) eingeläutet wurde, brachte eine neue Ordnung der Dinge; und das College wurde nur so lange weitergeführt, bis diejenigen, die zum Zeitpunkt der Änderung eingetreten waren, ihr Studium beenden konnten. [1026] Es gibt zahlreiche alte Beamte, wie Sir William Muir, die es immer noch in liebevoller Erinnerung halten; [1027] aber außer in ihrer Erinnerung existiert es nicht mehr.

Die Arbeit von Malthus konzentrierte sich weniger auf das East India College als vielmehr auf seine Schriften. Aber seine Verbindung zum College war vielleicht die wichtigste äußere Tatsache seines Lebens; und es hat dazu beigetragen, eine Aufzeichnung von Szenen und Vorfällen zu bewahren, die den Charakter klarer offenbaren als alle Adjektive der Lobredner. Otter, Empson, Miss Martineau, Sydney Smith, [1028] und Horner, [1029] können die Lobreden liefern; und die Laudatio auf Mackintosh ist bemerkenswert: „Ich habe Adam Smith ein wenig gekannt, Ricardo gut, Malthus gut.“ Kann man von einer Wissenschaft nicht sagen, dass es sich bei ihren drei großen Meistern um die drei besten Männer handelte, die ich je kannte?“ [1030]

Sein Epitaph in der Bath Abbey, wahrscheinlich aus der Feder von Otter, ist auf der folgenden Seite aufgeführt.

1. Die Deutschen sprechen vom „ Smithianismus “.

2. *Autobiogr* . , Bd. ich . P. 71.

3. Senior, *Two Lectures on Population* , 1829, Anhang, S. 56, 57.

4. Senior, *lc* , p. 56.

5. Macvey Napiers *Korrespondenz* , S. 187. Vgl. *Pol. Wirtschaft.* , 2. Aufl., S. xxxv, liv.

6. „Warum“, sagte ich, „wie viele Kinder werden Sie wohl am Ende haben?“ „Es ist mir egal, wie viele“, sagte der Mann, „Gott schickt niemals Münder, ohne Fleisch zu schicken.“ „Haben Sie jemals etwas von einem Pfarrer Malthus gehört“, sagte ich? Er will einen Parlamentsbeschluss, um zu verhindern, dass arme Menschen jung heiraten und so viele Kinder bekommen.“ „Oh, das Biest!“ rief die Frau aus; während der Ehemann lachte und dachte, ich mache einen Witz. – Cobbett's *Advice to Young Men* , Brief 3, S. 83. Die Verweise auf Cobbett im Essay sind wahrscheinlich, 7. Aufl., S. 310 und 318, vgl. P. 313; aber sein Name wird nicht erwähnt.

7. Nämlich im *Monthly Magazine* für Januar 1800. Aber siehe unten, Buch V.

8. *Gedanken zu Parrs Predigt* , S. 2 und *Pol. Gerechtigkeit* , Präf. px

9. Vorwort zur Erstausgabe von Essay, 1798.

<u>10</u>. Leyden, 1767, übersetzt unter dem Titel *Philosophical Survey of the Animal Creation*, London, 1768. Siehe insbesondere Kap. vii. und x.

<u>11</u>. *Gesunder Menschenverstand*, S. 1, zitiert in *Pol. Gerechtigkeit*, Bk. II. CH. ich. P. 124 (3. Aufl.).

<u>12</u>. *Pol. Gerechtigkeit*, Bk. VIII. CH. vi. P. 484. Andererseits hatte Franklin in seinem *Letter on Luxury, Idleness, and Industry (1784) die notwendige* Arbeit mit vier Stunden moderater geschätzt. Sir Thos. Mehr schlugen neun vor. Owen kam auf die halbe Stunde zurück. *New Moral World*, 1836, S. x, xi.

<u>13</u>. *Essay*, 1. Aufl., S. 161–2, Fußnote.

<u>14</u>. *Aufzeichnungen der Schöpfung*, Bd. ich. P. 54, Anmerkung.

<u>15</u>. Leben von Kegan Paul, Bd. ich. P. 80. Vgl. eine merkwürdige Passage in der *Edinburgh Review* über Godwins *Population* : „Da das Buch teuer war und wahrscheinlich nicht in die Hände der Arbeiterklasse fallen würde, dachten wir nicht daran, es zur Kenntnis zu nehmen", Juli 1821, S. 363.

<u>16</u>. *Enquirer* (1797), Pref., p. 7.

<u>17</u>. Teil II., Essay II.

<u>18</u>. Teil II., Essays I. und III.

<u>19</u>. *Politische Gerechtigkeit*, Buch VIII. CH. ix. S. 515–19 (3. Aufl.).

<u>20</u>. Vgl. Reich. Jones, *Pol. Wirtschaft.* (1859), S. 596.

<u>21</u>. Zitiert, *Politische Gerechtigkeit*, Buch VIII. CH. viii. S. 503, 520, auf Grundlage von Price.

<u>22</u>. *lc*, Buch VIII. CH. ix. P. 528.

<u>23</u>. *Essay*, 1. Aufl., S. 14.

<u>24</u>. 1. Auflage, S. 20, 173 usw., 7. Auflage, Buch III. CH. ii.

<u>25</u>. 1. Aufl., S. 128; vgl. P. 210.

<u>26</u>. *Ebenda.* P. 211.

<u>27</u>. *Ebenda.* P. 215.

<u>28</u>. *Ebenda.* P. 215.

<u>29</u>. 1. Aufl., S. 17; vgl. S. 47–8.

<u>30</u>. Sogar Comte, der Ökonomen vorwirft, wenn sie sagen, dass sich Schwierigkeiten „auf lange Sicht" von selbst beheben, glaubt, dass diese besondere Schwierigkeit nur *dort auftreten wird*. (*Pos. Phil.*, ii. 128 (tr.); vgl. S. 54.)

<u>31</u>. 1. Aufl., S. 15, 16.

<u>32</u>. *Ebenda.* S. 19, 62–66.

<u>33</u>. *Pol. Nur.* , VIII. iii 466.

<u>34</u>. *Essay* , 1. Aufl., S. 175–6, 193; 7. Aufl., S. 272, 277. Vgl. Gibbon, Kap. L., zitiert in *Essay* , 2. Aufl., S. 94; 7. Aufl., S. 65: „Das Maß der Bevölkerung wird durch die Mittel zur Bestreitung des Lebensunterhalts geregelt."

<u>35</u>. *Pol. Nur.* , Buch VIII. CH. ix. P. 520 n. Chr. (3. Aufl.).

<u>36</u>. *Essay* , 1. Aufl., S. 240–1.

<u>37</u>. Wegen Coleridge. Siehe Godwins *Leben* , ich . 357.

<u>38</u>. *Ebenda.* ich . 25.

<u>39</u>. *Esquisse d'un tableau historique des progrès de l'esprit humain* (3. Aufl., 1797), S. 384 *ff.*

<u>40</u>. *Politische Gerechtigkeit* , VIII. ix. 520 n. Chr.

<u>41</u>. *Essay* , 1. Aufl., S. 227.

<u>42</u>. *Esquisse* , S. 362 *ff.*

<u>43</u>. *Essay* , 1. Aufl., S. 146, 150.

<u>44</u>. *Ebenda.* P. 154; Condorcet, *Esquisse* , S. 364–373.

<u>45</u>. Der *locus classicus* bei Malthus ist *Essay* , Append, (von 1817), S. 512; vgl. III. iii. 286, IV. xiii. 474. Die Seiten stammen aus der 7. Auflage (Reeves und Turner), einem Nachdruck der 6. Auflage.

<u>46</u>. Malthus verwendet das Wort manchmal im früheren Sinne und Adam Smith selten im späteren.

<u>47</u>. Lecky, *Hist. des 18. Jahrhunderts* , Bd. II. P. 638.

<u>48</u>. Vgl. Godwin, Präf. zu *Pol. Nur.*

<u>49</u>. Hansard, *Parl. Hist.* , Bd. xxxiii, S. 703 *ff.* , 12. Februar 1796; vgl. Bd. xxxii. S. 687 *ff.* Der „Speenhamland Act of Parliament" war in Wirklichkeit ein Akt der Richter von Berkshire (1795), wurde jedoch weitgehend nachgeahmt und hatte sicherlich den Weg für Pitts Gesetzentwurf bereitet.

<u>50</u>. Vgl. *Essay* , 7. Aufl., I. vii. P. 65; 1. Auflage, S. 94, 95 usw.

<u>51</u>. Godwin, *Pol. Nur.* , VIII. viii. 508 (3. Aufl.).

<u>52</u>. Vorwort zum *Essay* , 2. Aufl.

<u>53</u>. Implizit. Siehe unten, Buch I. Kap. vii. P. 175.

54 . *Moralische und politische Essays* , Bd. I., Essay XI., Of the Populousness of Ancient Nations (Hrsg. 1768), geschrieben 1752.

55 . Sogar Sir James Steuart , Bd. I. *Pol. Wirtschaft.* , Kap. iii. P. 22 (Hrsg. 1805), könnte ihm geholfen haben. Steuart schrieb 1767.

56 . *Essay* , Buch II. CH. vi.; 7. Aufl., S. 184.

57 . Buckle würde Voltaire einbeziehen. Siehe *Zivil. in Europa* , ii. 304 n.

58 . *Reichtum der Nationen* , I. viii. 36, 2 (MacCullochs Hrsg.). Diese Passagen sollen Malthus die Idee seines Aufsatzes nahegelegt haben. Der Artikel über Bevölkerung in *Edin. Review* , August 1810, möglicherweise von Malthus selbst verfasst, bestätigt diese Ansicht.

59 . Vergleiche *Essay* , Anhang (zur 3. Aufl., 1807), 7. Aufl., S. 507.

60 . *Aufzeichnungen der Schöpfung* , 1816.

61 . 1. Aufl., S. 395.

62 . *Ebenda.* P. 353. Dies und vieles andere wurde wahrscheinlich von Tucker, *Light of Nature* , Theology, Kap. xix. (insbesondere § 20). Vgl. unten, Buch III.

63 . *Essay* , 1. Aufl., S. 381.

64 . *Ebenda.* P. 371.

65 . Vgl. *Essay* , 2. Aufl., S. 65; spätere Ausgaben, I. vi. (Anfang), wo er sagt, dass Trägheit der natürliche Zustand des Menschen ist und dass seine Aktivität zunächst auf den „starken Antrieb der Notwendigkeit" zurückzuführen ist, obwohl sie später durch Gewohnheit, Unternehmungsgeist usw. aufrechterhalten werden kann der Durst nach Ruhm.

66 . 1. Aufl., S. 360–366. Zur Schließung der durch die Große Pest von 1348 entstandenen Lücke siehe Prof. Rogers, *Six Centuries of Work and Wages* (1884), S. 226.

67 . 1. Aufl., S. 391.

68 . 1. Aufl., S. 394–6; vgl. S. 241–6. Vergleichen Sie den Nachwort von Herrn Henry George zu *Fortschritt und Armut* . Es ist richtig, sich daran zu erinnern, dass diese Passage von Malthus zwei Jahre vor Paleys *Natural Theology geschrieben wurde* , allerdings vier Jahre nach seinen *Evidences of Christianity* und viele weitere Jahre nach der *Moral and Political Philosophy* .

69 . *R. von Cr.* , Bd. ii. 103.

70 . *Essay* , 1. Aufl., S. 387.

71 . Siehe unten, Buch I. Kap. v.

72 . *Ebenda.* P. 356 Hinweis.

73 . *lc* Eine ähnliche Ausrede liefert er im Traktat über das *Maß des Wertes* , S. 61. Wo kein Wille ist, gibt es keinen Weg.

74 . Teil II. Sekte. ii. S. 204–6.

75 . MacCulloch (JR), Herausgeber des *Commercial Dictionary* und wahrscheinlich das Original von Carlyles Macrowdy . Niemand könnte eine gebührende Ehrfurcht vor den Vätern der politischen Ökonomie haben, die sich ständig auf die größten von ihnen bezogen, ohne sein unverwechselbares Pränomen .

76 . Einführung in *W. von N.* , S. lii. So sagt uns der Autor von *Progress and Poverty:* „*Die Lehre von Malthus beinhaltete ursprünglich nicht unbedingt die Idee des Fortschritts und beinhaltet auch nicht unbedingt die Idee des Fortschritts*" *(Bk.* II. Kap. ich . P. 89, hrsg. 1881).

77 . Bagehot (*Econ. Studies* , S. 136 *ff.*), WR Greg (*Enigmas of Life*) und Held (*Sociale Geschichte Englands*) können freigesprochen werden, aber sie sind keine Autoren von Lehrbüchern.

78 . *Reichtum der Nationen* , Einleitung, S. lii.

79 . Siehe *z. B.* den Traktat über das *Maß des Wertes* , S. 23, und vgl. *Pol. Ec.* (2. Aufl.), S. 234.

80 . Godwin's *Thoughts on Parr's Predigt* , 1801, p. 54; vgl. Godwins *Bevölkerung* (1820), Bk. ich . 27.

81 . Godwin's *Life* , von Kegan Paul, Bd. ich . 321.

82 . Hansard, *Subdato* , S. 1429.

83 . Empson in *Edinburgh Review* , Januar 1837, p. 483; vgl. *Essay über Bevölkerung* , 7. Aufl. P. 473 n. Empsons Urheberschaft für diesen Artikel geht aus Macvey Napier's *Correspondence* , S. 187. Siehe unten, Buch V.

84 . *Werke* , Bd. viii. P. 440.

85 . *Gedanken zu Parrs Predigt* , S. 56.

86 . *Essay* , 1. Aufl., S. 17, 47, 48; *Ursprung der Arten* , Kap. iii. P. 50. Daher Sir Chas. Lyell bestreitet sogar die Originalität von Darwin und Wallace (*Antiquity of Man* , Kap. xxi, S. 456).

87 . Vgl. A. R. Wallace, *Contributions to Theory of Natural Selection* , und die darauf folgenden Diskussionen, 1868. Siehe auch *Essays in Philosophical*

Criticism (1883), Essay VIII., *The Struggle for Existence* , in dem einige der gemischten Motive weiter beschrieben werden.

88 . Anhang zur 5. Auflage, 1817; 7. Aufl., S. 526. Vgl. Bacon (Essay XXXVIII.), „die Natur wie einen Zauberstab in ein entgegengesetztes Extrem zu beugen, um sie in Ordnung zu bringen." Adam Smith hatte das Gleichnis eines gebogenen Stocks verwendet, um die Reaktion der französischen Ökonomen gegen die Merkantiltheoretiker zu beschreiben (*Wealth of Nations* , IV. ix. 300).

89 . *Essay* , 1. Aufl., S. 367. Vgl. Senior's *Lectures on Population* , S. 79 und S. 75, wo er diesen Fortschritt mit den Heldentaten der Schnecke vergleicht, die jeden Tag vier Fuß eine Wand hinaufkletterte und drei Fuß zurückfiel.

90 . *Essay* , 1. Aufl., S. 10.

91 . Vgl. St. Matthäus . xix. 12.

92 . MS. Anmerkungen auf S. vii von ST Coleridges Exemplar der 2. Auflage. des *Essays* , in Brit. Museum (aus der Bibliothek seines Testamentsvollstreckers Dr. Joseph H. Green).

93 . Siehe Otters biografisches Vorwort zu Malthus' *Pol. Ec.* (1836), S. xxxvi und Otter's *Life of Clarke* (1825), i . 437 usw.

94 . Siehe unten, Buch II. Kerl. iv.

95 . 2. Auflage, Buch IV. Kap, xii.; 7. Aufl., S. 477.

96 . 2. Aufl., I. ii. 10, 11; vgl. xiv. 180; 7. Auflage, S. 8 Anmerkung, 262 usw.

97 . 2. Aufl., S. 11.

98 . 7. Aufl., S. 351; also I. ix. 82, „moralische Unmöglichkeit" einer Vermehrung, wenn zwar reichlich Nahrung vorhanden ist, diese aber durch eine schlechte Verteilung unerreichbar ist. Die Unmöglichkeit ist nicht auf physikalische Gesetze, sondern auf menschliche Institutionen (*Sitten*) zurückzuführen.

99 . Malthus, *Essay* , 1. Aufl., S. 387.

100 . In einem unveröffentlichten MS. zitiert in seinem *Leben* , ich . 76. Seine veröffentlichten Schriften enthalten nichts ganz so Starkes.

101 . Siehe unten, Buch III.

102 . *Essay* , 7. Aufl., B. IV. Kerl. vi. und ix.

103 . *Wealth of Nations* , BV Kap. ich . Pt. iii. Kunst. 2.

104 . *Essay* , Buch IV. CH. ix. der 7. Auflage, insb. P. 439.

105 . Vgl. Even *Essay* , 1. Aufl., S. 33, 34 und 324. Siehe aber später, B. II. Jungs. ii. und iii.

106 . 7. Aufl., Anhang, S. 495. Vgl. Miss Martineaus *Autob* . , Bd. ich . P. 211; vgl. S. 209, 210.

107 . *Leben* , Bd. ich . CH. ix. P. 233.

108 . Unrühmlicherweise, wegen des strengen Kapitels, das er in der *Politischen Gerechtigkeit schrieb* : „Von Renten und Gehältern" (Kap. ix. von Bk. VI.).

109 . Vgl. *Essay* , 7. Aufl., II. xiii. P. 259.

110 . *Essay* , 2. Aufl., S. 2.

111 . 2. Aufl., S. 3.

112 . *Essay* , 2. Aufl., S. 3.

113 . 1. Aufl.; siehe S. 16, oben. „Nahrung" umfasst in solchen Sätzen alle zum Leben notwendigen äußeren Bedingungen.

114 . 2. Aufl., S. 4; 7. Aufl., S. 3.

115 . *lc* Franklins *Beobachtungen zur Vermehrung der Menschheit* , 1751.

116 . *Dissertation über die Armengesetze von einem Wohltäter der Menschheit* (1786), S. 42–45, 53. Er zitiert Dampiers *Voyages* , Bd. ich . pt. ii p. 88.

117 . Man kann mit Recht sagen, dass Ulloa, B. II. CH. IV. sagt „zwei oder drei Ziegen".

118 . 2. Aufl., S. 4; vgl. 7. Aufl., S. 3.

119 . Carey (HC) hat sicherlich gute Argumente für das Gegenteil geliefert. Siehe *Princ* . *of Social Science* , vol. ich . CH. iv. (1858).

120 . Brief an Senior, Anhang zu Senior's *Lectures on Population* , S. 60–72.

121 . *Essay* , 2. Aufl., S. 5.

122 . Er könnte davor durch „ o ὐ" gewarnt worden sein γεωμετρικ α ῖ ς ἀ λλ ' ἐ ρωτικ α ῖ ς ἀ νάγκ αις" (Platon, *Republik* , Vers 458). Aber Bacon hatte die gleiche Zahl noch weiter gefasst: „Der Brauch geht in der Arithmetik vor, die Natur in der geometrischen Progression" (*Advance of L* , VI. iii. 259).

123 . Vgl. Was oben über die Kosmologie von Malthus gesagt wird, S. 34 *ff.*

124 . Oder wenn wir die Ausnahme von Herrn Carey berücksichtigen, sollten wir vielleicht nicht sagen, dass es sich um die erste Ernte handelte, sondern um die früheste, bei der der Bauer den bekannten Ressourcen des besten Landes gerecht wurde.

125 . *Politische Arithmetik – Essay über die Vermehrung der Menschheit* , 1682, S. 7, 13 *ff.* , insbesondere S. 21 (Hrsg. 1755).

126 . Sir James Caird , *Landed Interest* , 4. Auflage, 1880, S. 177.

127 . Aber siehe unten, Bk. II. CH. ich .

128 . 2. Aufl., I. i . P. 8; 7. Aufl., S. 6.

129 . *Aufsatz* , IV. iii., 7. Aufl., S. 407.

130 . *Enzykl. Brit., Kunst. Bevölkerung.* Vgl. *Essay* , 7. Aufl., S. 236 n.

131 . Schweden war bei Statistikern beliebt , da zu dieser Zeit nur Schweden verlässliche Statistiken lieferte. Für einen Bericht über die amerikanische Bevölkerung bis 1880 und ihre wahrscheinliche Zukunft siehe Mr. Giffens Ansprache über den Nutzen gemeinsamer Statistiken (Stat. Soc., Dez. 1882).

132 . 1804–24, oder einfach von der ersten Volkszählung, 1801, bis zur dritten, 1821. Der Anstieg war so groß, dass er die Bevölkerung Englands in mindestens einundfünfzig Jahren verdoppeln würde (Essay, II. ix., 7. Aufl . , S. 217).

133 . *Enzykl. Brit. , lc*

134 . *Aufsatz* , III. xiv., 7. Aufl., S. 387.

135 . Caird , *Landed Interest* , S. 18, 46.

136 . *Enzykl. Brit. , lc*

137 . Abgesehen, hätte er sagen sollen, von der Klugheit in der Ehe, die es jedem Mann ermöglichen würde, seinen Anteil weit über den bloßen Lebensunterhalt hinaus auszudehnen. Aber siehe unten, Bk. II. CH. ii.

138 . Siehe unten, Bk. II. CH. iii.

139 . Nach dem „Gesetz" sinkender Renditen. Siehe unten, Bk. II. CH. ich .

140 . Herr Giffen spricht in der oben zitierten Ansprache so, als ob Malthus die positiven Schecks als „natürliche Schecks" betrachtete (S. 531). Dies steht jedoch im Widerspruch zu seiner eindeutigen Aussage in *Essay* , 7. Aufl., App. P. 480.

141 . Dies ist wahrscheinlich die Bedeutung des Satzes des Autors: „Ändern Sie die *proportionale Höhe* der Schecks zur Bevölkerung oder den Grad, in dem sie auf die tatsächlichen Zahlen einwirken" (*Encyclop* . , *lc* , S. 415).

142 . Siehe seinen Brief von diesem Datum in Macvey Napier's *Correspondence* , S. 29.

143 . Es wurde erst 1824 veröffentlicht. Es wurde sicherlich geschrieben, nachdem die Ergebnisse der Volkszählung von 1821 veröffentlicht worden waren.

144 . Präf. bis 2. Aufl., S. iv, v; 7. Aufl., S. vi.

145 . P. 52.

146 . *Essay* , 2. Aufl., S. 11 n.; 7. Aufl., S. 9 n.

147 . 2. Aufl., Pref. P. vii.

148 . 2. Aufl., Bk. Ich. ch. ii. P. 10.

149 . Fügt die 3. Auflage hinzu.

150 . 3. Aufl., S. 21; 7. Aufl., S. 9.

151 . 3. Aufl. *lc*

152 . 2. Aufl., S. 13; 7. Aufl., S. 10. Sein eigenes Buch hat dazu beigetragen, dass dies weniger wahr ist.

153 . 2. Aufl., S. 14, 15. Vergleichen Sie mit dieser Beschreibung des „Zyklus" die Ansicht von Marx, wie sie unten in Buch IV dargelegt wird.

154 . Miss Martineau, *Autob* . , Bd. ich . P. 210.

155 . Antwort an Malthus, S. 20. Vgl. unten, Buch IV.

156 . Präf. bis 2. Aufl., S. vi.

157 . 2. Aufl., Pref. P. vi. Schon damals wahr, und noch viel mehr danach.

158 . Godwin, *On Population* , I. iv. 31, 32.

159 . 2. Aufl., S. 31; 7. Aufl., S. 23.

160 . *Démocratie en Amérique* , Pt. II. CH. xp 278. Der Autor stimmt vollkommen mit Malthus überein.

161 . 2. Aufl., S. 39; 7. Aufl., S. 28.

162 . 2. Aufl., S. 25; 7. Aufl., S. 18.

163 . *Ebenda.* P. 43; 7. Aufl., S. 31.

164 . *Ebenda.* P. 39; 7. Aufl., S. 28.

165 . 2. Aufl., S. 44; 7. Aufl., S. 32.

166 . Malthus in *Edin. Rev.* , Juli 1803, S. 345.

167 . *Essay* , 2. Aufl., S. 25; 7. Aufl., S. 18.

168 . *Ebenda.* P. 29; 7. Aufl., S. 21.

169. 2. Aufl., S. 37, 45; 7. Aufl., S. 27, 32.

170. Allerdings erwähnt er, wie Coleridge (MS. Anmerkung an anderer Stelle), Brandy.

171. 2. Aufl., S. 43, 92; 7. Aufl., S. 31, 64. Vgl. I. vi., 2. Aufl., S. 82 n.; 7. Aufl., S. 57 n.

172. Siehe oben, S. 35, 36.

173. Z.B. 2. Aufl., II. ii. 199; 7. Aufl., S. 135.

174. Vergleichen Sie die suggestiven Bemerkungen von Rogers, *Six Centuries*, S. 270, 271. Er glaubt, dass eine Bewegung wie der Lollardismus in Zeiten völliger Depression keinen Erfolg hätte haben können.

175. *Essay*, Buch I. Kap. v.

176. Z.B. Kannibalismus und Spätehen.

177. 2. Aufl., S. 46; 7. Aufl., S. 33. Vgl. S. 290 und 339.

178. In *Essays*, Bd. i ., Essay XI., *Populousness of Ancient Nations*, p. 444 (Hrsg. 1768).

179. Vgl. Platon, *Repub.*, ii.

180. 2. Aufl., S. 57; 7. Aufl., S. 41.

181. Behm und Wagner (Bevölk . d. Erde , 1882) geben es mit 16.300 an.

182. 2. Aufl., S. 57 n.; 7. Aufl., S. 40 n.

183. Bericht von Admiral D'Horsey an die Admiralität, 1878.

184. Siehe oben, S. 17, 18.

185. Behm und Wagner sagen dreiundneunzig.

186. *Essay*, Buch I. Kap. vi.

187. Siehe oben, S. 83.

188. 2. Aufl., S. 68 n.; 3. Aufl., S. 115 n. Später änderte er „total" zu „oft völlig", 7. Aufl., S. 47 n.

189. *Reichtum der Nationen*, Buch IV. CH. vii. Teil III. P. 286 (Hrsg. MacC.).

190. 2. Aufl., S. 66; 7. Aufl., S. 46.

191. Sein eigenes Wort: 2. Aufl., S. 67; 7. Aufl., S. 47.

192. Gen. xiii. 1–9. *Essay*, 2. Aufl., S. 65; 7. Aufl., S. 45.

193. Siehe *z. B.* Mackenzie Wallace: *Russia*, Bd. ii. S. 48, 90 usw.

194. *Essay*, 2. Aufl., S. 72; 7. Aufl., S. 50, 51.

195. *Gibbon*, Kap. ix. P. 175.

196. Tacitus, *Germ.* 14.

197. 2. Aufl., S. 74, 77; 7. Aufl., S. 52, 53.

198. CH. ix. 176: „in der Tat die *Unmöglichkeit* der Annahme."

199. *Grandeur et Décadence des Romains*, Kap. xvi. P. 138, hrsg. 1876.

200. *Essay*, 2. Aufl., S. 76; 7. Aufl., S. 53.

201. *Ebenda.* Bk. Ich. ch. vii.

202. 2. Aufl., S. 99; 7. Aufl., S. 68.

203. 7. Aufl., S. 82.

204. 2. Aufl., S. 92; 7. Aufl., S. 63.

205. 2. Aufl., S. 94; 7. Aufl., S. 65.

206. *Ebenda.* P. 104; 7. Aufl., S. 72.

207. Coleridge (MS. Anmerkungen) erinnert unseren Autor daran, dass Mohammed die Spende von *Sand als Wasserquelle* erlaubte .

208. Vgl. oben, S. 96 usw.

209. 2. Aufl., III. xi. 474–5; 7. Aufl., III. xiv. 381.

210. Besonders Buch I. Kap. x., das Kapitel über die Türkei.

211. *Essay*, Bk. Ich. ch. xii., „China und Japan."

212. 2. Aufl., S. 162; 7. Aufl., S. 112.

213. *Ebenda.* P. 175; 7. Aufl., S. 120.

214. Siehe *Essay*, Bk. I. chs . xiii., xiv.

215. Sparta ist das wichtigste griechische Beispiel.

216. 2. Aufl., S. 172; 7. Aufl., S. 118.

217. 2. Aufl., S. 150; vgl. S. 164, 172–3. 7. Aufl., S. 104; vgl. S. 113, 118.

218. Siehe oben, S. 99.

219. 1. Aufl., S. 119; 7. Aufl., Anhang, S. 515.

220. *Essay*, 7. Aufl., S. 122.

221 . 2. Aufl., S. 254; 7. Aufl., S. 246. Vgl. 2. Aufl., S. 172, 175 und 67; 7. Aufl., S. 118, 120 und 47. Vgl. Hume, *Pop. von Anc. N.* , S. 487, und insbesondere 504.

222 . 7. Aufl., S. 163, 387, 394; 2. Aufl., S. 113, 287, 292. Vgl. 1. Aufl., S. 118–19, 123 n.

223 . 2. Aufl., S. 178; 7. Aufl., S. 122.

224 . 7. Aufl., S. 380, oben.

225 . 2. Aufl., S. 175; 7. Aufl., S. 120.

226 . 2. Aufl., S. 175; 7. Aufl., S. 120.

227 . 2. Aufl., S. 180; 7. Aufl., S. 124. „Es liegt daher allein an diesen Ursachen – unabhängig von [2. Aufl. sagt ‚außerdem'] tatsächliche Aufzählungen, auf die wir uns mit Sicherheit verlassen können."

228 . Dr. Wallace, *Dissertation* , S. 55, hatte Attika in seiner Blütezeit eine Bevölkerung von 608 pro Quadratmeile beschert; In England gab es im 19. Jahrhundert nur 445, in Belgien waren es 487.

229 . *Essay* , 1. Aufl., S. 54; 7. Aufl., S. 120, 122; vgl. S. 262, 434. Vgl. *Reichtum der Nationen* , IV. vii. 254, 255.

230 . *Essay* , 2. Aufl., S. 598; 7. Aufl., S. 476.

231 . *lc* vgl. 2. Aufl., S. 175, 178; 7. Aufl., S. 120, 122.

232 . *Essay on Population* , 2. Aufl., S. 180; 7. Aufl., S. 124.

233 . Z.B. II. iii. 152, 1; IV. ix. 304, 2 (Hrsg. MacC.).

234 . Z.B. 7. Auflage, S. 307, 434, 473–4.

235 . Taine, *Angleterre* , S. 176, 232–3.

236 . *Ebenda.* P. 233.

237 . *Reichtum der Nationen* , III. iv. 183, 2 usw.

238 . Bacon, *Nov. Org.* , I. xlv.

239 . Siehe unten, Bk. IV.

240 . Außer dem Schwein, fügt Gibbon hinzu, *Decl. und F.* , Kap. ix. P. 171 n.

241 . Siehe oben, S. 48.

242 . Der Satz auf S. 216 der 2. Aufl. (S. 148 von 7), „im vorangehenden Sommer 1788", ist wahrscheinlich ein Ausrutscher. Nirgendwo sonst hören wir so früh von einem Besuch. Siehe unten, Bk. V.

243. Siehe oben, S. 49. Vgl. 2. Aufl., S. 281; 7. Aufl., S. 173 usw.

244. Für seine anderen Bewegungen und andere Details seines Lebens siehe Bk. V. (Biographie).

245. 2. und 7. Aufl ., Bk. II. CH. ich .

246. *Essay* , 2. Aufl., S. 189; 7. Aufl., S. 129.

247. Die russischen Zahlen sind unglaublich. Siehe später, S. 133.

248. 2. Aufl., S. 184; 7. Aufl., S. 126.

249. 2. Aufl., S. 188, 189; 7. Aufl., S. 128, 129. Vgl. Thorntons Kapitel (II.) über die „sozialen Auswirkungen bäuerlichen Besitztums", *Erbsen. Prop.* (Hrsg. 1874), p. 55.

250. In der 6. Auflage, 1826. Siehe 7. Auflage, S. 144.

251. *Englisches Blaubuch über ausländische Armengesetze* , 1875, S. 109.

252. *Statesman's Year Book* , 1880, S. 439.

253. *Essay* , 7. Aufl., S. 112.

254. Z.B. das von *Essay* , 7. Aufl., S. 130.

255. *Essay* , 7. Aufl., S. 139; vgl. S. 151, 152.

256. *Ebenda.* P. 152.

257. *Essay* , Bk. II. CH. ii.

258. *Ebenda.* Bk. II. CH. iii.

259. 2. Aufl., S. 213–14; 7. Aufl., S. 146, 147.

260. 2. Aufl., S. 214–15; 7. Aufl., S. 147, Fuß.

261. *Ebenda.* P. 218; 7. Aufl., S. 150. Vgl. oben, S. 30.

262. 2. Aufl., S. 219; 7. Aufl., S. 151. Preis vergleichen, *Beobachtungen* , S. 280 Noten; und insbesondere Hume, *Pop. von Anc. N.* , S. 445 (Hrsg. 1768).

263. *Essay* , ebenda.

264. *Essay* , 2. Aufl., S. 220; 7. Aufl., S. 151.

265. *Ebenda.* P. 221; 7. Aufl., S. 152.

266. *Essay* , 2. Aufl., S. 216–17; 7. Aufl., S. 149.

267. *Ebenda.* 7. Aufl., Bk. II. chs . iv. bis x., wie in der 3. Auflage neu geordnet.

268. *Sechs Jahrhunderte Arbeit und Lohn* , S. 118, 119.

269 . *Essay* , 2. Aufl., II. vp 245; 7. Aufl., II. iv. P. 159. Vgl. 2. Aufl., S. 320; 7. Aufl., S. 206.

270 . *Ebenda.* 2. Aufl., S. 347; 7. Aufl., S. 260.

271 . *Ebenda.* 2. Aufl., S. 348; 7. Aufl., S. 260.

272 . Siehe oben, S. 18.

273 . So im Wesentlichen Cairnes bei seiner Sanierung des Lohnfonds. *Leitprinzipien* , S. 196 ff. Cliffe Leslie *vorbei* .

274 . *Essay* , 2. Aufl., S. 240; 7. Aufl., S. 155.

275 . *Ebenda.* P. 247; 7. Aufl., S. 160.

276 . „ Teilweise haben wir einen Ort gefunden, an dem zwei Menschen ein gutes Leben führen können, und sie haben eine Ehe geschafft." " – *Esprit des Lois* , Bk. XXIII. CH. X. (nicht XXII., wie in der 7. Aufl.).

277 . *Essay* , 2. Aufl., S. 247; 7. Aufl., S. 160.

278 . *Ebenda.* 2. Aufl., S. 221; 7. Aufl., S. 152.

279 . *Essay* , 2. Aufl., S. 248–29; 7. Aufl., S. 161–2.

280 . *Ebenda.*

281 . 2. Aufl., S. 246; 7. Aufl., S. 159. Die Kursivschrift stammt vom Autor .

282 . *Ebenda.* P. 247; 7. Aufl., S. 160.

283 . *Ebenda.*

284 . 2. Aufl., S. 205; 7. Aufl., S. 139.

285 . *Essay* , 2. Aufl., S. 387 *ff.* ; 7. Aufl., S. 287 *ff.*

286 . *Ebenda.*

287 . *Essay* , 2. Aufl., S. 391; 7. Aufl., S. 289–90.

288 . *Ebenda.*

289 . *Essay* , 2. Aufl., S. 393; 7. Aufl., S. 291.

290 . 2. Aufl., S. 395; 7. Aufl., S. 292.

291 . *Ebenda.*

292 . Ernennung im März 1826, in den letzten dreizehn Monaten der Regierung von Lord Liverpool. Malthus kam am 5. Mai 1827 vor sie. Siehe *Third Report of Emigration Committee* , S. 9, 10, und für seine Beweise S. 311 *ff.*

293 . 1. Bericht, 1826 (Mai); 2. 1827 (April). Der freie Gebrauch von Fachbegriffen ist nicht verwunderlich, denn die politische Ökonomie war

damals ein beliebtes Studium. Beispiele finden Sie im 1. Bericht, S. 46, 57; 2. Bericht, S. 63, 102; 3. Bericht, S. 261, 308.

294. 2. Bericht.

295. 3. Bericht, 1827 (Juni).

296. P. 9.

297. Vgl. unten, Kap. vii. (zu Irland), insbesondere S. 197 und 199.

298. 3. Bericht, S. 315, qu. 3257.

299. Der Auswanderungsausschuss empfahl, staatliche Hilfe nur unter der Bedingung einer lokalen Initiative und eines lokalen Beitrags zu gewähren.

300. Siehe *zB* qu. 3370.

301. 7. Aufl., S. 292.

302. *W. von N.* , I. viii. 36 (MacC.'s Hrsg.). „Sonstiges" ist kein Ausrutscher; Der Autor ist sich seines Zynismus bewusst.

303. *Aufsatz* , III. iv. 293, dessen abschließender Absatz 1817 hinzugefügt wurde.

304. *Essay* , 7. Aufl., Bk. II. CH. v.

305. 2. Aufl., S. 275–276; 7. Aufl., S. 169.

306. Oder „ Leyzin ", wie Malthus es schreibt.

307. *Essay* , 2. Aufl., S. 271; 7. Aufl., S. 166.

308. Durchschnittlich einundsechzig Jahre.

309. 2. Aufl., S. 274; 7. Aufl., S. 168.

310. 2. Aufl., S. 280; 7. Aufl., S. 173, oben. Die Bemerkung riecht paradox.

311. *Ebenda.* P. 280, Fuß; 7. Aufl., S. 173.

312. *Ebenda.* P. 281; 7. Aufl., S. 173.

313. Siehe oben, S. 127.

314. Vergleiche oben zu „Oszillationen", S. 147 und darunter, Bk. II. chs . ii. und iii.

315. *Essay* , 7. Aufl., Bk. II. chs . vi., vii.

316. 2. Aufl., S. 285; 7. Aufl., S. 175.

317. 2. Aufl., S. 296; vgl. 7. Aufl., S. 182 n. „ In der Tat habe ich mich bei der Übernahme der Berechnungen von Sir F. d'Ivernois bezüglich des tatsächlichen Verlusts an Menschen während der Revolution nie durch

Tatsachen bestätigt gefühlt, aber der Leser wird sich darüber im Klaren sein, dass ich sie eher zur Veranschaulichung als aufgrund einer Vermutung übernommen habe absolut wahr."

318 . 7. Aufl., S. 188.

319 . 7. Aufl., S. 176; vgl. P. 175.

320 . 7. Aufl., S. 177, 181 n.

321 . *Ebenda.* , P. 178 und n.

322 . Nicht über jeden Verdacht erhaben. Siehe 7. Aufl., S. 176 n.

323 . Der militärische Vorteil einer wachsenden Bevölkerung wird auch in dem Artikel über Newenhams „Irland", *Edin, hervorgehoben. Rev.* , Juli 1808, S. 350.

324 . Vgl. Josiah Tucker, *Über den Handel* , S. 17 (3. Aufl., 1753).

325 . *Essay* , 2. Aufl., S. 297 n; 7. Aufl., S. 185, in dem eine Klausel weggelassen wird. Vgl. 2. Aufl., S. 290–1; 7. Aufl., S. 179, 180.

326 . 2. Aufl., S. 291; 7. Aufl., S. 179, 180. Vgl. die oft zitierten Passagen über den öden Felsen und den Garten, die (bemerkenswerterweise) vor und nicht nach der Revolution geschrieben wurden, in Arthur Youngs *Travels in France* (Bury St. Edmunds, 1792), S. 36, 37, 42; vgl. P. 341.

327 . Z.B. 5. 1817; 7. Aufl., Kap. vii.

328 . 7. Aufl., S. 188.

329 . Arthur Young, *Reisen in Frankreich* , S. 410, 437.

330 . *Essay* , 7. Aufl., S. 189.

331 . Vgl. Fyffe, *Mod. Europa* , ich . 124.

332 . *Essay* , 7. Aufl., S. 189.

333 . Eine charakteristische utilitaristische Note. 2. Aufl., S. 295, oben; 7. Aufl., S. 183.

334 . *Ebenda.*

335 . 2. Aufl., S. 294; 7. Aufl., S. 183.

336 . *Essay* , 7. Aufl., S. 320 (III. vii.).

337 . Levasseur, *France avec ses Colonies* (1875), p. 842. Laut Anderson, *Chron. Ded* . , Bd. III. P. xliii, einige sagten zwanzig, andere siebzehn. Aber Herr Kitchin zitiert Vauban, um zu zeigen, dass es zwischen dem Beginn des Erbfolgekrieges und seinem Ende (1702, 1713) einen Bevölkerungsrückgang

von fünfzehn auf dreizehn Millionen gegeben habe. – *History of France* , Bd. iii. P. 342. Vgl. Fox Bournes *Das Leben von Locke* , ich . P. 350; Vaubans *Dîme Royale* , S. 162–3.

338 . Josiah Tucker, *Essay on Trade* (3. Auflage, 1753), S. 14. In seinen Aussagen kann es zu rhetorischen Übertreibungen kommen. „Die Unterordnung des einfachen Volkes ist für die Franzosen ein unsäglicher Vorteil im Handel. Dadurch werden die Fabrikanten [Arbeiter] stets fleißig gehalten. Sie wagen es nicht, in Ausschweifungen zu verfallen; Zur Trunkenheit neigen sie nicht. Sie sind [praktisch durch das Gesetz des Militärdienstes] verpflichtet, in den verheirateten Zustand einzutreten, wodurch sie große Familien zur Arbeit erziehen und den Preis dafür niedrig halten; und folglich, indem er billiger arbeitet, ermöglicht es dem Händler, billiger zu verkaufen.“

339 . *Reichtum der Nationen* , IV. iii. S. 220–1.

340 . Siehe oben, S. 155. Levasseur macht es fünfundzwanzig; Arthur Young, der Frankreich für fünf oder sechs Millionen überbevölkert hält , nennt es sechsundzwanzig (*Reisen in Frankreich* , S. 468–9; vgl. S. 474). Price hatte es auf dreißig geschafft.

341 . *Begründung einer Stellungnahme* usw., S. 12. Siehe unten, Bk. II. CH. ich .

342 . Volkszählung gemäß *Annuaire de l'Économie Politique* (1882), S. 899.

343 . *Politische Ökonomie* (1820), S. 433 *ff.* Cliffe Leslie (*Mor. and Pol. Essays* , 1879, S. 424) führt die wenigen Geburten auf das Erbfolgegesetz zurück, vor dem Malthus Angst hatte.

344 . Zumindest in den ländlichen Bezirken. Zum Verhältnis von Luxus zu Handel usw. siehe unten, Bk. II. CH. iii. P. 268.

345 . Z.B. von M. Levasseur in *La France avec ses Colonies* (1875), S. 853.

346 . Anhang zu *Wealth of Nations* , Anmerkung IV. P. 465.

347 . Levasseur, *LC* S. 845, 846 ft.

348 . *Times* , Januar 1883.

349 . *45. Bericht des englischen Registrar-General* , für 1882, S. cii, cvii.

350 . Levasseur, *La France* , lc

351 . Z.B. *Times* , lc

352 . *Essay* , 7. Aufl., IV. xiii. P. 474; 2. Aufl., IV. xi. P. 594.

353 . 2. Aufl., II. ix.; 7. Aufl., II. viii, ix.

354 . 1. Aufl., S. 63, 64.

355. 1. Aufl., S. 65–6; vgl. 2. Aufl., S. 300 und 7. Aufl., S. 193.

356. Siehe unten, Bk. II. CH. iv., &c.

357. Die damals genannten Zahlen betrugen fünf Millionen . – Froude, *Hist. von England* , ich . 3.

358. Siehe Hansard, *Parl. Hist.* , xiv. 1317.

359. Im Jahr 1801 nicht unmerklich. Arthur Young spricht also so, als hätte das landwirtschaftliche Interesse das Board of Agriculture nicht selten als ein neues Steuerinstrument angesehen. (*Bericht über Suffolk* , S. 16.)

360. Verantwortlich für Rev. Alexander Webster.

361. *Parl. Hist.* , Bd. xv. P. 69, zitiert nach Mahon, *Hist. von England* , sub dato , Kap. xxxi. P. 39. Vgl. Trevelyan, *Frühes Leben des Fuchses* , Kap. ich . P. 14.

362. Dr. Adam Anderson, *Chronologische Deduktion . of Commerce* , Einleitung , S. xliii.; erstmals 1762 gedruckt.

363. Siehe insbesondere *Estimate* (7. Aufl., 1758), Bd. I. Pt. II. Sekte. viii. S. 186 *ff.*

364. *Chron. Ded* . , ebenda.

365. *I. e.* zu der von Dr. Anderson beschriebenen Diskussion. Vgl. Malthus, *Essay* , 7. Aufl., S. 164. Murets pessimistisches Papier wurde 1766 gedruckt.

366. In seiner *Politischen Arithmetik* , 1774.

367. *Schätzung der komparativen Stärke Großbritanniens während der gegenwärtigen und vier vorangegangenen Regierungszeiten* , von George Chalmers, FRS, SA, 1. Auflage, 1782.

368. *Natürliche und politische Beobachtungen* , 1696. *Apud* Davenant und Chalmers.

369. *Ursprünglicher Ursprung der Menschheit.*

370. *Politische Übersicht über Großbritannien* , 1774.

371. Vgl. Chalmers, *Schätzung* , S. 4, Präf. P. cxxxviii. und John Howletts *Examination of Dr. Price's Essay* (Maidstone), 1781.

372. Vgl. Macaulay, *Geschichte* , Kap. iii. 137.

373. *Beobachtungen* , Beilage, S. 366. Vgl. Malthus, *Essay* , App. P. 519. Arthur Young, *Frankreich* , p. 409. Das gesamte Thema wird später im Zusammenhang mit Schottland betrachtet.

374. Siehe *Beobachtungen zum Schmuggel* , 1779.

375 . Aber siehe den *Vorbehalt* im *44. Bericht des Generalkanzlers* (für 1881), S. vi.: Der Weizenpreis und die Heiratsrate variieren nicht immer umgekehrt.

376 . Ebenso sind die Rückmeldungen an die Landwirtschaftsbehörde am Ende des Jahrhunderts voll von (nicht ganz uneigennützigem) Lob für Gehege als Förderung der Bevölkerung.

377 . Lecky, *18. Jh.* , ich . 261, 479 *ff.* Verkaufsbeschränkungen wurden von Pelham 1751 erfolgreich eingeführt, als die Frage der Entvölkerung in den Vordergrund rückte.

378 . Eine unsichere Annahme. Siehe unten, Bk. II. CH. ii., &c.

379 . Z.B. Impfung.

380 . *Essay* , 2. Aufl., S. 317; 7. Aufl., S. 198, verglichen mit 7. Aufl., S. 189 usw., oben, S. 115–16.

381 . *Essay* , 7. Aufl., S. 198 Anmerkung; erstmals gedruckt in der 3. Auflage. (1806), S. 461 n.

382 . 2. Aufl., S. 302 n.; 7. Aufl., S. 194 n.

383 . Dies wird im *vorläufigen Bericht* zur letzten englischen Volkszählung (1881) behauptet. Gegen diese Idee siehe die Rezensionen des *Annual Register* zu Edens Werk über die *Armen* (1797) und zu seiner *Schätzung* der englischen Zahlen (1800). Das *Register* hatte Burke und Godwin zu seinen Autoren gezählt und stand wahrscheinlich nicht hinter der öffentlichen Meinung.

384 . Siehe die Rezension von Arthur Youngs „*Frage of Scarcity Plainly Statement*", 1800, in *Ann. Registrieren* , Unterdaten .

385 . Vorsitzender des Ausschusses für öffentliche Finanzen 1797, Sprecher des Unterhauses 1802, Lord Colchester 1817.

386 . 2. Aufl., S. 318; 7. Aufl., S. 204. Vgl. 2. Aufl., S. 317; 7. Auflage, S. 192, 203, 206, 219 usw.

387 . 2. Aufl., S. 311; 7. Aufl., S. 201, 202, Fuß. Vergleiche *44. Rept. von Reg.- Gen.* (England), pv

388 . Wie *z. B.* 1800–1 im Vergleich zu 1802–3; 7. Aufl., S. 214.

389 . 2. Aufl., S. 319; 7. Aufl., S. 205. Vgl. Auf der letzten Seite zitierte Passagen.

390 . Vgl. *Essay* , 2. Aufl., S. 308–9; 7. Aufl., S. 198–9.

391 . 2. Aufl., S. 312–13; 7. Aufl., S. 201. Die 2. Aufl. hat einen Hinweis auf die „späten Knappheiten", die in den späteren Ausgaben fehlten . Es sei

daran erinnert, dass es sich damals bei der Registrierung um Taufen und Bestattungen handelte, nicht um Geburten und Todesfälle.

<u>392</u> . Siehe oben, S. 176. Vgl. andererseits das Zugeständnis, 2. Aufl., S. 317; 7. Aufl., S. 203, Mitte.

<u>393</u> . *Essay* , 2. Aufl., S. 319; 7. Aufl., S. 205–206.

<u>394</u> . 7. Aufl., S. 188.

<u>395</u> . Rickman selbst hat ihre Fehlerhaftigkeit zugelassen. Siehe *Essay* , 2. Aufl., S. 304; 7. Aufl., S. 196. Vgl. oben, S. 179.

<u>396</u> . 2. Aufl., S. 302; 7. Aufl., S. 194. Laut dem *Bericht des Generalkanzlers* für 1882 lag die Zahl in diesem Jahr bei 1 zu 64½.

<u>397</u> . 2. Aufl., S. 303; 7. Aufl., S. 195.

<u>398</u> . 7. Aufl., S. 205.

<u>399</u> . 2. Aufl., S. 213–14; 7. Aufl., S. 202.

<u>400</u> . *45. Bericht des Generalkanzlers* (England), (1882), p. ci.

<u>401</u> . 7. Aufl., S. 210.

<u>402</u> . 2. Aufl., S. 302; 7. Aufl., S. 194 n.

<u>403</u> . Zahlen, die durch „natürliches Inkrement" berechnet werden, *d. h . e.* Geburten und Todesfälle – 26.138.248; tatsächlich aufgezählte Zahlen – 25.968.286. – *Vorläufiger Bericht* , S. iii.

<u>404</u> . '31–'41, inkl. 14,52; '71–'81, inkl. 14.34.

<u>405</u> . Oder dreieinhalb Millionen Menschen allein nach England und Wales.

<u>406</u> . 7. Aufl., II. ix. P. 215 (zuerst geschrieben in der 5. Auflage, 1817).

<u>407</u> . *Essay* , 7. Aufl., S. 258; vgl. *Prel . Rept. Volkszählung* , 1881, S. ix.

<u>408</u> . Der Bericht über Schottland im *Essay* , Bk. II. CH. x., stammt aus dem *Statistical Account* von Sir John Sinclair, 1791–99. Sinclair fungierte auf der Südseite des Tweed als Präsident des Landwirtschaftsausschusses. Siehe unten, Bk. II. CH. ich . P. 218.

<u>409</u> . In Schottland gab es sehr wenig. Es wird nur einmal von Adam Smith erwähnt. MacCulloch sagt „nie", aber er hatte *Wealth of Nations* , IV, übersehen. vii. 251–2.

<u>410</u> . Die letzte der späten Einführung. Siehe *Berichte an das Board of Agriculture: Central Highlands* (1794), S. 21.

<u>411</u> . 2. Aufl., S. 384; 7. Aufl., S. 229.

412. Nicht feudal, sondern vorfeudal oder allodial. Siehe *Wealth of Nations*, III. iv. 183, 1.

413. *Reichtum der Nationen*, ebenda.

414. Selkirk, *Highlands*, 1805, p. 25.

415. Siehe die *Legende von Montrose* usw.

416. Adam Smith, *lc*; vgl. I. viii 36, 1 (die oft zitierte Beschreibung der „halbverhungerten Hochlandfrauen" mit ihren zwanzig Kindern im Gegensatz zur „verwöhnten feinen Dame" mit wenigen oder gar keinen.)

417. *Berichte an die Landwirtschaftsbehörde: Central Highlands*, 1794, S. 52.

418. *Reichtum der Nationen*, III. iv. 184, 1 (geschrieben 1774), eine Passage, die zeigt, dass die Räumungen und der daraus resultierende Schrei der Entvölkerung bereits in der Mitte des Jahrhunderts zu erwarten sind. Manchmal wird uns erzählt, dass von den 45er Jahren bis zum Ende des Jahrhunderts das goldene Zeitalter der Hochlandbauern herrschte. Aber die Bereitschaft der Clanmitglieder, in Chathams Hochlandregimenter einzutreten, bedeutete kaum große Zufriedenheit.

419. Vgl. *Essay über Pop.*, S. 332 (2. Aufl.), 227 (7. Aufl.) und Selkirk, *lc*, S. 43 *ff. Contra*, siehe *Report of Crofters Commission*, 1884, S. 51.

420. Hergestellt unter dem Marquis von Stafford zwischen 1807 und 1820, in diesem Jahr erreichte der öffentliche Zorn seinen Höhepunkt und der Grundbesitzer verteidigte sich in einer bekannten Broschüre seines Faktors James Loch.

421. Vgl. Malthus, *Essay*, 7. Aufl., S. 229, oben; vgl. S. 221 Fuß, 223 Fuß; 2. Aufl., S. 326–7.

422. Siehe Malthus, *Essay*, 7. Aufl., S. 227. Vgl. Farr in *Statist. Reise.*, 16. Februar 1846.

423. Hauptsächlich entnommen aus dem *Statistical Account of Scotland*, 1791–99.

424. Lavergne, *Econ. Rur. de l'Angleterre*, Kap. xx. P. 310.

425. Der 6. fügt lediglich die Personenzahlen aus der Volkszählung von 1821 hinzu, ohne jeglichen Kommentar.

426. 2. Aufl. sagt „Barbarei".

427. 2. Aufl., „deprimiert".

428. 2. Aufl. fügt hinzu: „durch den Schmutz ihrer Person."

429 . 2. Aufl., S. 334–5; 7. Aufl., S. 229. Er bezieht sich auf den Aufstand von 1795–98, der den Auftakt zur Union von 1800 bildete und noch frisch in seiner Erinnerung war.

430 . *Edin. Review* , Juli 1808, die einzige Rezension in dieser Zeitschrift, die ihm durch ausdrückliche Aussage zugeteilt wurde.

431 . *3. Bericht des Auswanderungsausschusses* (1827), Evid., qu. 3225.

432 . In dem Artikel über Newenham bringt er nebenbei das Paradox zum Ausdruck, dass die Trägheit des Volkes angesichts des niedrigen Niveaus der Ernährung geradezu von Vorteil sei, denn sie verhindere, dass die Löhne ganz auf dieses Niveau absinken. – Art. P. 341. Vgl. *Aufsatz* , IV. xi. 456–7. Für seine Sicht auf Kartoffeln in Irland, *ebenda.* , 453.

433 . Vgl. *Rezension von Newenham* , S. 352.

434 . Vgl. Rogers, *Six Centuries of Work and Wages* (1884), S. 484.

435 . In gewissem Sinne schon oft bemerkt. So auch in Antwort 3401, wo er den Ausdruck „moralische Erniedrigung" in Bezug auf Irland zu akzeptieren scheint.

436 . Vgl. oben, S. 95 und 195 n. Professor Rogers muss solche Passagen vergessen haben, als er die 62. und 63. Seite von „ *Six Centuries of Work and Wages* "(1884) schrieb, obwohl er auf einer folgenden Seite (484) seine eigene Korrektur liefert.

437 . *Reichtum der Nationen* , V. iii. 430, 1, 2.

438 . Herr Wm. Petty schaffte es 1672 auf 1.100.000. Siehe MacCulloch, Anhang. zum *Reichtum der Nationen* , (IV.) 462.

439 . Siehe die Aussage von Sir H. Parnell in *3rd Report to Emigration Committee* , 1827, S. 200. Er glaubt, dass sich die Bevölkerung Irlands zwischen 1792 und 1821 verdoppelt hatte.

440 . Malthus, Evidence before Emigration Committee, 1827; *3. Bericht* , qu. 3430, S. 327.

441 . Querist (1735) 134: „Wenn es eine tausend Ellen hohe Mauer aus Messing um dieses Königreich gäbe, könnten unsere Eingeborenen nicht trotzdem sauber und bequem leben, das Land bestellen und die Früchte davon ernten?" Die „eingesperrten Ratten" in den Corn-Law-Broschüren zeigen uns die andere Seite der Frage.

442 . „Für die Förderung jeder Branche ist eine stetige, unveränderliche Politik von großer Bedeutung ." – Arthur Young, *Frankreich* , S. 388.

443 . Siehe oben, S. 151 usw.

444 . Siehe oben, S. 191–2.

445 . *lc* p. 399. Vgl. Lecky, *18. Jh.* , Bd. ii. S. 222 *ff.* ; *Rezension von Newenham* , S. 349, 350.

446 . Siehe oben, S. 18.

447 . 7. Aufl., S. 378 Fuß. Vgl. *Polit. Wirtschaft.* , 1. Aufl., S. 252, 290 und 394 *ff.*

448 . *Aufsatz* , III. viii. 323 (zuerst in der 5. Auflage). Siehe später, S. 268 usw.

449 . *Essay* , 7. Aufl., S. 452–3; 2. Aufl., S. 575–6.

450 . *Ebenda.* , P. 323 Fuß (7.); MacCulloch, Anhang zu *W. of N.* , S. 467, 2.

451 . *Essay über Pop.* , 2. Aufl., S. 576; 7. Aufl., S. 453 Fuß.

452 . *Lavergne* , S. 423–4.

453 . Schon im Jahr 1875 zeigte der Bericht des Registrar-General, dass es damals in Irland im Verhältnis zur Bevölkerung weniger Ehen gab als in England, und dass sie später kamen. Vgl. der *18. Bericht* , für Irland (1882), S. 18, 19.

454 . *Rezension von Newenham* , S. 351–4.

455 . Siehe oben, Bk. Ich. ch. ich .

456 . 2. Aufl., Bk. III. chs . ich . zu iii.; 7. Aufl., Bk. III. chs . ich . und ii.

457 . 7. Aufl., Kap. iii. (über Owen usw.), die eine Antwort (2. und 3. Aufl .) auf Godwins erste Antwort ersetzt.

458 . Alle außer denen, die sich mit Armut befassen. Wenn der Pauperismus erreicht ist, wird der Faden des Aufsatzes wieder aufgenommen.

459 . *Pol. Wirtschaft.* , 1820, Einleitung . P. 11. Vgl. *Tract on Value* , S. 60 Fuß und mehr, S. 37.

460 . *Hoher Goldpreis* , 1809. Siehe unten, S. 285.

461 . Malthus, *Pol. Wirtschaft.* , Einführung . S. 2, 5, 22 usw.; *Essay über Pop.* , Präf. &C.; Ricardo, *Prinzipien der Pol. Wirtschaft. und Taxn* . (1817), Präf.

462 . Leben von Ricardo im Vorwort zu „*Werke*", S. xxxi.

463 . JS Mill, *Political Economy* , 1848 und 1849. Es handelte sich nicht um einen völligen Verstoß. Der neue und der alte Glaube verwirren einander und den Leser auf den Seiten von Mill.

464 . *Pol. Wirtschaft.* , Einführung . Vgl. die Diskussionen über das Maß des Wertes, *Pol. Wirtschaft.* , Kap. ii. und Broschüre zu diesem Thema. So Roscher , *Nationalökonomie* , § 1 und n.

465 . Arist ., *Ethik* , ich . (3).

466 . „ *Definitionen in der politischen Ökonomie* , vorangestellt durch eine Untersuchung der Regeln, die politische Ökonomen bei der Definition und Verwendung ihrer Begriffe leiten sollten, mit Anmerkungen zu den Abweichungen von diesen Regeln in ihren Schriften" (1827), S. 5.

467 . *Pol. Wirtschaft.* , Einführung . P. 11.

468 . *Definitionen* , S. 4.

469 . *Ebenda.* , P. 5.

470 . *Definitionen* , S. 6, 7.

471 . *Pol. Wirtschaft.* (1820), S. 28. „Und einen austauschbaren Wert haben", war der Ricardo-Zusatz; und im *Quarterly Rev.* , Jan. 1824, S. 298, Malthus lässt die Ergänzung schwach passieren.

472 . *Pol. Wirtschaft.* , Einführung . P. 11.

473 . MacCulloch, *Life of Ricardo* , vorangestellt vor *Princ . von Econ. and Taxation* (Hrsg. 1876), S. xxv.

474 . Von Empson in Edin zitierter Brief . *Rezension* , Januar 1837.

475 . *Pol. Wirtschaft.* , Präf. S. 12, 13 (2. Aufl.). Vgl. oben, S. 57.

476 . Arist ., *Ethik* , x. 1. Einige dachten, Vergnügen sei das Ziel, aber anderen zuliebe „darf man das nicht sagen."

477 . Siehe unten, Kap. iv.

478 . Porter's *Progress of the Nation* , S. 148 (Hrsg. 1851). Vgl. MacCulloch, *Wealth of Nations* , Anmerkungen, S. 525.

479 . 1817 aufgelöst.

480 . Zwischen 1767 und seinem Tod im Jahr 1820 verfasste er nicht weniger als hundert Bände über die Landwirtschaft. Seine Wette wird in Sir J. Sinclairs *Leben* von Erzdiakon Sinclair gegeben, d . h . 253.

481 . Ende 1801.

482 . *Mitteilungen an den Landwirtschaftsausschuss* , iv. 232–5 (1805). Vgl. *Ann. Reg.* , 1801, S. 131.

483 . Z.B. dass die Mitglieder immer gemischtes statt reines Weizenmehl verwenden sollten.

484. *Ann. Reg.* , 1801, S. 129.

485. So geschah es *beispielsweise* beim Obersten Richter Kenyon, King's Bench, Rex *gegen* John Rusby , November 1799.

486. Siehe JS Girdler, *Forestalling* usw. (1800), SJ Pratts Gedicht über *Brot für die Armen* (1800).

487. Girdler, *LC* S. 46,48 usw.

488. Philps , *Progress of Great Britain* , S. 132.

489. Vgl. die Zahlen in Malthus' *Tract on Value* , S. 69–79, und in Professor Rogers' *Six Centuries of Work and Wages* , S. 487 *ff.* ,- beide stammen hauptsächlich aus Eden on the Poor.

490. *Reichtum der Nationen* , I. viii. 44, 1.

491. Zum gesamten Thema siehe Craik, *Hist. des Handels* , ii. 142–5.

492. Macpherson, dito, iii. 148 (Jahr 1728), 307 (Jahr 1757).

493. *Ebenda.* , iii. 329, 331; MacC. , *Komm. Diktat.* (Hrsg. 1871), S. 430.

494. Vgl. *Essay über Bevölkerung* , S. 352 (7. Aufl.). Vgl. oben, S. 25.

495. Macpherson, iii. 438, 452.

496. Vgl. Malthus, *Essay über Pop.* , P. 453 (2. Aufl.); *Grounds of on Opinion* , &c., p. 43.

497. Z.B. *National Industry of Scotland* , Bd. ii. S. 208–9 (1779). MacCulloch hat andere Passagen zitiert (*Wealth of Nations* , xlviii. n., und *Note on Rent* , S. 453, 1 und n.). Sir Edward West stimmt Malthus in seiner eingeschränkten Zustimmung zu den Maisgesetzen zu. Siehe *Price of Corn* usw., S. 139.

498. Ein Nachdruck des 3. (?)

499. Wenn wir die *Krise mit einbeziehen* , wäre es das fünfte Mal.

500. Es war so beliebt, dass es 1815 eine dritte Auflage gab.

501. Siehe *Gründe einer Stellungnahme* usw., S. 2.

502. *Beobachtungen* , S. 20–1.

503. *Ebenda.* , P. 17.

504. Der englische Preis im November 1884.

505. *Beobachtungen* , S. 19, 22, 23, 27.

506 . *Ebenda.* , P. 28. Wenn die Ricardiansche Hypothese nicht auf Einzelpersonen zutrifft, trifft sie, wie Cobden erfahren musste, umso weniger auf Regierungen zu.

507 . *Ebenda.* , S. 30, 31.

508 . *Ebenda.* , P. 32: „Viele der Fragen sowohl in der Moral als auch in der Politik scheinen von der Natur der Probleme *de maximis et minimis* in Fluxions zu sein; in dem es immer einen Punkt gibt, an dem eine bestimmte Wirkung am größten ist, während sie auf beiden Seiten dieses Punktes allmählich abnimmt.“

509 . Vgl. sogar *Beobachtungen* , S. 5, 12, 13.

510 . Siehe unten, Kap . ii. und iii.

511 . Der Ausdruck von Grenville in einem Brief an Pitt, 1800. Siehe Stanhope, *Life of Pitt* , ii. 371.

512 . Es sei denn vielleicht Mr. Bagehots. Oberst Thompson verstand die Bevölkerungstheorie nur in ihrer gröberen Form. In Antwort 337 des *Katechismus* (1839) begegnet er dem Einwand, dass der Freihandel nur die Bevölkerung vergrößern würde, mit den Worten: „Kein Mensch hat das Recht, uns daran zu hindern, einen ständigen Wettlauf mit dem Hunger zu führen, wenn wir können.“

513 . *Gründe* usw., S. 46 n.

514 . *Ebenda.* , S. 3, 11, 12,

515 . *Ebenda.* , S. 30, 33.

516 . Ricardo, *Werke* , S. 33[8?]5 (MacC.s Hrsg.). Für Anmerkungen zu diesem Teil von Malthus' Traktat siehe *ebenda.* , P. 382.

517 . *Gründe* usw., S. 36 n. Vgl. Ricardo, S. 390.

518 . Siehe oben, S. 211.

519 . *Pol. Wirtschaft.* , Kap. iii. Sekte. ich . P. 134 (1820).

520 . *Wealth of Nations* , I. xi., Anfang.

521 . Er stellt diese Qualifikation nicht immer voran; aber dass er es beabsichtigte, geht deutlich aus dem *Tract on Rent* , S. 3 Anm.: Nicht jedes Land, das Nahrung liefert, wird auch Rente abwerfen. Vgl. *Pol Econ.* (1820), S. 141.

522 . Vergleichen Sie *Traktat zur Miete* , S. 16 n.

523 . Der Titel des Traktats lautet: „ *Eine Untersuchung über die Natur und den Verlauf der Rente und die Grundsätze , nach denen sie geregelt wird* “. Aus einem Brief

von Malthus an Sir John Sinclair vom 31. Januar 1815 geht hervor, dass er in diesem Monat durch die Presse ging. Sinclair, *Korrespondenz*, ich . 391 (1831).

524 . Auch in der Bildung, hätte er hinzufügen können.

525 . *Pol. Wirtschaft.* (1820), S. 142, insbesondere aber S. 187. Vgl. *Tract on Rent* , S. 8–12.

526 . *Miete* , S. 10.

527 . Vgl. auch unten, S. 294.

528 . *Reichtum der Nationen* , IV. ii. 307, 2; vgl. IV. V. 240, 2.

529 . *Essay über die Anwendung von Kapital auf Land* , mit Beobachtungen, die zeigen, dass jede große Beschränkung der Maiseinfuhr unpolitisch ist und dass die Prämie von 1688 den Preis dafür nicht gesenkt hat. Von einem Stipendiaten des University College Oxford. (London, 1815.) Seite 2.

530 . *W. von N.* , II. iii. 148, 1.

531 . *Essay* , 1. Aufl., S. 363.

532 . *Tract on Rent* , S. 16; *Essay über Pop.* (7. Aufl.), S. 327. Vgl. über.

533 . *Miete* , S. 20; vgl. S. 18, 57. *Essay über Pop.* , 2. Aufl., S. 433; 7. Aufl., S. 327. „Wenn wir nur auf die klare Geldmiete achten" usw.

534 . Ricardo, Vorwort zu *Principles of Pol. Wirtschaft. und Steuern* .

535 . Nachdruck von MacCulloch in seiner Ausgabe von *Pol. Wirtschaft. und Steuern* , S. 367–390.

536 . MacCulloch Hrsg. von *Pol. Wirtschaft. und Steuern* , S. 374 n.

537 . *Ebenda.* , P. 371.

538 . Daher führt Prof. Rogers die hohen Mieten des 17. und 18. Jahrhunderts größtenteils auf die niedrigen Löhne zurück; Höhere hätten „zuerst die Miete und dann die Gewinne gesenkt." – *Six Centuries* , S. 482; vgl. S. 480 und 492.

539 . *Pol. Wirtschaft.* (1820), S. 161 (Kap. III. Abschnitt III.).

540 . *Pol. Wirtschaft. and Taxation* , S. 373, 375, 379–80; vgl. S. 71 und 72, insbesondere aber 68 Fuß. Malthus folgt im Großen und Ganzen Adam Smith, I. ix.; Mill ist Ricardo gefolgt.

541 . Soweit der Bericht historisch gemeint ist, muss er von Carey korrigiert werden. Siehe oben, S. 65.

542 . Ricardo, *lc* p. 372 und n. Vgl. unten. Er beruft sich auf Adam Smiths Prinzip der Entschädigung (*Wealth of Nations* , I. x.).

<u>543</u> . Rogers (*Six Centuries* , S. 352) geht sogar in die entgegengesetzte Richtung und macht Verbesserungen zum einzigen Grund für eine Erhöhung der Miete, obwohl die Passage mit S. 352 gelesen werden sollte. 480 und insbesondere S. 482 und 492.

<u>544</u>. Z.B. Frau Fawcett, *Pol. Wirtschaft. für Anfänger* , S. 65, 66; und sogar West, on *Rent* , S. 50.

<u>545</u> . *3. Bericht* , 1827, S. 321, qu. 3341. Vgl. Perr . Thompson, *True Theory of Rent* , S. 8, 12, 34 usw. (1832, 9. Aufl.).

<u>546</u> . *Tract on Value* , S. 6.

<u>547</u> . Ricardo, *Low Price of Corn* , &c., *Works* , S. 373, 380, 381, &c.

<u>548</u> . *Ebenda.* , S. 377, 379.

<u>549</u> . Ricardo, *Werke* , *lc* p. 378.

<u>550</u> . *Pol. Wirtschaft. und Steuern.* , ebenda. S. 50 *ff.* , insb. S. 54, 55.

<u>551</u> . *lc* p. 55 Fuß.

<u>552</u> . *Niedriger Preis* usw., ebenda . , P. 379.

<u>553</u> . *Pol. Wirtschaft. und Steuern.* , Kap. v.; vgl. Malthus, *Pol. Wirtschaft.* (1820), S. 230.

<u>554</u> . Aber vgl. *Werke* , S. 377 n.

<u>555</u> . *Pol. Wirtschaft.* , IV. iii § 4. Vgl. Walker, *Land and its Rent* , S. 177–181, obwohl darauf hingewiesen wurde, dass auf S. 178, dass der Autor Mills präzisierende Formulierung (Verbesserungen) „plötzlich gemacht" weglässt.

<u>556</u> . Siehe die Tabelle von Sir James Caird im Anhang zu *Landed Interest* (1878). Vgl. Cairnes *Essays in Pol. Ec.* , vi. P. 216.

<u>557</u> . Bk. III. CH. vii p. 429.

<u>558</u> . *Essay* , 2. Aufl., Bk. III. CH. viii. P. 437.

<u>559</u> . *Ebenda.* , *lc* CH. ix. S. 443 *ff.*

<u>560</u> . *Essay* , Bk. III. CH. ix. P. 450.

<u>561</u> . *Ebenda.* , Kap. XP 465.

<u>562</u> . *Ebenda.* , Bk. V. Kap. xp 468 n.

<u>563</u> . *Pol. Wirtschaft.* (1820), S. 227 *ff.* , (1836) S. 240 *ff.*

<u>564</u> . *Sechs Jahrhunderte Arbeit und Lohn* , Kap. xii., insb. P. 345.

565 . Die Fakten von Malthus' „Rezension" können grob im folgenden Diagramm dargestellt werden, wobei der Balken den Weizen angibt, den der Landarbeiter pro Tag verdient . Der Betrag für 1350 geht davon aus, dass das Arbeiterstatut erfolgreich war.

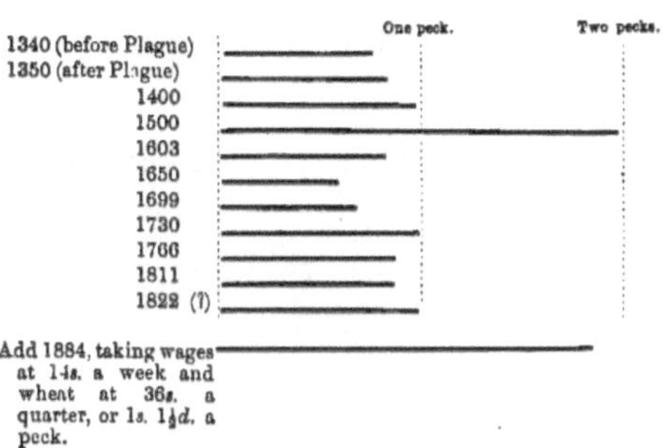

566 . 7. Aufl., S. 321 *ff.* (Bk. III. Kap. VIII.), erstmals 1817.

567 . Vgl. oben, S. 225 n. In *Pol. Wirtschaft.* (1820), S. 432 sagt er: „Alle tollen Ergebnisse in *Pol. Wirtschaft.* Der Respekt vor Reichtum hängt von den Proportionen ab." 2. Aufl. fügte hinzu (S. 376), „nicht nur dort, sondern im gesamten Spektrum von Natur und Kunst." Daher hält er ein Stück Weizen für einen guten „Mittelpunkt" des Lohns. *Pol. Wirtschaft.* (1820), S. 284, (1836) S. 254.

568 . *Essay* , 7. Aufl., Bk. III. CH. ix. S. 328 *ff.* Vgl. S. 334, 338.

569 . *Ebenda.* , P. 332.

570 . *Ebenda.* , Bk. III. CH. X. S. 334 *ff.*

571 . Siehe oben, S. 201 n. Vgl. *Essay über Pop.* , 7. Aufl., S. 337.

572 . *Essay* , *lc* p. 338.

573 . *lc* Bk. III. CH. X. S. 338–9.

574 . *Fortnightly Review* , November 1881, seine letzte Schrift. Vgl. *Essay* , *LC* S. 340–342.

575 . In zwei langen Kapiteln über Corn Laws and Bounties, *Essay on Pop.* , Bk. III. CH. xi. S. 343–367. Vgl. oben, S. 226 *ff.*

576 . Siehe unten, Bk. IV.

577 . *Das angegebene und illustrierte Wertmaß mit seiner Anwendung auf die Wertveränderung der englischen Währung seit 1790. (April) 1823.*

578 . Also *Tract on Value* , S. 1. Aber in *Definitionen* ist Wert „die Beziehung eines Objekts zu einem oder mehreren anderen im Austausch, die sich aus der Einschätzung ergibt, in der eine Sache gehalten wird" (Def. 40, 41; vgl. mit Def. 5).

579 . Adam Smith, *Wealth of Nations* , I. v.

580 . *Wertmaßstab* , S. 23. Vgl. *Pol. Wirtschaft.* (1820), S. 126 *ff.* ; (1836), S. 84, 93 *ff.*

581 . *Wertmaßstab* , S. 20 n. Auf den Seiten 23–24 fügt er hinzu: „Nimmt man den Durchschnitt der Sommer- und Winterlöhne."

582 . Siehe unten, S. 268. *Pol. Wirtschaft.* (1820), S. 125; (1836) S. 102 usw.; *Traktat über Wert* , passim.

583 . *Arbeit und Lohn* , Kap. iii. P. 75. Malthus, *Pol. Wirtschaft.* , 2. Aufl., S. 108 *ff.*

584 . Vgl. Marx, *Kapital* , S. 19, 21 usw.

585 . MacC.'s Hrsg., S. 45 *ff.* Vgl. *Tract on Value* , S. 20 n., oben zitiert.

586 . Vgl. Ricardo, *Pol. Wirtschaft.* , *Works* (Hrsg. MacC.), S. 15.

587 . *Mess. of Value* , S. 8–12.

588 . *Mess. of Value* , S. 22, 65. Vgl. Cairnes , *Australian Episode* , in *Essays in Pol. Wirtschaft.* (S. 92 *ff.;* vgl. S. 37, 61), (1873), – erstmals veröffentlicht in *Fraser's Mag.* , Sept. 1859.

589 . *Mess. of Value* , S. 23.

590 . *Ebenda.* , S. 27–29.

591 . *Mess. of Value* , S. 29 n.

592 . Er hätte einfach sagen können, dass das eine im Verhältnis zu den landwirtschaftlichen Produkten selbst intrinsisch und das andere extrinsisch sei.

593 . *Mess. of Value* , S. 63.

594 . *Mess. of Value* , S. 67 *ff.* Vgl. unten, S. 283 *ff.*

595 . Wer lässt zu, dass die Kosten eine größere Rolle beim Wert spielen? Vgl. unten, S. 278–9. Aber Ricardo, *Pol. Wirtschaft.* , Sekte vi. P. 28 lehnt den Glauben an *ein* universelles Wertmaß ab.

596 . Malthus, zitiert von Empson, *Edin. Rev.* , Jan. 1837, S. 499.

597 . Er war FRS 1819 und Mitglied der Pol. Wirtschaft. Club bei seiner Gründung im Jahr 1821.

<u>598</u> . 4. Mai 1825; 7. November 1827. *Transaktionen davon RSL* , vol. ich . Teil I. _ P. 171.

<u>599</u> . *Bericht der RSL* , 1824, S. 21.

<u>600</u> . Möglicherweise möchten wir ausdrücklich den Geldwert eines Mantels oder den Wert von Besteck oder Kohlen wissen. Der Professor am Frühstückstisch spricht von „Madeira, das zwei bis sechs Bibeln pro Flasche wert ist.“

<u>601</u> . *Definitionen* (1827), p. 235.

<u>602</u> . I. e. *zum* Objekt, das diesen *Kostenwert misst* .

<u>603</u> . *Ebenda.* , P. 243.

<u>604</u> . Siehe oben, S. 254. Ricardos langer Briefwechsel mit Malthus zu diesem Thema wird von Empson, *Edin, erwähnt. Rev.* , *lc* p. 469. Empsons Auszüge daraus sind der wertvollste Teil seines Artikels.

<u>605</u> . R. Torrens, *Production of Wealth* , 1821, S. iv, v.

<u>606</u> . Held, *Sociale Geschichte Englands* , S. 205.

<u>607</u> . *Dialogues of Three Templer on Political Economy* , 1824 (*Works* , Black, 1863, Bd. IV). Alles hängt von der Annahme in der Mitte von Dialog I. S. ab. 196 („Es ist die Doktrin von Herrn Ricardo“ usw.) und über die Beschränkung der Diskussion auf den natürlichen Wert (S. 198).

<u>608</u> . *Wertmaßstab* , S. 20 n.

<u>609</u> . London, 1832; Birmingham, 1833. Die Verfassunggebende Versammlung wandte 1791 die gleiche Maßnahme, jedoch auf andere Weise, an. Siehe Roscher , *National-ökon.* (1879), S. 298.

<u>610</u> . Die Worte lauten: „Ermöglichen Sie den Arbeitern , eine stationäre oder wachsende Bevölkerung aufrechtzuerhalten“ (*Pol. Econ.* , 1836, S. 218). Die Unbeholfenheit des Satzes kann auf eine schlechte Bearbeitung zurückzuführen sein. aber wir lesen an anderer Stelle vom „ *Preis des Lohns* “.

<u>611</u> . *Pol. Wirtschaft.* , 1836, S. 218, 223.

<u>612</u> . Siehe Lassalle und Marx.

<u>613</u> . Vgl. Malthus, *Pol. Wirtschaft.* (1836), S. 224, 225 usw. *Essay on Population* , 7. Auflage, III viii. 323, insbesondere aber IV. xiii. 473. Siehe auch Rogers, *Six Centuries* , Kap. viii., „Die Hungersnot und die Pest“, insbesondere S. 233–242.

<u>614</u> . Malthus, *Essay über Pop.* , IV. xiii. 473; vgl. S. 373 und 434.

615 . Vgl. insbesondere *Essay über Pop.* (2. Aufl.), III. ix. 444. „Der Arbeitspreis ist gestiegen – um nicht wieder zu fallen."

616 . *Auswanderer_ Komm.* (1827), S. 326, qu. 3411; vgl. 3408, 3409. Vgl. oben, S. 197.

617 . Die wichtigste davon ist die Gewinnrate, die zum gegebenen Zeitpunkt ausreicht, um den „Unternehmer" (oder „Unternehmer") zur Fortführung seiner Geschäfte zu bewegen.

618 . Siehe Mill zu Thorntons „ Labour ", *Fortnightly Review* , Mai 1869. Vgl. Walker on *The Wages Question* , S. 140 *ff.*

619 . So in *Quarterly Review* , Januar 1824, S. 315 sagt Malthus, dass Gewinne eher von der Nachfrage nach Produkten als von der Nachfrage nach Arbeitskräften abhängen .

620 . *Diskurs über Pol. Wirtschaft.* , von JR MacCulloch, S. 61, 62 (1. und 2. Aufl .), 1825.

621 . *Gespräche über Pol. Wirtschaft.* , 1817 (1. und 2. Aufl .), S. 137. Die Erinnerung an Mrs. Marcet wird für heutige Leser durch Macaulays Hinweis auf sie im Essay über Milton bewahrt.

622 . *Diskurs* , *lc* Vgl. *MacC.s Pol. Wirtschaft.* , Pt. III. CH. ii. P. 378 (Hrsg. 1843); Prof. Fawcetts *Manual of Pol. Wirtschaft.* , P. 131 (1876).

623 . James Mill, *Elem.* (1821), S. 25; John Mill, *Prinzipien* , II. xi. § 1. Vgl. *Fort. Rev.* , 1869, Mai; Thornton, *Labour* , II. ich . P. 83.

624 . *Reichtum der Nationen* , I. viii. P. 31, 2.

625 . *Ebenda.* , IV. ix. 306, 1.

626 . *Ebenda.* , IV. ix. 310, 2.

627 . *Ebenda.* , V. i . 327, 2.

628 . *Pol. Wirtschaft.* , Hrsg. 1836, Kap. iv. Sekte. ii. P. 224.

629 . *Ebenda.* Hrsg. 1820, Kap. iv. P. 248.

630 . *Quarterly Review* , Januar 1824. Vgl. unten, S. 288.

631 . Ergänzung zur *Encyclopædia Britannica* . Vgl. oben, S. 71.

632 . Empson in *Edin. Rev.* , Jan. 1837, S. 496.

633 . *Quart. Rev.* , Jan. 1824 (Nr. lx.), S. 333–4.

634 . Ricardo, *Pol. Wirtschaft. und Steuern.* , Kap. ich . Abschnitte IV., V.; *Werke* , S. 20, 25. Vgl. Malthus, *Pol. Wirtschaft.* , 1820, S. 104 und der gesamte Abschnitt iii. S. 72 *ff.*

635. *Quart. Rev.* , *lc* p. 324; vgl. P. 315. Vgl. über.

636. *Pol. Wirtschaft. und Steuern.* , Kap. ich . Abschnitte iv. und v.

637. Man könnte hinzufügen, dass jeder gegebene Wert sowohl von Gewohnheiten als auch vom Wettbewerb beeinflusst wird.

638. 1821, S. 186, Kap. iv. Sekte. iii. „Dieser Konsum geht mit der Produktion einher.“

639. *Pol. Wirtschaft.* , III. xiv. „Von einem Überangebot.“ Vgl. I. v. § 3, S. 42.

640. Eine Ladung Schlittschuhe wurde 1808 nach Rio Janeiro geschickt.

641. Die Absicht des neuen Getreidegesetzes von 1815 bestand darin, sämtliches ausländisches Getreide fernzuhalten, bis der Inlandspreis 80 % *erreichte.* ein Viertel, oder der Laib 1 *s.* Siehe oben, S. 221.

642. Der Artikel über die Goldbarrenfrage vom August desselben Jahres könnte von ihm stammen, wenn er nicht von Francis Horner wäre. Vgl. Horner's *Life* , Bd. ich . CH. vi., datiert April und September 1805, woraus hervorgeht, dass Horner intensiv an der Frage arbeitete und beabsichtigte, darüber zu schreiben, wie er es 1811 vielleicht besser gemacht hätte, frisch von seinen Erfahrungen im Bullion Committee. Was den Artikel vom Februar betrifft, so wird die Urheberschaft teilweise durch interne Beweise, teilweise durch Horner's *Life* , Bd. ii. P. 68 (Januar 1811): „Ich habe Malthus' MS erhalten. von Ihnen [Jeffrey] und habe es ihm seitdem mit den Bemerkungen übermittelt, die mir beim Durchlesen einfielen“ usw. MacCulloch begann nicht, die Wirtschaftsartikel für den *Edin zu schreiben. Rev.* bis 1818. Siehe *Notes and Queries* , 5. Okt. 1878.

643. Zur Geschichte der Währung in dieser Zeit siehe „ *Introd“ von Miss Martineau . zu Hist. des Friedens* , Bk. II. CH. iii.; *Hist. des Friedens* , Bk. Ich. ch. iii. und Kap. xv.; Cobbett's *Paper v. Gold* ; Macleod's *Banking* , Bd. ii., Ende von Kap. ix. S. 174–221, der bei weitem vollständigste Bericht.

644. Peel änderte damals seine Ansichten zur Währung, wie er es später auch zur katholischen Emanzipation und den Maisgesetzen tat.

645. P. 370. Er spricht zustimmend über den amerikanischen Freihandel im Bankwesen auf eine Weise, die Cobden gefallen hätte.

646. P. 371.

647. Z.B. Horner beklagt sich darüber sogar in einem so klaren Artikel wie dem über Newenham . Siehe Horner's *Life* , Bd. ich . S. 436–7 (*Subdato* 1808).

648. *Works* (Hrsg. MacC.), S. 291–296.

649. Ricardo, *Works* (MacC.), p. xxi.

650 . Vgl. unten, Bk. V.

651 . Horner's *Life* , Bd. ii. P. 68 (Januar 1811).

652 . *Gedanken und Details zu hohen und niedrigen Preisen während der letzten dreißig Jahre, 1793–1823.* Die spätere Ausgabe. von 1838 in drei Bänden. ist wertvoller.

653 . *Politisches Register* , 30. November 1816.

654 . Interne Beweise, z. B. S. 237 des *Quarterly* , verglichen mit S. 65 von *Measure of Value* würde seine Urheberschaft belegen, und der Artikel wird ihm von Tooke, *Prices* , Hrsg., zugeschrieben. 1838, Bd. ich . P. 21.

655 . *lc* S. 215–16.

656 . Bosanquet, *Praktische Beobachtungen zum Bericht des Bullion Committee* (1810); Ricardo, *Der hohe Goldpreis, ein Beweis für die Entwertung der Banknoten* (1809) und seine *Antwort an Bosanquet* (1811).

657 . *lc Pol. Wirtschaft.* , Einführung . (1820), S. 6 und 7 n., (1836) S. 5 n. Vgl. Tooke, *Preise* , Teil I. p. 6 (Hrsg. 1823).

658 . Tooke, *Preise* , Teil III. P. 91.

659 . Siehe *Tract on Value* , S. 18.

660 . *Quarterly* , April 1823, S. 230.

661 . *Wirtschaft. Pol.* , Teil III. CH. ii., 2. Aufl., 1842; 1. Auflage, 1802.

662 . „Produkte" ist jedoch Says Wort.

663 . *Elemente* (1821), Kap. iv. Sekte. iii. S. 186 *ff.* „Dieser Konsum geht mit der Produktion einher." Mill lehrte dies bereits 1808 in seinem Traktat (gegen Spence) *Commerce verteidigt* .

664 . *Briefe an M. Malthus über verschiedene Wirtschaftsthemen . pol ., Notamment sur les Causes de la stagnation générale du commerce* (1820), S. 26 *ff.*

665 . *Pol. Wirtschaft.* (1820), S. 355, (1836) S. 316. Gegen Says allgemeine Position siehe *Definitionen* , S. 56 n.

666 . *Reichtum der Nationen* , I. iii.

667 . Siehe oben, S. 232. Eine merkwürdige Fußnote in *Essay on Pop.* , 3. Aufl., Bd. ii. P. 264, deutete darauf hin, dass es im Falle einer hohen Landwirtschaft zu einer Überproduktion kommen könnte, wenn die Kosten dazu führten, dass die Landwirte mehr verlangten, als die Öffentlichkeit tragen konnte. Doch dieser Zettel verschwand danach.

668. Ricardo, *Pol. Wirtschaft. und Steuern*, Kap. xxi. P. 176 (MacCull.s Hrsg.). Mill (*Elements* , S. 193 ft., 194) ist starrer.

669. *Essay* , 7. Aufl., IV. xiii. 473.

670. *Pol. Wirtschaft.* (1836), Kap. iv. Sekte. iii. P. 239, leicht verändert gegenüber der 1. Auflage, 1820, Kap. iv. Sekte. iii. P. 266.

671. Sismondi, *Nouveaux Principes de l' Econ . Pol.* , 1819. Siehe Malthus, *Pol. Wirtschaft.* (1820), S. 420, (1836) S. 325 n., 366 n. Vgl. andererseits *Essay* , III. xiii. 372–3 und n.

672. *Wealth of Nations* , V. i . Kunst. ii. S. 350–353 (Hrsg. MacC.). Er wird von Ferguson, *Civil Society* , Teil IV, übertroffen . und v. (Hrsg. 1773).

673. 3. Aufl. von *Pol. Ec. und Steuern.* (1821), Kap. xxxi. S. 468–9, Hrsg. MacCull ., S. 235–236. Vgl. unten (Kritiker). Es ist die Position von Marx.

674. Glaubt man Bowring, *Life of Bentham* (Hrsg. 1843), S. 176.

675. „Angenommen, seine Meinung hat sich in den letzten zwölf Monaten nicht geändert." – *De Quincey* , Bd. iv. P. 231.

676. James Mill, *Elements* , S. 193, 194. MacCull ., *Pol. Ec.* , P. 207. Vgl. das Traktat *Mordecai Mullion* (1826).

677. Besonders in Sonntagsschulen, so die Aussage von Samuel Bamford. – *Radical* , Bd. ich . P. 7 (1844).

678. Wir haben sein Gegenstück in unserer Zeit.

679. Siehe unten, Bk. III., für die Widerlegung des Vorwurfs, er sei in seiner Politik reaktionär gewesen, wie viele Wirtschaftsoptimisten.

680. *Pol. Wirtschaft.* , 1820, S. 236.

681. *lc* p. 472.

682. *Auswanderer _ Komm.* (1827), S. 317, qu. 3281.

683. Eine solche Ansicht wird von Malthus selbst vertreten, *Essay* , IV. xiii. P. 473 (vgl. *Pol. Ec.* , 1820, S. 475), eine Passage, die kaum mit den Passagen im *Quarterly* und im *Pol in Einklang zu bringen ist. Ec.* die von der Notwendigkeit einer besonderen Klasse unproduktiver Konsumenten sprechen.

684. *Pol. Wirtschaft.* (1820), Kap. vii. Sekte. ix. P. 473. Vgl. *Tract on Rent* , S. 48 n.

685. *Essay über Pop.* , III. iii. P. 282 (in Bezug auf Robert Owen). Vgl. das ganze ch. xiii. von Buch III, wo er sich mit der „Steigerung des Reichtums und seinen Auswirkungen auf die Lage der Armen" befasst.

686 . *Pol. Wirtschaft.* , *lc* p. 474.

687 . *Ebenda.* , *LC* S. 474–5.

688 . Siehe oben, S. 245 *ff.* und 252.

689 . Siehe unten, Bk. IV. und vgl. oben, S. 208.

690 . Siehe oben, S. 142.

691 . Die Passage wird vollständig zitiert, da sie von neueren Kritikern stark verfälscht wird; *z.* B. in *Fortschritt und Armut* , VII. ich . 304 n.

692 . *Essay* , 2. Aufl., IV. vi. 531.

693 . Lucretius, iii. 951. Ciceros Gleichnis vom Theater, das allen Besuchern offen stand, aber jedem seinen eigenen Platz einräumte, hatte besondere Bedeutung für das Eigentum (*De Finibus* , iii. 20).

694 . Epitaph auf Fenton.

695 . James Grahame's *Population* (1816), S. 34. Vgl. *Quarterly Rev.* , Dez. 1812, S. 327; Hazlitt, *Spirit of the Age* , „Malthus", Ende.

696 . Buch III. Teil I. Kap. iv. (1785).

697 . Z.B. Godwin, *Bevölkerung* (1820), I. iii. 17. Der Rückzug war wahrscheinlich auf Sumner zurückzuführen. Siehe Otter, Life of Malthus in *Pol. Ec.* (1836), S. lii.

698 . Vgl. *Essay* , 2. Aufl., S. 400, 401 und nn .; 7. Aufl., S. 298 n. Vgl. S. 295 und 297 n. Vgl. auch Tooke, oben zitiert, S. 291.

699 . Vgl. oben, S. 220.

700 . Über Kopfgelder und den Maishandel. Vgl. *Hoher Proviantpreis* , S. 3.

701 . *lc* p. 23. Siehe oben, S. 289. Auch *Corn Law Catechism* , 1839, qu. 244.

702 . *lc* S. 9–11. Vgl. das „Make-Up"- und „Brotgeld", das im *Report of Poor Law Commission* , 1834, S. 27.

703 . *Hoher Preis* usw. S. 19, 20.

704 . *lc* p. 27. Vgl. oben, S. 43.

705 . 1. Aufl., S. 82, 83; 7. Aufl., S. 302–3.

706 . *Essay* , 7. Aufl., Anhang, S. 493.

707 . Er entlehnt, wie er selbst sagt, die Sprache von Sir Frederick Eden über den *Staat der Armen* (1797). Siehe *Essay on Population* , 2. Aufl., S. 417 n.; 7. Aufl., S. 308 n.

708 . *Brief an Whitbread* (1807), S. 12, 13; vgl. *Aufsatz* , S. 445 Fuß.

709 . Zitiert, *Essay* , III. vi. 308 n.

710 . 7. Aufl., III. vi. 303; 1. Aufl., S. 365.

711 . III. vi. (7. Aufl.), S. 305.

712 . Siehe z. B. *Emigration Committee* , 1827, qu. 3369, S. 323.

713 . Dr. John Moores *Sicht auf Gesellschaft und Sitten in Frankreich, der Schweiz und Deutschland* (7. Auflage, 1789), Bd. ii. S. 144–157.

714 . *Essay* , 7. Aufl., III. vi. P. 307; *Auswanderungskomitee* (1827), qu. 3361, S. 323.

715 . *lc* S. 307–8. Vgl. oben, S. 134.

716 . *Berichte an den örtlichen Gouverneur. Bd. über ausländische Armengesetze* , 1875, S. 7.

717 . Macvey Napier's *Correspondence* , S. 29 *ff.* Datum 30. September 1821.

718 . *Bericht von Poor Law Comm.* , 1834; *Abhilfemaßnahmen* , S. 227.

719 . *Essay über Bevölkerung* , Anhang, S. 492. Es war wahrscheinlich dieser Verzicht auf öffentliche Pflichten, der Coleridge dazu veranlasste, sich zu beschweren: „Die gesamte Tendenz der modernen oder malthusianischen politischen Ökonomie besteht in der Denationalisierung" (*Table Talk* , S. 327). Vgl. Toynbee, *Industrie . Revol .* , P. 24. Aber vielleicht lag es einfach an der Idee, dass Malthus, wie Ricardo, *Laissez-faire befürwortete* ; und in diesem Fall ist es einzigartig, dass er nicht „Ricardian" statt „Malthusian" hätte sagen sollen.

720 . *Essay* , 2. Aufl., IV. vii. P. 538; 7. Aufl., IV. viii. P. 530.

721 . *Essay* , 2. Aufl., S. 539.

722 . Z.B. *Bericht der Kommissare* , S. 13.

723 . *Bericht* , S. 227–228.

724 . *Bericht* , S. 228.

725 . Selbst wenn er ein armer Steuerzahler wäre und einen Betrag abstimmen würde, von dem sein reicherer Nachbar den größeren Anteil zahlen würde.

726 . *Essay* , 2. Aufl., S. 490; 7. Aufl., S. 394; vgl. S. 392 oben und 396.

727 . *Essay* , 7. Aufl., IV. X. S. 442–3; vgl. P. 161.

728 . 7. Aufl., IV. ich . P. 390. Vgl. oben, S. 37.

729 . Nicht ganz logisch, wenn der Test einer tugendhaften Handlung darin besteht, dass sie dazu neigt, Glück zu erzeugen.

730 . *Ebenda.* , IV. ich . P. 390.

731 . 2. Aufl., S. 489, 490, 501; 7. Aufl., S. 390, 401. Vgl. Paley, *M. und P. Phil.* , I. vi., II. iv.; Tucker, *Light of Nature* (1. Auflage, 1768), Bd. ii. CH. xxix., insb. § 12.

732 . *Essay* , 7. Aufl., IV. ich . 391. Kants Prüfung eines moralischen Gesetzes ließ sich, soweit sie nicht rein dogmatisch war, am leichtesten durch dieses utilitaristische Argument veranschaulichen oder, wie er es sagen würde, parodieren.

733 . *Essay* , 2. Aufl., S. 487; 7. Aufl., S. 392.

734 . *Ebenda.* , 2. Aufl., S. 488; 7. Aufl., S. 392–3; vgl. P. 398.

735 . *Ebenda.* , 1. Aufl. (1798), S. 211.

736 . Die Passage in *A Tale of the Tyne* , die in Miss Martineaus eigenem Gedächtnis keine Spuren hinterlassen hat, Malthus aber so getreu dargelegt hat, dass er sie absichtlich angerufen hat, um ihr dafür zu danken (*Autobiogr* . , I. 253), lässt sich leicht anhand von identifizieren diese Auszüge als Kap. iii. P. 56 von ed. 1833.

737 . 2. Aufl., S. 491–2; 7. Aufl., S. 395. Siehe oben, S. 36.

738 . 2. Aufl., S. 494; 7. Aufl., S. 397. Vgl. oben, S. 38.

739 . Der Satz in *Essay* , 7. Aufl., S. 401.

740 . Nicht zu verwechseln mit seinem Zeitgenossen Josiah Tucker, Dekan von Gloucester, dem Vorläufer von Adam Smith.

741 . 1727 bis 1774, das Jahr seines Todes. Betchworth, der jetzt in Mrs. Hopes Anwesen Deepdene vertieft war, lag auf der anderen Seite von Dorking, von Albury und der Rookery entfernt.

742 . Dieser klare Beiname wird Georg III. zugeschrieben.

743 . Oben (S. 39) und unten (S. 330) wurde auf einen Unterschied hingewiesen. Er unterscheidet sich auch von Bentham, der die Leidenschaften nicht befriedigen, sondern zerstören wollte. Siehe Held, *Soc. Geschichte* , S. 213.

744 . *Essay* , 7. Aufl., IV. X. 441.

745 . *Ebenda.* , IV. ich . 391.

746 . Siehe oben, S. 35.

747. 7. Aufl., S. 441 Fuß.

748. *Ebenda.*, P. 442 oben.

749. *Aufsatz*, III. ii. 279, erklärt auf diese Weise das weit verbreitete Vorurteil, das zumindest in einem Fall die gleiche Sünde bei einer Frau schwerwiegender trifft als bei einem Mann.

750. *Essay*, 7. Aufl., IV. X. 442.

751. *Ebenda.*, IV. ii. 401. Vgl. Paley, *Moralphilosoph.*, Bd. I. Buch II. CH. iv. P. 65, dort zitiert, und Tucker, *L. of N.* (1. Aufl.), Bd. ii ch. xxix., insbesondere §§ 5–7 und 12.

752. *Essay*, 7. Aufl., IV. X. 443, 444 Fuß.

753. *Ebenda.*, IV. viii. 432, 433, verglichen mit S. 492.

754. *Essay*, 7. Aufl., App. S. 492–3. Vgl. 7. Aufl., S. 280: „Selbstliebe ist die Triebfeder der großen Maschine."

755. III. vii. 311.

756. *Edin. Rev.*, 1810 (August), ein Artikel über Ingrams *Disquisitions on Population* und [Hazlitts] *Letters in Reply to Malthus*. Da die Beziehungen von Malthus zur *Rezension* zu dieser Zeit eng waren und die Argumente und der Stil denen unseres Autors bemerkenswert ähnlich sind, besteht zumindest eine hohe Wahrscheinlichkeit, dass er den Artikel geschrieben hat und Jeffrey ihn nach seiner Gewohnheit mit einem Kopf versehen hat Schwanz, um die Urheberschaft zu verschleiern. Vgl. Cockburns *Leben des Jeffrey*, Bd. I. 301, 302, vgl. 285.

757. Vgl. *Reichtum der Nationen*, I. x. 48, 49.

758. *Edin. Rev.*, 1810 (Aug.), S. 475.

759. Paley, *Mor. und Pol. Phil.*, I. vii. 9; vgl. Malthus, *Essay*, IV. ii. 397 usw. Vgl. oben, S. 39.

760. Paley, *ebenda.*, I. iv. 14.

761. Siehe oben, S. 37. Die dort zitierten Passagen widerlegen vollständig Helds Behauptung, dass „Malthus sich trotz seines Glaubens an die Bibel auf Utility berief" (*Sociale Geschichte Englands*, Buch I. Kap. ii p. 234).

762. *Mor. und Pol. Phil.*, vii. 10.

763. „Jeder Zustand kann als ‚glücklich' bezeichnet werden, in dem die Menge oder Gesamtheit der Freude die des Schmerzes übersteigt." – Paley, *M. und P. Ph.*, I. vi.

764. *Essay*, 7. Aufl., III. vi. 305.

765. Siehe Mr. Sidgwicks *Method of Ethics* , S. 385 Fuß.

766. Zitiert aus „*The Crisis*"von Empson, *Edin. Rev.* , Jan. 1837, S. 482.

767. *Bericht der Crofters Commission* , 1884, S. 9.

768. *Aufsatz* , IV. iii. 407.

769. Es würde dem Sozialreformer helfen, z. B. von Geistlichen, Armenwächtern und Polizeibeamten zu erfahren, welcher genaue Anteil der Armut innerhalb ihrer Erfahrung (a) *auf* die Schuld des Opfers, (*b*) auf die Schuld des Opfers zurückzuführen ist Schuld seiner Eltern, (*c*) auf Betrug oder Unterdrückung anderer und (*d*) auf bloße Handelsunfälle.

770. 7. Aufl., S. 280.

771. III. ii. 434.

772. *Szenen aus dem geistlichen Leben* , S. 250.

773. 7. Aufl., S. 404.

774. P. 464, 1817. Bereits 1803 (*Essay* , 2. Aufl., IV. xi 689) hatte Malthus Sparkassen empfohlen.

775. 7. Aufl., S. 397. Vgl. P. 407 usw.

776. 7. Aufl., S. 405. Um das Gesamtbild zu vervollständigen, müssen wir das oben Gesagte hinzufügen (Kap. i .) über den Platz des Menschen auf der Erde und auch (Bk. III. Kap . ii. und iii.) über die Industriegesellschaft, wie sie sein könnte.

777. Siehe oben, S. 298.

778. Mackintosh änderte sich, widerrief aber nie. Siehe Macaulays *Essays* .

779. *Essay* , 7. Aufl., IV. vi 420–1.

780. *W. von N.* , I. i .

781. Genauer gesagt ist das, was von selbst wächst, natürlich; Was es von selbst wachsen lässt, ist die Natur.

782. Siehe z. B. *Essay* , S. 390.

783. *Leben von Godwin* , ii. 266.

784. Southey wünschte sich, dass ein „Kreuzfahrer" wie Rickman Wirtschaftsartikel für das Quarterly schreibt und Malthus fernhält (*Life and Letters* , Bd. III, S. 188).

785. *Aufsatz* , III. vii. 318; geschrieben im Jahr 1817.

786. 2. Aufl., IV. vi.; 7. Aufl., IV. vi. und vii. Als er diese Worte schrieb, muss er sich an die Inhaftierung seines armen Lehrers Gilbert Wakefield wegen einer aufrührerischen Broschüre (1799–1800) erinnert haben. Siehe unten, Bk. V.

787. 7. Aufl., S. 417.

788. 7. Aufl., S. 426: geschrieben im Jahr 1817. Zur Tendenz der Franzosen vor der Revolution, alles von der Regierung zu erwarten, siehe z. B. Dyer's *Modern Europe*, Bd. iv. CH. lii p. 304.

789. 7. Aufl., S. 418.

790. *Essays Moral and Political*, vol. ich . P. 49; „Das britische Parlament."

791. Malthus, *Essay*, 2. Aufl., S. 502; 7. Aufl., S. 402. Vgl. eine bemerkenswerte Passage in der Rezension von Newenham, *Edin. Rev.*, Juli 1808, S. 348–9.

792. Z.B. 7. Aufl., S. 438–9 und 478. Vgl. oben, S. 56. Horners Brief an Malthus im Februar 1812 (*Mem. of Horner*, Bd. II, S. 109–10) zeigt, dass es sich um eine aktive Sympathie handelte. Malthus erklärte sich bereit, bei einem von Lancasters Treffen in London als „Verwalter" zu fungieren.

793. 2. Aufl., S. 556–7; Gegner „können durchaus verdächtigt werden, dass sie ihre Unwissenheit als Vorwand für Tyrannei nutzen wollen."

794. 7. Aufl., S. 439; 2. Aufl., S. 555–6.

795. Miss Martineau, *Hist. des Friedens*, I. vii. 117–18.

796. *Essay*, 7. Aufl., IV. ix. 440, 441.

797. Held, *Soc. Gesch.*, P. 215.

798. Siehe oben, S. 95, 96 usw.

799. Siehe oben, S. 340.

800. *Essay*, 7. Aufl., IV. X. 446–7.

801. Auswanderer _ Komm. (1827), qu. 3310.

802. IV. xiii. 474. Kartoffeln seien für sie ein Geschenk des Himmels, sagt er an anderer Stelle (*Edin. Rev.*, Juli 1808, S. 344).

803. Siehe oben, Bk. II. CH. ich .

804. Siehe oben, S. 301.

805. Z.B. *Aufsatz*, IV. ix. 433.

806 . In Deutschland werden arme Gelehrte aus dem Lande oft, wenn sie die Universität besuchen, einquartiert, um den wohlhabenden Bürgern den Lebensunterhalt zu verdienen; und Lernen erweist sich im Großen und Ganzen als so unvereinbar mit Faulheit, dass die Praxis sie nicht unwillig macht, später ihren eigenen Lebensunterhalt zu verdienen.

807 . Eine Schutzpflicht stellt eine indirekte Entlastung der geschützten Industrie dar, doch in der Regel werden die Geschützten durch ihre eigene inländische Konkurrenz vor Trägheit geschützt; und der Fehler des Schutzes liegt woanders als in der Förderung der Trägheit.

808 . Rénan , *was ist das für eine Nation?*

809 . Vgl. oben, S. 225.

810 . Vgl. P. 36.

811 . Die Reaktion gegen Rousseau und Godwin könnte teilweise für das Fehlen des Kosmopolitismus verantwortlich sein.

812 . Siehe oben, Kap. ich .

813 . Jemand hat gesagt: „ Was der Mensch nicht definieren kann, zieht den Menschen als Organismus an ;" und uns wurde schon lange zuvor gesagt, dass ein Gleichnis entweder „ idem per idem " oder „ idem per aliud " sei , beides ein logischer Trugschluss.

814 . *Essay* , Bk. IV. CH. xp 445. „Jeder Mensch hat das Recht, mit seinem Eigentum zu tun, was er will." Aber die Frage ist: Was gehört ihm?

815 . Professor TH Green, *Liberale Gesetzgebung und Vertragsfreiheit* , Oxford, 1881.

816 . τ ἠ ν φιλί αν ἀ ν αγκα ῖ ον ὑ ἀϱη γίνεσθ αι. *Ar. Pol.* , II. ii.

817 . Siehe oben, S. 310.

818 . *Diskurs über die Christenunion.* Siehe *Essay on Population* , 7. Aufl., S. 254 n.; Preis, *Beobachtungen* , S. 206 n.

819 . Von Matth . vi. 10 und Psal . cxxii. 2 *seq.*

820 . Siehe insb. S. 12–18 und 20 (4. Aufl., 1790).

821 . Pt. II. Essay V. S. 228 *ff. Leben* , ii. 292. Vgl. ii. 64.

822 . *Leben* , ii. 64.

823 . *Gedanken* , S. 10 und n. Vgl. S. 43, 45. In *Progress and Poverty* (S. 93, Hrsg. 1881) erfahren wir, dass Godwin „bis ins hohe Alter eine Antwort" an Malthus verschmähte.

824 . *Gedanken* , S. 61.

825 . *Ebenda.* , P. 67.

826 . *Ebenda.* , S. 72–3.

827 . *Leben von Godwin* , ich . 324.

828 . Siehe oben, S. 208 n. In der 5. Auflage wendet er sich von Godwin ab und wendet sich an Owen.

829 . So Coleridge (MS. Anmerkung zu Seite VII seiner Quartkopie des Aufsatzes): „Und natürlich widerlegen Sie Ihre frühere Broschüre völlig und hätten sich vielleicht die Mühe ersparen können, das vorliegende Quart zu verfassen . "

830 . *Edin. Rev.* , 1802, über Dr. Rennel *Diskurse* , Syd. Sm., *Werke* , ich . P. 8.

831 . P. 18. Vergleichen Sie De Quinceys Antwort auf Hazlitt im *London Magazine* , 1823 (Bd. VIII, S. 349, 459, 569, 586).

832 . Senior, *Lect. auf Pop.* , P. 35.

833 . *Bevölkerung* , I. iv. P. 27 (1820).

834 . Vgl. auch Rede am 9. April 1816. Hansard, *sub dato* , p. 1109.

835 . Siehe oben, S. 75. Vgl. auch oben, S. 142 *ff.* , über Auswanderung.

836 . Godwin, *Popn* . , I. xiii. 106. Vgl. I. iv. 22, II. ii. 142, VI. vi. 585.

837 . Hawick, 1807, insbesondere S. 84.

838 . Sadler, *Popn* . , ich. ich . 15 (1830).

839 . Anhängen. bis 3. Aufl., 1806; 7. Aufl., S. 485; vgl. S. 395, 446 und al.

840 . Siehe Anhang zur Hrsg. 1826, 7. Aufl., S. 627.

841 . *Leben* , ii. 271.

842 . *lc* p. 259.

843 . *Leben* , ii. 259, 260. Vgl. was Godwin im Juli 1821 an Sir John Sinclair schreibt (Sinclair's *Correspondence* , I. 393).

844 . *lc* p. 271.

845 . Morgan und Rosser, *z. B.* See *Life* , ii. 272–5; vgl. P. 280.

846 . *Edin. Rev.* , Juli 1821, S. 364.

847 . *Leben von Godwin* , ii. 274

848 . *Ebenda.* , S. 274–5.

849 . Nr. 1, Okt. 1802, insb. P. 26.

850 . *Bevölkerung* , I. i .

851 . Anhang zur 3. Auflage, S. 520 n. Chr.; 7. Aufl., S. 491 n.

852 . Siehe seinen Brief an Godwin vom Oktober 1818, zitiert in Godwin's *Population* , Bk. II. CH. i S. 116–123, mit Kommentaren.

853 . Siehe oben, S. 66.

854 . *Bevölkerung* , II. X. 244–7.

855 . Z.B. II. xi. 274, 282, insbesondere aber I. iv. 25, und zum dritten Argument, S. 29, 30, vgl. S. 43–50 usw. Vgl. auch Godwin an Sinclair in Sinclairs *Korrespondenz* , d . h . 393.

856 . Die Bevölkerung verdoppelt sich tendenziell innerhalb eines Jahres , und es besteht kein Risiko einer Überbevölkerung, außer in gelegentlichen Zeiten trüben Handels (Brief von Godwin an Sinclair, Sinclairs *Korrespondenz* , *a. c.*). Eine bemerkenswerte Ausnahme.

857 . *Bevölkerung* , II. xi. 251–2.

858 . IV. ich .

859 . II. ii. 127, und vgl. über.

860 . II. xi. 287 usw. usw.

861 . III. iii. 327 *sek.*

862 . *Staatsstreiche in der* Natur. Paul Bert, *L'Enseignement Primaire* , 1880, S. xxviii.

863 . *Edinburgh Review* , Juli 1821. Vgl. Brief an Rev. TR Malthus von David Booth (1823), der absurderweise Malthus als Rezensenten annimmt. Obwohl interne Beweise diese Vorstellung widerlegen, zeigen sie, dass man immer noch davon ausging, dass Malthus für die *Edinburgh Review* schrieb .

864 . Andere, in *Table Talk* und *Biogr. Literaria* sind hauptsächlich Deklamationen.

865 . In diesen Zitaten sind die Großbuchstaben im Original und die Kursivschrift entspricht den Unterstreichungen .

866 . Arthur Aikins *Jahresrückblick* , Bd. ii. (für 1803) S. 292 *ff.* Vgl. Southey's *Life and Correspondence* (Hrsg. 1850), Bd. ii. P. 251, 20. Januar 1804: „Gestern erhielt Malthus, wie ich vertraue, eine tödliche Wunde von meiner Hand." vgl. Bd. vi. P. 399 und Bd. ii. P. 294. Es gibt keinen Hinweis auf eine Verpflichtung gegenüber Coleridge.

867 . Vgl. oben, Kap. iii. S. 81 *ff.* , und Bk. III.

868 . *Sic* , obwohl es eine Sache für sich erklärt.

869 . Er meinte wahrscheinlich den 353. Platz, aber seine Zahlen sind nachlässig.

870 . Am Rand von S. 364, 2. Paragr .: „Zitieren und auf sich selbst anwenden.“

871 . Z.B. auf P. 65 im Gegensatz zu den Zeilen 5, 6, „Ass!“ eine einsilbige Verfeinerung, die in Southeys Rezension weggelassen wurde.

872 . Erstmals 1817, 7. Aufl., S. 509 *ff.*

873 . Einer der Vorwürfe (S. 18: dass Malthus die gleichen Heilmittel wie Condorcet empfiehlt) reicht aus, um den Charakter des Buches zu prägen — *An Inquiry into the Principle of Population* usw. von James Grahame. Die Einleitung enthält eine nützliche Liste der Autoren beider Seiten. siehe S. 71. (Edin., 1816.) Simonin wiederholt Grahames Vorwürfe, mit weiteren eigenen Fehlern. Siehe seine *Hist. de la Psychologie* (1879), S. 397–9.

874 . 7. Aufl., S. 511. Vgl. oben, S. 52, und die Antwort auf Godwin's Reply, *Essay* , 2. Aufl., III. iii. 384.

875 . *Edinburgh Review* , Januar 1837.

876 . *Leben und Korrespondenz von Southey* , Bd. iii. S. 21–2 und S. 21–2. 188.

877 . Bischof von Gloucester und später von Hereford. *Theologe. Werke* (1832).

878 . „Die Fruchtbarkeit menschlicher Dinge variiert bei ansonsten ähnlichen Umständen umgekehrt proportional zu ihrer Zahl.“ – Sadler, *Popn* . , Bd. iii. P. 352 (1830). Etwas bissig rezensiert von Macaulay in *Edin. Rev.* , Juli 1830. Siehe Trevelyan's *Life of Macaulay* , Bd. ich . P. 126. Vgl. Sadlers „Antwort“ an *Edin. Rev.* Sein schwächster Punkt war die Verwendung von „umgekehrt“.

879 . Malthus, *Essay* , II. v. (7. Aufl.), S. 164, 166; vgl. P. 485.

880 . GP Scrope , MP, *Pol. Wirtschaft.* , 1833 usw. Malthus, *Essay* , III. iii. (7. Aufl.), 282–6 (Owen), IV. xii. 457 (Owen), III. xiv. 380 n. Chr. (Anderson).

881 . John Weyland , junr ., FRS *Die Prinzipien von Bevölkerung und Produktion, wie sie vom Fortschritt der Gesellschaft im Hinblick auf moralische und politische Konsequenzen beeinflusst werden* , 1816.

882 . So Arnold Toynbee, *Industrielle Revolution* , S. 107.

883 . CH. iii. P. 21. Als Zweiter fügt er hinzu: „Diese Tendenz kann niemals zerstört werden."

884 . *Aufsatz* , Anhang, S. 517.

885 . Vorschläge . iii und iv.

886 . *Essay* , *lc* p. 521, eine sehr starke Passage.

887 . Anhängen. P. 526.

888 . *Pop. und Prod.* , S. 82 *ff.*

889 . 7. Aufl., I. ii. 12 n.; 2. Aufl., S. 16.

890 . *Tour in den südlichen Grafschaften Englands* , 1767, S. 342.

891 . Zwischen 1767 und 1820. Vgl. oben (England).

892 . *Reisen in Frankreich* , S. 408–9 (Hrsg. 1792) und al.

893 . *Essay über Pop.* , 7. Aufl., S. 449, 451 *ff.* ; *Annalen der Landwirtschaft* , Nr. 239, S. 219 *ff.* (zitiert in *Essay* , App. S. 496–7). Young hatte Malthus vorgeworfen, dass er das Recht auf Entschädigung verweigerte.

894 . *Reisen in Frankreich* , hrsg. 1792, S. 438–9.

895 . App. to *Essay* , S. 499, 500. Es ist nicht wahr, dass „Owen *im Vergleich zu Malthus Recht hatte* , als er ein gewisses Maß an Komfort als unabdingbare Voraussetzung für ein moralisches Leben ansah und dachte, dass dies eine beträchtliche Steigerung der Produktionskraft des Menschen sei." möglich" (Held, *Soc. Gesch. Englands* , S. 351–2). Malthus selbst hat beides getan.

896 . Der *Plan* wird zitiert von Cobbett, *Pol. Reg.* , 14. Dezember 1816. Malthus (*Pol. Ec.* (1820), S. 434, 435, (1836) S. 378) meint, dass „Miteigentümerschaft" der Regierung mit den Grundbesitzern nach dem Plan der Ökonomen und In Analogie zum orientalischen „Einzelunternehmen" könnte es zu einer zu leichten Besteuerungsmaschine für einen militärischen Despotismus werden.

897 . Siehe oben, S. 87, 112 usw.

898 . *Essay* , 7. Aufl., S. 284.

899 . Z.B. von Bagehot, *Econ. Zucht.* (1880), S. 135 *ff.* , und von Southey in Aikins *Jahresrückblick* oben zitiert.

900 . III. iii. 286. Dieses und der Rest seiner Argumentation (sogar ihre Anwendung auf die bürgerliche Freiheit) findet sich in Aristoteles, *Politics* , ii. 3 und 4, aber besonders. 5. δε ὶ δ ὲ μηδ ὲ το ῦ το λα νθάνειν , &c.

901 . *Essay über Pop.* , 7. Aufl., S. 282.

902 . Siehe oben, S. 24.

903 . *Genesis of Species* , 2. Aufl., 1871, S. 5.

904 . Die rätselhafte Wirkung des Hochzählens der Urgroßväter und Urgroßmütter bis zum zwanzigsten Grad oder so wird von Blackstone beschrieben, zitiert von Godwin (*Popn* .) und erneut zitiert von Hazlitt (*Spirit of the Age* , 1825, S. 273). , „Godwin"). Das Rätsel ist weniger rätselhaft, wenn wir uns daran erinnern, dass unsere entfernten Vorfahren in die Familien des anderen eingeheiratet haben müssen oder vielmehr Nachkommen derselben Familien waren. Wir können nicht zu einem einzigen Paar zurückkehren, außer durch die „verbotenen Grade".

905 . Wir müssen daher verstehen, dass Malthus und der Autor darin übereinstimmen , *dass* die Bevölkerung eine Kontrolle benötigt, und sich einfach nicht einig sind, *wie* die Kontrollen aussehen sollen.

906 . Siehe unten, S. 392.

907 . Siehe oben, S. 370. Die sechzehn Positionen, die an ihrer eigenen Stelle nicht berührt werden, werden durch einen Verweis auf die folgenden Stellen in diesem Buch erfüllt: i . Spitze. 20, *Essay* hinzufügen , 2. Aufl. Bk. III. CH. iii. P. 383, ii. Spitze. 37, iii. Spitze. 338, iv. bis S. 51, 78, v. bis S. 80, vi. Spitze. 83, viii. Spitze. 113, ix. Spitze. 376, x. Spitze. 67, xi. zu S. 231, 297, siehe *Essay* , 7. Aufl. P. 381, xii. bis S. 70, 75, 91, xiii. Spitze. 393, xiv. bis S. 91, 270, xv. Spitze. 294, xvi. Spitze. 69 und xvii. Spitze. 75.

908 . *Das Kapital* , 7ter Abschn . 23tes Kap . S. 653 *ff.* (Hrsg. 1872); vgl. 646 *sek.*

909 . Die Sprache von Ricardo, Kap. xxxi. P. 236 (zitiert nach Marx, S. 656 n.). Vgl. oben, S. 297. Vgl. auch Marx, S. 427 fol .

910 . Vgl. was Prof. Rogers in *Six Centuries* sagt , S. 229, über den im 15. Jahrhundert unternommenen Versuch, den „Rest" der landwirtschaftlichen Arbeit zum Nutzen der Bauern und Grundbesitzer zu vergrößern . Auch oben, S. 164 n.

911 . Marx, *ebenda.* , P. 659.

912 . Bei Marx fälschlicherweise als 254 gedruckt.

913 . Siehe oben, S. 137, 188 usw.

914 . Siehe oben, S. 335.

915 . Siehe oben, S. 299, 335 usw.

916 . *Das Kap.* , P. 549 n. Chr.

917 . *Das Kap.* , P. 641 n. Chr.

918 . Die weggelassene Passage ist weder wahr noch anständig.

919 . GM Ortes *Reflexion sulla Popolazione* (1790).

920 . *Das Kap.* , P. 549 n. Chr.

921 . Vgl. oben, S. 382, und Malthus, *Essay* , 2. Aufl. III. iii. 386, wo er sagt, dass Pflicht und Interesse zusammenarbeiten müssen.

922 . „Theory of Population", in *Westminster Rev.* , April 1852, raubkopiert vom deutschen Professor Trall im Jahr 1877 (*Eine neue Bevölkerungstheorie*) und im Wesentlichen von seinem Autor (Herr Herbert Spencer) in *Principles of Biology* , Bd. II. Teil VI., „Gesetze der Multiplikation."

923 . *Essay* , 7. Aufl., S. 269.

924 . Oben, S. 377.

925 . Z.B. Hazlitt, *Antwort auf Essay on Population* , S. 20.

926 . WR Greg, *Enigmas of Life* , 8. Auflage, 1874, S. 58 *ff.* Dies war fast die Position von Godwin in seiner ersten Antwort.

927 . Sadler über *Bevölkerung* und Antwort auf *Edinburgh Review* . Godwin, *Bevölkerung* , Bk. VI. CH. ii., &c.

928 . Carey (HC), *Princ* . *of Social Science* (1858), Bd. ich . CH. xiv.; vgl. oben, S. 74 *sek.* H. George, *Progress and Poverty* , S. 115, 116. Sadler, S. 115, 116. 70 usw.

929 . Godwin, Sadler usw.

930 . Sadler, S. 354–5 usw. Vgl. Adam Smith, *W. of N.* , I. viii. 36. Siehe oben, S. 82, 83.

931 . Godwin, siehe oben, S. 361. Southey, *Life and Corresp* . , III. 188. Bagehot, *Econ. Studien* , S. 133 *ff.* Vgl. Georg, II. ii. 94. Oben, S. 362, 381.

932 . Besant, *Gesetz der Bevölkerung* , Kap. iii. Vgl. Malthus, S. 407 *ff.* (IV. iv.); Cobbett, *Taking Leave of his Countrymen* (1817), S. 6; *Politisches Register* , 4. Januar 1817, S. 26 usw. usw. Oben, S. 329.

933 . Godwin, *Bevölkerung* , passim. Georg, II. ii. 102, 109. Oben, S. 111, 112.

934 . Godwin, *ebenda.* ; George, S. 138, 259 usw. usw.; Coleridge, MS. Hinweis zu S. 358 (von *Essay* , 2. Aufl.), wo er für „physische Konstitution unserer Natur" „im bestehenden System der Gesellschaft" lesen würde. So wörtlich Southey in Aikins *Ann. Rev. lc*

935 . Doubleday, *True Law of Population* (1841). Oben, S. 65. Siehe Herbert Spencer, *Biology* , Bd. II. pt. vi. CH. xii. S. 455, 480 usw. Die Physiologen haben Doubleday umfassend widerlegt.

936. Herbert Spencer. Siehe oben, S. 393. WR Greg, *Enigmas*. Oben, S. 394.

937. Neue Malthusianer. Siehe oben, S. 24.

938. Siehe oben, S. 365 *ff.* Die Orthodoxie von Malthus wird nicht durch ein paar orthodoxe Sätze bewiesen, die man von ihm (wie von Bacon) lernen kann, oder auch nicht durch die Entdeckung von Fehlern in der überlieferten Lehre, sondern durch die gesamte Logik des Aufsatzes.

939. Siehe oben, S. 365 *ff.*

940. Siehe oben, S. 336.

941. Siehe oben, S. 328.

942. Siehe oben, S. 96.

943. Die Urheberschaft des Artikels wird durch Macvey Napiers Letters *sub dato* und die des Biogr. Vorwort von Empson's Art., S. 472.

944. „Daniel Malthus, 17, Sydenham de parochia Sti Giles Londini Armigeri filius" (Immatrikulationseintrag, Ostersemester, 1747).

945. Siehe Gibbons *Memoiren*, S. 46 (Hrsg. Hunt und Clarke) und Jeffrey's *Life*, i. 40.

946. Vgl. *Wealth of Nations*, V. i. Art., S. 341 fol.

947. Biogr. bevorzugt. zu *Pol. Wirtschaft.* (1836), S. xxvi.

948. Der Name Malthus selbst ist wahrscheinlich Malthus oder Malthouse (vgl. Shorthouse, Maltby), der in England immer noch als Nachname vorkommt. Francis (oder manche sagen Thomas) Malthus schrieb 1629 auf Französisch und Englisch über „Feuerwerk, Befestigung und Arithmetik".

949. Außer *vielleicht* in einem von Otter zitierten Brief, Biogr. bevorzugt. P. xxvii. (Datum 1788).

950. *lc* p. xxv.

951. *lc* S. xxv und xxvi, die jedoch zeigen, dass mit siebenundfünfzig die Kraft ein wenig nachgelassen hatte.

952. „Er wurde nicht geboren, um die Werke anderer zu kopieren." – Brief in *Gentl. Mag.*, Februar 1800. Siehe oben, S. 7, und Otter, S. xxii.

953. Otter, S. xxi, xxii.

954. Deshalb drängt er Robert dazu, „seine Werkzeuge einzusetzen". „Ich hasse es, ein Mädchen zu sehen, das seltsame Stiche an einem Stück Stoff macht." – Otter, S. xxvi.

955. *Sanft. Mag.*, Jan. 1800, S. 86; vgl. Februar 1800, S. 177; Otter, S. xxvi.

956 . *Monatliches Mag.* , März 1800, Otter, S. xxii. Was und wo die Stücke waren, wird uns nicht gesagt.

957 . 1772 geschrieben und 1820 in Mrs. Barbaulds Reihe „*British Novelists*" *neu veröffentlicht* . Graves lebte von 1750 bis zu seinem Tod im Jahr 1804, in seinem neunzigsten Lebensjahr, in Claverton . Er wurde 1730 Fellow of All Souls und kannte Daniel Malthus möglicherweise in Oxford.

958 . Wen er frei nennt und zitiert. Tucker zeigt in *Light of Nature die* gleiche offene Abneigung gegen sie, aber mit viel mehr Humor und Geschmack.

959 . Um 1780 oder so.

960 . Wakefields *Leben* (1804), Bd. ich . P. 214. Es ist merkwürdig, sich daran zu erinnern, dass Marat kurze Zeit zuvor Platzanweiser an einer Schule in Warrington gewesen sein soll.

961 . Wakefields *Leben* , ich . P. 344.

962 . 1776 gewählt. Siehe *Leben* , ich . P. 111 Fuß.

963 . Otter, *lc* p. xxvii. ft.

964 . Brief in App. II. zu Wakefield, Leben, ii. S. 454–463. Ein Vergleich dieses Briefes mit Wakefield, *Life* , ii. P. 334 und Otter, *lc* p. xxiv. ft. („nach eigener Aussage") macht es fast sicher, dass der Brief von Malthus stammt.

965 . Z.B. mit so unterschiedlichen Männern wie Watson, Bischof von Llandaff, und Thomas Paine.

966 . Während seines Studiums gewann er mehrere Preise für lateinische, griechische und englische Deklamationen. Wir können hoffen, dass sein Redefehler zu diesem Zeitpunkt nicht deutlich geworden war oder dass die Deklamationen nicht immer deklamiert wurden.

967 . Wakefield, *Leben* , ii. P. 9.

968 . Otter, *lc* p. xxv.

969 . Otter selbst war 1790 Vierter Wrangler und ED Clarke Junior Optime im selben Jahr.

970 . Otter, *lc* p. xxviii.

971 . *lc* p. xxvii.

972 . *lc* p. xxviii.

973 . An der Straße, die von Albury nach Guildford führt, steht ein gemütliches kleines Haus mit niedrigem Dach an einem Hügelhang, weniger ehrgeizig als die Rookery, aber nicht ohne schöne Gartenwege, Bäume und Sträucher.

974 . Siehe oben, S. 7.

975 . Deren Entstehung wurde oben ausreichend beschrieben, Bk. Ich. ch. ich .

976 . Eine seiner Quellen zeigt *Essay* , IV. ix. 438: „In einigen Gesprächen mit arbeitenden Männern während der späten Knappheit." Vgl. der Traktat „ *Der hohe Preis der Lebensmittel*" , S. 10 usw.

977 . Siehe oben, S. 48, 49 (Ausland) und S. 49 (Ausland). 195 (in Irland).

978 . Clarke (ED) (*Life* by Otter, Bd. II, S. 15) bezieht sich auf einen Brief von Malthus, in dem er nach dem Findelkrankenhaus in St. Petersburg fragte (Datum März 1800). Vgl. *ebenda.* , P. 39: „Was Malthus betrifft, sagen Sie ihm, dass er es nicht wert ist, ihm zu schreiben. Er ist in andere Angelegenheiten vertieft und *verwischt alle Spuren* seiner *Pilgerreise* . Deshalb greift er auf Mackintosh zurück, als dieser 1804 in Indien ist. Siehe Mackintosh's *Life* (1836), S. 215.

979 . Z.B. Ricardo, Senior, und Dr. Thos. Chalmers (der ihm im Oktober 1822 einen kurzen Besuch abstattete: *Life* by Hanna, Bd. II, S. 358) und Francis Horner (*Memoirs and Corresp* . , z. B. Bd. I , S. 406). In ich . 436 seiner *Memoiren* spricht Horner davon, dass er 1808 mit John Whishaw, dem Anwalt, Malthus in Haileybury besucht habe, und nutzt die Gelegenheit, um seine bloße Liebe zur Wahrheit über die Beredsamkeit und Vielseitigkeit anderer zu loben, auch wenn das, wie er sagt, so aussehen mag wie eine Entscheidung für die Langeweile .

980 . Z.B. der Stausee, S. 106; aber am extravagantesten ist vielleicht die botanische Figur auf S. 273, wo er sagt, dass „der Treibmist", der zur Auslösung der Französischen Revolution eingesetzt wurde, „den Kelch der Menschheit zum Platzen gebracht" hat. Macaulay verwendet im *Essay on Burleigh* eine ähnliche Metapher für genau dasselbe Ereignis .

981 . Seine eigene Beherrschung der Metaphern machte es ihm leichter, die eines Gegners zu übertölpeln. Siehe *z. B.* seinen Umgang mit Weylands Riesen, Musketenball und Windeln, im *Essay* , Anhang. S. 514–521.

982 . Von Fournier für das *Dictionnaire de l'Économie Politique* gestochen , Art.-Nr. „Malthus."

983 . Siehe unten, S. 418 n.

984 . *Sanft* . *Mag.* , März 1835, S. 324.

985 . *Essay* (7. Aufl.), II. iii. 148, wobei „Winter 1788" vielleicht für 1798 steht, obwohl es in der zweiten und allen folgenden Auflagen 1788 ist; andernfalls könnte „vorangehend" falsch sein. Vgl. *Hoher Preis für Prov.* , P. 2.

986 . Vgl. oben, S. 48, 127, die in Verbindung mit dieser Biografie gelesen werden sollten.

987 . *Life of Clarke* , Bd. ii. P. 183. Aus einer Fußnote im Aufsatz selbst (7. Aufl., S. 194) wissen wir, dass zumindest ein Teil davon im Jahr 1802 geschrieben wurde.

988 . Stanhope, *Life of Pitt* , iii. P. 36; vgl. P. 53. „Unsere Wahl in Cambridge verlief vollkommen ruhig.“

989 . *Leben von Clarke* , ii. 203–4 n. Chr.

990 . Earl of Carlisle, der Dichter. Siehe *Engl. Barden und Scotch-Rezensenten* .

991 . Otter, *lc* p. xxvi. Vgl. *Essay* , 1. Aufl., S. 210–12. *Sanft* . *Mag.* , April 1804, S. 374. Ein Kompliment, das Otter ihm macht (in einem Nachruf im *Athenæum* , 10. Januar 1835), dass seine Diener lange bei ihm blieben, würde seiner Frau natürlicher zufallen.

992 . Mr. Sargant (*Life of Owen* , S. 85) sagt aufgrund der Autorität von Mr. Holyoake, dass Malthus New Lanark in seinen besten Tagen besucht habe. Owens Arbeit war damals nach Malthus' eigenem Herzen; Er reformierte die Welt, indem er mit einem einzelnen Winkel begann. Vgl. *Aufsatz* , III. iii. 282 Fuß.

993 . Siehe unten, S. 423.

994 . *Memoiren von Horner* , ich . 436–7; vgl. P. 406. Vgl. Miss Martineau, *Hist. des Friedens* , Einleitung, II. ich . 257.

995 . Er wurde Mitglied des Französischen Instituts und 1833 einer der fünf ausländischen Mitarbeiter der Acad. des Sciences Mor. und Pol. und Mitglied der Königlichen Akademie zu Berlin (Otter, *lc* p. xli.). Siehe Chas. Comte, *Notice* und Garnier, *Dict. de l' Éc* . *Pol.*

996 . Bain, *Life of James Mill* (1882), S. 199.

997 . Über den Großteil seiner Beiträge zum *Edin ist sicherlich alles bekannt. Die Rezension* besagt, dass sie, wie die von James Mill und Mackintosh, nicht vor dem zwanzigsten Teil davon (im Juli 1807) auftreten. Siehe Bain, *Life of James Mill* , S. 75 n. Horner erwähnt (*Memoirs* , Bd. I, S. 437) den Artikel über Newenham *Bevölkerung Irlands* , 1808, und ein weiteres (von dem er das MS gesehen hatte), Februar 1811 (Bd. II, S. 68). Aber siehe oben, S. 285, Anmerkung.

998 . Die apokryphe Geschichte seiner elf Töchter wird von Garnier, *Dict., erzählt und enthüllt. de l' Éc* . *Pol.* , Kunst. „Malthus.“

999 . Otters Schwiegersohn. „Hal“ wurde in seiner Kindheit gefragt, was er getan hätte, wenn er wie der barmherzige Samariter einen halb toten Mann

am Straßenrand gefunden hätte; Er antwortete (in Analogie zu Fliegen): „Ich hätte ihn sofort töten sollen." Vergleichen Sie die Antwort des Kindes mit den Bemerkungen seines Vaters zu demselben Gleichnis in *Essay* , IV. xi. 447.

1000 . Geistliche Liste, 1881.

1001 . Moores *Memoiren* , *Tagebücher* usw. (Hrsg. Russell, 1853), Bd. iii. P. 148, Datum September 1820. Moore selbst spricht von einem Treffen mit Malthus und seiner Frau, als er im Mai 1819 Mackintosh in Haileybury besuchte. *Ebenda.* , ii. 315.

1002 . *Volksvermehrung* , S. 9. Kautsky stolpert manchmal, aber er ist genauer als die meisten ausländischen Biographen von Malthus. Chas. Comte (in seiner *Notice historique sur la vie et les travaux de MTR Malthus* , vorgelesen an die Acad. of Mor. and Pol. Sciences, 28. Dezember 1836) wandelt Haileybury in *Aylesbury um* (S. 31).

1003 . *Pol. Wirtschaft.* (1836), S. 380 n. Chr. Sydney Smith schrieb 1831 erfolglos an Gray über ihn (Holland's *Life of Sydney Smith* , Bd. II, S. 328).

1004 . Richard, der Bruder von Wellington. Siehe sein Protokoll vom 18. August 1800, zitiert von Malthus in seinen *Statements* .

1005 . *E. India Register and Directory* (Hatchard), Jahr 1807, S. xxiv. *seq.* „Vorläufige Sicht auf die Gründung des E. India College." Diese beiden Zweige des Haileybury -Programms entsprechen in ihren Fächern den derzeit durchgeführten Auswahl- und Zusatzprüfungen für Kandidaten für den öffentlichen Dienst in Indien. Malthus beansprucht für sich das Verdienst, den Test in orientalischen Sprachen zu einer notwendigen Bedingung für die endgültige Ernennung gemacht zu haben (*Statements* , S. 100).

1006 . Dementsprechend bezieht Malthus viele seiner Illustrationen aus Indien, z. B. *Pol. Ec.* (2. Aufl.), S. 154–5.

1007 . *India Register* , *lc* p. xxv.

1008 . Es muss einige auf der Rentenliste geben, die sich noch an ihn erinnern.

1009 . Von Anfang an gab es eine Schule, die dem College angegliedert war, sich jedoch nicht auf die künftigen Schüler beschränkte. Die heutige Schule ist späteren Ursprungs.

1010 . *Aussagen* , S. 103 usw. Diese Idee einer angemessenen Vorbereitung auf die Karriere eines Zivilisten in Indien stimmt mit Malthus' Idee überein, dass dies die wichtigste Voraussetzung für eine gute Staatsbürgerschaft im eigenen Land und überall ist.

1011 . Eine Hasenscharte. Miss Martineau, die es beschreibt, fügt hinzu, dass „seine Vokale zumindest klangvoll waren, was auch immer aus den Konsonanten werden mochte." Aber sie verstand ihn ohne ihr Hörrohr. *Autobiogr* ., ich . 327–8. Vgl. oben, S. 58. Sydney Smith sagt: „Ich würde fast zustimmen, so unartikuliert zu sprechen, wenn ich so weise denken und handeln könnte." *Life* by Holland, Bd. ii. P. 326. Er schreibt Talleyrand einen ähnlichen körperlichen Defekt zu, vielleicht mit ebenso großer Schwere. *Life* by Holland, Bd. ii. S. 256–7.

1012 . *Brief an Lord Grenville* (1813), S. 14. Vgl. was er über die Bedeutung des Unterrichts der politischen Ökonomie in Grundschulen usw. sagt. *Aufsatz* , IV. ix. 438 n.

1013 . Jeffrey, *Life* , Bd. ii. S. 339, 340. An Frau C. Innes, 9. Mai 1841.

1014 . *Autobiogr* . , ich . 327. Weitere Besuche von Malthus bei ihr sind dokumentiert, iii. 83, ich . 253. Zu ihrer Sicht auf ihn und sein Werk siehe insbesondere i . 200, 209, 253, 331.

1015 . *Ib.* I. S. 328–9.

1016 . Vgl. 1. *Essay* , S. 225–226, der ihn auf dem Jagdfeld zeigt.

1017 . Ein Zettel für „Professor". Der Schulleiter war JH Batten, FRS

1018 . Wo die teilweise geäußerte Befürchtung (siehe *Stellungnahmen* , S. 87), dass der Ort zur Kaserne werden würde, architektonisch umgesetzt wurde.

1019 . *Life* by Holland, Bd. ii. P. 73.

1020 . *lc* vol. ii p. 150.

1021 . Debatte im House of Lords, 9. April 1813, Hansard, S. 750, 751.

1022 . „Erklärungen zum East India College, mit Berufung auf Tatsachen zur Widerlegung der kürzlich vor dem Court of Proprietors gegen das College erhobenen Anschuldigungen" (1817). Vgl. sein „Brief an Lord Grenville, anlässlich einiger Beobachtungen seiner Lordschaft zur Einrichtung der E. India Co. zur Ausbildung ihrer Beamten" (1813). Vgl. *Edin. Rev.* , Dez. 1816. Der Brief an Lord Grenville (1813) legt den Fall etwas weniger ausführlich dar; aber beide Broschüren enthalten im Wesentlichen die gleichen Argumente.

1023 . Eine Immobilie wurde oft im wahrsten Sinne des Wortes gegen Bargeld gekauft und verkauft. Siehe *Hist. des Friedens* , Einleitung . II. ii. 329–30.

1024 . *Aussagen* , S. 103 n.

1025 . Die Kandidaten sollten in Vierergruppen nominiert werden, wobei der Beste der Vier den Termin erhalten sollte. Vgl. Mill und Wilsons *Brit. Indien* , Bd. IX. Buch III. CH. ix. P. 381.

1026 . Die Schritte der Änderung können im vierten *Bericht (1858) der Civil Service Commissioners* , S. xix, verfolgt werden. *seq.* und 228 *seq.* Vgl. auch ihr erster Bericht (1855).

1027 . Beweise für ihre Wertschätzung finden Sie in den im Blaubuch von 1876 über „Auswahl und Ausbildung von Kandidaten für den indischen Staatsdienst", *passim* , zitierten Briefen und in Trevelyans „Competition Wallah " (1864), S. 7, 8 , 15, 16, aber vgl. 149.

1028 . Siehe *Werke* , Rezension von Rennel , Fußnote.

1029 . *Memoiren* , Bd. I. p. 436 usw.

1030 . Zitiert in Empson, *Edin. Rev.* , Jan. 1837, S. 473. Sinclairs „Correspondence" (1831) enthält unter anderem die Autogramme der drei großen Meister (I. 101).

www.ingramcontent.com/pod-product-compliance
Lightning Source LLC
LaVergne TN
LVHW040516200726
843493LV00017B/998